科学出版社“十三五”普通高等教育本科规划教材

供中医学、中西医临床医学专业五年制、八年制及九年制用

中西医结合护理操作学

第3版

张广清　林美珍　主编

科 学 出 版 社
北 京

内 容 简 介

本书是科学出版社“十三五”普通高等教育本科规划教材之一，是第3版教材。中西医结合护理技术操作是在临床实践中不断摸索总结而创建起来的一门系统性、操作性很强的学科，编者综合运用中医、西医护理理论及护理程序，精选与临床实践和科学研究关系密切的专题，具有一定的创新性和实用性。全书共分10章，内容包括：绪论、基础评估、医院感染防控技术、给药法、饮食与营养、管道护理技术、中医适宜技术、标本采集法、急救操作技术等。

本书主要供全国高等中、西医学院校中医学、中西医临床医学专业五年制、八年制及九年制学生及中西医结合规培医师、临床医务人员使用。

图书在版编目（CIP）数据

中西医结合护理操作学/张广清，林美珍主编. —3 版. —北京：科学出版社，2017.11

ISBN 978-7-03-054957-0

Ⅰ. ①中… Ⅱ. ①张… ②林… Ⅲ. ①中西医结合-护理学-医学院校-教材 Ⅳ. ①R47

中国版本图书馆 CIP 数据核字（2017）第 258920 号

责任编辑：郭海燕 曹丽英 / 责任校对：郭瑞芝

责任印制：吴兆东 / 封面设计：陈 敬

科学出版社 出版

北京东黄城根北街 16 号

邮政编码：100717

http://www.sciencep.com

涿州市般润文化传播有限公司印刷

科学出版社发行 各地新华书店经销

*

2003 年 9 月第 一 版 开本：787×1092 1/16

2008 年 2 月第 二 版 印张：15 1/2

2018 年 1 月第 三 版 字数：437 000

2025 年 1 月第七次印刷

定价：49.80 元

（如有印刷质量问题，我社负责调换）

《中西医结合护理操作学》（第3版）

编委会

主　编　张广清　林美珍

副主编　罗尧岳　秦元梅　蓝宇涛　韩丽琳

编　委　（以下按姓氏笔画排序）

丁美祝　马　越　邓丽丽　龙洁儿

叶　红　叶丹丹　朱　晶　朱乐英

庄　平　刘杨晨　李　聪　吴巧媚

邱定荣　邹　涛　张广清　张丽玲

陈惠超　林美珍　林燕凤　林静霞

罗尧岳①　罗丽霞　周春姣　练柳兰

赵亚星　秦元梅②　黄绮华　萧　蕙

龚小珍　韩丽琳　谢阳春　蓝宇涛③

雷丽芳　魏　琳

注：①湖南中医药大学护理学院

②河南中医药大学护理学院

③广东药科大学护理学院

其余编委单位均为广州中医药大学第二临床医学院

总　序

在国家大力推进医药卫生体制改革，发展中医药事业和高等中医药教育教学改革的新形势下，为了更好地贯彻落实《国家中医药发展战略规划纲要（2016—2030年）》和《医药卫生中长期人才发展规划（2011—2020年）》，培养推进中西医资源整合、创新中西医结合事业的复合型高等中医药专业人才，广州中医药大学第二临床医学院与科学出版社再次合作，第三次修订“中西医结合系列教材”共10个分册，该系列教材入选第一批科学出版社“十三五”普通高等教育本科规划教材立项项目。

本套教材的编写遵循高等中医药院校教材建设的一般原则，注意教学内容的思想性、科学性、先进性、启发性和适应性。根据教学大纲的要求，坚持体现“三基”（基本理论、基本知识、基本技能）的教学内容，并在相关学科专业的教学内容上进行了拓宽，增加了病种，引用了中西医结合研究的最新成果；注重立足专业教学要求和中西医结合临床工作的实际需要，构筑中西医结合人才必须具备的知识与能力素质结构，强调学生临床思维、实践能力与创新精神的培养。在编写体例方面，注意基本体例保持一致，各学科根据自身不同的特点，有所侧重，加大图表的比例，增加数字化教材元素，使学生更加容易理解与掌握教学内容；在教学内容的有机组合方面，教材既注意中西医内容方面分别阐述，又尽量保持中西医理论各自的完整性；同时，在提供适宜知识素材的基础上，注意进一步拓展专业知识的深度与广度，采用辨病与辨证相结合，力图使中西医临床思维模式达到协调统一。

教材建设是一项长期而艰巨的系统工程，此次修订还需要接受教学实践的检验，恳请有关专家与同行给予指正。本套教材也将会定期修订，以不断适应中医药学术的发展和人才培养的需求。

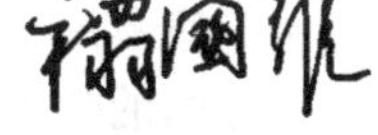

2017年11月

前　言

“十一五”期间我们在《中西医结合护理操作学》（第 1 版）的基础上修改出版了《中西医结合护理操作学》（第 2 版），并且广东省中医和中西医结合医院从事临床和学习的医务工作者和医学生以此作为临床基本技能的教材之一，在临床和学校使用，同时得到了广大医学生、临床医务工作者的好评。“十三五”期间国家和省医政部门、教育部门分别出台了力推改革的大量文件，为了配合五年制、“5+3”长学制中医、中西医结合医学教育改革和发展的需要，更为了更好地满足住院医师规范化培训各项临床考核技能的要求，使院校教育一致和同质化，我们组织省内外各高校和医学院的知名医疗护理专家在之前的基础上再次精心编写了《中西医结合护理操作学》（第 3 版）。

在重新修订本书时我们删除了一些不用赘述的理论，并新增了医疗护理规范化培训文件里要求的内容。规范化培训是医学生毕业后再教育的重要组成部分，对于培训临床高层次人才、提高医疗质量极为重要。2013 年 12 月，国务院七部委联合发布了《关于建立住院医师规范化培训制度的指导意见》，从而全面推进和改革住院医师规范化培训制度。2014 年 12 月国家中医药管理局、国家卫生和计划生育委员会、教育部联合发布了《中医住院医师规范化培训实施办法（试行）》的通知，其中要求中医住院医师在划范化培训期间必须接受临床操作考核；2016 年 2 月国家卫生和计划生育委员会又发布了《新入职护士培训大纲（试行）》，其中要求新入职护士必须掌握并熟练运用常用临床护理操作技术共 27 项。在上述背景下，我们充实完善了《中西医结合护理操作学（第 3 版）》，本书可以帮助医学生更快、更好地适应规范化培训。

中西医结合护理操作学是综合运用中医、西医护理理论及程序，并在护理实践中不断摸索总结而创建起来的一门系统性、操作性很强的学科，具有一定的创新性。本书内容实用性强，操作流程清晰，便于学习与应用；在遵循中医整体观念和辨证论治的原则下融汇了护理程序，使学生能结合患者的具体情况，运用相应操作解决或缓解患者的症状和体征，掌握提高诊疗、护理疾病、预防保健能力及舒适相关的健康服务的方法，且重在培养学生的实际动手能力，更快地衔接临床工作。通过利用本书的教学，要求学生能初步运用本书相关知识，以护理程序的方法对患者进行整体护理，帮助患者康复，正确进行常用的中西医护理操作，力求体现中西医结合的优势。

本书课程的教学可通过课堂讲授、多媒体教学、实际操作、自学讨论等形式进行。在教学中注意加强与其他课程的配合，加强理论联系实际，加强基本技能训练，培养学生的实际工作能力。本书附有约 40 项常用中西医结合护理操作的演示视频，通过手机扫描二维码观看，以增强学生直观的感官认识，帮助学生理解和记忆，提高学习效率。

医疗工作与护理工作既有分工又有合作，具有相互交叉的特点。在临床工作中，医疗与护理在促进患者康复这一共同目标上紧密结合，因此，不仅护理方面的学生需要熟练掌握相关护理技术，医疗方面的学生打好护理理论和护理操作基础也是十分必要的，相信本书会是一本很好的教学指南。在此对前两版教材中全体编委致以衷心的感谢。

鉴于编写时间相对仓促，难免会有不足之处，希望广大读者在使用过程中提出宝贵意见，以便进一步修改提高。

《中西医结合护理操作学》(第 3 版)编委会

2017 年 10 月

目　录

《中西医结合护理操作学》（第 3 版）

技术操作视频目录

第一章 绪 论

护理学是人类为了解除或减轻自身的痛苦，在和疾病的抗争中逐渐产生的一门学科。护理学具有悠久的历史，它的发展经历了漫长的岁月，但直到19世纪中叶才逐渐形成成熟的体系。

中西医结合护理学来源于中医护理学和西医护理学，是在中医护理学和西医护理学的基础上，结合各自的优势逐步形成、发展起来的一门新学科。中西医结合护理操作学是在中西医结合护理学的基础上发展起来的一门以操作技术为主的新课程。

临床护理技术是医疗活动的重要组成部分，临床医务工作者只有熟知各项临床基础护理技术的应用目的和操作要求，才能确保各项医疗服务活动的安全和有效。临床护理技术不仅是护理专业主干课程的重点内容，也是医学生必须掌握的临床技能。

一、中西医结合护理操作学的理论指导

随着医学模式的转变及现代护理学的发展，护理学经历了以疾病为中心和以健康为中心两个阶段。现阶段的护理学是以人的健康为中心，重视整体护理。整体护理的核心是以现代护理观为指导，以护理程序为框架，以患者为中心，根据患者身、心、社会、文化的需要提供优质护理。护理程序是指导护理人员以满足护理对象的身心需要，恢复或增进健康为目标，科学地确认健康问题，运用系统方法实施计划性、连续性、全面整体性护理的一种理论与实践模式。护理程序围绕人、环境、健康、护理这四个基本概念，一般分为五个步骤，即评估、诊断、计划、实施和评价。

中医护理操作技术的理论指导始终秉承“整体观念”和“辨证施护”两大原则。中医护理理论从整体观念出发，把人体看成是一个以心为主宰，五脏为中心的整体；同时认为人和自然界及社会有密切的联系，是一个不可分割的整体。中医整体护理观，是指在中医基本理论指导下，以患者为中心，以满足患者的身心需要、恢复健康为目的，实施全面的辨证施护、辨证施术、辨证施膳的临床护理实践模式。这种模式既重视人体内在的病理生理特点，又重视自然与人体、邪气与正气的关系；既重视临床病症证候表现中的辨证施护，又重视针对疾病本身特有病因病机本质变化的辨证求因施护；既重视在施护的方法上的标本轻重缓急之别，又重视与治则治法紧密结合的辨证施护特点。

辨证施护，其中“辨证”就是运用中医的理论，对四诊所收集的有关病史、症状、体征加以分析、综合、概括和判断，对疾病进行证候定性；“施护”就是在辨证的基础上，既从疾病的定性中确立相应的施护原则和方法，又从辨证所确立的治则治法中制订相应的施护原则和方法。辨证施护是中医护理的精髓，是指以整体观念为指导思想，运用中医望、闻、问、切的诊断方法，对患者进行调查研究，采集患者的自觉症状和各种临床体征等资料；运用八纲、脏腑、六经、卫气营血等辨证方法，进行分析归纳、综合判断疾病属于何证，从而确定相应的护理方法及措施，并采用独特的中医护理技术进行护理，防止并发症和危重急症的发生。

因此，将中医的整体护理观与当代世界先进的整体护理理念有机地结合起来，科学地将护理程序与中医的辨证施护融合起来，贯穿于护理的各个环节，正是中西医结合护理操作学的指导理论。这种融合使护理方法、技术、程序更具科学性与特异性，上升到新的理论高度，更好地契合并指导中西医结合临床护理操作。

二、中西医结合护理操作学的发展源流

中西医结合护理操作学来源于西医护理学和中医护理学，结合了中西医护理的优点。中医学强调“三分治，七分养”，中医护理学的内容很大部分是研究“七分养”的科学。中医在发生发展过程中，医、药、护的分工一直是不明晰的。从浩如烟海的医学典籍到历代名医传记中，不乏护理知识和技术，有许多内容对现代护理仍有指导意义。《礼含文嘉》：“燧人氏始钻木取火，炮生而熟，令人无腹疾。”说明人类自发明“用火”手段后，开始食熟食。同时认识到饮食与胃肠疾病的关系。唐代孙思邈的《千金方》记载了以葱管作导尿器械治疗尿潴留的方法，这是世界上最先应用导尿术的记载。宋代《医说》一书中记有“早漱口，不若将卧而漱，去齿间所积，牙亦坚固”的口腔护理知识。宋代陈自明所著《妇人大全良方》提供了大量妊娠期和产后的护理知识。明清时期记载了蒸汽消毒衣物，焚烧艾叶、喷洒雄黄酒等方法消毒空气等消毒隔离理念。

除中国外，印度、埃及、希腊等国家早在纪元前就出现了泥敷、包扎、固定等骨折护理技术。例如，埃及，在制作木乃伊的过程中，他们学会了用各种草药、动物及矿物质制成丸、膏等制剂来治疗、护理疾病。在希腊，医学之父希波克拉底创造了“体液学说”，并教会人们用冷、热泥敷等法；罗马人则注意修建大型体育场以进行体育锻炼，从而促进健康、预防疾病等。

1860年，南丁格尔在英国圣托马斯医院创办南丁格尔护士学校，成为了护理学发展过程中的里程碑。南丁格尔以传授科学的护理专业知识和高尚的道德为主，培养了一批新型护士，使护理由学徒式教导成为正式的学校教育。其在护理学科的建立和护理专业形成过程中做出了开创性的贡献。

由此我们可以看到，中西医结合护理操作学有着深厚的基础，其理论及方法都经过许多实践的检验，是从日积月累的经验中得出来的。

三、中西医结合护理操作学的特点

1. 中医护理操作学的特点 中医护理操作技术作为中医护理学的一部分，具有独特的优势，主要可总结为“简、便、廉、验”。简，即操作简单，因时制宜，选择操作简便的方式；便，即取材方便，因地制宜，随地取材；廉，即价格低廉，因人制宜，不浪费人力和物力；验，即效果显著。

中医护理技术来源于民间，大部分不需要特殊的仪器设备，简便易行、直观安全、收费低廉、创伤小、见效快，体现了以“安全、优质、高效、低耗、创新、发展”为一体的护理模式。例如，针灸之于中风后遗症肢体瘫痪、拔罐法之于腰背痛、推拿术之于落枕、刮痧法之于中暑等治疗方法无一不是易学易行、价格低廉且效果显著，因此深受患者喜爱。

很多中医护理技术如针灸、推拿、拔罐、刮痧、导引、太极拳等不同于药物疗法，是通过调整机体的生理功能，激发机体固有的抵御疾病和自我修复的能力，以达到医疗和保健的目的。这种以生理机制为基础的作用特点，使其具有明显的安全和适用范围广泛的优势，广泛应用于内科、外科、妇产科、儿科、五官科等。

2. 西医护理操作学的特点 现代护理学除以自然科学、医学基础和临床知识为理论基础外，还包括心理学、伦理学、社会学和美学等方面的知识。在逐步的发展过程中西医护理操作学也继承了现代护理学的自身特色：①注重无菌技术。与西方医学理论一脉相承，在操作中注重无菌观念的培养。②突出可行性。这是一门应用科学，有专门的护理技术操作规范，强调各种规范、流程的可操作性。③重视人文关怀。注重对患者的人文关怀、灵性照顾，要求护理人员应做到耐心地聆听、有效温暖地沟通，要求医务人员应有亲切友善的态度、仁爱的情怀和无私奉献的精神。

3. 中西医结合护理操作学的特点　中西医结合护理操作同时兼具有西医护理操作和中医护理操作的特点。它将中医的整体护理观与当代世界先进的整体护理理念有机地结合起来，贯穿于护理操作的各个环节；并科学地将现代护理程序与中医的辨证施护融合起来。同时无论执行何种操作，都应以中西医结合护理学为理论指导，操作中应时刻注意无菌原则、人文关怀，整个护理过程都应体现整体护理。

第二章 基础评估

学习目标

（1）了解各项基础评估的评估要点。
（2）了解如何记录评估结果。
（3）了解如何选择和使用评估工具。
（4）熟悉不同疼痛评估量表的使用及评估方法。
（5）熟悉进食功能及营养状态评估方法及操作流程。
（6）熟悉生活自理能力评估工具及方法。
（7）掌握生命体征的评估方法及操作步骤。
（8）掌握神经功能的评估方法及操作流程。
（9）掌握患者安全评估的评估工具及操作流程。

护理评估（nursing assessment）是一个系统地、连续地收集、组织、核实和记录护理对象有关健康资料的过程，是护理程序的第一步，也是护理程序最基本的步骤。它贯穿于护理工作的始终，贯穿于护理程序的全过程。护理评估是一个连续的过程，从与患者的第一次见面时开始，直到患者出院或护理照顾结束时才终止，护士应随时收集有关患者反应和病情变化的资料，以便及时发现问题、确定诊断、修改和补充护理计划。本章介绍的基础评估内容包括生命体征评估、疼痛评估、神经功能评估、进食功能及营养状态评估、生活自理能力评估、安全评估。

第一节 生命体征评估

生命体征（vital signs）是指体温、脉搏、呼吸、血压、瞳孔和意识的总称。生命体征受大脑皮质控制，是机体内是否在活动的一种客观反映，是衡量机体身心状况的可靠指标。正常人生命体征在一定范围内相对稳定，变化很小。而在病理情况下，其变化极其敏感。通过认真仔细地观察生命体征，我们可了解机体重要脏器的功能活动情况和疾病的发生、发展及转归，为预防、诊断、治疗和护理提供依据。

一、体温测量与评估

体温（body temperature，T），也称体核温度（core temperature），是指身体内部胸腔、腹腔和中枢神经的温度。其特点是相对稳定且较皮肤温度高。皮肤温度也称体表温度（shell temperature），可受环境温度和衣着情况影响且低于体核温度。

（一）体温的正常值

腋下温度（axillary temperature）的正常范围为 36～37.4℃；口腔舌下温度的（sublingual temperature）正常范围为 36.7～37.7℃；直肠温度（rectal temperature）的正常范围为 36.5～37.7℃。

温度以摄氏温度（℃）和华氏温度（℉）来表示。两者的换算公式：℉=℃×9/5+32。

（二）体温的正常生理变化

健康人能在外界温度多变的情况下，保持相对稳定的体温，是在视前区下丘脑前部的体温调节中枢调节下实现的。

体温受运动、食物、情绪、年龄等影响而略有差异。变动的范围为 0.3～0.6℃。这种变动与人体代谢有昼夜周期变化有关。正常成年人一天之中凌晨 4～6 时体温最低，下午 4～8 时最高。而长期从事夜间工作者则相反。女性比男性略高；幼儿比成人高；老年人比成年人略低。女性排卵时至经期前、妊娠早期，体温会轻度升高。剧烈运动、大量摄入蛋白质食物、外界温度突然升高、进食热饮等也可使体温暂时轻度上升。

（三）体温异常及其程度

当腋下温度超过 37.0℃或口腔温度超过 37.5℃，一昼夜体温波动在 1℃以上可称为发热。以口腔温度为例，发热程度可划分为低热：37.3～38.0℃（99.1～100.4℉）；中等热：38.1～39.0℃（100.6～102.2℉），也常见于急性感染；高热：39.1～41.0℃（102.4～105.8℉），也常见于急性感染；超高热：41.0℃以上（105.8℉以上），常见于中暑。

机体最高的耐受体温为 40.6～41.4℃（105.0～106.0℉），当人体温达到 43℃时很少能存活。直肠温度持续升高且超过 41.0℃时，可引起永久性脑损伤；高热 42.0℃以上持续 2～4 h 可导致休克及其他严重并发症。可将不同时间测得的体温绘制在体温单上，相互连接，就构成了体温曲线。各种体温曲线的形态称为热型，临床常见的热型有稽留热、弛张热、间歇热和不规则热。

低体温是指各种原因引起的产热减少或散热增加导致体温低于正常的范围。当体温低于 35.0℃时，称为体温不升，主要表现为发抖、血压降低、心搏呼吸减慢、皮肤苍白、四肢冰冷、口唇和耳垂发绀、躁动不安、嗜睡甚至昏迷。低体温的临床分期，轻度：32.0～35.0℃（89.6～95.0℉）；中度：30.0～32.0℃（86.0～89.6℉）；重度＜30.0℃（＜86.0℉以下），会出现瞳孔散大、对光反射消失的表现；致死温度：23.0～25.0℃（73.4～77.0℉）。

（四）发热的类型

1. 西医发热类型（图 2-1）

（1）稽留热（continuous fever）：特点是体温高达 39～40℃（不低于 39℃）持续数日或数周，日差不超过 1℃。其常见于大叶性肺炎或伤寒的患者。

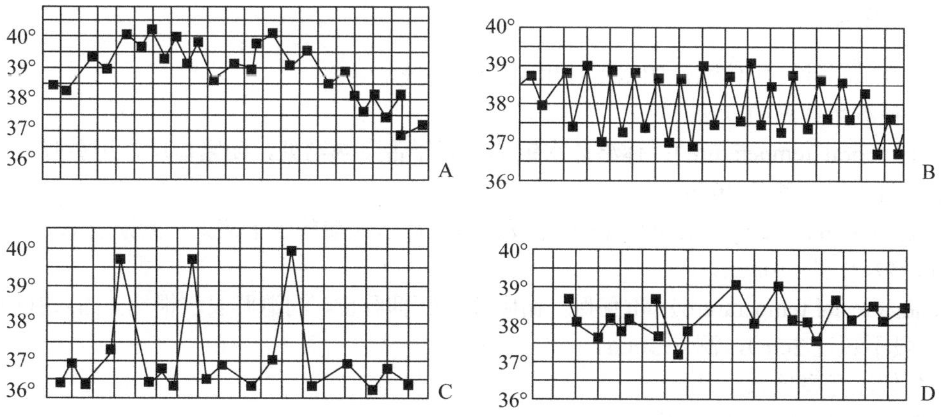

图 2-1　发热类型

A.稽留热；B.弛张热；C.间歇热；D.不规则热

（2）弛张热（remittent fever）：特点是体温高低不一，幅度大，日差超过 1℃，但最低温度仍在正常体温以上。其常见于败血症及化脓性感染的患者。

（3）间歇热（intermittent fever）：特点是体温骤然升高到 39℃以上，持续数小时后下降，很快降至正常或以下，再隔 1～3d 又突然升高反复一次。其常见于疟疾及肾盂肾炎的患者。

（4）不规则热（irregular fever）：体温波动的范围极不规则，持续时间不定。常见于流行性感冒、风湿热的患者。

2. 中医发热分型 凡患者主观感觉怕冷，虽加衣被或近火取暖仍觉寒冷者，称为恶寒；患者身寒怕冷，加衣被或近火取暖即可缓解者，称为畏寒。发热除包括体温高于正常者外，还包括患者体温正常而自觉全身或局部发热的主观感觉。寒热有如下表现形式。

（1）恶寒发热：指恶寒与发热同时出现，多为外感病的初期，是表证的特征。若恶寒重发热轻，为外感风寒；发热重恶寒轻，为外感风热；发热轻而恶风，多为外感伤风。

（2）但寒不热：患者只感怕冷而无发热，多属里寒证。新病畏寒，多为寒邪直中，久病畏寒，多为阳气虚衰。

（3）但热不寒：患者只发热而不恶寒反恶热，多属里热证。高热不退为壮热，多因里热炽盛；轻微发热为微热，多见于某些内伤病和温热病后期；按时发热或按时热甚为潮热。潮热有不同的类型：日晡潮热者，多为阳明腑实证；午后潮热，入夜加重，兼见五心烦热或骨蒸痨热者，多为阴虚；午后热盛，身热不扬者，可见于湿温病；身热夜甚者，也可见温热病热入营血。

（4）寒热往来：恶寒与发热交替发作，为半表里证，可见于少阳病和疟疾。

（五）评估要点

（1）掌握评估对象和时机。根据患者入院天数、年龄、病情、检查、手术、用药情况、合作程度、近期体温、体温曲线图及变化等，决定测量时机、频率、工具和部位。

（2）掌握测量频率。新入院的患者每日测量体温 4 次，连续 3d。3d 后体温正常者改为每日 2 次；手术患者术前 1d 20：00 测体温，手术当日早晨 1 次，术后每日 4 次，连续 3d，正常后每日 2 次；高热患者应每 4h 测量 1 次体温，体温降至 38.5℃以下每日 4 次，降至正常水平 3 日后每日 2 次。危重病患者需密切观察体温变化，采取降温措施后 30min 重测体温。

（3）选择合适的测量部位。体温测量部位有口腔、腋窝、肛门（直肠）、外耳道等。婴幼儿可选择颈动脉或腹股沟部位测量。婴幼儿、精神异常及意识不清的患者可测肛温。腹泻、直肠或肛门手术、心肌梗死的患者不宜测肛温。

（六）操作步骤

（1）检查体温计，将体温计的水银柱甩至 35℃以下。

（2）选择测量体温的方法

1）口温（oral temperature）：体温计水银端斜置于舌下热窝处，闭紧口唇，用鼻呼吸，交代勿咬体温计（图 2-2），测量 3min。

2）腋温（axillary temperature）：擦干汗液，体温计水银端放于腋窝处，紧贴皮肤，屈臂过胸，夹紧（图 2-3），测量 10min。

3）肛温（rectal temperature）：取侧卧、俯卧或屈膝仰卧位，润滑肛表水银端，插入肛门 3～4cm（新生儿一般不超过 2cm），测量 3min。

（3）交代注意事项。

（4）按时间取出体温计，读数。

（5）将读数记录在体温本上。

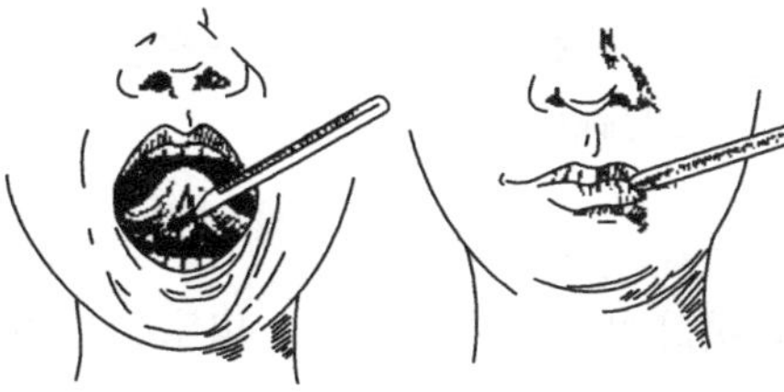
图 2-2　口腔测温法

图 2-3　腋下测温法

（6）体温计使用后正确消毒。将体温计浸泡于消毒液中 30min 后取出，再浸泡入冷开水中，略等片刻取出，用消毒纱布擦净备用。

（七）注意事项

（1）在甩体温表时用腕部力量，不能触及他物，以防撞碎。

（2）测量体温前若有下列活动，如运动、进食、喝冷热饮、冷热敷、洗澡、坐浴、灌肠等，应在活动停止 30min 后测量。

（3）精神异常、昏迷、幼小、口鼻腔手术、呼吸困难及不能合作者，均不宜采用口腔测温。刚进食或面颊部热敷后，应间隔 30min 方可口腔测量。

（4）腹泻、直肠或肛门手术、心肌梗死的患者不宜直肠测温；坐浴或灌肠者须待 30min 后才可测直肠温度。

（5）对新生儿与老年智障、精神异常、意识不清、烦躁和不合作的患者，护士应在旁协助测量体温。

（6）发现体温和病情不相符合时，应在病床旁监测，必要时复查肛温和口温对照。

（7）如患者不慎咬碎体温计时，应立即清除玻璃碎屑以免损伤唇、舌、口腔、食管和胃肠道的黏膜，不要吞咽并吐出唾液，再口服蛋清或牛奶以延缓汞的吸收。病情允许者也可服用膳食纤维丰富的食物促进汞的排泄。

（8）在测体温过程中，应注意患者的面色、神志等变化，特别是对疑有高热的患儿，要谨防抽搐的发生。

二、脉搏测量与评估

在每个心动周期中，由于心脏的收缩和舒张，动脉内的压力发生周期性的变化，导致动脉血管发生有节律的扩张和弹性回缩，动脉管壁由此而产生有节律的搏动，称为动脉脉搏，简称脉搏（pulse，P）。脉搏是左心室及主动脉搏动的延续。健康人的脉搏和心率是一致的，脉搏能反映心血管的功能和血容量的变化，通过测量脉搏可以了解心脏的动力状态、心率、心律、心输出量、动脉的可扩张性及外周阻力，因而测量脉搏是病情观察客观、传统的重要方法。健康成人安静状态下脉搏频率为 60～100 次/分，搏动规则、均匀、间隔时间相等。脉搏频率受年龄、性别、活动、情绪等生理性变化的影响。

（一）脉搏的正常值和生理变化

（1）脉率：即每分钟脉搏的次数。正常成年人其在安静情况下是每分钟 60～100 次，它可随年龄、性别、活动、情绪等因素变化而变化。一般情况下女性比男性快，婴幼儿比成年人快，老年人相对较慢，活动或情绪激动时可暂时加快，休息和睡眠时减慢。

（2）脉律：即脉搏的节律性。正常脉律是有规律、间隔时间相等、搏动力量均匀的。

（3）强弱：能反映出心输出量的多少。如果心输出量减少，脉搏呈“微弱”、“丝样”。如果心输出量增加，运动、焦虑、喝酒后，脉压变大，脉搏出现洪大。观察脉搏性质可分三种强度：洪大脉、正常脉搏、丝脉或细脉。这种评估是主观的，需要有一定的临床经验。

（二）脉搏的病理变化

（1）频率异常：①速脉见于发热、大出血等患者；②缓脉见于颅内压增高、房室传导阻滞等患者。

（2）节律异常：①在一系列正常均匀的脉搏中出现一次提前而较弱的搏动，其后有一较正常延长的间歇，称为间歇脉。正常人在过度疲劳、精神兴奋、体位改变时偶尔也会出现间歇脉。②二联律、三联律是指每隔一个或两个正常搏动后出现一次期前收缩，则前者称二联律，后者称三联律，多见于心脏病患者或洋地黄中毒者。③脉搏短绌是指在单位时间内脉率少于心率、快慢不一、强弱不等、极不规则，见于心房颤动患者。

（3）强弱的改变：①洪脉是指当心输出量增加、外周阻力小、动脉充盈度和脉压较大时，脉搏强大有力，见于高热、甲状腺功能亢进的患者；②丝脉是指当心输出量减少、动脉充盈度降低时，脉搏细弱无力，见于心功能不全、大出血、休克等患者。

（4）动脉管壁弹性的异常：动脉硬化时管壁变硬失去弹性，呈迂曲状，诊脉时有紧张条索感，如按在琴弦上，常见于动脉硬化患者。

（三）评估要点

（1）根据患者主诉、临床表现、用药后反应等，决定评估的时机、频率和观察的重点内容。测量婴幼儿的脉搏应在测量体温和血压前进行。

（2）测量前保持患者在安静状态，排除影响脉搏客观结果的因素，如测量脉搏前有剧烈运动、情绪激动、哭闹等，应在休息15～30min后再测量。

（3）选择合适的测量部位。一般选择桡动脉为测量部位，测同一位置的脉搏，最好固定触诊部位。评估测量脉搏部位的皮肤情况，避免在偏瘫侧、动静脉瘘侧、已手术侧、脉管炎侧的肢体及伤口部位等测量脉搏。

（4）测量的方法正确。测量指法、力度准确，避免用拇指触诊，测量30s，将所测脉搏数乘以2，即为脉率。异常脉搏、心律失常、危重病患者应测量1min。脉搏细弱摸不清时，听心率1min。心脏病、心律失常、使用洋地黄类药物的患者或2岁以下儿童应测心率代替测脉搏。

（四）操作步骤

（1）向患者解释以取得合作。

（2）患者取卧位或半卧位，测量桡动脉时，将手臂放在舒适的位置，腕部伸展。

（3）用示指、中指、环指的指腹按在患者动脉搏动处，压力大小以能清楚触及脉搏为宜。一般情况下测30s，将所测脉搏数值乘以2，即为每分脉率。

（4）如发现患者脉搏短绌，应由两名医护人员同时测量，一人听心率，另一人测脉率。由听心率者发出“始”“停”口令，计数1min。

（五）注意事项

（1）注意观察脉搏的频率（脉率）、节律（脉律）、强度、紧张度、弹性及其变化。发现心动过速或过缓、间歇脉、脉搏短绌、交替脉等，需要评估伴随的症状和体征，如是否有心悸、头晕等，及时与医生和上级责任护士沟通，调整或制订医疗护理措施。

（2）对于风湿性心脏病、冠状动脉粥样硬化性心脏病、心肌炎、甲状腺功能亢进等患者，应注意其心电图结果。如发现脉搏短绌，需要2名护士同时测量，1人测脉搏，1人听心率，测量1min。

（3）结果准确记录在护理记录单或绘制在体温单上。脉搏短绌记录方式为：心率/脉率/min。

三、呼吸测量与评估

（一）正常呼吸

呼吸（respiration，R）过程是由3个相互衔接并同时进行的环节构成，即外呼吸、气体运输和内呼吸。

（1）外呼吸是指外界环境与血液之间在肺部进行的气体交换，包括肺通气和肺换气。

（2）气体运输是指血液循环将氧气由肺运输至组织细胞，同时将CO_2由组织细胞运送到肺并排出体外。

（3）内呼吸是血液与组织之间的气体交换。呼吸是维持机体新陈代谢和功能活动所必需的生理活动。正常成人安静状态下呼吸频率为16～20次/分，节律规则，呼吸运动均匀、无声且不费力。呼吸与脉搏的比例为1∶4，男性及儿童以腹式呼吸为主，女性以胸式呼吸为主。

呼吸运动通过神经、化学途径（O_2、CO_2、H^+）进行调节，以维持血液中O_2、CO_2、H^+浓度稳定。呼吸随着年龄、性别、血压、温度、运动、情绪、气压等生理变化而出现生理性波动。新生儿呼吸频率可达44次/分。

（二）异常呼吸

（1）频率异常：呼吸频率超过24次/分为呼吸增快（气促），呼吸频率低于12次/分为呼吸过缓。呼吸增快（气促）常见于发热、头疼、甲状腺功能亢进等。通常体温每升高1℃，呼吸频率相应增加3～4次/分。呼吸过缓常见于颅内压增高，应用麻醉药或镇静药过量等。

（2）深度异常：深而规则的大呼吸为深度呼吸。浅表而不规则的呼吸，有时呈叹息样，为浅快呼吸。深度呼吸常见于糖尿病酮症酸中毒和尿毒症酸中毒等，主要是由于H^+浓度升高刺激呼吸感受器引起，呼吸深大以便排出较多的CO_2而调节血中的酸碱平衡。浅快呼吸可见于呼吸肌麻痹、某些肺与胸膜疾病，也可以见于濒死的患者。

（三）节律异常

（1）潮式呼吸：也称陈-施呼吸。其表现为呼吸由浅慢逐渐加快加深，达高潮后又逐渐变浅变慢，暂停（可持续5～30s）之后又出现上述状态的呼吸，周而复始。潮式呼吸多见于中枢神经系统疾病，如脑炎、脑膜炎、颅内压增高和巴比妥类药物中毒等，主要是因为呼吸中枢的兴奋性减弱或严重缺氧时，血中正常浓度的CO_2不能通过化学感受器刺激呼吸中枢兴奋，故呼吸逐渐减弱以致暂停，当呼吸暂停时CO_2停止呼出，体内CO_2积聚到一定程度，即$PaCO_2$增高到一定程度，才能通过化学感受器反射性刺激呼吸中枢再次引起呼吸；当积聚的CO_2呼出后，呼吸中枢又失去有效的兴奋性，呼吸又再次减弱继而暂停，从而形成了周期性变化。

（2）间停呼吸：也称毕奥（Biot's）呼吸，表现为有规律的呼吸几次后，突然停止呼吸，间隔一个短时间后又开始呼吸，如此反复交替。其产生机制与潮式呼吸相似，但预后更严重，常在临终前发生。

（3）抑制性呼吸：患者表情痛苦，呼吸较正常浅而快，胸部发生剧烈疼痛导致吸气相突然中断，呼吸运动突然短暂地受到抑制。其常见于急性胸膜炎、胸膜恶性肿瘤、肋骨骨折及胸部外伤等疾病。

（4）叹息样呼吸：在一般正常呼吸节律中插入1次深大呼吸并常伴有叹息声。其常见于神经衰弱、精神紧张或抑郁症等。

（四）声音异常

（1）吸气时发出一种极高的似蝉鸣样音响，为蝉鸣样呼吸，常见于喉头水肿、痉挛、喉头异物等。

（2）呼吸时发出一种粗大的鼾声，为鼾声呼吸，多见于昏迷患者。

（五）形态异常和呼吸困难

（1）吸气性呼吸困难：其特点是吸气明显困难，吸气时间延长，三凹征明显（吸气时，胸骨上窝、锁骨上窝、肋间隙出现明显的凹陷）。其原因是上呼吸道部分梗阻，气流不能顺利进入肺组织，吸气时呼吸肌收缩，肺内负压极度增高。其常见于气管阻塞、气管异物、喉头水肿等。

（2）呼气性呼吸困难：其特点是呼气费力，呼气时间延长。其原因是下呼吸道部分梗阻，气流呼出不畅。其常见于支气管哮喘、阻塞性肺气肿等。

（3）混合性呼吸困难：其特点是吸气和呼气均感费力，呼吸频率增快和变浅，常伴有呼吸音的异常（减弱或消失），可有病理性呼吸音。其原因是肺部广泛病变，使呼吸面积减少，影响唤起功能。其常见于重症肺炎、广泛性肺纤维化、大片肺不张、大量胸腔积液和重症肺结核等。

（六）评估要点

（1）根据患者呼吸频率、节律、深度、声音及呼吸困难程度等决定测量呼吸的时机、频率等。

（2）观察患者呼吸频率、节律、深度、声音和呼吸形态等情况，以及体位改变对呼吸造成的影响；同时注意观察咳嗽、咳痰、咯血、胸痛等伴随症状，以及有无胸部手术史、外伤史、胸部畸形和使用影响呼吸的药物等。

（3）观察患者表情、口唇皮肤黏膜颜色，有无发绀及胸腹部起伏情况。

（4）观察患者神志变化，有无烦躁不安、意识模糊等缺氧或 CO_2 潴留的表现。

（5）对于危重病、机械通气患者，需注意血气分析的主要参数变化，并据此简单判断有无酸碱平衡失调。

（七）操作步骤

（1）在测量脉搏后，保持诊脉手势，以分散患者的注意力，观察患者胸部或腹部的起伏，一吸一呼为 1 次呼吸。

（2）成人和儿童计数 30s，所测数值乘以 2，即为呼吸频率。如患者呼吸不规则或婴儿应测 1min。

（3）当患者呼吸微弱不易观察时，可用少许棉花置于患者鼻孔前以观察棉花纤维被吹动的次数，计数 1min。

（八）注意事项

（1）核对患者身份，准备有秒针的表。

（2）协助患者取自然、舒适体位，并使其放松。

（3）采用正确的测量方法。护士保持诊脉手势，观察患者胸部和腹部的起伏（一起一伏为 1 次呼吸），测 30s，将所测得的数值乘 2，即为呼吸频率。危重病患者、呼吸困难者、婴幼儿、呼吸不规则者测量 1min。危重病患者呼吸微弱不易观察时，可用少许棉花置于患者鼻孔前，观察棉花纤维吹动情况，计数 1min。

（4）测量结果准确记录在护理记录单或绘制在体温单上。注意将测量结果与以往结果比较，了解病情的动态变化。机械通气患者在体温单第一栏 35℃以下纵格内用黑笔注明“辅助呼吸”。

四、血压测量及评估

（一）相关定义

（1）血压（blood pressure，BP）：是血液在血管内流动时对血管壁的侧压力。

（2）收缩压（systolic pressure）：当心脏收缩时，血液被射入主动脉，冲击管壁，动脉压力达到最高值。

（3）舒张压（diastolic pressure）：当心脏舒张时，动脉血管坚固具弹性而恢复原状，在舒张末期血管内压力降至最低值。

（4）脉压（pulse pressure）：收缩压与舒张压之差。

（5）无创血压测量（blood pressure，BP）、有创动脉血压测量（invasive blood pressure，IBP）和中心静脉压（central venous pressure，CVP）均是反映循环系统功能的指标。

（二）血压的正常生理变化

（1）年龄：儿童生长期随年龄增长，血压缓慢平稳上升。

（2）性别：中年以前，女性比男性血压低。

（3）体重：肥胖者血压偏高。

（4）时间与睡眠：傍晚血压高于清晨。睡眠、休息不好时，血压可略有增加。

（5）寒冷时的血压高于温热时。正常人在精神紧张、恐惧、兴奋、运动后，血压都可升高，但以收缩压增高为主，舒张压无明显变化。

（三）影响血压的因素

（1）心输出量：心输出量的变化是影响血压的重要因素。在安静状态下，心脏每分钟输出 4L 血液，而在大量运动时，心脏每分钟输出量可达 30～40L。能增加心输出量或血管阻力的因素都会使血压增高。当一个人从事一项吃力的活动时，心输出量会自然地升高以满足代谢的需要。当心输出量降低时（如心肌梗死后），血压也会下降。

（2）外周阻力：对改变收缩压及舒张压均有影响，对舒张压影响较为显著。小动脉阻力增加，使动脉血流速度减慢，心舒张末期留在动脉中血液量增多，使舒张压升高，而脉压减小。

（3）动脉管壁弹性：大动脉壁的弹性具有缓冲动脉血压变化的作用，即缓冲脉压变动的作用。老年人血管硬化，动脉弹性减退，使收缩压升高，脉压加大。但由于小动脉常同时硬化，外周阻力加大，因而舒张压也常常增高。

（4）循环血量：混合血量的多少直接关系到血压的高低。在大出血以后，血量减少，因此对动脉的压力减少，而致血压降低，输血后，血量增加，对动脉的压力加大，可使血压回升。

（5）血液黏度：决定于血细胞与血浆的比例。血液黏度较高时，则血压升高，如红细胞增多症或血浆蛋白质增加时。当血细胞比容高于 50%时，血液黏度明显上升，因此血压也升高。

（四）无创血压测量与评估

无创血压（blood pressure，BP）测量是通过无创方式监测动脉内的压力，其压力一般指体循环动脉血压，如无特别注明，均指肱动脉的血压。测量血压是评估血压水平、发现病情变化、观察疗效的手段。常用的测量工具有泵式水银血压计、台式水银血压计、电子血压计等。

1. 正常值 血压用毫米汞柱（mmHg）或千帕（kPa）作为计量标准，1mmHg=0.133322kPa，1kPa=7.5mmHg。

我国正常成年人在安静时的血压：收缩压 90～140mmHg（12～18.7kPa）；舒张压 60～90mmHg

（8～12kPa）；脉压 30～40mmHg（4～5.3kPa）。

下肢收缩压高于上肢 2.7～5.3kPa，舒张压在两个部位是相同的。

2. 血压水平的定义和分类 见表 2-1。

表 2-1 血压水平的定义和分类

类别	收缩压（mmHg）	舒张压（mmHg）
正常血压	<120	<80
血压高值	120～139	80～89
高血压	≥140	≥90
一级高血压（轻度）	140～159	90～99
二级高血压（中度）	160～179	100～109
三级高血压（重度）	≥180	≥110
单纯收缩期高血压	≥140	<90

注：若患者的收缩压与舒张压分属不同级别时，则以较高的分级为准。

3. 异常血压

（1）高血压（hypertension）：世界卫生组织（WHO）规定，收缩压大于 140mmHg 和（或）舒张压大于 90mmHg，均为高血压。高血压常见于动脉硬化、肾炎、嗜铬细胞瘤、颅内压增高等。

（2）临界高血压（critical hypertension）：血压于正常及高血压之间称为临界高血压。经过随诊观察，收缩压波动在 135～140mmHg，舒张压波动在 85～99mmHg，间歇地达到正常，未发现心、脑、肾等器官损伤者，也属临界高血压。

（3）低血压（hypotension）：血压低于 80/50mmHg 称为低血压。出现低血压的原因有休克、大出血、急性心力衰竭等。

（4）脉压变化：脉压增大，常见于主动脉瓣关闭不全、主动脉硬化等。脉压减少可见于心包炎及心包积液等。

4. 评估要点

（1）密切观察血压者，做到“四定”：定时间、定部位、定体位、定血压计。

（2）在测量过程中，应注意血压的高低与患者的症状和体征是否相符，当所测血压异常或血压的搏动音听不清时应重复测量。

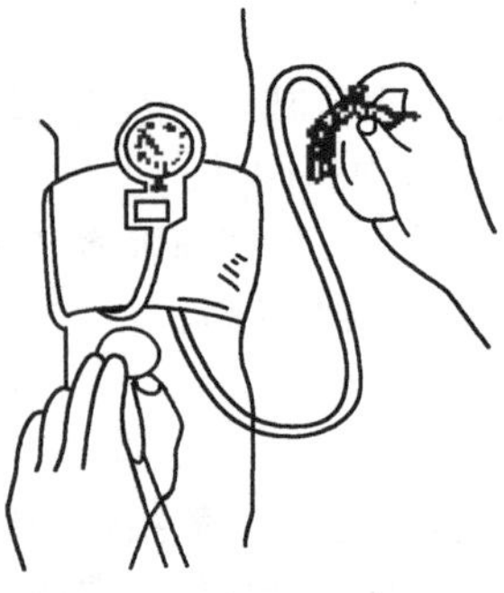

图 2-4 听诊器位置

5. 操作步骤

（1）检查血压计。

（2）体位：测量位置（肱动脉）与心脏同一水平。坐位时平第 4 肋；卧位时平腋中线。

（3）卷袖，露臂，手掌向上，肘部伸直。

（4）打开血压计，垂直放好。开启汞槽开关，将袖带气袋中部对着肘窝平整地缠于上臂，松紧以能放入一指为宜，袖带下缘应距肘窝 2～3cm，将末端整齐地塞入里圈内。

（5）听诊器置肱动脉搏动最明显处，一手固定，另一手握加压气球（图 2-4），关闭气门，充气至肱动脉搏动音消失，再升高 20～30mmHg。

（6）放气速度以每秒下降 4mmHg 水银柱为宜，注意水银柱与声音的变化，双眼平视汞柱水平面所指刻度。

（7）听诊器中能闻及第一声搏动音，此时水银柱所指刻度即为收缩压。当搏动音突然变弱或消失，此时水银柱所指刻度即为舒张压。

（8）测量结束，排尽袖带内余气，关闭气门，整理袖带放入盒内，将血压计盒盖右倾45°，使汞回流槽内，关闭汞槽开关，平稳放置。

6. 注意事项

（1）检查血压计时，要注意关紧阀门充气，如汞柱不能上升或有裂隙，表示漏气或汞量不足，该血压计不能使用。

（2）偏瘫、一侧肢体外伤或手术的患者测血压应选择健侧肢体，因患侧肢体肌张力减低及血循环障碍，不能真实反映血压的变化。

（3）注意袖带的的宽度和缠的松紧度，以免影响测量的血压值。

（4）注意打气避免过猛和过快，以免损坏血压计和引起患者的不适。

（5）放气的速度以每秒下降4mmHg为宜，以免影响测量结果的准确性。

（6）如先将袖带内气体排尽，使汞柱降至“0”点，稍等片刻再行第二次测量，一般连续测量2～3次，取其最低值。

（五）有创血压测量与评估

有创血压（invasive blood pressure，IBP）测量是通过有创方式监测动脉内的压力，其方法是将动脉导管置入动脉内通过连接压力换能器直接显示血压数值在监护仪上。它能连续动态监测患者每一个心动周期的血压变化，危重症、休克、周围血管疾病、大手术或有高循环功能障碍风险的手术患者，测量有创动脉血压值，结果更为可靠。有创动脉收缩压的正常值为100～140mmHg，舒张压正常值为60～90mmHg，平均动脉压为82～102mmHg。

常用的置管部位有桡动脉、股动脉、腋动脉、肱动脉、足背动脉，其中首选桡动脉。

1. 评估要点

（1）评估病情、临床表现、手术、血容量、用药等情况。

（2）评估患者动脉穿刺端肢体、穿刺部位皮肤及血流情况。

（3）重点监测休克、重症疾病、大手术或有生命危险手术患者的术中和术后，以及心肺复苏后、持续静脉滴注血管活性药物的患者血压情况。

2. 操作步骤

（1）选择穿刺部位：常用部位为桡动脉，不宜选用桡动脉穿刺插管时可改用股动脉。

（2）正确校准监护仪上的“0”点，压力换能器保持与心脏同一水平，确保动脉导管的位置正确，应用肝素生理盐水持续动脉点滴（2ml/h），防止血液凝固导致阻塞。

（3）观察导管及传感器内有无回血、气泡及阻塞，在调试“0”点、抽血等操作过程中，防止气体进入动脉内造成栓塞。当数值或波形异常变化时，除观察病情变化外，注意观察压力传感器是否在“0”点。

（4）观察动脉插管的远端肢体及皮温情况并记录。

（5）记录：每小时记录一次，危重的患者随时记录。

3. 注意事项

（1）当患者体位变动时，应重新试“0”点，以保证所得结果准确，穿刺针与测压管固定，患者烦躁时给予约束。

（2）在操作过程中严守无菌原则，置管部位每日换药一次。

（3）观察要点：观察局部有无红肿、疼痛等异常情况，一旦发生立即拔除导管。

（六）中心静脉压测量与评估

中心静脉压（central venous pressure，CVP）是指血液流经右心房及上下腔静脉胸段时产生的压力。经皮穿刺插管至中心静脉，主要的途径是将导管经颈内静脉或锁骨下静脉插入上腔静脉，或用较长导管经股静脉插入下腔静脉，以测量 CVP。CVP 主要反映右心室前负荷，其高低与血管内容量、静脉壁张力和右心功能有关。CVP 正常值为 6～12cmH_2O（0.49～1.18kPa）。

维持适当的循环状态，主要在于心脏泵功能、血容量及血管张力三方面的有效相互协调作用。观察 CVP 的动态变化，结合患者血压、心率、颈静脉怒张、尿量、肝大、是否脱水等情况综合分析，对于了解血容量、右心功能及判断、观察、治疗心脏压塞和休克有着重要的临床意义（表 2-2）。

表 2-2　中心静脉压与血压变化的关系及处理

CVP	血压	原因	处理
低	高	有效血容量不足，休克	充分补液
低	正常	心脏收缩力良好，血容量不足	适当补液，注意改善心功能
高	低	心功能不全或血容量相对过多	给予强心药、纠正酸中毒，扩张血管
高	正常	容量血管过度收缩，肺循环阻力增高	扩张血管
正常	低	低心功能不全或容量不足	补液试验*

*补液试验：在 5～10min 内快速输液 100～200ml，如 CVP 不升高，血压升高，提示血容量不足；如 CVP 立即上升 3～5cmH_2O，提示心功能不全。

1. 评估要点

（1）病情、意识：躁动不安而无法约束者、不能取肩高头低位的呼吸急促者和胸膜顶上升的肺气肿患者，均不宜施行此术。

（2）评估穿刺部位皮肤情况及有无出血倾向性疾病。

（3）局部皮肤破损、感染及有出血倾向者不宜施行此术。

（4）重点测量严重创伤、休克、急性循环衰竭、急性肾衰竭等危重病患者及体外循环下各种心脏手术患者的血压。

2. 操作步骤

（1）用物准备

1）测压装置：CVP 的测压装置是将一直径 0.8～1.0cm 的玻璃管和刻有“cmH_2O”的标尺一起固定在盐水架上，标尺“0”点对准第 4 肋间腋中线水平。这种装置既能输液也能测压，方法是在中心静脉导管末端连接两个三通管，首先使连接管内充满液体，排除气泡；然后将第一个三通管通过输液泵或微量注射泵接输液器，第二个三通管接测压管，测压管内应充满肝素液。测压时，关闭连接输液器的三通，停止输液，同时打开测压管三通使测压管与中心静脉导管相通，此时观察到的测压管内水柱停留所指示的刻度就是 CVP 的数值。测压完毕关闭测压管，打开输液管即可继续输液（图 2-5，图 2-6）。

这种测量 CVP 的装置可自行制作，操作简单，结果正确可靠。有条件的单位也可用心血管系统监护仪，即心电监护仪，通过压力转换器将测量 CVP 的导管连接到监护仪上，此时监护仪屏幕上即可显示和记录 CVP 的数据和波形。CVP 的测定也可与床旁监护仪相连接，测压时将中心静脉测压管道系统与床旁监护仪相连接，即可获得连续的 CVP。

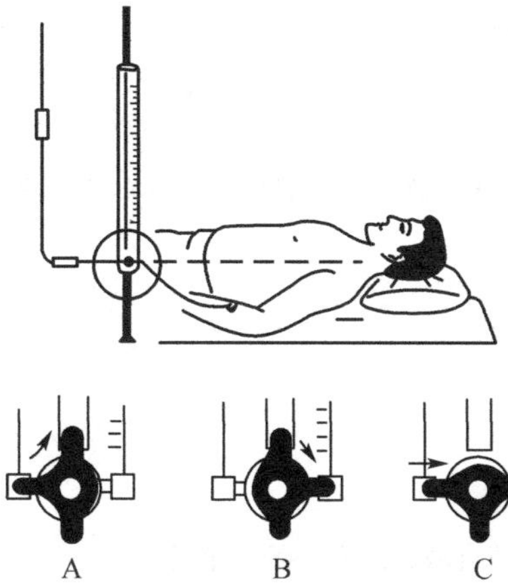

图 2-5　测量中心静脉压装置

A. 液体端（连接前）；B. 中心静脉端（测压时）；C. 测压端（输液时）

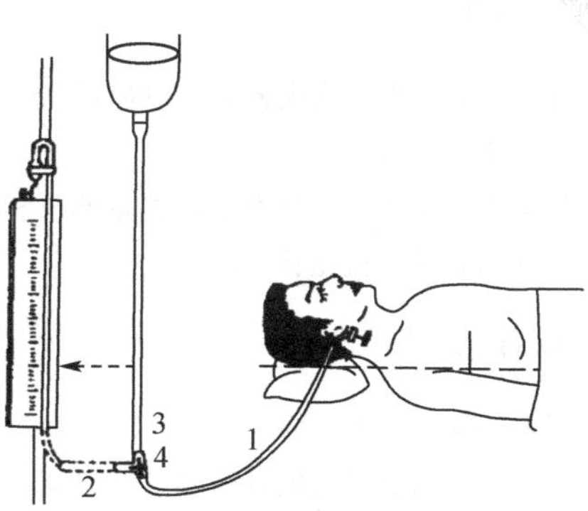

图 2-6　测压系统的连接

1. 延长管；2. 测压管；3. 注射管；4. 三通管

2）插管工具：包括：①套管针，长 5～20cm，国产 18G 套管针长 16cm；②18G 穿刺针，长 10cm，或用 18G 普通输血针；③导引钢丝，长 30～45cm，T 形导引钢丝，优点是易通过静脉弯曲处，其粗细以顺利通过穿刺针为合适；④塑料套管，长期留置在中心静脉内需用硅化导管。

3）其他用物："0" 点测量器、测压板、标尺、输液器、三通管、延长管、测压管、20ml 及 5ml 注射器、无菌注射用水、无菌注射盆、静脉输入液体、无菌手套、1%普鲁卡因、换药包等。

（2）患者准备：取去枕平卧位，上肢平放于体侧，头转向对侧，将床尾抬高约 30cm，在两肩胛之间脊柱正中垫一柱形枕，使穿刺侧肩关节尽量下垂。

（3）环境准备：安静、安全。最好在独立的抢救室或监护室内进行。

（4）校正"0"点方法：将"0"点测量器放在患者床旁，指针对准患者右侧腋中线第 4 肋间固定测压板，然后根据这一高度调整，使测压板"0"点对准指针。

（5）挂输液瓶，排尽空气：输液管末端接在第一个三通侧端，将测压管置入测压板糟内。

（6）向患者作好解释，取平卧位。

（7）拧开第二个三通管，使注射器与测压管相通，推注射器，液面上升说明测压装置运行正常。再拧此三通使其处于测压位置。

3. 注意事项　监护中心静脉压时，要做到三防一注意。

（1）防栓塞：排尽管道内空气，特别注意输液时不能补空，防止大量空气进入血管或右心房造成空气栓塞。每次测压完毕或在三通注射药物后，将三通拧回到输液位置，以免堵塞静脉。导管更换时，确保连接管牢固可靠。

（2）防感染：测压管道和输液管道系统留置 24h 以上时，应每日更换一次，严格遵守无菌操作，以防感染。须加强穿刺导管处局部的护理，每日更换敷料，更换时用 75%的乙醇浸湿半剪开的小纱布，湿敷于导管经皮肤入口处。病情稳定后要及早拔除导管，以免引起上行性感染。

（3）防止心力衰竭：根据 CVP 和血压值调节输液速度，以免导致一过性液体过量，加重心脏负担。

（4）测压注意：心血管手术后，CVP 应每小时或半小时测量一次并及时记录，病情不平稳时，随时测量并记录。当患者体位改变时，测压前应重新调"0"点。CVP 测定管道内不得输入血管活性药物以免引起血管周围组织坏死。必要时可重新建立静脉通道。

附：生命体征的测量

生命体征的测量包括体温、脉搏、呼吸、血压的测量，这里主要介绍生命体征测量的连贯性操作，体温测量以腋温测量为例，血压测量以台式水银血压计进行无创血压测量为例。

一、评估要点

（1）评估患者主诉、临床表现、用药后反应、合作程度、环境等，确定评估时机，注意有无影响体温、脉搏、呼吸、血压的因素。

（2）评估患者病情，选择合适的测量部位和测量方法。

（3）评估体温计、血压计状况。

二、操作步骤

1. 用物准备

（1）体温计、带有秒针的计时器、听诊器、血压计、快速手消毒液、纱布、纸、笔等。

（2）检查体温计完好并甩至35℃以下，检查血压计、听诊器是否处于完好状态。

（3）呼吸微弱、危重病患者应备棉花。

2. 核对、解释

（1）核对患者床号、姓名、年龄等。

（2）告知患者（或家属），解释注意事项及配合要点。

3. 实施

（1）协助患者取舒适坐位或仰卧位。

（2）腋温测量：擦干腋下，将体温计放在腋窝，嘱患者屈臂过胸，夹紧体温计，测量10min。

（3）脉搏测量：测量桡动脉、股动脉、颈动脉搏动30s，心律失常、危重病患者测1min。

（4）呼吸测量：保持诊脉手势，观察患者胸部或腹部的起伏，以一起一伏计为1次呼吸，测30s，呼吸困难、婴儿、呼吸不规则者测量1min。

（5）血压测量（肱动脉）：测量的肢体与心脏、血压计“0”点在同一水平，臂带松紧以能放入一指为宜，袖带下缘距肘窝2～3cm；充气至肱动脉搏动消失，再升高20～30mmHg，以4mmHg左右的速度放气；在听诊器听到第一声搏动音时，汞柱所指刻度为收缩压读数，当搏动音突然变弱或消失时，汞柱所指刻度为舒张压读数。

（6）取出体温计读取体温数值。

（7）快速消毒液擦手，初步记录测量结果。

4. 整理、记录

（1）整理床单位，必要时协助患者穿衣并取舒适体位。

（2）洗手及整理用物。

（3）将测量结果记录在体温表或护理记录单上，并根据病情进行综合分析判断。

三、注意事项

（1）至少同时使用两种患者身份识别。

（2）若有各种影响体温、脉搏、呼吸、血压的因素，均需让患者休息30min后再测量。

（3）避免在偏瘫、动静脉瘘、脉管炎、手术、输液等肢体测量脉搏或血压。

（4）血压测量做好四定：定时间、定部位、定体位、定血压计。

（5）测体温擦腋下时勿太用力或使用冷或热毛巾，体温计需夹紧，不合作时需协助。

（6）勿用拇指诊脉；脉搏细弱触摸不清时需听心率 1min；发现脉搏短绌时，由两名医护人员同时测量，一人听心率，一人测脉率，计时1min。

（7）测量呼吸时应转移患者注意力，使其处于自然呼吸状态；避免在婴幼儿哭闹时测量呼吸；呼吸微弱、危重病患者可用少许棉花置患者鼻孔前，观察棉花吹动情况，计时1min。

（8）测量血压时，袖带不宜过松或过紧，充气、放气也不可过快或过慢，手臂位置不能高于或低于心脏水平，以免影响测量结果；血压听不清或有异常需重测血压时，水银柱应降至“0”点，间隔 1～2min 再重新测量；首诊患者应测双上肢血压，主动脉夹层患者应测四肢血压，均以较高一侧为准。

（9）体温计使用后消毒备用：用 75%乙醇或 500mg/L 的含氯消毒剂浸泡 30min 后泡入冷开水中片刻再取出擦干或晾干备用。

（10）血压计用后及时整理：排尽袖带内余气，拧紧压力活门，整理后放入盒内；血压计盒盖右倾 45°，使水银全部流入槽内，关闭水银槽开关，盖上盒盖，平稳放置。

第二节 疼痛评估

疼痛评估是疼痛治疗关键的第一步。疼痛的全面评估应包括对疼痛程度（pain level）、疼痛控制（pain control）及疼痛不良作用（pain disruptive effects）的评估；既包括疼痛强度的单维测量，也包括将疼痛分成感觉强度和不愉快感两个维度来测量，以及对疼痛经历的感觉、情感及认知评估方面的多维评估。

疼痛强度判断主要方法

（一）口述言词评分法

口述言词评分法（verbal rating scale，VRS）将疼痛分为 4 级。

0 级：无痛。

Ⅰ级（轻度）：有疼痛但可忍受，能正常生活，睡眠不受干扰。

Ⅱ级（中度）：疼痛明显，不能忍受，要求使用镇痛药，睡眠受干扰。

Ⅲ级（重度）：疼痛剧烈，不能忍受，睡眠受严重干扰，可伴有自主神经紊乱或被动体位。

（二）数字等级评定量表（图 2-7）

数字等级评定量表（numeric rating scale，NRS）用 0～10 的数字代表不同程度的疼痛，0 代表无疼痛，10 代表重度疼痛，患者自己圈出或说出能代表其疼痛强度的数字。

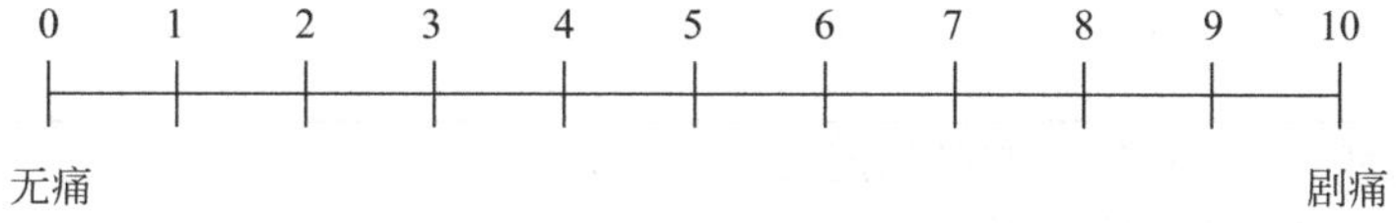

图 2-7 数字等级评定量表

（三）面部表情测量图

面部表情测量图常用的有 Wong-Baker 面部表情量表（图 2-8）及修订版面部表情疼痛量表（FPS-R）（图 2-9），用 6 个不同表情的面孔表达疼痛的不同强度，评估时由患者指向或说出最能表示其疼痛程度的那张脸。该量表在成人和老年人疼痛强度评估中有较好的信度和效度。

图 2-8 Wong-Baker 面部表情量表

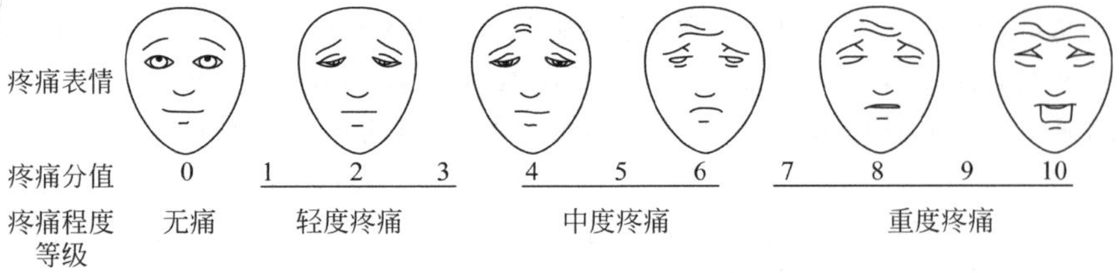

图 2-9　修订版面部表情疼痛量表（FPS-R）

（四）晚期老年痴呆症疼痛评估量表（表 2-3）

晚期老年痴呆疾疼痛评估量表（C-PAINAD）量表针对晚期老年痴呆症这类认知能力严重受损且已失去表达能力的患者，包括 5 个与疼痛相关的行为项目，每项评分 0～2 分，总分最高 10 分，0 分为无痛，10 分为最痛。该量表具有良好的信度与效度，使用简便省时。

表 2-3　晚期老年痴呆症疼痛评估量表

项目	0 分	1 分	2 分	评分
呼吸	正常	偶尔呼吸费力或短时期的换气过度	呼吸困难并发出吵闹声响、长时期的换气过度、潮式呼吸	
负面的声音表达	没有	偶尔呻吟或低沉的声音，带有负面的语气	重复性的叫嚷、大声呻吟、哭泣	
面部表情	微笑或无表情	难过、恐惧、皱眉头	愁眉苦脸	
身体语言	轻松	绷紧、紧张步伐、坐立不安	僵硬、紧握拳头、膝盖提起、拉扯或推开、推撞	
可安抚程度	无需安抚	通过分散注意力或触摸、安慰可安抚的患者	通过分散注意力或触摸、安慰也不可安抚的患者	
		观察时间约 5min		总分：

（五）评估要点

评估时机：发生疼痛随时评估；采取镇痛措施前、镇痛措施后 30～60min 评估；疼痛过程中按需动态评估，或至少每 30min 评估 1 次。

（六）操作步骤

（1）听取患者的主诉及对疼痛的自我描述。

（2）评估疼痛的加重或缓解因素。

（3）评估疼痛的性质：包括钝痛、刺痛、刀割样痛、烧灼样痛或胀痛、绞痛、搏动性痛等。

（4）评估疼痛部位：包括疼痛发生的主要部位和放射性疼痛的部位，可让患者指出或在人体图中标出疼痛部位。

（5）评估疼痛的严重程度：如使用数字评定量表，0 代表无疼痛，10 代表重度疼痛。

（6）评估疼痛发生时间和持续时间：如疼痛发生时间、频率，是间歇性还是持续性疼痛等。

（7）评估疼痛伴随的症状和体征：有无面色苍白、恶心、呕吐、被动或强迫体位、失眠等。

（8）询问患者疼痛药物的用药史、有效性、不良反应史等。

（9）将评估结果记录于护理记录单或疼痛护理单内，记录内容包括疼痛评估工具、疼痛评估结果、镇痛措施及效果和继续观察的指标等。同时，将评估结果与医生、患者进行有效沟通。

（七）注意事项

（1）评估前与患者进行有效沟通，使其理解评估的目的和意义。

（2）保持同一患者评估工具的一致性，减少偏差。

（3）不能用言语沟通或认知障碍者，可供疼痛评估的行为表现有非言语暗示和行为、发声、面部表情、行为的改变等，家庭成员也可提供“代理”疼痛评估。例如，针对晚期老年痴呆症这类认知能力严重受损且已失去表达能力的患者，可使用晚期老年痴呆症疼痛评估量表。

（4）慢性疼痛患者需进行疼痛治疗态度、心理、精神及社会功能的评估。例如，使用抑郁或焦虑量表进行评估。

（5）对疼痛评估定期进行质量分析，开展持续质量改进。

第三节　神经功能评估

神经功能评估主要包括脑神经、运动功能、感觉功能、神经反射及自主神经功能评估。任何一个评估，评估时均要注意不能忽视意识状态和精神状态的评估。本节主要介绍的神经功能评估有瞳孔评估、意识状态评估、吞咽状态评估、神经状态监测与评估。

一、瞳孔评估

瞳孔（pupil），即虹膜，是由动眼神经副交感纤维（支配瞳孔括约肌）与来自颈上交感神经节的交感纤维（支配瞳孔散大肌）共同调节而发生变化。瞳孔的变化是观察中枢神经系统疾病演变的重要指标。瞳孔的大小除了随光线的强弱变化外，还与年龄大小、屈光、生理状态、药物等因素有关。当光线刺激引起瞳孔收缩时，感光瞳孔缩小称为直接对光反射，对侧未感光瞳孔也收缩称为间接对光反射。当瞳孔反射传导径路出现障碍时，患者的瞳孔对光反射出现异常。普通光线下正常瞳孔呈圆形，双侧等大，位置居中，边缘整齐，直径为3～4mm。瞳孔感光后迅速缩小为直接对光反射灵敏，未被直接照射的另一侧瞳孔同时也缩小为间接对光反射灵敏。相比之下，儿童的瞳孔稍大，老年人的瞳孔稍小。

（一）评估要点

（1）确定评估对象：创伤或颅脑创伤、眼科疾病、中枢神经系统疾病、心肺复苏后、大手术后、中毒、使用麻醉镇静类或阿托品等特殊药物、病情危重的患者，都需要瞳孔评估。

（2）确定评估时机：入院时，交接班时，治疗、手术、用药前后，病情变化时应及时评估。

（二）操作步骤

（1）评估瞳孔大小：评估者在自然光线下，一手拇指、示指拨开患者上下眼睑，另一手持瞳孔测量尺，患者瞳孔与测量尺上的黑圆点数值对比，读出瞳孔的大小数值，对比双侧瞳孔的形状。

（2）评估瞳孔对光反射：评估者嘱患者注视远处，将手电筒光源移向一侧瞳孔中央并迅速移开，观察反应是否活跃和呈对称收缩。

（3）准确记录瞳孔的大小、形状、对光反射等情况。

（三）评估结果

（1）瞳孔直径<2mm 者称为瞳孔缩小（miosis），＞5mm 者称为瞳孔开大（mydriasis）；两侧瞳孔若不等大称为瞳孔不均等（anisocoria）。

（2）突然意识改变，一侧瞳孔散大，对光反射消失，伴有烦躁不安、呕吐、呼吸深慢、脉搏慢、血压高，提示有脑疝形成，需立即降颅压处理，或做好术前准备。

（3）双侧瞳孔缩小考虑有蛛网膜下隙出血、有机磷农药中毒或使用吗啡类及冬眠类药物，针尖样瞳孔考虑有脑桥损伤、冬眠类药物中毒。

（4）动眼神经麻痹、动眼神经损伤时，直接对光反射、间接对光反射均消失；视神经完全性损害时，直接对光反射消失，间接对光反射存在。

（四）注意事项

（1）评估前向患者及家属解释观察瞳孔的目的和意义，指导患者如何配合。

（2）评估时要注意听取患者主诉，有无视物模糊，有无使用影响瞳孔的药物（如吗啡、氯丙嗪、阿托品、颠茄），有无白内障、人工晶状体植入等。

二、意识状态评估

意识（consciousness）是大脑功能活动的综合表现，即个体对自身状态和周围环境的感知状态，以及认知、思维、情感、记忆、意志等心理和精神活动，可通过言语和行为来表达。意识的内容包括："觉醒状态"及"意识内容与行为"。意识清醒是指患者认识自己及周围环境，并对周围环境保持正常反应。正常人意识清晰，定向力正常，感应敏锐精确，思维和情感活动正常，语言流畅、准确，表达能力良好。目前常用的评估工具有格拉斯哥昏迷评分（Glasgow coma score，GCS）（表 2-4），GCS 评分满分 15 分，最低分 3 分，评分越低，表明意识障碍越重，≤8 分为浅昏迷，<3 分为深昏迷。颅脑外伤患者，GCS≥13 分为轻度脑损伤，9～12 分为中度脑损伤，8 分或 8 分以下为严重脑损伤。

表 2-4　GCS

项目	反应	评分
睁眼反应	自然睁眼	4
	语言命令睁眼	3
	疼痛刺激睁眼	2
	无睁眼	1
言语反应	语言正确	5
	语言含糊	4
	语言错乱	3
	只能发音	2
	无语言反应	1
运动反应	遵嘱动作	6
	疼痛定位	5
	逃避疼痛	4
	疼痛刺激屈曲	3
	疼痛刺激伸肢	2
	无运动反应	1
合计得分	正常	15

（一）意识障碍的临床表现

1. 嗜睡　呼之能应答，刺激能唤醒，醒后能正确回答问题。反应迟钝，刺激停止后很快又入睡。

2. 模糊　患者对周围人、事、物有反应，但定向力差，能回答问题，但不一定准确。

3. 昏睡　比嗜睡深而又较浅昏迷浅的意识障碍，患者不能自动觉醒，但在强烈刺激下能睁眼、呻吟、躲避，可作简短而模糊的回答，但反应时间持续很短，很快又进入昏睡状态。

4. 浅昏迷 意识大部分丧失，生命体征无明显改变，无自主活动，对光、声刺激无反应，生理反射存在，对疼痛刺激有保护性反应，如痛苦表情、肢体退缩。大小便可能出现潴留或失禁。若无瘫痪，深浅反射仍可存留。

5. 中昏迷 意识完全丧失，生命体征可有改变，呼之不应也不睁眼；肢体偶有无目的的活动，有时躁动不安。对疼痛刺激反应迟钝。压迫眶上神经时，可有皱额或肢体抗拒动作。咳嗽和吞咽反射存在。有或无动眼神经麻痹，瞳孔大小和对光反射可正常，角膜反射存在。有大小便失禁或潴留。腱反射可亢进或减退，浅反射消失或迟钝。

6. 深昏迷 对外界刺激无反应，生命体征有明显变化，呼吸不规则，血压下降，角膜反射、瞳孔对光反射、咳嗽反射和吞咽反射皆消失。肢体无自主活动，伴深（腱）反射亢进与病理反射。常有大小便失禁或潴留。

7. 谵妄状态 有感知觉过敏，感觉异常，丰富的错觉与幻觉。

（二）评估要点

（1）准确识别需要评估的对象：中毒、颅脑创伤、脑血管疾病、心肺复苏前后、手术后、使用麻醉镇静类等特殊药物或出现病情变化的患者，都需要评估意识状态。

（2）准确把握评估时机：患者入院时常规评估，并记录在首次护理记录单上。上述疾病、病情的患者入院时，为观察病程进展或判断治疗成效而应随时评估，并记录在护理记录单或意识护理单上。

（3）正确运用评估工具识别意识障碍程度。

（三）操作步骤

（1）评估睁眼反应：可压迫眶上切迹（眉弓处）或捏挤上臂或大腿内侧，观察患者有无睁眼或痛苦表情；不能用语言表达的（如失语、气管切开、语言不通等）患者，观察其身体反应。

（2）评估言语反应：可呼唤患者姓名，观察有无睁眼甚至言语，询问其近期生活事件，判断患者是否能正确回答问题。

（3）评估运动反应：可指令患者动作，观察患者能否按吩咐进行动作。

（4）根据患者反应进行记分（GCS 评分），并根据评估所得分数判断患者意识障碍程度，准确记录在评估单或护理记录单上。

（四）注意事项

（1）评估前向患者或家属解释观察意识状态所用的方法，获得患者及家属的配合。

（2）每次刺激的强度和部位相对固定，并选择在健康肢体刺激，避免在偏瘫肢进行，同时注意上肢的反应比下肢反应可靠。

（3）发现患者意识改变，应同时观察患者生命体征、瞳孔大小、对光反射、眼球运动等有无改变，以评估患者的中枢神经功能。同时，还要观察患者各种反射，如角膜反射、吞咽反射、咳嗽反射、肛门反射情况。做好相关护理准备，如预防误吸、误食，大小便失禁护理和角膜护理等。

（4）患者出现烦躁不安时，做好安全护理。

（5）准确把握评估时机，动态观察和判断患者意识状态。

三、吞咽状态评估

当吞咽的食团接触舌根及咽峡黏膜时即引起吞咽反射。吞咽（swallowing）功能正常时固体食物或液体到咽腔时软腭上举，会厌覆盖喉口，在呼吸发生暂停的同时，使声门紧闭，食团越过会厌进入食管。咽肌运动对机体起着重要的保护作用，在吞咽和呕吐时，咽肌收缩可暂时封闭鼻咽和喉部，使食物不至于反流入鼻腔或吸入气管。

吞咽功能障碍是食物从口腔运送到胃的过程中出现障碍的一种表现。临床通过观察或询问患者在进食过程中有无呛咳、声音变化、咽部不适感及食后咳嗽、痰中含有食物等来判断患者有无吞咽功能障碍。

1. 准确判断患者的吞咽状态 运用评估结果，正确选择患者摄入营养的方式，患者顺利摄入液体和（或）固体食物，无误吸征兆。

2. 反复唾液吞咽测试 高龄者在30s内能完成3次吞咽即可。对于有吞咽困难者，即使第1次吞咽动作能顺利完成，但接下来的吞咽动作会变得困难，或舌骨、喉头尚未充分向前上方移动就已下降。

3. 洼田饮水试验 如饮用一茶匙水就呛住时，可休息后再进行，2次均呛住属异常。该试验结果及判断见表2-5。

表2-5 洼田饮水试验结果及判断

分级	判断	临床意义
Ⅰ级：能顺利地1次将水咽下，无呛咳 Ⅱ级：分2次以上喝完，无呛咳 Ⅲ级：能1次咽下，但有呛咳 Ⅳ级：分2次以上咽下，但有呛咳 Ⅴ级：频繁呛咳，不能全部咽下	正常：Ⅰ级，5s之内； 可疑：Ⅱ级，5s以上； 异常：Ⅲ～Ⅴ级	Ⅰ级：正常饮食 Ⅱ级：可疑吞咽障碍，先尝试进食糊餐、软饭和预防稀的液体，并继续观察患者进食情况 Ⅲ、Ⅳ、Ⅴ级：吞咽障碍，需视具体情况进一步针对性的进行吞咽评估

（一）评估要点

（1）正确把握评估对象：脑卒中、营养不良、不明原因体重下降、言语含糊不清、面瘫和常见呛咳、食后咳嗽、痰中含有食物及老年患者，均应进行吞咽功能筛查。

（2）准确把握评估时机：筛查应在患者床边进行，完成时间不要超过入院后24h。

（二）操作步骤

1. 摄食前的一般评价

（1）基础疾病：把握不同基础疾病（如脑损伤、肿瘤、重症肌无力等）的发生发展，有利于采取不同的康复手段。

（2）全身状态：注意有无发热、脱水、低营养、呼吸状态、体力、疾病稳定性等方面的问题，确认患者是否属于适合摄食的状态。

（3）意识水平：用GCS昏迷量表等来评价意识状态，确认患者的意识水平是否可进行清醒进食，是否随着时间发生变化。

（4）高级脑功能：观察语言功能、认知、行为、注意力、记忆力、情感或智力水平有无问题。

2. 摄食-吞咽功能评价

（1）口腔功能的观察：仔细观察口部开合、口唇闭锁、舌部运动、有无流涎、软腭上抬、吞咽反射、呕吐反射、牙齿状态、口腔卫生、构音、发声（开鼻声：软腭麻痹；湿性嘶哑：声带上部有唾液等残留）、口腔内知觉及味觉等。

（2）吞咽功能的观察：常用的测试方法有反复唾液吞咽测试（RSST）和洼田饮水试验。

1）反复唾液吞咽测试：①被检查者取坐位，卧床患者则抬高其床头30°，取半坐卧位。②检查者将示指横置于被检查者甲状软骨与舌骨间，嘱其做吞咽动作。当确认喉头随吞咽动作上举、越过示指后复位，即判断完成一次吞咽反射。当被检查者因口干难以吞咽时，可在其舌面上注入 1ml 水，再行吞咽。③嘱被检查者尽力反复吞咽，并记录完成吞咽次数。

2）洼田饮水试验：让患者喝下两三口水，如无问题，嘱患者取坐位，将 30ml 温水如往常一样饮用，注意观察患者饮水经过，并记录所有时间，记录饮水情况，一般分为 5 种情况（表 2-5）。同时观察和记录饮水时间、有无呛咳、饮水状况等，患者是否出现，如啜饮、含饮、水从嘴唇流出、边吃边要勉强接着喝、小心翼翼地喝等情况，并对其进行分级及判断。

3. 摄食过程评价

（1）先行期：意识状态、有无高级脑功能障碍影响、进食速度、食欲。

（2）准备期：开口、闭口、摄食、食物从口中洒落、舌部运动（前后、上下、左右）、下颌运动（上下、旋转）、咀嚼运动、进食方式变化。

（3）口腔期：吞送（量、方式、所需时间）、口腔内残留。

（4）咽部期：喉部运动、噎食、咽部不适感、咽部残留感、声音变化、痰量有无增加。

（5）食管期：胸口憋闷、吞入食物反流。

此外，注意留意食物内容、吞咽困难的食物性状、进食所需时间、一次摄食量、进食的体位、帮助方法、残留物去除法的有效性、疲劳、环境、帮助者的问题等。

4. 记录　将评估内容记录在吞咽进食护理单和（或）首次护理记录单上。

（三）注意事项

对于吞咽功能障碍的患者，即使试验也有风险，应谨慎使用。

四、神经状态监测与评估

神经状态监测的目的是收集和分析患者资料，以及预防或减少神经系统并发症。反映个体或患者神经状态的临床指标有意识、瞳孔大小和对光反射、颅内压、自主神经功能、中枢神经功能、脑神经感觉/运动功能、脊髓神经感觉/运动功能、认知能力和认知定向力等，自主神经系统具有协调内脏和内环境稳定的能力；中枢神经系统具有协调骨骼肌活动以进行机体运动的能力；脑神经和脊髓神经具有传递感觉和运动冲动的能力。

（一）评估要点

（1）熟悉反映神经状态的临床指标及判断的方法。

（2）及时发现患者神经状态改变，正确分析评估结果。

（二）操作步骤

（1）监测患者的生命体征，如体温、脉搏、血压、呼吸（包括动脉血气、血氧饱和度和呼吸深度、节律等）。必要时监测有创血流动力学参数。

（2）监测反映神经状态的临床指标

1）监测患者的瞳孔大小、形状、对称性及反应性。

2）监测意识状态和水平，使用 GCS 评分，了解意识变化的趋势。

3）监测定向能力。

4）监测患者的颅内压（ICP）、脑灌注压（CPP）。

5）监测浅反射，如角膜反射、吞咽反射、咳嗽反射等。

6）监测患者的肌力、肌张力、运动功能、步态和本体感觉。

7）监测患者的握力。

8）监测患者视觉障碍情况，如有无复视、眼球震颤、视野缺损、视物模糊、视力下降。

9）监测患者说话的特征，如流利度、是否存在失语症或用词困难。

10）监测患者对刺激的反应，如对语言、触觉及有害物质的刺激反应。

11）监测患者对锐钝和冷热的辨别能力及有无异常感觉。

12）监测患者有无头痛。

（3）评估自主神经状态的临床指标，其主要是观察其协调内脏和内环境稳定的能力，包括心率、脉率、收缩压、舒张压、血管舒张和收缩反应、心脏泵血效果、肠蠕动和大便形态、排尿特点、瞳孔反应、体温调节和外周组织灌注等。自主神经紊乱时患者可出现支气管痉挛、肠痉挛、膀胱痉挛的表现。

（4）评估中枢神经系统协调机体运动的临床指标，主要是观察和评估其身体的平衡、姿势的保持、腱反射、按指令有目的的运动。中枢神经系统紊乱时会出现步态异常、不随意运动、痉挛状态等表现。

（5）评估脑神经功能时，要观察和评估嗅觉、视觉、味觉、听觉、面部感觉和肌肉运动、吞咽反射和吞咽功能、舌的运动和说话等的情况。

（6）与患者交谈过程中，根据对患者的自发语言、听语理解、口语复述、匹配命名、阅读与书写能力的观察和检查进行判断。

（7）评估脊髓神经的临床指标，其主要包括头肩部运动、自主神经功能、深腱反射、上身皮肤感觉、下身皮肤感觉、上身力度和下身力度等。

（8）评估颅内压的临床指标（如颅内压、平均动脉压和脑灌注压），临床症状主要有头痛、呕吐、视神经盘水肿、颈抵抗。

（9）评估吞咽反射和吞咽状态，判断有无吞咽障碍。

（10）及时、准确地做好记录。

（三）注意事项

（1）掌握正确的评估方法，保证评估安全。

（2）及时记录并制订有效护理措施。

第四节　进食功能及营养状态评估

患者进食功能及营养状态的评估就是要对与进食和营养相关的因素及反映营养状态的全部指标进行评估。其包括对患者进食功能、消化吸收功能、体重、体质指数、血糖监测及营养状态的评估，还可以从食物和体液的摄入、营养摄入及生化检查结果和反映个体能量状态的体力、握力、耐力、肌张力、组织愈合能力等临床指标评价患者的营养状态。

一、进食功能评估

进食（ingestion）是个体为保持体能和生命所进行的有序地摄入食物、液体和营养的过程。影响进食的因素包括生理、心理、病理、社会环境、文化、宗教信仰等。人体患病时常会影响食欲，有不同程度的进食、消化、吸收和排泄功能或体内代谢变化，影响人体的营养素摄入质量、营养状态和能量状态。合理饮食和营养是维持机体细胞、组织、器官功能，治疗疾病、促进康复的重要措施。

（一）评估要点

（1）评估患者饮食习惯：每日进餐的次数，用餐时间的长短，摄入食物的种类、量，进食是否规律。

（2）评估患者饮食喜好：对酸甜苦辣的喜好程度，有无偏食，有无烟酒嗜好，是否进食营养补充剂及其种类和量，服用的时间，有无食物禁忌等。

（3）评估患者食欲：观察有无存在可能影响食欲的因素（如有无恶心呕吐、咀嚼困难、吞咽障碍），评估患者有无进食自理能力、进食量有无增减，食物的色、香、味是否符合患者个人喜好。

（4）评估患者的进食方式：是否能自行进食，是否留置鼻胃管、胃肠管、造瘘管等。

（5）评估患者的进食能力：包括进食自理能力、咀嚼能力、吞咽能力。对自理能力缺陷的患者，护士应在一旁协助进食。

（6）评估患者的进食安全性：有无吞咽障碍、食物反流、呛咳等。吞咽障碍的患者容易发生误吸，管饲饮食容易引起患者食物反流。

（7）评估食物的安全性：食物有无过期、变质、受污染，食物的软硬度，有无食物过敏和不耐受，有无特殊人群（婴幼儿、儿童、老年人）不易进食的食物。

（8）评估患者是否需要特殊治疗、检查饮食：指导患者掌握与疾病有关的治疗、检查、康复饮食知识，注意长期地进食治疗饮食对食欲的影响。

（9）评估内容记录在吞咽进食护理单和（或）首次护理记录单上。

（二）操作步骤

（1）核对：核对床号、姓名、年龄、住院号等个人信息，注意应同时使用至少两种患者身份识别方式。

（2）告知：告知患者及家属评估的重要性，指导其配合。

（3）评估

1）评估患者饮食习惯、饮食喜好及患者食欲。

2）评估患者的进食能力、进食方式，以及患者进食的安全性。

3）评估食物的安全性。

4）评估患者是否需要特殊治疗、检查饮食。

（4）记录与分析：在护理记录单上准确记录进食功能状况，并根据患者状况提供合理的指导。

（三）注意事项

（1）评估及宣教时应同时与患者的亲属或陪护沟通，以获得更全面的资料。

（2）如果患者的饮食习惯、喜好与治疗饮食相冲突，应向患者做好解释工作，让患者接受治疗饮食。

（3）经评估后应对存在误吸风险的患者进行进一步宣教指导，包括纠正患者的不良进食习惯（如进食时聊天、看电视、思考问题，进食后立即平躺，进食时间过长等），同时指导患者掌握有效咳嗽的方法（端坐位或直立位时，在深吸一口气后屏气3～5s，身体前倾，从胸腔进行2～3次短促有力咳嗽，咳嗽时收缩腹肌，或用自己的手按压上腹部帮助咳嗽）。

（4）对于有高度误吸风险的患者，应慎重决定能否经口进食。如果仍选择经口进食，则应在旁人指导下尽量自行进食，必要时采取辅助喂食；食物形态只能选择半流质食物；每一口摄食量应控制在5ml内；床边备好吸痰器，做好急救准备。

（5）任何患者只要出现病情变化、进食意外等异常时，应重新评估是否能经口进食。

二、消化吸收功能评估

消化（digestion）是指消化器官把食物变成可以被机体吸收的养料的过程。吸收是机体从环境中摄取营养物质到体内的过程。机体消化、吸收功能正常，对维持机体正常生长发育，保持正常生理功能和活动能力具有重要意义。

（一）评估要点

（1）评估患者巩膜、皮肤色泽，如苍白、黄染、晦暗，有无腹水、水肿、脱水、发热等。

（2）评估患者的体形、体重和体重指数是否正常，是否过度肥胖或消瘦。

（3）评估患者有无恶心、呕吐，观察其是否与体位、进食、药物、运动、情绪有关，观察呕吐的量、频率及持续时间。喷射性呕吐常见于颅内压增高者，幽门梗阻的患者呕吐物多为宿食，有酸臭味，低位梗阻者呕吐物可伴有粪臭味。

（4）评估患者有无呕血、便血，观察大便或呕吐物的量、颜色、性状、频率及持续时间，是否伴有面色苍白、心率增快、血压降低等症状。

（5）评估患者有无腹痛、腹胀，包括：腹痛的部位、程度、性质、发作时间、持续时间；腹部叩诊鼓音范围有无增大；腹部触诊腹壁紧张度、抵抗感、压痛、反跳痛。

（6）评估肠蠕动的频率及程度，在脐部听诊 1min。肠鸣音活跃：每分钟超过 10 次；肠鸣音亢进：次数多而响亮、高亢的金属音；肠鸣音减弱：少于每分钟 4 次，甚至数分钟才听到 1 次。肠蠕动增强见于腹泻、肠炎、甲状腺功能亢进（简称甲亢）患者；肠蠕动减弱见于便秘、低血钾、胃肠功能低下者；肠蠕动消失见于急性腹膜炎、腹部大手术后或各种原因所致的麻痹性肠梗阻。

（7）评估患者每日小便的次数、量、颜色、性状，有无尿失禁、尿潴留，有无留置尿管、膀胱造瘘，有无尿路刺激征。

（8）评估患者每日的大便次数、量、颜色、性状，是否存在便秘或腹泻及其诱发因素，是否使用影响消化吸收的药物，有无肠瘘、人工造瘘口。

（9）注意观察反映机体营养状态的临床指标和血生化检查结果，如血红蛋白、红细胞、白细胞、血 pH、血电解质及酸碱平衡、出入水量等。

（二）操作步骤

（1）核对：核对床号、姓名、年龄、住院号等个人信息，注意应同时使用至少两种患者身份识别方式。

（2）告知：告知患者及家属评估的重要性，指导其配合。

（3）评估

1）评估患者巩膜、皮肤色泽；评估患者的体形、体重和体重指数。

2）评估患者有无恶心、呕吐，并判断其与体位、进食、药物、运动、情绪的关系；评估呕吐物的性质、量、频率及持续时间。

3）评估患者有无呕血、便血，观察大便或呕吐物的量、颜色、性状、频率及持续时间。

4）评估患者有无腹痛、腹胀及肠蠕动情况。其包括腹痛的部位、程度、性质、发作时间、持续时间；腹部叩诊、触诊的情况；患者肠蠕动的频率及程度，在脐部听诊1min，评估肠鸣音是否活跃、亢进、减弱或消失。

5）评估患者排便、排尿的情况。评估患者每日小便的次数、量、颜色、性状，以及患者每日大便的次数、量、颜色、性状。

（4）注意观察反映机体营养状态的临床指标和血生化检查结果。

（5）记录与分析：准确将评估结果记录在护理评估单和护理记录单上。分析原因，改善护理措施。

（三）注意事项

（1）评估及宣教时应同时与患者的亲属或陪护沟通，以获得更全面的资料。

（2）评估过程中注意关注危重病患者心电监测及血氧饱和度的变化。

三、体重评估

体重（weight）是指人体各部分的总质量，受年龄、性别、种族、遗传、饮食及地理环境的影响。我国常用的标准计算公式为 Broca 的改良式，男性：标准体重（kg）=身高（cm）-105，女性：标准体重（kg）=身高（cm）-105-2.5。

（1）体重的判断：实测体重占标准体重的百分数±10%为正常，10%～20%为体重过重，＞20%为肥胖，＜10%为消瘦，＜20%为明显消瘦。

（2）体重与疾病的关系：过高或过低的体重或体重不正常的增减常与心脑血管疾病、体液负荷过重、腹水、水肿、营养状况有密切关系，甚至是病情恶化的先兆。

（一）评估要点

（1）掌握评估时机：新入院、术前一日患者应常规测量体重，妊娠妇女、住院患者每周测一次体重，新生儿和腹水、水肿、透析患者每日测一次体重。

（2）排除干扰体重的因素，确保体重值准确：固定测量和时间，一般在患者早餐前测量，每次测量使用相同的磅秤，穿相同质量的衣物。

（3）评估患者的活动能力，确定测量体重的工具和方法。必要时准备磅秤到床边，扶助患者踏上磅秤。

（4）调校磅秤指针为“0”，准确读数，如为电子磅秤，应注意电池量是否充足。

（5）测量完毕，协助患者上床休息。

（6）危重病患者使用卧位称重法或双踏板称重法。

（7）对于肥胖或消瘦的患者，同时评估患者的体质指数（BMI）、腹围和血高密度脂蛋白、血低密度脂蛋白指标等。并观察其有无伴随心血管疾病的症状及体征。

（8）对体重不正常增减的患者，应结合临床表现，并做进一步检查。

（9）给予健康指导。

（10）将评估结果准确记录在体温单或护理记录单上，单位用“kg”表示。

（二）操作步骤

（1）核对：核对床号、姓名、年龄、住院号等个人信息，注意应同时使用至少两种患者身份识别方式。

（2）准备：确定测体重的时机；患者做好准备；排除干扰体重的因素；准备磅秤。

（3）实施：评估患者的活动能力，确定测量体重的工具和方法。对于能自行下床的患者，让其站在磅秤中央，正确读数；对四肢无力或虚弱的患者应准备磅秤到患者床边，扶助其踏上磅秤测量；对于危重病患者、绝对卧床的患者应使用卧位称重法或双踏板称重法。

（4）观察：体重数值。

（5）记录与分析：正确记录体重数值，单位用“kg”表示。综合分析患者体重状态与疾病的关系，确定干预措施。

（三）注意事项

（1）双踏板称重法：利用双人体秤进行双秤踏板称重，适合于可移动的卧床患者体重的测定。具体步骤：两台秤并排在地面上，调整“0”点，患者经他人抱起后一并称重，两秤读数相加，再减去抱患者人的体重，即为患者的体重。

（2）卧位称体重法：适用于所有卧床患者。具体步骤：取 4 台称分别放在床脚旁，调整称为“0”点，将床脚的位置固定于称的中心部分，进行床上卧位称重，4 台称总数相加，再减去床及床上用品的重量，即为患者的体重。

四、体质指数评估

体质指数又称体重指数（body mass index，BMI），是用体重千克数除以身高米数平方得出的数值。世界卫生组织（WHO）确定体质指数正常范围是18.5～24.9，具体评价标准因种族及地域的不同而存在差异。体质指数参考值见表2-6。

表2-6　体质指数参考值

BMI分类	WHO标准	亚洲标准	中国标准
体重过低	＜18.5	＜18.5	＜18.5
正常范围	18.5～24.9	18.5～22.9	18.5～23.9
超重	≥25	≥23	≥24
肥胖	≥30	≥25	≥27

（一）评估要点

（1）新入院患者应常规评估体质指数。
（2）准确测量、读数并计算。
（3）根据评估结果，判断患者体形状态、胖瘦程度，与患者共同制订饮食营养、运动计划。

（二）操作步骤

（1）称体重：采用专用的身高体重磅秤，调校磅秤体重指针为“0”点，患者脱鞋着轻装，踏上磅秤测量体重，体重读数精确到0.1kg。

（2）量身高：患者脱鞋站立于专用的身高体重磅秤上，抬头挺胸收腹，双眼平视前方，身高读数精确到0.1cm，无法站立测量身高的患者应参考其原来记录的身高数值。

（3）计算体质指数（BMI）：按照计算公式，即BMI=体重（kg）/身高（m）^{2}，计算出患者体质指数。

（4）卧床患者，可以用测量上臂围和小腿围的方法来计算体质指数。计算公式：BMI=14.42-14.63×身高（m）^{2}+0.61×上臂围+0.46×小腿围。

（5）在护理记录单上记录患者体质指数。

（三）注意事项

（1）称体重时，注意脱鞋并着轻装。

（2）量身高时，患者需赤脚，两脚跟紧靠，脚尖成40°～60°；膝盖伸直，双上肢自然下垂，肩自然放松，头正，眼耳在同一水平上，测量者立于被测者的右侧读数。

知识链接

体质指数又称体重指数，是目前国际上常用的衡量人体胖瘦程度，以及是否健康的标准。体质指数增高与许多心脑血管疾病有密切关系。WHO肥胖顾问委员会以死亡率为基础，定义超重和肥胖的切点分别为≥25和≥30。亚太地区标准则以危险因素和疾病并发症为基础而制订，定义超重和肥胖的切点分别为≥23和≥25。BMI值每增加2，冠心病、脑卒中、缺血性脑卒中的相对危险分别增加15.4%、6.1%和18.8%。体质指数低于18.5，提示患者存在潜在与营养因素相关的导致患者出现不利临床结局（增加并发症、感染率和病死率，延长住院时间）的风险。

五、营养状态评估

营养状态（nutrition）是指营养物满足机体新陈代谢需要的充足程度。评估患者营养状态常用的指标有生化检查结果，营养物、食物和液体的摄入量，以及营养物和氧气能够提供细胞能量的程度。营养状态良好能促进患者的康复，有营养风险的患者接受营养支持则有可能改善临床结局，包括减少并发症的发生率、缩短住院时间等。临床常用营养风险筛查 2002（NRS2002）（表 2-7）或营养护理单评估患者是否存在营养风险。

表 2-7　营养风险筛查 2002（NRS2002）

第一部分	首次营养监测
监测指标	选择性回答（在“□”内打钩）
BMI＜20.5	是□　　否□
患者在过去 3 个月是否有体重下降	是□　　否□
患者在过去 1 周内是否摄食减少	是□　　否□
患者是否有严重疾病（如 ICU 治疗）	是□　　否□
是：如果任何一项答案为“是”，则进入第二部分的最终筛查	
否：如果所有问题的答案均为“否”，患者可在 1 周后进行重新筛查	
第二部分	**NRS2002 总分计算方法**
疾病严重程度（在“□”内打钩）	分值
营养需要量正常（非疾病状态）□	0
糖尿病□　一般肿瘤□ 肝硬化□ 骨折□ 慢性阻塞性肺病□ 慢性病有急性并发症□	1
腹部大手术□ 卒中□ 重度肺炎□ 血液恶性肿瘤□	2
颅脑损伤□ 骨髓移植□ 严重 ICU 治疗□	3
营养状态受损程度（在“□”内打钩）	分值
正常营养状态□	0
3 个月内体重下降＞5%□ 食物摄入量降低 25%～50%□ 一般情况差□	1
2 个月内体重下降＞5%□ 食物摄入量降低 50%～75%□ BMI＜18.5 且一般情况差□	2
1 个月内体重下降＞5%□ 1 个月内体重下降＞5%□ 前 1 周食物摄入量降低 75%～100%□	3
年龄评分（在“□”内打钩）	分值
年龄＞70 岁者□	1

（一）评估要点

1. 确定评估对象

（1）营养需要量轻度增加的患者：骨折、慢性疾病有并发症、慢性阻塞性肺气肿、血液透析、肝硬化、一般恶性肿瘤等患者。

（2）营养需要量中度增加的患者：重大的腹部手术、脑卒中、重度肺炎、血液恶性肿瘤等患者。

（3）营养需要量重度增加的患者：颅脑损伤、骨髓移植、重症监护等患者。

2. 掌握评估时机　一般患者入院时评估，住院期间根据患者病情适时动态评估。

（二）操作步骤

（1）准备：进行营养风险筛查 2002（NRS2002）（表 2-7）；准备卷尺、皮褶厚度测量卡尺、身高体重磅秤。

（2）测量肱三头肌皮褶厚度：测量位置在左上臂背侧中点上约 2cm 处，即左肩峰至尺骨鹰嘴的中点。被测者上臂自然下垂，测量者以左手拇指与另外四指将皮肤连同皮下脂肪捏起，用皮褶厚度测量卡尺测量。

（3）测量上臂围：在被测者上肢自然下垂时，测量者用卷尺测量患者上臂肱二头肌最粗处的水平围长，测量单位为厘米（cm），精确到小数点后一位，测量误差不得超过 0.5cm。

（4）测量小腿围：被测者两腿开立同肩宽，测量者用卷尺在患者小腿最粗处以水平位绕其一周计量，测量单位为厘米（cm），精确到小数点后一位，测量误差不得超过 0.5cm。

（5）测量身高、体重（方法同“体质指数评估”）。

（6）计算体质指数，评估体质指数是否正常。

（7）评估患者摄入营养物的方式、种类和数量。

（8）评估患者的食欲，包括有无恶心、呕吐；有无咀嚼困难、吞咽困难；有无进食自理能力；进食量有无增加或减少。

（9）评估患者每日的液体摄入量是否足够，要考虑年龄、性别、身高和体重因素，并计算出入量以观察液体平衡状态，必要时测尿比重。

（10）评估患者有无水肿或脱水征。

（11）评估患者的活动能力、耐力，手的握力、肌张力等。

（12）评估患者各项实验室检查指标，包括血清白蛋白（ALB）、血清前白蛋白（PAB）、总蛋白、白细胞（WBC）、淋巴细胞计数、血红蛋白（HGB）、红细胞（RBC）、24h 尿肌酐、尿素氮。

（13）应用营养风险筛查 2002（NRS2002）或营养护理单评估患者是否存在营养风险。

（14）将营养状态的评估结果记录在护理记录单上。

（三）注意事项

（1）患者无法配合时，可询问患者的家属及陪护，或查找相关护理记录。

（2）患者营养不良时应及时通过多种途径进行干预，避免出现不良后果。

（3）近 3 个月出现体重下降的患者，须评估其心理、精神情况变化，寻找体重下降的原因，以便及时干预，防止患者发生营养不良。

第五节　生活自理能力评估

日常生活活动能力是指人们为独立生活而每日必须反复进行的、最基本的、具有共同性的身体动作群，即进行衣、食、住、行、个人卫生等的基本动作和技巧，包括基本生活活动（basic activities of daily living，BADL）和辅助生活活动（instrumental activities of daily living，IADL）。

基本生活活动是指维持最基本的生存及生活需要所必须进行的活动，包括自理活动（如进食、穿衣、如厕、沐浴、卫生、口腔卫生等）和功能性移动（如床上活动、转移、行走、上下楼梯等）。辅助生活活动又称复杂或工具性日常生活活动，包括人们在家庭、工作和社区中的一切活动。基本生活活动反映较粗大的运动功能，辅助生活活动反映较精细的运动功能。

一、基本生活活动能力评估

运用基本生活活动能力评定量表评估患者生活自理能力（如穿衣、进食、如厕、修饰、洗澡等）和功能性移动能力（如床上活动、转移、行走、上下楼梯等）。常用 Barthel 指数评定量表（表 2-8）作为评估工具。

表 2-8　基本生活活动能力量表（Barthel 指数评定量表）

姓名______　性别______　年龄______　床号______　诊断______　住院号______

项目	评分	标准	评估日期
大便	0	失禁或昏迷	
	5	偶有失禁（每周<1 次）	
	10	控制	
小便	0	失禁或昏迷或需由他人导尿	
	5	偶有失禁（每 24h<1 次）	
	10	控制	
修饰	0	需要帮助	
	5	自理（洗脸、梳头、刷牙、剃须）	
如厕	0	依赖他人	
	5	需部分帮助	
	10	自理（进出厕所、使用厕纸、穿脱裤子）	
进食	0	较大或完全依赖	
	5	需部分帮助（切面包、抹黄油、夹菜、盛饭）	
	10	全面自理（能进食各种食物，但不包括取饭、做饭）	
转移	0	完全依赖他人，无坐位平衡	
	5	需大量帮助（1～2 人，身体帮助），能坐	
	10	需少量帮助（言语或身体帮助）	
	15	自理	
活动	0	不能步行	
	5	在轮椅上能独立行动	
	10	需 1 人帮助步行（言语或身体帮助）	
	15	独立步行（可用辅助器，在家或附近）	
穿衣	0	依赖他人	
	5	需一半帮助	
	10	自理（自己系、解纽扣，关、开拉锁和穿鞋）	
	0	不能	
上、下楼梯	5	需帮助（言语、身体、手杖帮助）	
	10	独立上下楼梯	
洗澡	0	依赖	
	5	自理（无指导能进出浴室并自理洗澡）	
总得分			
评估人			

注：Barthel 指数评定量表评分结果，满分 100 分。<20 分为极严重功能缺陷，生活完全需要依赖；20～40 分为生活需要很大帮助；40～60 分为生活需要帮助；>60 分为生活基本自理。Barthel 指数得分 40 分以上者康复治疗的效益最大。

（一）评估要点

（1）掌握评估时机。可结合患者的活动，在自然状态下进行评估。在起居时评估床上活动、穿衣、如厕、自我料理等能力；在进餐时评估进食能力；在活动时评估行走、轮椅活动能力。根据患者的耐受情况，一次或分时段进行评估。

（2）患者入院时、病情变化后、手术前后均需评估，入院后如无特殊病情变化可每 7 日评估一次。

（3）正确理解基本生活活动能力的概念和内涵。

（二）操作步骤

（1）向患者和（或）家属解释，使其理解评估的目的和意义。

（2）根据 Barthel 指数评定量表，评估患者的基本生活活动能力（表 2-8）。

（3）准确记录、分析评估结果，确定护理级别和护理干预。

（三）注意事项

（1）评估环境应安静、舒适，准备好衣服、洗刷用具、就餐用具等。

（2）评估者应掌握评估技巧，在患者自然活动状态下进行评估。

（3）要与患者或家属交谈，了解患者职业、文化程度、家庭生活、经济状况等，判断其获得社会支持的程度。

（4）注意患者的生活态度及主观能动性。

（5）评估进食能力时，注意观察患者有无吞咽困难、呛咳、误吸等现象。

（6）评估活动能力时，注意周围环境的安全，防止跌倒，并注意观察患者生命体征，有无心悸、气促、疼痛等不适症状。

二、辅助生活活动能力评估

评估辅助生活活动能力的指标包括体位转移能力、卫生自理能力、行走及乘坐交通工具能力、交流能力、社会认知能力等方面。常用评估工具包括功能独立性评定（functional independence measure，FIM）（表 2-9，表 2-10），FIM 是一种客观全面反映患者日常生活包括社交能力的评估方法。多用于社区中的伤残者及老年人。

表 2-9　功能独立性评定

方面	内容
1.自理活动	进食，梳洗修饰，洗澡，穿上衣，穿裤子，如厕
2.括约肌控制	排尿管理，排便管理
3.转移	床椅间转移，转移至厕所，转移至浴盆
4.行进	步行/轮椅，上下楼梯
5.交流	理解，表达
6.社会认知	社会交往，解决问题，记忆

表 2-10　FIM 评分标准

	能力	得分	评分标准
独立	完全独立	7	不需要辅助器具
	有条件独立	6	能独立，需要辅助器具，时间长时考虑安全
有条件的依赖	监护或准备	5	活动时需要帮助，没有身体接触，只有提示或帮助穿戴矫形器
	最小量帮助	4	帮助限于轻触，患者付出 75%的努力
	中等量帮助	3	多轻触，患者付出 50%～74%的努力

续表

	能力	得分	评分标准
完全依赖	最大量帮助	2	患者主动完成 25%～49%的活动
	完全帮助	1	患者主动完成<25%的活动，完全由别人帮助

FIM 包括 6 个方面，共 18 项内容，按照患者在完成各项活动时的独立程度、对辅助器具或设备的需要与否及他人给予帮助的量分为 7 级，每项最高得分为 7 分，最低得分为 1 分。FIM 最高分为 126 分（运动功能评分 91 分，认知功能评分 35 分），最低分为 18 分。FIM 126 分，完全独立；108～125 分，基本独立；90～107 分，有条件的独立或极轻度依赖；72～89 分，轻度依赖；54～71 分，中度依赖；36～53 分，重度依赖；19～35 分，极重度依赖；18 分，完全依赖。

（一）评估要点

（1）掌握评估时机：可结合患者的活动、自述或日常照顾者提供的情况评估。
（2）正确理解辅助生活活动能力的概念和内涵。

（二）操作步骤

（1）向患者和（或）家属解释，使其理解评估的目的和意义。
（2）运用功能独立性评定（表 2-9）及 FIM 评分标准（表 2-10）进行评估。
（3）准确记录评估结果，结合评估结果制订护理计划，改善患者生活质量，使其获得治疗性生活照顾。

（三）注意事项

（1）熟练掌握辅助生活活动能力评估内容，包括疾病的自我监测、与治疗相关的自我照顾、饮食与营养、活动与运动、清洁与个人卫生、家居环境与安全、复诊、家庭支援、社区支援，准确评估，为制订护理计划提供详细可靠的依据。
（2）注意评估患者有无影响自理活动的生理因素，如年龄、意识状态、神经精神状态、感知状态、四肢活动能力、活动耐力、疼痛等。
（3）注意评估患者有无影响自理活动的治疗因素，如手术后疲劳、外用器具（石膏、夹板等）、应用药物（镇静催眠药）等。
（4）注意评估患者家庭、社会心理状况，如患者的文化程度、生活态度、生活习俗、职业、家庭生活状况、社会支援服务及患者的主动参与性等。

第六节 安全评估

有效的安全评估能为落实安全管理措施提供依据，有针对性、有重点地关注潜在的危险性，前瞻性地加强安全管理，预防性地落实宣教、技术及监督等措施和手段，保证护理质量和安全。本节主要介绍压力性损伤、烫伤、跌倒、药物外渗、误吸的风险评估及患者约束的评估及实施。

一、压力性损伤的风险评估

（一）相关定义

（1）压力性损伤（pressure injury）：又称压力性溃疡，是局部皮肤和（或）皮下的组织的损伤，通常在骨隆突处，俗称“压疮”“蓐疮”“褥疮”。其可表现为完整皮肤或开放性溃疡，可能会伴疼痛感。损伤是由于强烈和（或）长期存在的压力或压力联合剪切力导致。软组织对压力和剪切力的耐受性可能会受微环境、营养、灌注、合并症及软组织情况的影响。

（2）医疗器械相关性压力性损伤：是指由于使用用于诊断或治疗的医疗器械而导致的压力性损伤，损伤部位形状通常与医疗器械形状一致。

（3）黏膜压力性损伤：由于使用医疗器械导致相应部位黏膜出现的压力性损伤。由于这些损伤组织的解剖特点，这一类损伤无法进行分期。

（二）风险评估的重要性

患者压疮发生风险的程度需要应用压疮危险因素评估量表（risk assessment scale，RAS）对患者的状况进行客观评估。这是压疮预防的关键性一步，可以早期筛选压疮发生的高危人群，预防患者发生压疮。发生压力性损伤的危险程度界限如下。

（1）若使用 Waterlow 压力性损伤危险因素评估表（表 2-11），评分≥10 分，则患者有发生压力性损伤的危险，建议采取预防措施。

（2）若使用 Norton 压力性损伤危险因素评估表（表 2-12），评分≤14 分，则患者有发生压力性损伤的危险，建议采取预防措施。

（3）若使用 Baden 压力性损伤危险因素评估表（表 2-13），评分最高 23 分，最低 6 分。15～18 分为轻度危险；13～14 分为中度危险；10～12 分为高度危险；9 分以下为极度危险。总分低于 14 分，提示有发生压力性损伤的危险，做好预防措施，每周评估记录 1 次。

（三）压力性损伤的分期

美国国家压疮咨询委员会（National Pressure Ulcer Advisory Panel，NPUAP）发布的压力性损伤分期标准如下。

（1）1 期：指压不变白的红斑，皮肤完整。局部皮肤完好，出现压之不变白的红斑，深色皮肤表现可能不同；指压变白的红斑或感觉、皮温、硬度的改变可能比观察到皮肤改变更先出现。此期的颜色改变不包括紫色或栗色变化，因为这些颜色变化提示可能存在深部组织损伤。

（2）2 期：部分皮层缺失伴真皮层暴露。伤口床有活性、呈粉色或红色、湿润，也可表现为完整的或破损的浆液性水疱。脂肪及深部组织未暴露。伤口处无肉芽组织、腐肉、焦痂。该期损伤往往是由于骨盆皮肤微环境破坏和受到剪切力作用，以及足跟受到的剪切力导致。该分期不能用于描述潮湿相关性皮肤损伤，如失禁性皮炎、皱褶处皮炎及医疗黏胶相关性皮肤损伤或创伤伤口（如皮肤撕脱伤、烧伤、擦伤）。

（3）3 期：全层皮肤缺失。全层皮肤缺失，常可见脂肪、肉芽组织和边缘内卷，可见腐肉和（或）焦痂。不同解剖位置的组织损伤的深度存在差异：脂肪丰富的区域会发展成深部伤口，可能会出现潜行或窦道。无筋膜、肌肉、肌腱、韧带、软骨和（或）骨暴露。如果腐肉或焦痂掩盖组织缺损的深度，则为不可分期压力性损伤。

（4）4 期：全层皮肤和组织缺失。全层皮肤和组织缺失，可见或可直接触及筋膜、肌肉、肌腱、韧带、软骨或骨，可见腐肉和（或）焦痂。常常会出现边缘内卷、窦道和（或）潜行。不同解剖位置的组织损伤的深度存在差异。如果腐肉或焦痂掩盖组织缺损的深度，则为不可分期压力性损伤。

（5）不可分期：全层皮肤和组织缺失，损伤程度被掩盖。全层皮肤和组织缺失，由于被腐肉和（或）焦痂掩盖，不能确认组织缺失的程度。只有去除足够的腐肉和（或）焦痂，才能判断损伤是 3 期还是 4 期。缺血肢端或足跟的稳定型焦痂（表现为干燥、紧密黏附、完整无红斑和波动感）不应去除。

（6）深部组织损伤：持续的指压不变白，颜色为深红色、栗色或紫色。完整或破损的局部皮肤出现持续的指压不变白，呈深红色、栗色或紫色，或表皮分离呈现黑色的伤口床或充血水疱。疼痛和温度变化通常先于颜色改变出现。深色皮肤的颜色表现可能不同。这种损伤是由于强烈和（或）长期的压力和剪切力作用于骨骼和肌肉交界面导致。该期伤口可迅速发展而暴露组织缺失的实际程度，也可能溶解而不出现组织缺失。如果可见坏死组织、皮下组织、肉芽组织、筋膜、肌肉或其他深层结构，说明这是全皮层的压力性损伤（不可分期、3 期或 4 期）。该分期不可用于描述血管、创伤、神经性伤口或皮肤病。

（四）评估要点

1. 识别发生压力性损伤的高风险人群

（1）老年人、肥胖者、水肿患者、发热患者、疼痛患者、石膏固定患者。

（2）神经系统疾病患者：自主活动受限，长期卧床，身体局部组织长时间受压。

（3）身体虚弱、营养不佳者：受压处缺乏保护。

（4）大、小便失禁的患者：皮肤经常受污物、潮湿的刺激。

表 2-11　Waterlow 压力性损伤危险因素评估表（2005 年）

<table>
<tr><th>体质指数</th><th>分数（分）</th><th>皮肤类型</th><th>分数（分）</th><th>性别和年龄（岁）</th><th>分数（分）</th><th colspan="3">营养状况评估工具</th><th>分数（分）</th></tr>
<tr><td>20～24.9 一般</td><td>0</td><td>健康</td><td>0</td><td>男</td><td>1</td><td rowspan="6">A—近期体重下降是→到B 否→到 C 不确定 = 2 到 C</td><td colspan="2">B——体重下降评分</td><td></td></tr>
<tr><td>25～29.9
高于一般</td><td>1</td><td>薄如纸</td><td>1</td><td>女</td><td>2</td><td colspan="2">0.5～5kg</td><td>1</td></tr>
<tr><td>>30 肥胖</td><td>2</td><td>干燥</td><td>1</td><td>14～49</td><td>1</td><td colspan="2">5～10kg</td><td>2</td></tr>
<tr><td rowspan="5"><20 低于一般</td><td rowspan="5">3</td><td>水肿</td><td>1</td><td>50～64</td><td>2</td><td colspan="2">10～15kg</td><td>3</td></tr>
<tr><td rowspan="2">潮湿</td><td rowspan="2">1</td><td rowspan="2">65～74</td><td rowspan="2">3</td><td colspan="2">>15kg</td><td>4</td></tr>
<tr><td colspan="2">不确定</td><td>2</td></tr>
<tr><td>颜色异常</td><td>2</td><td>75～80</td><td>4</td><td rowspan="2">C—患者进食少或食欲差 否 = 0 是 = 1</td><td colspan="2" rowspan="2">营养评分
如果>2，参考营养评估/干预措施</td><td rowspan="2"></td></tr>
<tr><td>破溃</td><td>3</td><td>>81</td><td>5</td></tr>
<tr><td rowspan="2">失禁</td><td rowspan="2">分数（分）</td><td rowspan="2">运动能力</td><td rowspan="2">分数（分）</td><td colspan="6">特殊因素</td></tr>
<tr><td>组织营养状况</td><td>分数（分）</td><td>神经系统缺陷</td><td>分数（分）</td><td>大手术或创伤</td><td>分数（分）</td></tr>
<tr><td rowspan="4">完全控制/导尿</td><td rowspan="4">0</td><td>完全</td><td>0</td><td>恶病质</td><td>8</td><td rowspan="2">糖尿病</td><td rowspan="2">4～6</td><td rowspan="2">骨/脊柱手术</td><td rowspan="2">5</td></tr>
<tr><td>冷漠的</td><td>2</td><td>多器官衰竭</td><td>8</td></tr>
<tr><td>限制的</td><td>3</td><td>单器官衰竭（肺肾、心脏）</td><td>5</td><td>运动/感觉异常</td><td>4～6</td><td>手术时间>2h</td><td>5</td></tr>
<tr><td>卧床</td><td>4</td><td>外周血管病</td><td>5</td><td rowspan="3">截瘫</td><td rowspan="3">4～6</td><td rowspan="3">手术时间>6h</td><td rowspan="3">8</td></tr>
<tr><td>小便失禁</td><td>1</td><td rowspan="4">轮椅</td><td rowspan="4">5</td><td>盆血（Hb<80g/L）</td><td>2</td></tr>
<tr><td>大便失禁</td><td>2</td><td>吸烟</td><td>1</td></tr>
<tr><td rowspan="2">大小便失禁</td><td rowspan="2">3</td><td colspan="6">药物</td></tr>
<tr><td colspan="6">细胞毒性药物、长期大剂量服用类固醇、抗生素最多为 4 分</td></tr>
</table>

注：如果评分≥10 分，则患者有发生压力性损伤的危险，建议采取预防措施。

（5）使用镇静药的患者：自身活动减少。

2. 选择压力性损伤风险评估工具 根据患者情况选择具有较高信效度的压力性损伤危险因素评估量表。目前，临床上常见的压力性损伤危险因素评估量表有三种（表 2-11～表 2-13）：Waterlow 压力性损伤危险因素评估表、Norton 压力性损伤危险因素评估表、Braden 压力性损伤危险因素评估表。

表 2-12 Norton 压力性损伤危险因素评估表

参数	身体状况				精神状况				活动能力				灵活程度				失禁情况			
结果	好	一般	不好	极差	思维敏捷	无动于衷	不合逻辑	昏迷	可以走动	帮助下可以走动	坐轮椅	卧床	行动自如	轻微受限	非常受限	不能活动	无失禁	偶有失禁	常常失禁	完全大小便失禁
分数	4	3	2	1	4	3	2	1	4	3	2	1	4	3	2	1	4	3	2	1
得分																				

注：总分为 20 分，原始切点为 14 分，得分越低，发生压力性损伤的危险性越高。

表 2-13 Braden 压力性损伤危险因素评估表

项目	1 分	2 分	3 分	4 分
感觉	完全受限	非常受限	轻度受限	未受损
潮湿	持续潮湿	潮湿	有时潮湿	很少潮湿
活动力	限制卧床	可以坐椅子	偶尔行走	经常行走
移动力	完全无法移动	严重受限	轻度受限	未受限
营养	非常差	可能不足够	足够	非常好
摩擦力和剪切力	有问题	有潜在问题	无明显问题	
得分				

注：评分最高 23 分，最低 6 分。15～18 分为轻度危险；13～14 分为中度危险；10～12 分为高度危险；9 分以下为极度危险。

3. 选择合适的评估时机和频率 患者入院后，应尽快进行结构化风险评估（入院后不超过 8h），识别有压力性损伤风险患者，根据其敏感程度尽可能多地重复进行风险评估，特别是病情危重者，每日甚至每班都要进行评估。

4. 确定评估内容 应用压力性损伤危险因素评估量表进行评估，评估的具体内容依量表而定。

5. 确定评估部位 从头到脚进行评估，受压部位的皮肤应重点关注，如卧位改变后受压的骨突处、双足跟、医疗器械或用具受压部位的皮肤等。

6. 选择合适的评估方法

（1）全身评估方法：一问二量三查四看。具体内容如下：①一问，主要询问患者原发病、饮食结构及饮食量、使用药物的名称及持续时间、排泄状况、睡眠及心理状况；②二量，测量身高体重，计算体质指数，对怀疑血糖异常者给予测量快速血糖；③三查，诊断性检查、查阅既往治疗记录；④四看，查看患者的活动能力、肢体功能状况。

（2）局部评估方法：一视二嗅三触四量五摄六录。具体内容如下：①一视，查看伤口颜色、渗液量和性质及所选敷料吸收和管理渗液的情况；②二嗅，靠近伤口（5～10cm）闻气味；③三触，触摸伤口周围皮肤水肿的范围；④四量，测量伤口温度、面积、深度及潜行的方向和深度；⑤五摄，在同一方向、同一角度用同一照相机摄取伤口照片；⑥六录，记录评估结果。

（五）操作步骤

（1）核对：核对患者床号、姓名等。

（2）告知：告知患者及家属评估的目的、意义、配合方法。

（3）准备：选择合适的压力性损伤风险评估工具、用具。

（4）实施：根据患者不同情况选择合适的评估方法。

（5）判断：分析讨论患者的主要问题和评估分值，判断压力性损伤发生的危险性（低度危险、中度危险、重度危险）。

（6）宣教：交代注意事项。

（7）记录：填写压力性损伤风险评估单，并在护理记录单上记录评估结果、处理方法，做好交接班。

（六）注意事项

（1）每次进行风险评估时，都要进行全面的皮肤检查；记录所有的风险评估；对有风险的患者制订实施基于风险的预防计划，但不可仅依赖风险评估工具总分，还应查看风险评估工具分量表得分及其他风险因素以指导制订基于风险的预防计划。

（2）保持皮肤完整是预防压力性损伤的重要环节，重点是预防性的进行皮肤护理，包括微环境控制、预防性敷料、降低纤维织物和纺织物剪切力与摩擦力和为脊髓损伤患者进行肌肉电刺激。

（3）一旦发生压力性损伤，需要进行压力性损伤评估及愈合监测、疼痛评估与处理、清洗、清创、感染的评估与治疗、生物膜的评估与治疗。根据伤口不同特点，治疗可选用不同的伤口敷料、生物敷料、生长因子、生物物理疗法、手术疗法等。

（4）要将压力性损伤评估和护理措施纳入交接班内容，并逐一上报。

二、烫伤的风险评估

烫伤（scald）是指高温液体、固体或高温蒸汽等所导致的损伤。患者在住院期间发生的烫伤属于医源性烫伤，常发生于感觉迟钝或障碍的患者，亦可由医务人员操作失误导致。入院时须做好患者及家属的安全教育及皮肤感觉功能的评估，以减少或杜绝烫伤发生。

烫伤分为三度。一度烫伤：只损伤皮肤表层，局部轻度红肿、无水疱、刺痛感明显；二度烫伤：损伤到真皮，局部红肿疼痛，有大小不等的水疱；三度烫伤：损伤到皮下，脂肪、肌肉、骨骼都有损伤，并呈灰或红褐色。一度烫伤一般不作特殊处理，创面冷水湿敷或酒精湿敷减轻疼痛便可；二度和三度烫伤需在专业人士指导下处理。

（一）评估要点

（1）识别容易发生烫伤的高风险人群

1）婴幼儿、高龄老人及意识/精神障碍、视力障碍、皮肤感觉迟钝或障碍、麻醉未清醒等患者。

2）骨折、肢体偏瘫等活动不便或自理能力低下的患者。

（2）选择合适的评估时机：患者入院后进行初步评估，并在每次进行热疗或喂食前对相关因素再次评估。

（3）确定评估内容：包括患者评估、环境评估、操作评估。

（二）操作步骤

（1）核对：核对患者床号、姓名等。

（2）告知：告知患者及家属评估的目的、意义。

（3）实施评估

1）患者评估：评估患者年龄、意识、自理能力、肌力、皮肤黏膜、有无感觉迟钝和障碍及患者的用药情况。

2）环境评估：热水瓶、电器等容易导致烫伤的物品是否放置在患者不易触及的地方。

3）操作评估：①根据热疗的禁忌，排除不适宜人群。例如，新生儿、婴儿不宜进行光波理疗、中药熏蒸、穴位艾灸、拔火罐等治疗。②评估操作或生活护理用具、食物温度是否符合要求。例如，使用热水袋前，需检查有无漏水，袋塞是否密封，水温是否适宜。协助患者进食/管饲、人工喂养新生儿或婴儿时，应先调试食物温度。早产儿、低体重儿使用温箱时，须定期检查温度计的准确性。

（4）交代注意事项。

（5）记录评估结果、做好交接班。

（三）注意事项

（1）评估需全面，包括患者的个体情况、周围环境、所进行的操作等。

（2）特别要做好特殊人群的评估，如昏迷患者、危重症患者、老年人、新生儿、早产儿、低体重儿等。

（3）医务人员给患者进行相关治疗前（如光波理疗、中药熏蒸、穴位艾灸、拔火罐、热疗等），必须告知患者及家属注意事项及必要的配合，保证操作安全。

（4）提供安全的病区环境和器具，严格执行交接班制度。

（5）严格掌握热疗的禁忌，严格执行操作规程，把握好热疗的时间和度，加强观察。

三、跌倒的风险评估

跌倒（fallen）是指突发、不自主的、非故意的身体的任何部位（不包括双脚）的体位改变，倒在地上或更低的平面上，但不包括暴力、意识丧失、偏瘫或癫痫发作所致的跌倒。国际疾病分类（ICD-10）将跌倒分为从一个平面至另一个平面的跌落和同一平面的跌倒两类。

选择具有较高信效度的跌倒风险评估量表进行评估。目前，临床上常见的跌倒风险评估量表有三种（表 2-14～表 2-16）：①Morse 跌倒风险评估量表，适应于社区、医院的所有患者；②Stratify 跌倒风险评估量表，专为老年人设计的量表，可应用于医院、养老院、社区、居家等老年人的跌倒风险评估；③Hendrich Ⅱ跌倒风险模型工具，是目前最新的跌倒风险评估量表，专门应用于成年住院患者的跌倒风险评估。

表 2-14　Morse 跌倒风险评估量表

危险因素	评分
有跌倒史	没有=0　有=25
有超过一个诊断	没有=0　有=25
使用助行器具	没有需要/卧床休息/坐轮椅/忽视帮助=0 拐杖/手杖/助行器=15 依附家具=30
静脉输液/肝素锁	没有=0　有=20
步态	正常/卧床休息/轮椅=0 虚弱=10 受损=20
精神状态	正确评估自我能力=0 高估或忘记限制=15

表 2-15　Stratify 跌倒风险评估量表

谵妄或躁动不安	是	1
	否	0
步态不稳，活动欠耐力，只能短暂站立，需辅助器具协助方可下床	是	1
	否	0
曾发生过跌倒	是	1
	否	0
需要频繁上厕所	是	1
	否	0
视觉障碍已影响日常生活	是	1
	否	0

表 2-16　Hendrich Ⅱ跌倒风险模型工具

危险因素		危险评分
意识模糊或定向力障碍		4
抑郁症状		2
排泄改变		1
头晕或眩晕		1
男性		1
服用抗癫痫药（或剂量改变或停药）		2
服用苯二氮䓬类药物		1
“起立-行走”试验：从坐位起身	一次动作能起身	0
	撑起，一次成功	1
	多次尝试，但成功	3
	无协助不能起身[或医嘱同样要求和（或）绝对卧床]	4

跌倒风险评估的危险程度：①如使用 Morse 跌倒风险评估量表，则总分 0 分为无跌倒风险，＜25 分为低风险，25～45 分为中度风险，＞45 分为高风险；②若使用 Stratify 跌倒风险评估量表，评分≥2 分为有跌倒风险，需进行干预预防跌倒发生，≥3 分为跌倒高风险；③若使用 Hendrich Ⅱ跌倒风险模型工具，则最高分为 16 分，≥5 分为跌倒高危风险人群，需进行干预预防跌倒发生。

此外，还有针对跌倒风险内部因素及外部因素的评估表（表 2-17，表 2-18）。其中，内部因素评估表是基于 Stratify 跌倒风险评估量表拓展而来，增加了疾病及药物的影响，而外部因素评估表侧重评估环境、设备、设施及制度法规。环境因素是引起老年人跌倒的重要因素，如地面潮湿、不平整、灯光昏暗等，有研究表明，65 岁以上的老年人发生跌倒 51%与环境因素有关。

表 2-17　跌倒风险内部因素评估表

参数	分值	评估内容	评估时间		
清醒程度/精神状态	0	清醒、定向力正常、有安全意识；昏睡状态			
	2	安全意识减弱			
	4	回想困难，判断力减弱、无安全意识			

续表

参数	分值	评估内容	评估时间		
运动状态	0	运动正常/自制力			
	2	机械运动或自制力减弱（大小便需帮助）			
	4	梦游/无自制力			
步态/平衡状态	让患者无依靠双脚站立，一直向前走并拐弯，记录分值				
	0	步态/平衡正常			
	1	站立时平衡有问题			
	1	行走时平衡有问题			
	1	肌肉协调能力减弱			
	1	当走过门廊时步态改变			
	1	转弯时肌肉痉挛或不稳			
	1	需要辅助器械走路（拐杖、助行器、轮椅等）			
视力情况	0	视力较好（有或无眼镜）			
	2	视力较差（有或无眼镜）			
	4	失明			
直立性低血压	0	无			
	2	有直立性低血压仅轻微头晕			
	4	有直立性低血压仅明显头晕、眩晕			
跌倒时（过往3个月内）	0	过往3个月内无跌倒			
	2	过往3个月内跌倒1～2次			
	4	过往3个月内跌倒3次以上			
用药情况	麻醉药、精神药、降压药、抗心律失常药、安定药、利尿药				
	0	现在或过去7天内未使用以上药物			
	2	现在或过去7天内使用1～2种以上药物			
	4	现在或过去7天内使用3～4种以上药物			
	1	过去5天中曾变换药物和（或）剂量，另加1分			
曾患疾病	高血压、眩晕、心肌梗死、心律失常、脑血管意外、运动神经元疾病、帕金森病、肢体残疾、哮喘、骨折、贫血等				
	0	未罹患			
	2	罹患1～2种疾病			
	4	罹患3种或以上疾病			
总分≥10分，为跌倒高风险		总分			
		评估者			

表 2-18 跌倒风险外部因素评估

环境因素	环境陌生	路面湿滑、不平	光线不足	保护措施不够：扶手	物品放置：床头柜、各种电线
设备/设施	病床太小、太高	助行器缺乏、不合适	轮椅、病床没有及时制动	衣裤过长、过大	鞋子不合适
制度不完善	跌倒安全制度不完善				
制度落实	预防跌倒制度落实不到位	宣传措施执行不到位			

（一）评估要点

（1）识别容易发生跌倒的高风险人群

1）有跌倒史的患者：所有近期（如最近 3 个月内）有跌倒史的患者均应考虑为跌倒的高风险人群。有研究表明，其再次跌倒发生率为 16%～52%。有过跌倒经历的患者，走路会变得特别谨慎，对跌倒存在恐惧，步态出现异常，容易使身体失去平衡而导致再次摔倒。

2）老年患者：部分老年患者对跌倒风险认识不够，性格倔强，不愿麻烦别人，执意自理生活，从而导致跌倒的发生。

3）需使用辅助装置行走者：患者有步态问题或移动时需要辅助装置（如手杖或助行器）更可能发生跌倒。

4）特殊服药患者：患者服用大量药物，或服用可能引起镇静、意识模糊、平衡受损或体位性血压改变的药物，如使用镇痛药、抗精神病药、抗惊厥药、镇静药、降压药、抗心律失常药、利尿药等，其跌倒的风险更高。

5）精神异常的患者：谵妄、痴呆或精神病患者有跌倒的风险。

6）尿控力差的患者：尿频或经常需要如厕的患者，跌倒的风险更高。

（2）选择跌倒风险评估工具。

（3）选择合适的评估时机：评估时机为刚入院、转科时，病情发生变化时随时评估；住院时间长的患者，可根据情况定期评估。

（二）操作步骤

（1）核对：核对患者床号、姓名等。

（2）告知：告知患者及家属评估的目的、意义、配合方法。

（3）实施：选择合适的跌倒风险评估工具进行评估。

（4）判断：根据评估分值，判断跌倒发生的风险。一旦患者存在跌倒风险，要将跌倒评估和护理措施纳入交接班内容，并逐一上报。

（5）宣教：交代注意事项，并悬挂“防跌倒”安全警示牌。

（6）记录：在护理记录单上记录评估结果、预防措施，做好交接班。

（三）注意事项

（1）实施普遍预防跌倒措施：普遍预防跌倒措施围绕患者的环境安全与舒适考虑，是医院跌倒预防项目的基础，适用于所有患者。实施普遍预防措施应同时从患者及环境的角度考虑，对涉及查看患者的预防措施，至少每小时巡视患者（晚上 22 时至翌日 6 时每 2h 巡视 1 次）。以下是推荐的普遍预防措施。

1）使患者熟悉环境。

2）使患者会使用呼叫铃。
3）保持呼叫铃在患者可及范围。
4）将个人物品放在患者安全可及范围。
5）采用防滑地板，卫生间、盥洗室、浴室应放置防滑垫。
6）在患者浴室、房间及走廊安装坚固耐用的扶手。
7）危险的地方要有醒目的警示标志。
8）患者卧床休息时将病床放低，患者离床转移时将病床升至舒适的高度。
9）将病床脚刹锁住。
10）静止时将轮椅的轮子锁住。
11）患者穿防滑、舒适、合脚的鞋。
12）使用夜灯或辅助灯光。
13）保持地面清洁干燥，迅速清除所有泼溅物。
14）保持患者护理区域整洁。
15）定期进行安全检查，床栏、呼叫器等设施应保持有完好的使用功能。
16）安全转运患者。
17）注重心理护理：对于脾气倔强且存在跌倒风险的老年患者，护理人员应加强与其沟通，了解患者的心理情况及需求，加强跌倒风险的教育，了解自己身体状况，提高患者自我防范跌倒的意识。

（2）根据识别的危险因素，制订并实施个体化的护理计划。告知患者及家属评估结果、拟采取的措施及配合要点。提供有关预防跌倒的教育，使患者及家属理解不遵从预防跌倒计划的潜在后果及可行的替代方案。必要时与其签订跌倒相关风险知情同意书。

（3）患者一旦发生跌倒，应系统地、仔细地评估患者是否受伤及受伤的严重程度，记录评估结果并填写事件报告。进行根本原因分析，了解跌倒发生的原因，为持续改进质量提供依据。

四、药物外渗的风险评估

在静脉输液过程中，由于各种原因而导致药物渗漏到静脉管腔以外的周围组织，使注射部位出现疼痛、肿胀、红斑等，根据进入静脉管腔以外的周围组织的药物性质可分为外渗和渗出两种。药物外渗（drug exosmosis）是指静脉输液过程中，腐蚀性药物进入静脉管腔以外的周围组织。药物渗出（drug leakage）是指静脉输液过程中，非腐蚀性药物进入静脉管腔以外的周围组织。

（一）评估要点

（1）评估输注药物的理化性质：外渗高危药物包括发泡剂、强酸性、强碱性、高渗性、阳离子和血管活性药等腐蚀性和刺激性药物。高渗性药物是指渗透压>340mOsm/L 的药物，<400mOsm/L 为低度危险，400～600mOsm/L 为中度危险，>600mOsm/L 为高度危险；强酸性药物是指 pH≤5 的药物；强碱性药物是指 pH≥9 的药物。

（2）评估患者基本情况：疾病、病情及严重程度、年龄、神志及认知能力、皮肤和血管状况等。患者血管弹性差、烦躁、皮肤烧伤或瘢痕及外周血管通路位置在关节部位等情况不建议选用外周静脉短导管。

（3）评估治疗方案：包括药物输注时间和速度、液体总量、是否使用辅助加压工具（输液泵、注射泵、高压注射器）、穿刺部位等。

（二）操作步骤

（1）核对：核对患者床号、姓名等。

（2）告知：告知患者及家属评估的目的、意义、配合方法。

（3）实施：根据患者情况选择合适的穿刺工具、留置方式，并悬挂“防外渗”安全警示牌。

（4）判断：一旦患者发生渗出，则根据渗出分级标准（见本部分的【知识链接】）判断渗出级别，并紧急处理。

（5）宣教：交代注意事项。

（6）记录：在护理记录单上记录置管、固定和观察情况，做好交接班。

（三）注意事项

（1）选择合适的穿刺工具，高危药物不建议选用浅静脉留置针等外周静脉短导管进行输注，禁用头皮钢针进行输注。不得用注射泵等辅助加压工具经外周静脉泵入高危药物。

（2）选择合适的输液工具，发泡剂必须选用中心静脉导管输注，强酸性、强碱性、高渗性、阳离子和血管活性药五类高危药物宜选用中心静脉导管输注。告知患者及家属外渗风险后请患者及家属同意并签名，尽量做到每日更换肢体进行注射，禁止选择下肢外周血管输注。

（3）选择护理人力资源充足的时段输注高危药物，悬挂“防外渗”安全警示标志，加强巡视。

（4）妥善固定穿刺针，密切观察置入导管及穿刺部位血管和局部皮肤。用输液贴膜固定针头，必要时用夹板固定肢体以防脱落。

（5）使用药物外渗护理单记录置管、固定和观察情况，告知患者穿刺处局部肿胀、疼痛时立即呼叫护士，当患者主诉有与外周静脉短导管相关的不适或疼痛时，应立即拔除。

（6）加强常用高危药物管理与培训，包括药品的种类、名称、储存方法、配制和输注注意事项。

（7）高危/腐蚀性药液外渗后的紧急处理：一旦发现药物外渗应立即停止输液，断开输液装置，用小规格注射器将针头和远端输液导管中的液体全部吸出，并保持一定负压再拔针。针对不同种类的高危药物在局部肿胀部位应用对应的拮抗药，越早处理效果越好。

知识链接

（1）输注腐蚀性、刺激性等药物时，护士要能正确选择静脉输注工具、时间、穿刺部位等。

（2）尽可能地保证输注腐蚀性、刺激性等高危药物结束后，患者未发生药液外渗。

（3）及时、正确地处理腐蚀性、刺激性等高危药物外渗，达到未发生局部组织坏死的效果。

（4）渗出分级标准，参考2006年版美国静脉输液护理学会制订。

1）0级：没有症状。

2）1级：皮肤发白，水肿范围的直径最大处<2.5cm（1英寸），皮肤发凉，伴有或不伴有疼痛。

3）2级：皮肤发白，水肿范围的直径最大处为2.5～15cm（1～6英寸），皮肤发凉，伴有或不伴有疼痛。

4）3级：皮肤发白，半透明状，水肿范围的直径最大处>15cm（6英寸），皮肤发凉，轻到中度的疼痛，可能有麻木感。

5）4级：皮肤发白，半透明状，皮肤紧绷，有渗出、皮肤变色，有淤血肿胀，水肿范围直径最小处>15cm（6英寸），可有凹陷性水肿，循环障碍，中度到重度的疼痛，任何容量的血液制品、刺激性或腐蚀性的液体渗出。

五、误吸的风险评估

误吸（aspiration）是指进食（或非进食）时有数量不一的食物、口腔分泌物或胃食管反流物不是全部随着吞咽动作顺利地进入食管，而是进入声门以下气道。

误吸根据误吸量可分为微量误吸（<1ml，很少引起症状）和大量误吸；根据症状误吸分为显性误吸与隐性误吸两类（伴有咳嗽的误吸称为显性误吸，不伴咳嗽的误吸称为隐性误吸）。

误吸可以导致吸入性肺炎、急性气道阻塞引起窒息，或因进食不足出现营养不良、脱水、电解质紊乱，严重时可直接导致死亡。此外，误吸时因酸性胃液刺激可引起支气管痉挛、肺间质水肿及肺透明膜病变，从而出现呼吸困难或发绀，称为 Mendelson 综合征。

临床上一般根据洼田饮水试验结果，按 5 级分级记录结果（表 2-5），然后根据评估的结果为患者选择合适进食方式，做好患者及家属进食相应的指导，预防误吸的发生。

（一）评估要点

（1）评估时机：患者入院后 24h 内，若病情变化则随时评估。

（2）评估高危人群：意识障碍、认知障碍、服用镇静药、谵妄、咳嗽痰多、流涎者；咳嗽后不能吐出口腔内分泌物、反复发作肺炎的患者；脑卒中患者；所有管饲注食的患者；气管切开的患者；头颈部接受放射治疗的患者；喉部创伤或切除术后患者；重症肌无力患者；帕金森病患者；运动神经疾病患者等。

（3）评估患者的年龄、意识水平、认知功能、呼吸模式、咳嗽反射能力、有无发热及咳嗽咳痰等情况。

（4）评估患者的饮食习惯：进餐时体位、进食规律、每日进餐次数、每次用餐时间、摄入食物的种类和量及性状、进餐工具、每口量、放入口的位置、饮食喜好。

（5）评估患者的食欲：有无影响患者食欲的因素，如食物的色香味、患者的活动量、特殊生理状况、疾病、疼痛、情绪，服用药物、酒精等。

（6）评估患者的既往史，有无与误吸相关的病史和危险因素：①中枢神经系统疾病史；②食管疾病史；③老年人的意识障碍；④有无口腔或牙科疾病，如牙龈炎、慢性疾病及牙齿退化或口腔卫生不良，口腔问题可引致口咽菌群失调，使细菌在口腔寄植。

（7）床边吞咽功能评定：分为三个步骤。

第一步：床边查体，进行初步评价。

判断：①是否意识清楚并对言语刺激有反应；②能否直立坐位，维持头部位置；③有无呼吸困难；④有无流涎；⑤舌的活动范围是否对称；⑥有无构音障碍、声音嘶哑、湿性发音；⑦咽反射是否存在；⑧是否有自主咳嗽能力；⑨患者口腔是否可以闭合，唇部能否抗阻力。如上述指标均无异常，则进行第二步。

第二步：反复吞唾液试验。

让患者尽量快速反复吞咽，观察 30s 内吞咽的次数，正常 5～8 次，该步骤检查吞咽启动的时间。触摸吞咽动作：检查者将示指轻放于下颌骨下方、中指放于舌骨、小指放于甲状软骨上、环指放于环状软骨处，让患者尽量快速反复吞咽，喉结和舌骨随着吞咽运动越过手指，向前上方移动再复位，确认这种上下运动，下降时即为吞咽的完成，该法检查吞咽启动的速度及幅度。若第一及第二步无异常，则进行第三步。

第三步：洼田饮水试验。

让患者取坐位或由其他方法支持坐姿，根据患者情况可先依次给予 1ml、2ml、5ml 水吞下，如无问题，再让患者像平常一样喝下 30ml 水，然后观察和记录饮水时间、有无呛咳、吞咽次数等。如果患者洼田饮水试验 3～5 级，应请言语吞咽治疗师的介入。

（8）评估患者的心理状态、自理能力、依从性及喂食者的知识与技能。

（9）辅助检查结果评估：评估是否需特殊治疗或检查饮食，指导患者掌握与疾病有关的治疗、检查、康复饮食知识。

（二）操作步骤

（1）核对：核对患者床号、姓名等。

（2）告知：告知患者及家属误吸风险评估的目的、意义、配合方法。

（3）准备：协助患者取舒适自然体位，了解患者有无义齿。

（4）实施：按评估要点进行评估。

（5）判断：根据评估结果采取相应措施。如果发现异常应及时报告上级护士或医生，给予相应处理。

（6）宣教：指导患者掌握健康饮食知识；交待患者或家属相关注意事项。

（7）记录：评估结果。

（三）注意事项

1. 经口进食者误吸风险防范

（1）意识状态：对于意识模糊、嗜睡的老年患者，进食过程必须要保持患者清醒，每次喂食时应检查患者口腔食物是否已吞咽，随时关注患者的吞咽动作。

（2）环境：保持安静的环境，减少干扰。

（3）体位：进食中尽可能保持坐位，双脚平稳接触地面，双膝关节屈曲 90°，躯干挺直保持 90°，颈和头前屈有助于预防误吸，卧床患者进餐后，应保持进食体位 30～60min。对于不同类型吞咽障碍患者，可通过改变进食的姿势以改善或消除吞咽误吸症状，如吞咽时头部后仰适用于咽部期吞咽启动迟缓（食团已过下颌，咽部吞咽尚未启动）的患者、空吞咽与交互吞咽适用于咽收缩无力（残留物分布全咽）的患者、从仰头到点头吞咽适用于舌根部后推运动不足（会厌谷残留）的患者等。

（4）食物准备：根据食物的性状，一般将食物分为五级，即流质如水、果汁等；半流质如米汤、羹等；糊状如米糊、芝麻糊等；半固体如软饭，固体如饼干、坚果等。应根据吞咽障碍的程度及阶段，本着先易后难的原则来选择食物的性状。容易吞咽的食物特点是密度均匀、黏性适当、不易松散、通过咽和食管时易变形且很少在黏膜上残留。临床实践中，应首选糊状食物，因为它能较满意地刺激触及压觉和唾液分泌，使吞咽变得容易。此外，还要兼顾食物的色、香、味及温度等。根据吞咽障碍影响吞咽器官的部位因地制宜地选择适当食物并进行合理配制，可使用食物增稠剂调节食物的性状。

（5）一口量、进食速度及餐具的选择：一口量，即最适于吞咽的每次摄食入口量。一般正常人一口量：流质 1～20ml，半流质 5～7ml，糊状食物 3～5ml，半固体平均为 2ml。对患者进行摄食训练时，如果一口量过多，食物将从口中漏出或引起咽部残留导致误吸；过少，则会因刺激强度不够，难以诱发吞咽反射。一般先以少量试之（流质 1～4ml），然后酌情增加。为减少误吸的危险，应调整合适的进食速度，前一口吞咽完成后再进食下一口，避免两次食物重叠入口的现象。另外，还要注意餐具的选择，应采用边缘钝厚、匙炳较长、容量 5～l0ml 的匙羹为宜，便于准确放置食物及控制每匙食物量。

（6）食团在口中位置：进食时应把食物放在口腔最能感觉食物的位置。最好把食物放在健侧舌后部或健侧颊部，这样有利于食物的吞咽。这种做法不仅适合部分或全部舌、颊、口、面部有感觉障碍的患者，也适合所有面舌肌肉力量弱的患者。

（7）密切观察：观察进食中是否有咳嗽、呛咳、清喉咙或吞咽困难等表现。对有误吸病史的患者，进食过程中应提醒患者在吞咽结束后清喉咙，以减少误吸的发生。对于进食后声音变嘶哑，动脉血氧饱和度波动超过5%～10%的患者应停止经口进食，护士与言语吞咽治疗师共同评估确定患者是否可以继续经口进食。

2. 鼻饲进食者误吸风险防范

（1）选择合适的鼻胃管：应选择柔软、弹性好、管径较小的鼻胃管，如 12F～14F 硅胶或聚氨酯鼻胃管。

（2）注食前确保营养管位置正确：正确度量置管长度，建议将胃管向胃内延伸 5～10cm，使胃管前端在胃体部或幽门部，注入的食物不易反流。

（3）取合适的体位：鼻饲时患者应取半卧位，床头抬高 30°～45°以上，避免在患者呕吐、腹胀、腹痛、胃潴留时进行鼻饲。鼻饲后保持床头抬高 30～45min，不宜进行刺激咽喉部的操作，如口腔护理、口腔检查、吸痰等操作。

（4）选择合适的营养液输注方式及温度：输注营养液时应遵循浓度由低到高、容量由少到多、速度由慢到快的原则，营养液温度保持在 38～40℃，以减少冷营养液对胃部的刺激。

（5）动态监测胃残余量：每次鼻饲前回抽胃内残余量，如胃残余量≤150ml 可继续鼻饲；当胃残余量在 150～200ml 时，证明胃肠蠕动缓慢，应暂禁食并使用胃动力药。持续泵入营养液者分别于泵入后 2h、4h、6h、8h、16h、24h 监测胃残余量，如胃残余量＜100ml 时可以继续泵入，当胃残余量＞100ml 时则停止营养液的泵入，并注意观察和遵医嘱用药。

3. 误吸后的处理

（1）一旦出现误吸，应尽快调整体位，头偏向一侧，吸尽残留在口腔和咽喉部的食物。如果在家发生误吸，喂食者是现场唯一的施救者，在拨打“120”之前应对患者施行海姆立克法急救；如还有旁人，喂食者施救时，另一个人应尽快拨打电话求救。如果在病房发生误吸，喂食者施救时，呼喊医护人员协助急救。

（2）海姆立克急救法：详见第九章第六节。

（3）如果出现窒息、心搏停止，应立即为患者实施心肺复苏急救。

六、约束的风险评估

约束包括药物、心理及身体约束（physical restraint），狭义的约束指身体约束。2002 年美国医疗机构评审联合委员会（JCAHO）将身体约束定义为应用任何物理的方法来限制患者移动、活动躯体和正常运用身体的自由。药物约束是指使用精神类药物控制个体的极端行为。

目前，身体约束在国内外应用的较为广泛，尤其是在重症监护室，医务人员常常用身体约束来维护患者安全及预防意外事件的发生。虽然身体约束可以对患者进行行为控制，提供身体支持，防止患者出现拔管、跌倒、伤人、伤己等意外事件；但身体约束的使用会带来很多生理、心理及社会方面的负性结果，不恰当地使用身体约束甚至会造成被约束者的死亡。目前，一些国家已制订了身体约束使用指南，同时提倡尽量减少身体约束的使用。

使用身体约束的目的是预防干扰医疗，防止意识障碍患者自我伤害。临床上常根据患者意识状态、定向力、使用治疗设备情况和身体活动能力确定是否需要约束及约束等级。使用身体约束可能会导致患者肢体皮肤、肌肉、神经压力性损伤和肌肉萎缩、跟腱挛缩、骨折、院内感染、便秘失禁、情绪沮丧、烦躁、愤怒、身体功能和认知状态下降等。

身体约束的工具包括约束带、带锁的轮椅、躺椅、床栏、约束背心及手套等。常见的约束带类型有肩肘约束带、上肢约束带、膝部约束带、踝部约束带等。

（一）评估要点

（1）评估患者年龄、意识、活动能力、心理状态，以及需要约束部位的皮肤和四肢循环情况。有下列特质的容易被列为约束对象：四处游走、二便失禁、躯体依赖、精神状态异常、不配合治疗、烦躁不安、身上带有监测和治疗仪器等患者。

（2）告知患者及家属约束的目的、部位、约束工具及类型、时间、并发症及配合事项，征得理解和同意，并签订知情同意书。身体约束的部位主要以肢体约束为主体，特别是上肢约束，其中以腕部约束最为多见。

（3）评估决定身体约束使用的影响因素，包括环境的需要、缺少替代约束的方法、约束方法本身的改进、患者预知的风险。

（4）评估患者自我控制程度、身体条件和能力，必要时提供活动和锻炼。

（5）约束规范使用的原则：对患者进行身体约束必须要有医嘱，被充分证明是正当的、适当的。约束要征得患者及其家属的知情同意。

（6）评估与监测实施约束及结束约束措施后的反应：必要时遵医嘱给予镇静等药物治疗；当患者自控力增强时，可逐步松解约束措施。每次松开一个肢体。

（二）操作步骤

（1）核对：遵医嘱执行约束，核对患者床号、姓名等。

（2）告知：告知患者及家属约束的目的、意义、约束工具及类型、时间、并发症及配合事项，征得理解和同意，并签订知情同意书。

（3）准备：选择合适的约束工具。

（4）实施：根据患者不同情况选择合适的约束方法。约束时松紧适宜，手腕及足踝等骨突处，用棉垫保护；约束胸部、腹部时，保持其正常的呼吸功能；制动时维持患者身体各部位的功能位。

（5）判断：判断患者自我控制程度、身体条件和能力，必要时提供活动和锻炼。

（6）观察：交待注意事项，严密观察患者对身体约束及解除约束后的反应。观察患者局部和全身情况，观察局部皮肤的完整性、血液循环情况；发现异常及时处理，必要时进行局部按摩，促进血液循环。

（7）记录：记录约束原因、方法，约束起止时间，松解与间隔时间，患者对约束的反应，全身和局部情况，约束相关并发症的处理措施和效果，做好交接班。

（三）注意事项

（1）选择合适的约束工具，掌握约束工具的使用方法

1）严格掌握约束适应证，维护患者尊严。

2）身体约束只能在短期内使用。对需要连续约束的患者，护士应持续评估其约束的必要性，制订解除约束的计划，尽早结束约束。

3）保护被约束肢体。保持约束肢体的功能位，松紧度以患者活动时肢体不易脱出、不影响血液循环为宜。

4）约束带必须系紧，且系在患者无法接触到的地方。

（2）为约束患者提供生活照顾

1）每15～20min巡视患者1次。

2）保持患者舒适体位，预防误吸和皮肤受损。

3）协助患者定期更换体位，预防皮肤压力性损伤。

4）协助满足患者营养、排泄、喝水和个人卫生的需要。

5）当照顾者离开时，提供呼叫帮助。

6）为患者进行翻身或擦浴等护理，需松开身体约束时，应用抓握方法抓住患者的手，防止损伤。

（3）严密观察患者对身体约束及解除约束后的反应

1）观察约束部位皮肤完整性及肢体末端颜色、温度和感觉。发现皮肤苍白、冰冷、肿胀、麻木、刺痛时，应立即解除约束，抬高肢体，观察变化，必要时给予局部按摩。

2）使用约束背心或约束衣时，观察患者的呼吸和面色，防止因约束不当导致窒息。

3）在保证安全的前提下，轮流松开约束措施，让患者适当活动肢体，一次只松开一处。连续使用约束的患者，一般每 2h 松解 1 次，时间为 15～30min。

（4）记录使用约束的过程，每 1～2h 巡视记录一次，防止约束带束缚过紧导致不良并发症或约束带松解滑脱造成护理不良事件增加。

（5）必要时，配合医生合理使用镇痛镇静，随时评估调节镇静深度，提供给患者最大程度舒适，帮助患者安全度过危重躁动期。

（6）加强对特殊患者管理可以减少约束。例如，给有走失倾向的患者穿特殊颜色的衣服利于辨认；对有拔管等拒绝治疗倾向的患者可使用无手指手套代替手腕约束带以避免拔管；给有认知障碍或人格分裂的患者安排专人陪护并安排在靠近护士站的房间。

第三章 医院感染防控技术

学习目标

（1）了解什么是医院感染。
（2）了解隔离区域的设置。
（3）熟悉标准预防的概念。
（4）熟悉标准预防的主要措施。
（5）熟悉职业暴露的预防与处理措施。
（6）熟悉无菌技术、无菌物品、无菌区的概念。
（7）熟悉清洁、消毒、灭菌、无菌、感染、交叉感染、污染、隔离的概念。
（8）熟悉隔离技术原则。
（9）熟悉医疗废物的分类。
（10）掌握无菌技术操作原则。
（11）掌握下列无菌技术操作：手卫生、使用无菌持物钳、取用无菌溶液，布置无菌盘，戴无菌手套。
（12）掌握穿脱隔离衣技术。
（13）掌握标准预防的护理要点及各种标准预防工具的使用。
（14）掌握消毒液配置方法。
（15）掌握环境卫生学监测方法。
（16）掌握医疗废物处理原则。

医院感染（hospital infection）是指患者在医院内获得的感染，包括在住院期间发生的感染和在医院内获得出院后发生的感染，但不包括入院前已开始或入院时已存在的感染。医院工作人员在医院内获得的感染也属医院感染。

医院感染防控技术包括广大医务人员提高对医院感染的认识，在医疗护理实践中通过系列的制度和措施的落实，降低医院感染的发生率，有效地控制医院感染，避免增加患者的痛苦，减少不必要的医疗护理负担，节约卫生经费，增加医院的信誉度，促进医学发展。

本章对手卫生技术，无菌技术，标准预防，隔离技术，消毒灭菌技术，医疗废物分类、放置与处理六个技术进行介绍。

第一节 手 卫 生

医务人员的手是医院感染相关病原体的重要传播媒介，通过采取包括手卫生在内的多种模式干预策略可以有效地减少医院感染的发生。目前手卫生已经成为最重要的医院感染预防与控制措施之一。

一、有关概念

1. 手卫生 是医务人员洗手、卫生手消毒和外科手消毒的总称。

2. 洗手 是指医务人员用皂液和流动水洗手，去除手部皮肤污垢、碎屑和部分致病菌的过程。

3. 卫生手消毒 是指医务人员用速干手消毒剂揉搓双手，以减少手部暂居菌的过程。

4. 外科手消毒 是指外科手术前医务人员用肥皂（皂液）和流动水洗手，再用外科手消毒剂清除或杀灭手部暂居菌和减少常居菌的过程。使用的外科手消毒剂具有持续抗菌活性。

以下主要介绍洗手、卫生手消毒、外科手消毒三个技术。

二、手卫生操作基本原则

1. 应配备符合 WS/T313 要求的设施 包括洗手池、清洁池、干手设施（如干手纸巾、速干手消毒剂等）。设施位置应方便医务人员、患者和陪护人员使用；应有醒目、正确的手卫生标识，包括洗手流程图或洗手图示等。

2. 手卫生物品要求 清洁剂、速干手消毒剂宜为一次性包装。

3. 监察标准 应有医务人员手卫生正确性和依从性的自查和监督检查，发现问题，及时改进。

4. 医务人员手的基本要求

（1）手部指甲长度不应超过指尖，不应戴人工指甲。

（2）手部不应佩戴戒指等装饰物。

5. 对水的基本要求

（1）应使用流动水，不可使用非流动水。

（2）水质应符合《生活饮用水卫生标准》（GB5749-2006）的规定，即微生物指标要求未检出大肠菌群、耐热大肠菌群、大肠埃希菌，菌落总数<100cfu/ml。

（3）水温以 20℃左右为宜，水温太高会加快皮肤水分的流失，增加发生皮炎的风险。

三、手卫生操作法

（一）洗手

1. 洗手的指征

（1）直接接触每个患者前后（如测量血压、脉搏或扶持、搬运患者等）。

（2）从同一患者身体的污染部位移位到清洁部位时。

（3）接触患者黏膜、破损皮肤或伤口前后。

（4）接触患者的血液、体液、分泌物、伤口敷料等之后。

（5）穿脱隔离衣前后，摘手套后。

（6）进行无菌操作、接触清洁和无菌物品之前。

（7）接触患者周围环境及物品后。

（8）处理药物前。

2. 操作步骤

（1）在流动水下，使双手充分淋湿。

（2）取不少于 3ml 或可打湿双手所有表面的足量洗手液，均匀涂抹至整个手掌、手背、手指和指缝。

（3）认真搓揉全手至少 15s，应注意清洗双手所有皮肤，包括指背、指尖和指缝。整个搓揉步骤归纳为六步洗手法（图 3-1），具体如下。

1）内：掌心相对，手指并拢，相互揉搓。

2）外：手心对手背沿指缝相互揉搓，交换进行。

3）夹：掌心相对，双手交叉指缝相互揉搓。

4）弓：弯曲手指使关节在另一手掌心旋转揉搓，交换进行。

5）大：右手握住左手拇指旋转揉搓，交换进行。
6）立：将五个手指尖并拢放在另一手掌心旋转揉搓，交换进行。
（4）必要时增加对手腕的清洗。
（5）在流动水下彻底冲净双手。
（6）使用一次性干手纸巾或其他方法干燥双手。

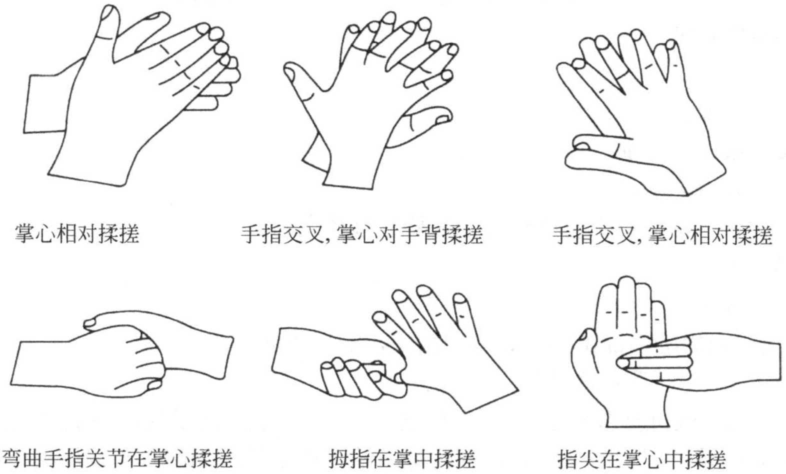

图 3-1　六步洗手法

3. 注意事项

（1）清洗容易污染致病菌的指甲、指尖、指甲缝和指关节等部位。

（2）彻底清洗佩戴戒指等饰物的部位，因为这些部位容易藏污纳垢。

（3）如为手接触式水龙头，应避免用手直接关闭水龙头，可用避污纸或擦手后的一次性干手纸巾关闭水龙头。

（二）卫生手消毒

1. 卫生手消毒的指征

（1）医务人员的手未受到患者血液、体液等蛋白性物质明显污染，而又需要洗手时，可采用卫生手消毒代替洗手。

（2）医务人员在下述情况时应洗手，然后进行卫生手消毒。其包括接触患者的血液、体液和分泌物及被传染性致病微生物污染的物品后；直接为传染病患者进行检查、治疗、护理或处理传染病患者污物之后。

2. 操作步骤

（1）取不少于 3ml 或可打湿双手所有表面的足量速干手消毒剂于掌心。

（2）严格按照“六步洗手法”洗手，双手相互进行揉搓，必要时增加对手腕的清洗。

（3）揉搓时保证手消毒剂完全覆盖手部皮肤，直至手彻底干燥。

3. 注意事项

使用速干手消毒剂应注意。

（1）速干手消毒剂应符合国家的有关规定，为合格产品。

（2）对皮肤无刺激，临床医务人员有良好的接受度。

（3）应有良好的速干手消毒剂分配系统，如在治疗室、护士站、医生、护士办公室、病房门口等应安装取液器，在治疗车、查房用病历车等放置速干手消毒剂。

（4）速干手消毒剂当中不含有清洁剂，所以没有去污作用，因此在双手明显污染时应先洗手。

（三）外科手消毒

1. 外科手消毒应遵循的原则

（1）先洗手，后外科手消毒。

（2）不同患者之间、手套破损或手被污染时，应重新外科手消毒。

2. 外科手消毒的指征

（1）每次大小手术之前。

（2）介入诊疗之前。

（3）产科接生或助产之前。

（4）进入新生儿室之前。

（5）诊查、护理、治疗特殊易感患者，如器官移植之前。

3. 操作步骤

（1）第一步：洗手。

1）洗手之前应先摘除手部饰物，并修剪指甲，长度不超过指尖。

2）在流动水下，使双手充分淋湿。

3）取不少于 6ml 或可打湿双手、前臂和上臂下 1/3 的足量洗手液，并认真揉搓。不应常规使用手刷刷洗双手和手臂，但清洁双手时，应注意清洁指甲下的污垢和手部皮肤的皱褶处。

4）流动水冲洗双手、前臂和上臂下 1/3。

5）使用干手物品彻底擦干双手、前臂和上臂下 1/3。

（2）第二步：消毒。

方法一：冲洗手消毒方法。

1）取不少于 6ml 或可打湿双手每个部位、前臂和上臂下 1/3 的足量外科手消毒剂。

2）认真揉搓，直至彻底干燥，一般揉搓时间为 2～6min。

3）用流动水冲洗双手、前臂和上臂下 1/3。

4）特殊情况水质达不到《生活饮用水卫生标准》（GB5749-2006）的规定要求时，手术医师戴手套前，应用醇类手消毒剂再消毒双手后戴手套。

方法二：免冲洗手消毒方法。

1）取适量的免冲洗手消毒剂涂抹至双手的每个部位、前臂和上臂下 1/3，并认真揉搓直至消毒剂干燥。

2）免冲洗手消毒剂的取液量、揉搓时间及使用方法遵循产品的使用说明。

4. 注意事项

（1）保持指甲和指甲周围组织的清洁。

（2）在整个手消毒过程中应保持双手位于胸前并高于肘部，使水由手部流向肘部。

（3）洗手与消毒可使用海绵和其他揉搓用品或双手相互揉搓。

（4）术后摘除外科手套后，应用肥皂（皂液）清洁双手，然后再进行其他的操作。

（5）传统的外科手消毒 10min 的揉搓对皮肤的损伤较大，近来临床研究表明，揉搓 2～6min 和 10min 相比，外科手消毒效果没有显著的差异，所以建议外科手消毒 2～6min 即可。

第二节　无菌技术

无菌技术是防止感染发生的一项重要措施。医务人员必须加强无菌观念，正确、熟练地掌握无菌技术，严格遵守操作规程，以保证患者的安全。

一、有关概念

1. 无菌技术 是指在医疗、护理操作过程中，防止一切微生物侵入人体和防止无菌物品、无菌区域被污染的操作技术。

2. 无菌区 是指经过灭菌处理且未被污染的区域。

3. 无菌物品 是指经过灭菌处理后保持无菌状态的物品。

4. 非无菌区 是指未经过灭菌处理，或虽经过灭菌处理但又被污染的区域。

二、无菌技术操作原则

1. 环境准备

（1）操作室应清洁、宽敞、定期消毒；无菌操作前半小时停止清扫、减少走动，避免尘埃飞扬。

（2）操作台清洁、干燥、平坦，物品布局合理。

2. 人员准备 工作人员操作前应着装整洁、修剪指甲，按六步洗手法洗手，戴好帽子、口罩。必要时穿无菌衣，戴无菌手套。

3. 物品准备

（1）存放环境：无菌物品和非无菌物品应分别放置。无菌物品必须存放在无菌包或无菌容器内，并置于高于地面20cm、距离天花板超过50cm、离墙远于5cm处的物品存放柜或架上，以减少来自地面、屋顶和墙壁的污染。

（2）标记清楚：无菌包外要注明物品名称、灭菌日期，物品按有效期或失效期先后顺序安放。

（3）储存有效期：如符合存放环境要求，使用纺织用品材料包装的无菌物品，有效期宜为7～14d；医用一次性纸袋包装的无菌物品，有效期宜为1个月；使用一次性医用皱纹纸、一次性纸塑袋、医用无纺布或硬质容器包装的无菌物品，有效期宜为6个月；由医疗器械生产厂家提供的一次性使用无菌物品有效期参照包装上标识。

4. 操作过程中注意无菌观念

（1）明确无菌区、非无菌区、无菌物品、非无菌物品，非无菌物品应远离无菌区。

（2）取及放无菌物时，工作人员面向无菌区域。

（3）用无菌钳取无菌物品，手臂须保持在腰部水平以上，注意不可跨越。

（4）进行无菌操作时，工作人员不可面对无菌区讲话、咳嗽、打喷嚏。怀疑无菌物品被污染，则不可使用。

（5）一份无菌物品，仅供一位患者使用一次，防止交叉感染。

三、无菌技术基本操作法

（一）无菌手套使用术

1. 操作原则

（1）戴无菌手套指征

1）进行无菌操作之前。

2）接触血液或其他体液之前，不管是否进行无菌操作和接触破损皮肤和黏膜都须戴无菌手套。

3）接触实施接触隔离的患者及其周围区域之前。

（2）脱无菌手套指征

1）手套破损或疑有破损时。

2）接触血液、其他体液、破损皮肤和黏膜之后和操作结束之后。

3）接触每个患者和患者周围环境，或污染的身体部位之后。

4）有手卫生指征时。

2. 操作步骤

（1）戴无菌手套方法

1）修剪指甲，取下手表和饰物，洗手，戴口罩。

2）检查无菌手套外包装的号码、灭菌日期。

3）打开手套包，一手掀起口袋的开口处，如图 3-2 所示。

4）另一手捏住手套翻折部分（手套内面）取出手套，对准五指戴上，如图 3-3 所示。

5）掀起另一只袋口，以戴着无菌手套的手指插入另一只手套的翻边内面，将手套戴好。然后将手套的翻转处套在工作衣袖外面，如图 3-4、图 3-5 所示。

图 3-2　打开手套包

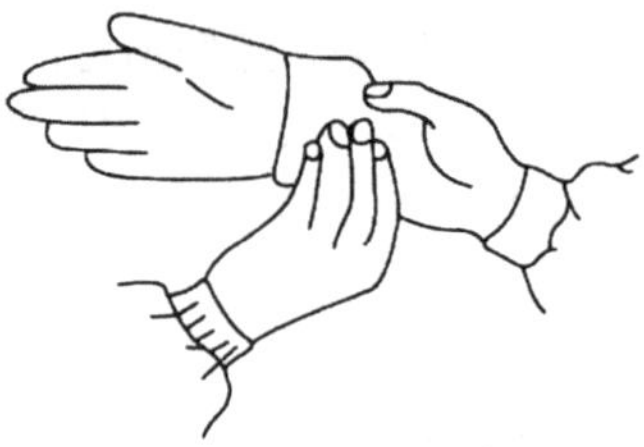

图 3-3　对准五指戴上

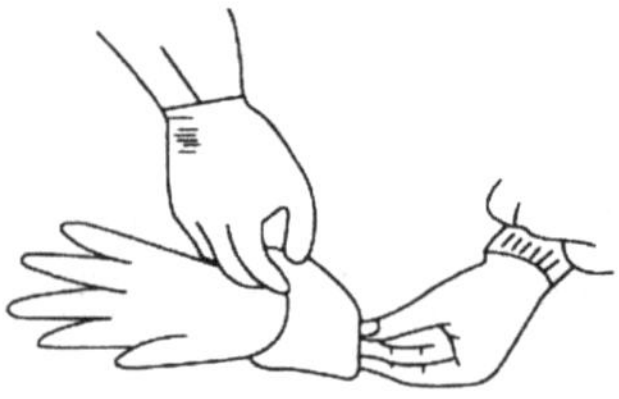

图 3-4　以戴着无菌手套的手指插入另一只手套的翻边内面，将手套戴好

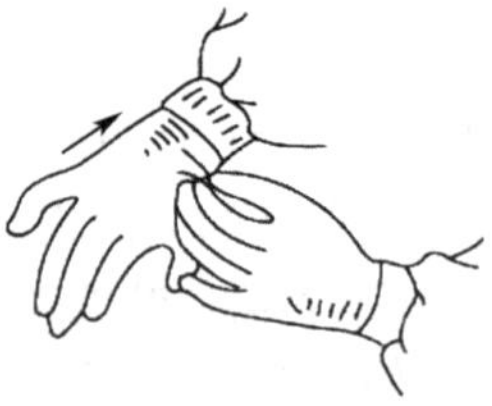

图 3-5　将手套的翻转处套在工作衣袖外面

（2）脱无菌手套的方法

1）用戴着手套的手捏住另一只手套污染面的边缘将手套脱下，如图 3-6 所示。

2）用已脱下手套的手插入另一只手套清洁面（内面），将其往下翻转脱下，如图 3-7 所示。

3）将手套投至指定容器内，如图 3-8 所示。

图 3-6　用载着手套的手捏住另一只手套污染面的边缘将手套脱下

图 3-7　用已脱下手套的手插入另一只手套清洁面，将其往下翻转脱下

图 3-8　将手套投至指定容器内

2. **注意事项**

（1）修剪指甲以防刺破手套。如果手套有破洞，立即更换。

（2）戴手套时，双手始终保持在腰以上，并防止手套外面（无菌面）触及任何非无菌物品。

（3）戴第二只手套时，注意避免手套口卷边。

（4）已戴好手套的手不可触及未戴手套的手及另一手套的内面（非无菌面），未戴手套的手不可触及手套的外面。

（5）戴好无菌手套后，操作过程中始终保持处于无菌状态。

（6）注意已污染的手套勿接触皮肤或污染周围环境。

（二）无菌盘（区域）布置

1. **操作原则**

（1）正确使用无菌（治疗）巾布置无菌盘（区域），形成无菌区。

（2）无菌盘（区域）用于短期内放置无菌物品或进行无菌技术操作，保持无菌盘（区域）与无菌物品的无菌状态。

2. **操作步骤**

（1）洗手，戴口罩，根据操作目的准备环境及用物。

（2）检查无菌包标识、灭菌日期，有无潮湿或破损。

（3）打开无菌包，用无菌持物钳取一块无菌（治疗）巾放在治疗盘内，也可将无菌包托在手上，另一手打开包布四角并捏住，如图 3-9 所示。

无菌治疗包内无菌（治疗）巾的折叠方法：①纵折法，治疗巾纵两次，再横折两次，开口边向外，如图 3-10 所示；②横折法，治疗巾横折后纵折，再重复一次，如图 3-11 所示。

（4）双手捏住无菌巾一边外面两角，轻轻抖开，双折铺于治疗盘上，将上层折成扇形，边缘向外，治疗巾内面构成无菌区，如图 3-12 所示。

（5）放入无菌物品后，拉开扇形折叠层遮盖于物品上，上下层边缘对齐，将开口处向上折两次，两侧边缘分别向下折一次，露出治疗盘边缘。

图 3-9　一次性取出无菌（治疗）巾

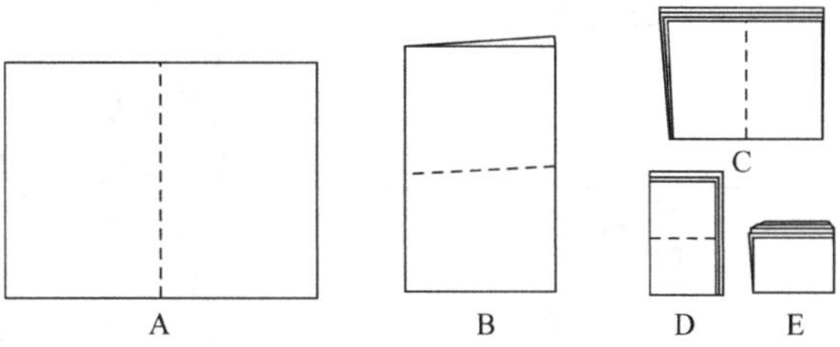

图 3-10　治疗巾纵折法

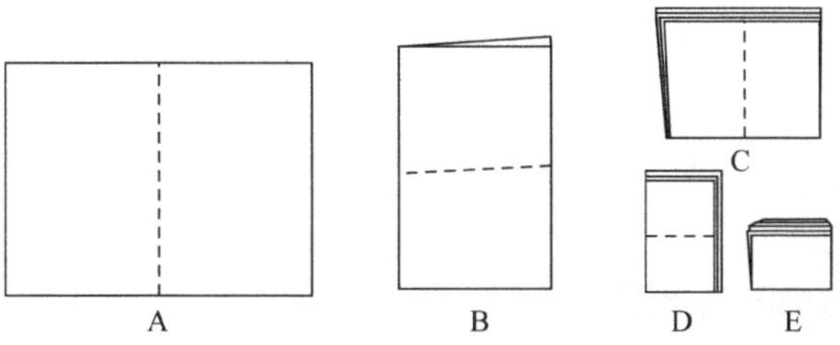

图 3-11　治疗巾横折法

图 3-12　铺巾法

3. 注意事项

（1）超过有效期、潮湿、破损的无菌（治疗）巾或包不可使用。

（2）无菌（治疗）巾的内面为无菌面，手不可触及无菌巾的内面。

（3）非无菌物品远离无菌区，保持无菌盘内物品处于无菌状态。

（4）在无菌盘里摆放无菌物品应放置有序，方便取出，摆放时不可触及或跨越无菌区，并保持无菌盘于腰平面及视野之内。

（5）铺好的无菌盘应标注铺盘时间并在 4h 内使用，无菌盘失效后即需更换。已开启的无菌包有效期为 24h。

（6）使用后的一次性医疗物品、敷料按医疗废物处置，要求进行分类处置。非一次性使用的医疗物品由消毒供应中心集中处置，用后的无菌（治疗）巾由洗衣部或消毒供应中心集中清洗，消毒供应中心集中包装形成无菌治疗包后灭菌。

（三）无菌持物钳使用术

1. 操作原则

（1）保持无菌持物钳的无菌状态，确保无菌物品在传递过程中不被工作人员的手污染。

（2）就近夹取无菌物品，需到远处夹取无菌物品时要连同持物筒一起移动。

2. 操作步骤

（1）洗手，戴口罩，根据操作目的准备环境及用物。

（2）用物准备：合适的无菌持物钳。持物钳的类别有以下几种。

1）三叉钳：可夹取瓶、罐、盆、骨科器械等较重物品，不能夹取细小物品。

2）卵圆钳：可夹取刀、镊、剪、治疗碗、弯盘等，不能夹取较重的物品。

3）镊子：适用于夹取棉球、棉签、针头、缝针、注射器等物品。

（3）手持无菌持物钳，将其移至容器中央，使钳端闭合，垂直取出（图 3-13）。

（4）使用时保持钳端向下，不可倒转向上。

（5）用后闭合钳端，立即垂直放回容器。

3. 注意事项

（1）干式无菌持物筒每 4h 更换一次，超过有效期不可使用，一旦污染随时更换。

（2）保持无菌持物钳的无菌状态。防止无菌持物钳在空气中暴露过久而被污染。

（3）取放时，不可触及容器口缘及容器内壁，以免污染。

（4）无菌持物钳夹取油纱布后，不能再使用，防止油粘于钳端影响消毒效果或使空气中的微粒沉积而污染钳端。

（5）不可用无菌持物钳换药或消毒皮肤，以防被污染。

（6）使用后的持物钳和筒由消毒供应中心集中处置。

图 3-13　无菌持物钳使用法

（四）无菌液体的取用

1. 操作原则

（1）不可将物品伸入无菌溶液瓶内蘸取溶液。

（2）倾倒液体时不可直接接触无菌溶液瓶口。

（3）已倒出的溶液不可再倒回瓶内，以免污染剩余溶液。

2. 操作步骤

（1）洗手，戴口罩，根据操作目的准备环境及用物。用物准备：无菌溶液、启瓶器、弯盘、盛装无菌溶液的容器、棉签、消毒液、签字笔，必要时备盛有无菌持物钳的无菌罐、无菌纱布罐。

（2）取盛有无菌溶液的密封瓶，擦净瓶外灰尘，核对无误后用启瓶器开启瓶盖，消毒瓶塞，待干后打开瓶塞。

（3）手持溶液瓶，瓶签朝向掌心，倒出少量溶液旋转冲洗瓶口，再由原处倒出溶液至无菌容器中（图 3-14）。

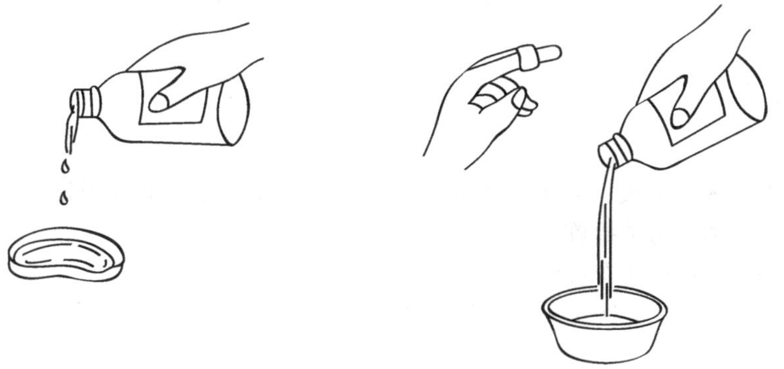

图 3-14　取无菌溶液法

（4）倒毕立即塞好瓶塞。

（5）在瓶签上注明开瓶日期、时间，放回原处。

3. 注意事项

（1）认真核对瓶签上的药名、剂量、浓度和有效期，检查瓶盖有无松动，瓶身有无裂缝，以及溶液有无沉淀、混浊或变色，以确定溶液正确、质量可靠。

（2）手不可触及瓶塞内面，防止瓶塞被污染。

（3）倒溶液时，勿将瓶签沾湿，勿使瓶口接触容器口周围。

（4）倒溶液后立即塞好瓶塞，以防污染。

（5）已开启的无菌溶液瓶内溶液，24h 内有效。

第三节　标 准 预 防

标准预防是将普遍预防和体内物质隔离的特点进行综合，强调双向防护，既要防止疾病从患者传至医务人员，又要防止疾病从医务人员传至患者。标准预防是预防医院感染成功而有效的措施。

一、有关概念

1. 标准预防　是针对医院所有患者和医务人员所采取的一组预防感染措施。其包括手卫生、使用个人防护装备、呼吸卫生、咳痰礼仪、患者安置、处理污染的医疗物品与环境及安全注射等。

2. 医务人员防护　是指在医院内所有区域，医务人员在实施诊疗或操作过程中，接触疑似传染病患者或临床确诊传染病患者和导致感染的危险性程度采取的预防措施。

3. 患者防护　是指在医院区域内，为防止易感者受周围环境中的微生物感染或为隔离具有传染因子的患者而采取的一种防护措施。

4. 标准预防术　是指在实施标准预防过程中，需要使用各类个人防护用品，采取隔离措施，包括手卫生、洗手、戴手套、穿隔离衣和隔离裤、戴护目镜及防护面罩、穿戴防护鞋和帽子等基本防护措施。

5. 职业暴露 是指医务人员在从事临床诊疗、护理及科学实验等职业活动过程中被物理、化学或生物等有害因素影响，直接或间接地对人体健康造成损害甚至危及生命的情况。

二、标准预防的主要内容

标准预防的主要内容包括标准预防的原则、医务人员防护原则、患者防护原则、标准预防术、职业暴露五个技术。

（一）标准预防

1. 操作原则

（1）认定所有血液、体液、分泌物（不包括汗液）、非完整皮肤和黏膜均可能含有传染的感染原，应采取相应的隔离和防护措施。

（2）适用于医疗机构的所有患者。

（3）目的是预防感染原在医务人员与患者之间传播。

2. 操作步骤

（1）手卫生：参照第三章第一节。

（2）戴手套：参照第三章第二节。

（3）正确使用口罩、护目镜或防护面罩

1）一般诊疗活动、手术室工作或护理免疫功能低下患者、进行体腔穿刺等操作时应戴外科口罩，接触经空气传播或近距离接触经飞沫传播的呼吸道传染病患者时，应戴医用防护口罩。

2）下列情况应使用护目镜或防护面罩：在进行诊疗、护理操作过程中可能发生患者血液、体液、分泌物等喷溅时；近距离接触经飞沫传播的传染病患者时；为呼吸道传染病患者进行气管切开、气管插管等近距离操作，可能发生患者血液、体液、分泌物喷溅时。

3）口罩潮湿或受到患者血液、体液污染后，应及时更换；摘口罩时不要接触口罩外面（污染面）；护目镜、防护面罩每次使用后应清洁与消毒或丢弃。

（4）适时使用隔离衣与防护服

1）下列情况应穿隔离衣：接触经接触传播的感染性疾病患者（如传染病患者、多重耐药菌感染患者等）时；对实行保护性隔离的患者进行操作，如对大面积烧伤患者进行诊疗、护理时；可能受到患者血液、体液、分泌物、排泄物喷溅时。

2）下列情况应穿防护服：临床医务人员在接触甲类或按甲类传染病管理的传染病患者时；接触经空气传播或飞沫传播的传染病患者，可能受到患者血液、体液、分泌物、排泄物喷溅时。

3）隔离衣和防护服只限在规定区域内穿脱。穿前应检查隔离衣和防护服有无破损，发现有渗漏或破损应及时更换；脱时应注意避免污染；脱下隔离衣后，将隔离衣污染面向里，衣领及衣边卷至中央，放入污衣袋，清洗消毒后备用。隔离衣每日更换、清洗与消毒，遇污染随时更换。

（5）防水围裙的使用

1）可能受到患者的血液、体液、分泌物及其他污染物喷溅或进行复用医疗器械的清洗时，应穿防水围裙。

2）重复使用的围裙，每班使用后应及时清洗与消毒。遇有破损或渗透时，应及时更换。

（6）医疗设备（仪器）清洁消毒

1）仪器使用后立即清洁与消毒。接触隔离患者的低度危险设备建议专人专用，重复使用的低度危险设备，在不同患者之间使用时，应实施清洁与消毒。

2）特殊的仪器表面推荐采用屏障保护性覆盖，如诊疗过程中被戴手套的手经常触摸的部位，可能被血液或体液污染的表面（计算机键盘等）。使用有防水功能的纸、铝箔、塑料等覆盖物作为有效的物理隔离屏障，覆盖物在医务人员脱下手套前直接丢弃，在诊疗下一个患者前更换新的覆盖物。

（7）环境清洁消毒：对医院普通病房的环境、物体表面（包括床栏、床边、床头桌、椅、门把手等经常接触的物体表面）定期清洁，遇污染时及时清洁，随时消毒。

（8）安全注射

1）严格遵循无菌操作原则。

2）调整处方和给药途径，减少在医疗过程中不必要的注射。

3）使用安全输液工具，降低职业暴露的风险。

4）采取被动安全措施，减少发生意外事故，当锐器伤发生后，应启动职业暴露处理程序。

5）避免有针给药，推荐使用无针输液系统，可杜绝针刺伤的发生。

6）必要时戴双层手套，以降低医务人员血源性病原体感染的风险，一旦发生针刺伤，戴手套可以减少污染血液进入人体的量。

（9）职业防护：做好血源性传播疾病、空气传播疾病、飞沫传播疾病、接触性传播疾病及实验室生物的安全防护工作。

3. 注意事项

（1）立即清洁污染的环境。

（2）不得使用消毒剂清洁患儿正在使用的摇篮车和保温箱，采用消毒剂对其他未在使用的摇篮车和保温箱进行终末消毒后，须用清水彻底冲洗干净，干燥备用。

（3）污染的医疗设备（仪器）或物品应正确处理。物体表面、环境、衣物按规定进行消毒。

（4）医务人员在进行侵袭性诊疗、护理操作过程中，要特别注意防止被针头、缝合针、刀片等锐器刺伤或划伤。

（5）禁止将使用后的一次性针头重新套上针头套，禁止用手直接接触使用后的针头、刀片等锐器，应当直接放入防刺穿、防渗漏的锐器盒，或者利用针头处理设备进行安全处置，也可使用具有安全性能的注射器、输液器等医用锐器，以防刺伤。

（6）医疗废物应按照医院《医疗废物管理规定》进行处理并按照相关法律法规进行无害化处理。

（二）医务人员防护

1. 操作时机

（1）接触疑似传染病患者时。

（2）接触临床确诊传染病患者时。

（3）接触患者的血液、体液、分泌物、排泄物时。

（4）接触非完整的皮肤和黏膜时。

2. 操作步骤

（1）遵守医务人员分级防护原则

1）一级防护：适用于发热门（急）诊的医务人员。其内容如下：①严格遵守标准预防的原则；②严格遵守消毒、隔离的各项规章制度；③工作时应穿工作服、戴工作帽和外科口罩，必要时穿隔离衣、戴乳胶手套；④严格执行手卫生；⑤结束工作时进行个人卫生处置，并注意呼吸道与黏膜的防护。

2）二级防护：适用于进入隔离留观室和专门病区的医务人员；接触从患者身上采集的标本，处理其分泌物、排泄物、使用过的物品和死亡患者尸体的工作人员；转运患者的医务人员和司机。其内容如下：①严格遵守标准预防的原则；②严格遵守消毒、隔离的各项规章制度；③进入隔离病房的医务人员必须戴医用防护口罩、工作帽，穿工作服、隔离衣，必要时穿鞋套；④接触可疑的体液、分泌物、排泄物等物质时应戴手套；⑤进行可能产生喷溅的操作时，应戴护目镜或防护面罩；

⑥严格按照区域管理要求，正确穿戴和脱摘防护用品，并注意呼吸道、口腔、鼻腔黏膜和眼睛的卫生与防护。

3）三级防护：适用于为患者实施吸痰、气管切开和气管插管的医务人员，除二级防护外，还应当加戴面罩或全面型呼吸防护器。

A.穿戴防护用品应遵循的程序：①从清洁区进入潜在污染区，洗手→戴帽子→戴医用防护口罩→穿工作服→换工作鞋→进入潜在污染区。手部皮肤破损的戴乳胶手套。②从潜在污染区进入污染区，穿隔离衣→戴护目镜（防护面罩）→戴手套→穿鞋套→进入污染区。

B.脱摘防护用品应遵循的程序：①医务人员离开污染区进入潜在污染区，摘手套→消毒双手→脱隔离衣→脱鞋套→摘护目镜（防护面罩）→洗手和（或）手消毒→进入潜在污染区，洗手或手消毒。用后的物品分别置于专用污物容器内。②从潜在污染区进入清洁区，洗手和（或）手消毒→脱工作服→摘医用防护口罩→摘帽子→洗手和（或）手消毒→进入清洁区。③离开清洁区，沐浴、更衣→离开清洁区。

（2）熟悉各种防护用品的作用和使用技术要领：包括手卫生，戴手套、工作帽、各种口罩、护目镜或防护面罩，穿隔离衣或防护服、防水鞋等。

（3）医务人员应防护包括患者的血液、体液、分泌物与排泄物、使用过的物品等在内的污染物。

（4）预防传染病的防护方法详见第三章第四节。

（5）正确及时处理污染的医疗仪器（设备）或物品，防止其因长时间的暴露而导致病原微生物在其他患者、医务人员、探视者与环境间的传播。

（6）做好化学放射职业暴露的防护，正确使用各种防护技术，建立医务人员防护的工作制度和防护用品的使用原则，降低职业暴露事件发生率。

3. 注意事项

（1）医院内所有区域应当采取标准预防。

（2）医务人员使用的防护用品应当符合国家医用级标准。

（3）在诊疗或护理过程中，产生的锐器和针头应小心处置，就近及时放入锐器盒内，以防发生针刺伤。

（4）进入感染病区时要遵循从清洁区到污染区的原则。

（5）医务人员接触多个同类传染病患者时，隔离衣可连续应用。

（三）患者防护

1. 操作时机

（1）患者接受医疗照射或放射性物质时。

（2）对抵抗力特别低或易感的患者进行保护性隔离时。

（3）控制患者感染源传播时。

（4）感染性疾病或疑似感染性疾病患者转运时。

（5）患者住院或就诊期间活动时。

（6）患者死亡进行尸体处理时。

2. 操作步骤

（1）患者接受医疗照射时，按照医疗防护的基本原则进行防护。

（2）感染性疾病或疑似感染性疾病患者，按指定路线进入病区。

（3）患者进入病区前更换患者服，个人物品妥当保管。

（4）安置患者时要考虑感染源传播的可能性，若有条件，把具有传播风险（如疑有呼吸道或消化道病毒感染的婴儿，不可控制的分泌物、排泄物等）的患者安置在单人病房。

（5）安置患者单人病房受限时，应权衡利弊，遵循如下优先顺序：①首先安置需要空气隔离的患者，同时优先考虑接触或飞沫隔离的患者；②可疑或已知消化道传播病原菌感染暴发时，个人卫生习惯较差、有大便失禁或不能配合执行预防传播措施的患者（如儿童、精神失常或智障患者）；③将传染性强的患者与其他患者隔开；④患者较多的情况下，可以将携带同种病原体的患者集中安置。

（6）患者住院期间，其活动应限制在病区内，外出检查时必须做好隔离措施，避免对环境污染。

（7）严格探视制度，不设陪护，在规定的时间和指定区域设探视区。

（8）加强患者个人卫生管理。

（9）患者出院、转院时必须进行沐浴，更换干净的衣服后方可离开病房。

（10）患者死亡时，对尸体应及时进行处理，处理方法为：用2000～3000mg/L的含氯消毒剂或0.5%过氧乙酸棉球或纱布填塞患者口、鼻、耳、肛门等所有开放通道；用双层布单包裹尸体，装入双层尸体袋中，由专用车辆直接送至指定地点火化。

（11）患者住院期间使用的个人物品经消毒后方可随患者或家属带回家。

3. 注意事项

（1）甲类传染病、非典型肺炎等严密隔离的患者住院期间禁止外出，一切诊疗活动尽量在病区内完成。

（2）甲类传染病、非典型肺炎或其他特殊传染病的患者一般不安排探视，如必须探视应按照规定的时间、沿规定路线，采取严格的防护措施后进入。

（3）患者住院期间，病情允许时，呼吸道感染性疾病的患者在传染期应当戴口罩。

（4）携带同种病原体的患者集中安置时，不能把严重免疫抑制的患者与其他患者安置在一起。

（四）标准预防术

1. 操作指征

（1）口罩的使用指征

1）外科口罩：进行无菌程度要求较高的诊疗操作时，如手术、护理免疫力低下的患者、椎管或硬膜下腔插管或注射等特殊的腰椎穿刺，以及进行可能发生血液、体液、分泌物或排泄物飞溅的医疗活动；接触感染性飞沫（直径>5μm）患者时。

2）操作口罩：进行一般的清洁操作和接触普通污染物时。

3）牙医口罩：口腔科医生进行临床操作时。

4）激光口罩：进行激光美容手术时。

（2）呼吸防护器的使用指征

1）微粒呼吸防护器：进行空气隔离，以及病原体传播途径不明的感染患者的隔离，或进行引发气溶胶的操作时，最常使用的是N95型口罩。

2）半面具呼吸防护器：接触放射性气溶胶等化学污染物时。

（3）手套的使用指征

1）外科手套：进行无菌程度要求较高的操作时，如手术操作、引导分娩、中心导管置管、全胃肠外营养等，无菌，一次性使用。

2）检查手套：直接或间接接触患者的血液、体液、分泌物、排泄物及被体液明显污染的物品时，清洁（非无菌），一次性使用。

3）家政手套：不直接接触人体时，使用检查手套的情况下均可使用家政手套，清洁，可重复使用。

（4）隔离衣的使用指征

1）接触实施接触隔离的患者及其周围环境时。

2）皮肤或衣服可能接触患者的血液、体液或排泄物时。

3）接触分泌物或排泄物不能控制的患者时。

4）进入重点部门，如 ICU、保护性病房等时，是否穿隔离衣，应视人员进入目的及与患者接触的状况，或根据医疗机构的内部规定而选择。

（5）护目镜（防护面罩）的使用指征：①进行诊疗操作，可能发生患者血液、体液、分泌物喷溅时；②近距离接触飞沫传播的患者时；③进行引发气溶胶的操作时。

（6）工作帽的使用指征：①在进入污染区、清洁环境、隔离病区时；②进行侵入性操作、大面积烧伤患者清创换药术时；③进行无菌操作或进入特殊病区时。

（7）防水围裙的使用指征：可能受到患者血液、体液、分泌物或其他物质喷溅污染物时，或进行复用器械清洗时。

（8）防护鞋（工作鞋）或鞋套的使用指征：①进入隔离病区（房）和 ICU、烧伤病房、器官移植病房、新生儿及手术室等区域时；②潜在污染区进入污染区时和从缓冲间进入负压病室时。

（9）个人防护用品的使用指征：①接触甲类或按甲类传染病管理的传染病患者时；②对实行保护性隔离的患者进行操作时，如大面积烧伤、骨髓移植及大面积换药等患者的诊疗、护理。

2. 操作步骤

（1）口罩

1）佩戴方法：①将口罩罩住鼻、口及下颌，口罩下方系带系于颈后，上方系带系于头颈中部；②将两手示指和中指指端放在鼻夹上，从中间位置开始，用手指向内按压鼻夹，并逐步向两侧移动，根据鼻梁形状塑造鼻夹；③调整系带的松紧度，使口罩紧密贴合面部。

2）脱卸方法：①手卫生；②先解下面的系带，再解上面的系带；③不要接触口罩外面（污染面）；④用手仅捏住口罩的系带轻投入指定容器内；⑤手卫生。

3）任何环境下口罩的使用不能超过 24h。

（2）呼吸防护器

1）佩戴方法：①一手托住呼吸防护器，有鼻夹的一面朝外。②将呼吸防护器罩住鼻、口及下颌，鼻夹部位向上紧贴面部。③用另一只手将下方系带拉过头顶，放于颈后双耳下。④再将上方系带拉至头顶中部。⑤将两手示指和中指指端放在金属鼻夹上，从中间位置开始，用手指向内按压鼻夹，并逐步向两侧移动，根据鼻梁形状塑造鼻夹。⑥戴好后，进行自我密合性检查。检查方法：双手覆盖住呼吸防护器，快速吸气，看呼吸防护器是否内陷；快速呼气，看呼吸防护器是否漏气。若鼻夹附近有漏气，调整鼻夹位置；若四周漏气，调整至不漏气为止。⑦戴好后，可借助仪器进行密合性测试，分为定量测试和定性测试两种方法。

2）脱卸方法：①手卫生；②同时抓住颈部、头部的系带，提过头部，脱下；③轻投入指定容器内；④手卫生。

3）若使用的呼吸防护器不能确保良好的密封性，应立即更换。

4）医务人员接触经空气、飞沫传播的呼吸道感染患者，或进入传染性非典型肺炎患者隔离病房时，建议内层佩戴 N95 型口罩，外层佩戴外科医用口罩，持续应用 6～8h。

（3）手套：参照第三章第二节无菌手套使用术。

（4）穿脱隔离衣：参照第三章第四节穿脱隔离衣术。

（5）护目镜或防护面罩

1）佩戴护目镜或防护面罩前应检查有无破损，佩戴装置有无松懈，每次使用后应清洁与消毒。

2）佩戴护目镜或防护面罩时，手不能触及内面调节舒适度。摘下眼罩或面罩时，捏住靠近头部或耳朵的一边摘掉，并及时洗手。

（6）工作帽

1）使用一次性工作帽和布类工作帽前，检查帽子的清洁度、大小及有无破损。

2）工作帽要将头发全部包裹起来。

3）工作帽被患者血液、体液污染时，应立即更换。

4）布类帽子应保持清洁，每次或每日更换与清洁。

（7）防水围裙

1）重复使用的围裙，每班使用后及时清洗与消毒。

2）一次性使用的围裙不能重复使用。

3）围裙有破损或受到明显污染时，要及时更换。

4）若预计可能有传染性物质飞溅或喷出，而使用的隔离衣或防护服不防水时，则应在隔离衣或防护服外面套一件防水围裙。

（8）防护鞋（工作鞋）或鞋套

1）防护鞋或鞋套应具有良好的防水性能，鞋套为一次性使用。

2）在鞋有可能受到患者体液、血液及其他污染物污染时，穿专用防护工作鞋。

3）隔离病区的防护鞋或鞋套在规定的区域内活动，离开该区域时应及时脱掉，不得跨区使用。

4）穿防护（工作）鞋时采用不接触技术，避免手、足部的污染。

（9）个人防护用品

1）在进入隔离病房/区之前：①准备好所有必要的用品设备；②手卫生；③检查个人防护用品的完好性，按以下步骤穿戴个人防护用品。隔离衣→口罩或呼吸防护器→护目镜或防护面罩→手套（套住隔离衣的袖口）。

2）离开隔离病房/区之后：①缓冲间，或者隔离病房/区外，按以下步骤脱个人防护用品。手套→手卫生→隔离衣→护目镜→口罩或呼吸防护器→手卫生。②将用过的一次性用品轻放或投入指定容器内。③将可重复使用的用品轻投或放入指定干燥密闭的容器内。

3. 注意事项

（1）防护用品应符合国家标准，在有效期内使用。

（2）使用后的一次性用物应弃于感染性废物容器内（黄色标志），复用的应集中放于污物处置专用容器内，送至洗衣部处置。

（3）口罩在使用过程中变湿、损坏或被污染时，应及时更换。重复使用的隔离衣应每日更换、清洗与消毒。

（4）脱个人防护用品时，未穿戴个人防护用品的人员不能在场。

（5）任何时候如果不带手套的手接触到被污染的个人防护用品都应进行手卫生。

（五）职业暴露

职业暴露是指由于职业关系而暴露在危险因素中，从而有可能损害健康或危及生命的一种情况。医务人员职业暴露，是指医务人员在从事诊疗、护理活动过程中接触有毒、有害物质，或传染病病原体，从而损害健康或危及生命的一类职业暴露。

1. 操作原则

（1）在从事临床诊疗、护理及科学实验等职业活动过程中，直接或间接地接触到对人体健康造成损害甚至危及生命的物质时，实施标准预防。

（2）接触患者的血液、体液（包括羊水、心包液、胸腔积液、腹水、脑脊液、滑液、阴道分泌物等人体物质）及被血液、体液污染的具有传染性的病原物质时，做好血源性疾病的预防。

（3）医务人员采取预防艾滋病病毒、乙肝病毒感染等血源性疾病的防护措施应当遵照标准预防原则，将所有患者的血液、体液及被血液、体液污染的物品均视为具有传染性的病原物质，医务人员接触这些物质时，必须采取防护措施。

（4）对于择期进行手术、介入治疗、内镜检查、血液透析及其他侵入诊疗（包括胸膜腔穿刺术、骨髓穿刺术等）的患者，手术前要进行输血四项（HIV 抗体、HBsAg、HCV 抗体、梅毒血清学试验）检测，麻醉科医师在手术前查房时要检查患者是否检查输血四项，如为 HIV、HBV、HCV 或梅毒阳性患者要及时告之参与手术的医师和护士；对于急诊手术，主管医师要检测输血三项（快速检验 HIV、HBV、HCV）。

2. 操作步骤

（1）职业暴露后的处理：紧急局部处理如下。

1）首先应立即进行局部紧急处理，包括轻挤出血、清洗、局部消毒等。

2）用洗手液和流动水清洗污染的皮肤，用生理盐水冲洗黏膜。

3）如有伤口，应当在伤口旁轻轻挤压，尽可能地挤出损伤处的血液，再用洗手液和流动水冲洗。

4）受伤部位的伤口冲洗后，应当用消毒液，如 75%乙醇或 0.5%碘伏进行消毒，并包扎伤口；被暴露的黏膜，应当反复用生理盐水冲洗干净。

5）被乙肝病毒暴露的黏膜或伤口尽早施行被动免疫。

（2）登记、免疫接种、上报、随访制度

1）发生职业暴露后，尽快落实紧急处理措施，并在 30min 内向本科室护士长报告，护士长在 2h 内上报医院感染管理科和护理部，暴露源为 HIV 阳性或疑似患者，应当在暴露发生后 1 h 内上报；向上级部门报告的内容包括：损伤时间、损伤地点、被何物损伤、伤口多大多深、现场处理措施、医疗处理措施、处理记录、用药记录；进行职业暴露后登记，由护士长组织填写职业暴露登记表，一式三份，本科室、感染办公室、上级部门（医务处或护理部）各留一份。

2）根据暴露病毒的种类及病毒载量，对暴露人员实行预防用药方案。

（3）不同病原体暴露后的处置

1）暴露于 HIV（血源性疾病）的处置，有以下三点：①预防最好在 4h 内实施，最迟不超过 24h，并建议使用抗反转录病毒药物；②暴露后尽早获得血液标本进行 HIV 检查，定期检查血清转化，并及时向医院的有关部门报告；③医院应立即取传染源患者的血清进行检查。

2）暴露于 HBV（血源性疾病）的处置，有以下三点：①对于既往已有免疫，HBs 抗体 >10mIU/ml 时，不需要进一步治疗。②对于没有免疫力的人，应尽早使用预防性肌内注射乙肝免疫球蛋白（最好 24h 内）。同时进行乙肝疫苗全程接种，即开始时皮下注射 20μg，1 个月时 20μg，6 个月时 20μg。

3）暴露于 HCV（血源性疾病）的处置：丙型肝炎病毒感染途径同乙型肝炎。目前虽然没有丙型肝炎暴露后的治疗方法，但也必须检查血清转化。对于乙型肝炎病毒感染的传染源患者，也必须检查 HCV 感染情况。对暴露者应定期随访监控。追踪 4～6 个月。

3. 注意事项

（1）医务人员在进行侵袭性诊疗、护理操作过程中，要保证充足的光线，并特别注意防止被针头、缝合针、刀片等锐器刺伤或划伤。

（2）使用后的锐器应当直接放入防刺穿、防渗漏的锐器盒，或者利用针头处理设备进行安全处置，也可以使用具有安全性能的注射器、输液器等医用材料，以防针刺伤。

（3）禁止将使用后的一次性针头重新套上针头套；禁止用手直接接触使用后的针头、刀片等锐器。

（4）安置接触性隔离和飞沫隔离患者床单位时，床距应不少于 1m，床单元之间有隔帘。

（5）医疗设备、仪器的清洁与消毒，按照标准预防原则进行处置。

知识链接

（1）在临床诊疗、护理及科学实验中，实行标准预防，并做好血源性疾病的预防。

（2）在确保标准预防的同时，应采取额外预防的措施，额外预防措施包括经空气传播疾病的预防、经飞沫传播疾病的预防、经接触传播的预防。

1）经空气传播疾病的预防：①设立隔离室，隔离室应有隔离标志（黄色），限制患者离开隔离室，必要离开时，接送的医务人员及患者均需佩戴医用防护口罩或N95型口罩；②患者或可疑传染病患者应安置在单人隔离间；③严格空气消毒，防止气溶胶的生成、扩散、吸入；④医务人员严格按照区域流程，在不同区域穿戴不同的防护用品；⑤医务人员进入已诊断或怀疑为开放性肺结核或水痘等传染病隔离房间时，均应戴工作帽、医用防护口罩，进行可能产生喷溅的诊断操作时，应戴护目镜或防护面罩，穿隔离衣或防护服，当接触患者血液、体液、分泌物等物质时，应戴手套。

2）经飞沫传播疾病的预防：①建立隔离室，隔离室应有隔离标志（粉色），将患者置于单独的房间或同一房间内安置相同疾病感染的患者，限制患者的活动范围；②减少转运，医务人员应注意自我防护；③加强通风及室内空气消毒；④加强医务人员的防护，严格按照区域流程，穿戴不同的防护用品；⑤医务人员对患者进行近距离（1m 内）诊疗操作时，应戴工作帽、医用防护口罩，进行可能产生喷溅的诊断操作时，应戴护目镜或防护面罩，穿隔离衣或防护服，当接触患者血液、体液、分泌物等物质时，应戴手套。

3）经接触传播疾病的预防：①建立隔离室，隔离室应有隔离标志（蓝色）；②严格实施手卫生；③穿隔离衣；④限制患者离开隔离室，尽量减少转运，必要转运时，患者及派送人员都要采取相应的措施，以防传染和扩散；⑤被患者血液、体液、分泌物、排泄物污染的复用器械，应及时清洗干净并消毒灭菌；⑥接触患者血液、体液、分泌物、排泄物污染等，医务人员应戴手套，离开病房前，接触传染物品后应摘手套、洗手和手消毒，若手上有伤口，应戴双层手套；⑦医务人员进入隔离病房进行可能污染工作服的操作时，应穿隔离衣或使用一次性隔离衣。

第四节 隔离技术

隔离技术是对有传染性的患者采取污染源隔离，切断传染途径，对易感人群采取保护性隔离的一项技术。

一、有关概念

1. 隔离 是将传染源传播者（传染病患者和带菌者）和高度易感人群安置在指定地方，暂时避免和周围人群接触，对前者采取传染源隔离，防止传染病病原体向外传播，对后者采取保护性隔离，保护高度易感人群免受感染。

2. 隔离技术 针对疾病传播的三个环节，即感染原、感染途径和易感宿主，制订包括防止传染源扩散的隔离技术和保护易感宿主的防护技术。

3. 隔离原则 在标准预防的基础上，根据疾病的传播途径（接触传播、飞沫传播、空气传播和其他途径传播），制订并采取相应传播途径的隔离与预防措施。

本节主要介绍隔离技术的基本原则，穿、脱隔离衣。

二、隔离技术的基本原则

严格管理传染源、阻断感染传播途径、保护易感人群，以达到切断感染链、减低外源性感染发生和暴发的目的。

（1）隔离防护技术在护理接触传播、空气传播、飞沫传播性疾病患者，以及免疫力低下、器官移植等特殊治疗人群时适用。

（2）在新建、改建与扩建隔离区时，建筑布局应符合医院卫生学要求，并应具备隔离预防的功能，区域划分清楚，标记清楚，建筑布局符合《医院隔离技术规范》（WS/T 311-2009）要求。

（3）为切断医院感染、传染病传播途径，在标准预防的基础上还应采取针对疾病的传播途径的隔离防护措施。

（4）隔离病室应有隔离标志，并限制人员的出入，如黄色为空气传播的隔离，粉色为飞沫传播的隔离，蓝色为接触传播的隔离。

（5）进入隔离区按规定戴工作帽、口罩及穿隔离衣。穿隔离衣前，备齐所用物品，不宜消毒的物品应放入塑料袋内避污，穿隔离衣后，只能在规定范围内活动。

（6）隔离病室尽量减少探视和陪护。陪住者应穿隔离衣及鞋套；探视者应穿一次性鞋套及用一次性坐垫，根据病种隔离要求及医院条件，探视者可穿隔离衣。向患者及探视者作宣教及解释工作。

（7）隔离患者用过的医疗器械、用品等均应先消毒、后清洗，然后根据要求再消毒或灭菌。排泄物、分泌物及病房污水必须经消毒处理后方可排放；固体污物应进行无害化处理或焚烧。

（8）隔离病室或传染病区内的任何物品已在地上或落地的应视为污染，必须经过消毒后才能再使用。患者接触过的用物，须经严格消毒后方可使用，患者的信件、票证、书籍等须经蒸熏消毒处理后才能重新使用。

（9）医务人员严格执行国家制定的《医疗机构医务人员手卫生规范》。

（10）患者的传染性分泌物培养三次，结果为阴性或确已度过隔离期的，经医生开出医嘱才能解除隔离。解除隔离后的患者经过沐浴更衣可离开，病室所有用物必须终末消毒。

（11）加强医务人员隔离与预防知识培训，正确掌握常见传染病的传播途径、隔离方式和防护技术，熟练掌握操作规程。配置合适、必要的防护用品，并保证正确使用。

（12）加强隔离措施执行的监督、检查与指导，及时改进存在问题，保证隔离措施有效并正确实施。

三、穿、脱隔离衣

（一）隔离时机

（1）切断传染源时。
（2）控制传播途径时。
（3）保护易感人群时。

（二）操作原则

1. 穿隔离衣的指征

（1）接触实施接触隔离的患者及其周围环境时。
（2）皮肤或衣服可能接触患者的血液、体液或排泄物时。
（3）接触分泌物或排泄物不能控制的患者时。
（4）进入重点部门，如重症加强护理病房（ICU）、保护性病房等时，是否穿隔离衣，应视人员进入目的及与患者接触的状况，或根据医疗机构的内部规定。

2. 脱隔离衣的指征

（1）接触多个同类传染病患者时，隔离衣若无明显污染可连续使用。
（2）接触疑似患者时，隔离衣应在接触每个患者之间进行更换。
（3）隔离衣被患者血液、体液、污物污染时，应及时更换。
（4）隔离衣破损时，应及时更换。

（三）操作步骤

1. 穿隔离衣（图 3-15）

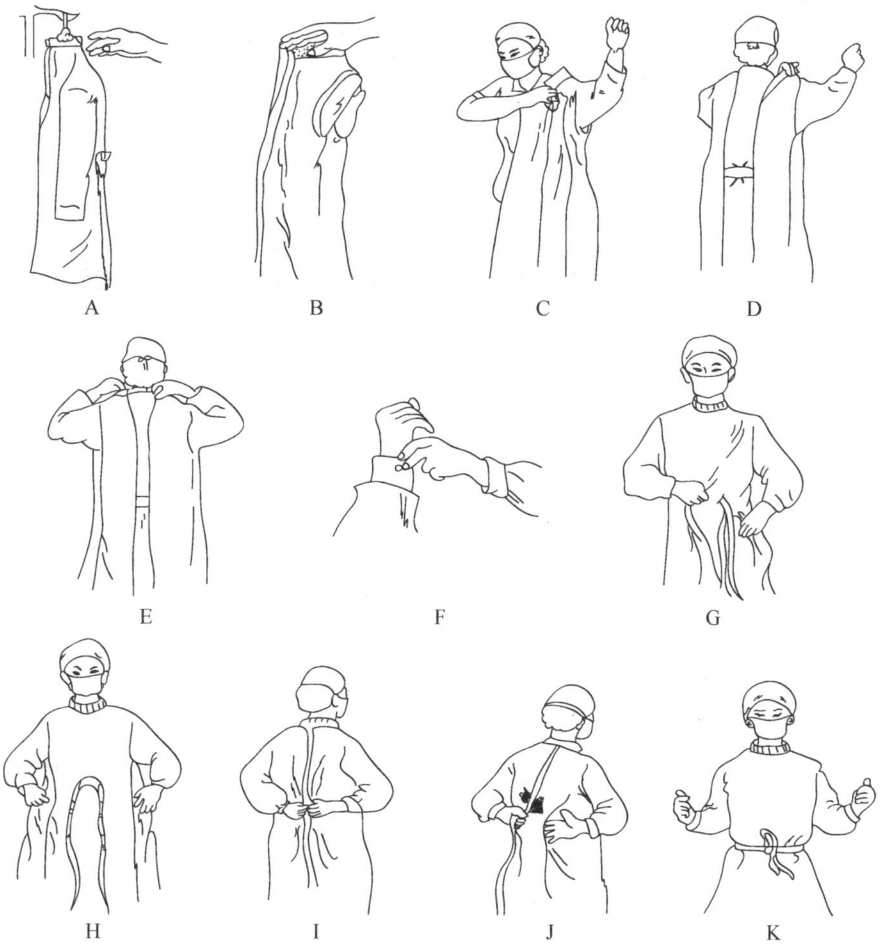

图 3-15　穿隔离衣法

（1）工作服、帽子穿戴整齐，取下手表，洗手，根据操作目的准备用物，卷袖过肘。

（2）手持衣领取下隔离衣（衣领及隔离衣内面为清洁面），清洁面向自己，将衣领两端向外折齐，露出肩袖内口。

（3）右手持衣领，左手伸入袖内；右手将衣领向上拉，使左手露出。

（4）换左手持衣领，右手伸入袖内，依上法使右手露出；举双手将袖抖上，露出手腕。

（5）两手持衣领，由领子中央顺着边缘向后将领扣扣好，再扣肩扣、袖扣（此时手已被污染）。

（6）解开腰带活结，将隔离衣一边（约在腰下 5cm 处）渐向前拉，见到边缘则捏住；同法捏住另一侧边缘（注意手不触及衣内面），双手在背后将边缘对齐，向一侧折叠；以一手按住折叠处，另一手将腰带拉至背后，压住折叠处，将腰带在背后交叉，回到前面打一活结。

（7）扣上隔离衣后缘下部的扣子。

2. 脱隔离衣（图 3-16）

（1）解开隔离衣后缘下部的扣子，解开腰带，在前面打一活结。

（2）解开袖口及肩部扣子，在肘部将部分衣袖塞入袖内，然后消毒双手。

（3）解开领扣，右手伸入左手腕部衣袖内，拉下衣袖过手（遮住手），用遮盖着的左手握住右手隔离衣袖的外面，将右侧袖子拉下，双手转换渐从袖管中退出，再以右手握住两肩缝撤左手，用左手握住衣领外面，退出右手。

（4）两手持领，将隔离衣两边对齐，挂在衣钩上（挂在半污染区，隔离衣的清洁面向外；若挂在污染区，则污染面向外）。不再穿的隔离衣，脱下后清洁面向外，卷好投入污物袋中。

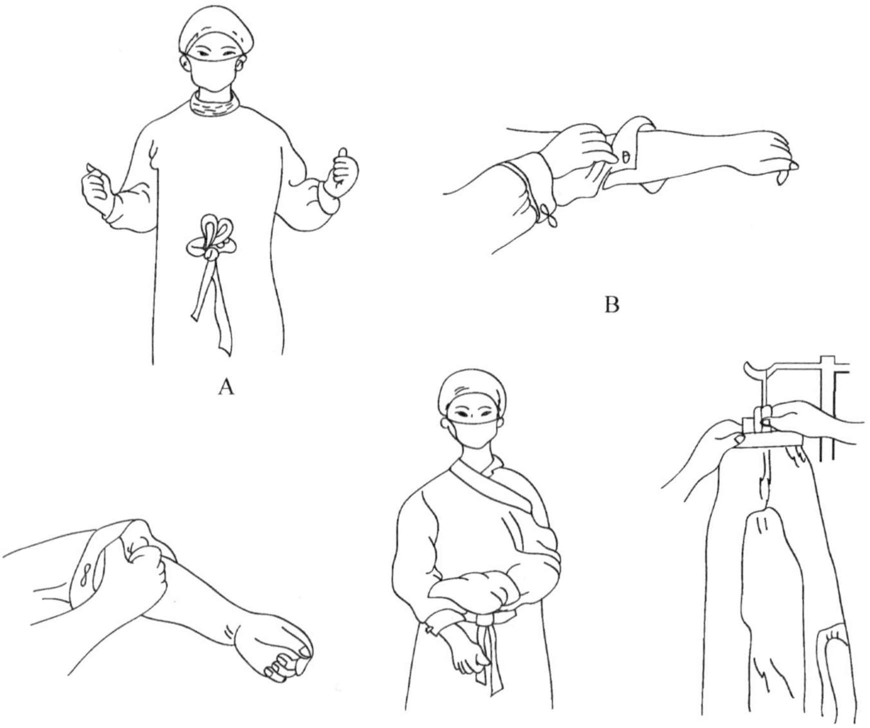

A　B　C　D　E

图 3-16　脱隔离衣法

（四）注意事项

（1）将用物集中带入室内，避免反复多次进出。

（2）隔离衣衣领和内面为清洁面，外面为污染面，保护性隔离则相反。

（3）取隔离衣时将隔离衣污染面朝外，使清洁面朝向自己。

（4）手不能触及污染面，不能让袖口污染衣领、帽子和口罩。扣上袖扣后手已经污染。

（5）确保隔离衣背后包扎严密，操作者工作服没有外露，隔离衣需全部覆盖工作服。

（6）穿隔离衣后只能在限定区域活动。

（7）洗手时避免隔离衣触及洗手设备，洗手后进行手消毒。

（8）不能用已消毒的手直接接触隔离衣外面。

（9）隔离衣如果挂在半污染区，使隔离衣的清洁面朝外；如果挂在污染区，清洁面朝内（保护性隔离则相反）。

（10）隔离衣每日更换，潮湿、污染时应立即更换。

（11）隔离衣不再使用时使清洁面朝外卷好，投入污衣桶。

知识链接

为达到有效隔离，护士在应用隔离技术的同时，尚应了解隔离的种类，以为各种不同感染的患者提供更恰当的隔离预防。隔离种类如下：

1. 严密隔离（absolute isolation） 是为预防高度传染性及致命性强毒力病原体感染而实施的隔离，以防止经空气和接触等途径的传播。其适用于炭疽、霍乱、鼠疫等烈性传染病。隔离的主要措施如下：

（1）设专用隔离室，室内用具力求简单，感染同一种病原菌的患者可同居一室。随时关闭通向过道的门窗，患者不得离开该室。

（2）凡进室内者要穿隔离衣，戴口罩、帽子、手套。

（3）接触患者、污染敷料后或护理另一个患者前应刷手、洗手、消毒手。

（4）污染敷料应在隔离室内立即装袋，全部操作完后，再装入隔离室外的另一袋中（双袋法），标记后焚烧。

（5）室内每日空气消毒一次。

（6）探视者必须进入隔离室时，应征得护士许可并采取相应隔离措施。

2. 接触隔离（contact isolation） 是为预防高度传染性并经接触途径（直接和间接飞沫）传播的感染而实施的隔离类型。采取这类隔离的疾病主要有新生儿脓疱病、狂犬病、破伤风、气性坏疽、铜绿假单胞菌感染等。隔离的主要措施如下：

（1）设隔离室，同种病原菌感染者可同室床旁隔离，教育患者勿握手、交换书刊，避免互相接触。

（2）接近患者时要戴口罩、帽子、手套，穿隔离衣；接触患者或可能污染物品后及护理另一患者前应洗手。

（3）污染敷料应装袋并标记后送焚烧处理，布类及器械需灭菌后再行清洗。

3. 呼吸道隔离（respiratory tract isolation） 是为防止传染源经飞沫短距离传播而实施的隔离。属这类隔离的疾病有肺结核、流行性脑脊髓膜炎、百日咳、流行性感冒等。隔离的主要措施如下：

（1）同一病原菌感染者可同住一隔离室，随时关闭通向过道的门窗，患者离开病房需戴口罩。

（2）工作人员进入病室需戴口罩、帽子。

（3）患者的口鼻分泌物需经消毒处理后才丢弃。

4. 肠道隔离（intestinal tract isolation） 目的是阻断粪-口传播途径，其适用于通过间接或直接接触感染性粪便而传播的疾病，如细菌性痢疾、伤寒、病毒性胃肠炎、脊髓灰质炎等。隔离的主要措施如下：

（1）同种病原体感染者可同居一室，或床旁隔离，劝告患者相互间勿传递书刊等用物。

（2）室内应保持无蝇、无蟑螂、无鼠。

（3）接触不同病种患者需分别穿隔离衣；接触污物时戴手套。

（4）患者的食具、便器需消毒处理，排泄物、呕吐物及吃剩的食物均应消毒后才能倒掉。

（5）被粪便污染的物品要随时装袋，标记后送焚烧或消毒处理。

5. 血液、体液隔离（blood-body fluid isolation） 是为防止直接或间接接触传染性血液和体液感染而实施的隔离。其适用于病毒性肝炎、艾滋病、梅毒等。隔离的主要措施如下：

（1）同种病原感染者可同室隔离。

（2）血液、体液可能污染工作服时应穿隔离衣；接触血液、体液时戴手套。

（3）血液、体液污染的敷料应装袋并标记后送消毒或焚烧。

（4）防止注射针头等利器刺伤；患者用过的针头应放入防水、防刺破并有标记的容器内，直接送焚烧处理。

（5）被患者血液污染处要立即用消毒液清洗；探视者也应采取相应的隔离措施。

6. 昆虫隔离（insect isolation） 是为防止以昆虫（蚊、虱、螨等）为媒介而传播的疾病感染而实施的隔离。隔离的主要措施如下：

（1）疟疾、流行性乙型脑炎及登革热是由蚊传播，故这类患者入院后，病房应有严密防蚊设施，如纱窗、蚊帐，并定期进行有效灭蚊措施。

（2）斑疹伤寒及回归热是由虱类传播，患者入院时必须彻底清洗、更衣、灭虱，其衣物亦需灭虱后交亲戚带回。

（3）流行性出血热是由寄生在野鼠身上的螨作为中间宿主叮人后传播，患者入院处理与"2）"同，病房严密防鼠。野外工作人员应在皮肤外露处涂擦防虫剂，勿在草堆、稻草上坐卧。

7. 保护性隔离（reverse isolation） 是为防止易感者受周围环境中的微生物感染而实施的隔离。其适用于抵抗力特别低下者，如大面积烧伤患者、早产儿、白血病患者、器官移植患者、免疫缺陷患者等。隔离的主要措施如下：

（1）设专用隔离室，患者住单间病室隔离。

（2）凡进室内应穿戴灭菌消毒后的隔离衣、帽子、口罩、手套、拖鞋。

（3）接触患者前后及护理下一个患者前要洗手。

（4）凡患呼吸道疾病或咽部带菌者，包括工作人员均应避免接触患者。

（5）探视者应采取相应措施。

（6）未经消毒处理的物件不可进入隔离区。

（7）病室每日用紫外线消毒并通风换气。

第五节　消毒灭菌技术

医院消毒、灭菌的作用是杀灭或清除外环境中的病原微生物，切断医院感染传播途径，预防与控制医院感染的发生。

一、有关概念

（一）消毒技术有关概念

1. 消毒和消毒剂

（1）消毒（disinfection）：是指用物理、化学或生物的方法清除或杀灭环境中和媒介物上除芽孢以外的所有病原微生物，使其达到无害化的处理。

（2）消毒剂（disinfectant）：用于杀灭传播媒介上的微生物使其达到消毒或灭菌要求的制剂。根据杀菌作用的强弱可分为以下几种。

1）高效消毒剂（high-efficacy disinfectant）：是指可杀灭一切细菌繁殖体（包括分枝杆菌）、病毒、真菌及其孢子等，对细菌芽孢（致病性芽孢杆菌）也有一定杀灭作用，达到高水平消毒要求的制剂，主要有环氧乙烷、过氧乙酸、过氧化氢、戊二醛、邻苯二甲醛、次氯酸钠等。

2）中效消毒剂（intermediate-efficacy disinfectant）：是指仅可杀灭分枝杆菌、真菌、病毒及细菌繁殖体等微生物，达到消毒要求的制剂。其主要有聚维酮碘、乙醇等。

3）低效消毒剂（low-efficacy disinfectant）：是指仅可杀灭细菌繁殖体和亲脂病毒，达到消毒要求的制剂。这类消毒剂主要有氯己啶、苯扎溴铵等。

2. 中度危险物品 与完整黏膜相接触，而不进入人体无菌组织、器官和血流，也不接触破损皮肤、破损黏膜的物品，如胃肠道内镜、气管镜、喉镜、肛表、口表、呼吸机管道、麻醉机管道、压舌板、肛门直肠压力测量导管等。中度危险物品应进行高水平消毒或中水平消毒。

（二）灭菌技术有关概念

1. 灭菌（sterilization） 是指用物理或化学方法杀灭或消除传播媒介上的一切微生物，包括致病微生物和非致病微生物，也包括细菌芽孢和真菌孢子。

2. 高度危险性物品 进入人体无菌组织、器官、脉管系统，或接触破损皮肤、破损黏膜的物品或有无菌体液从中流过的物品，一旦被微生物污染，具有极高感染风险，如手术器械、穿刺针、腹腔镜、活检钳、膀胱器、心脏导管、植入物、透析器、导尿管、无菌体腔内使用的超声探头等。高度危险性物品必须灭菌。

二、消毒、灭菌技术基本原则

1. 一般要求 正确使用经卫生行政部门批准的消毒药及器械，并按照批准的范围、方法和时间在医疗卫生机构和疫源地使用。

2. 根据物品污染后的危害程度选择消毒、灭菌的方法

（1）高度危险的物品：必须选用灭菌方法处理。

（2）中度危险性物品：一般情况下达到消毒即可，可选用中水平或高水平消毒法，要求不得检出致病性微生物。

（3）低度危险性物品：一般可用低水平消毒方法，或只作一般的清洁处理即可。

3. 根据消毒物品的性质选择消毒方法 选择消毒方法时需考虑到以下两点，首先要保护消毒物品不受损坏，其次要确保消毒方法易于发挥作用。

（1）耐高温、耐湿度的物品和器材：应首选压力蒸汽灭菌。耐高温的玻璃器材、油剂类和干粉类等可选用干热灭菌。

（2）不耐热、不耐湿及贵重物品：可选择环氧乙烷或低温蒸汽甲醛气体消毒、灭菌。

（3）器械的浸泡灭菌，应选择对金属基本无腐蚀性的消毒剂，同时注意防锈。

（4）选择表面消毒方法应考虑表面性质。光滑表面可选择紫外线消毒器近距离照射，或用化学消毒剂擦拭；多孔材料表面可采用喷雾消毒法。

三、消毒技术

（一）概述

应按照《消毒管理办法》执行医疗器械、器具的消毒工作，所使用物品应达到以下要求。

（1）进入人体无菌组织、器官、腔隙，或接触人体破损皮肤、黏膜、组织的诊疗器械、器具和物品应进行灭菌。

（2）接触完整皮肤或黏膜的诊疗器械、器具和物品应进行消毒。

（3）各种用于注射、穿刺、采血等有创操作的医疗器具应一用一灭菌。

（4）使用的消毒药械、一次性医疗器械和器具应符合国家相关规定。

（5）一次性使用的医疗器械、器具只能使用一次。

（二）诊疗用品的清洁与消毒

（1）重复使用的器械、器具和物品如弯盘、治疗碗等，应遵循相关规定进行清洗、消毒或灭菌；

接触完整皮肤的医疗器械、器具及物品如听诊器、监护仪导联、血压计袖带等应保持清洁，被污染时及时清洁消毒。

（2）湿化水、湿化瓶、呼吸机管路、呼吸机等的清洁、消毒与更换，应遵循有关标准的规定。

（3）治疗车上物品应摆放有序，上层放置清洁与无菌物品，下层放置使用后物品；治疗车应配备速干手消毒剂，每日进行清洁与消毒，遇污染随时进行清洁与消毒。

（三）患者生活卫生用品的清洁与消毒

（1）生活用品如毛巾、面盆、痰盂（杯）、便器、餐饮具等，应保持清洁、个人专用、定期消毒；患者出院、转院或死亡后应对其使用过的生活卫生用品进行终末消毒。

（2）有条件的病区污物间可配置便器清洗消毒器。

（3）对传染病患者及其用物应按传染病管理的有关规定，采取相应的消毒、隔离和管理措施。

（四）床单元的清洁与消毒

（1）应进行定期清洁和（或）消毒，遇污染应及时清洁与消毒；患者出院时应进行终末消毒。

（2）床单、被套、枕套等直接接触患者的床上用品，应一人一更换；患者住院时间超过一周时，应每周更换；被污染时应及时更换。更换后的用品应及时清洗与消毒。

（3）被芯、枕芯、褥子、病床隔帘、床垫等间接接触患者的床上用品，应定期清洗与消毒；被污染时应及时更换、清洗与消毒。

（4）甲类及按甲类管理的乙类传染病患者、不明原因病原体感染的患者，使用后的床上用品及患者尸体等应按照相关要求处理。

（5）消毒方法应合法、有效，其使用方法与注意事项等应遵循产品的使用说明。

（五）物品表面、地面的清洁与消毒

（1）物品表面（包括监护仪器、设备等的表面）应每天湿式清洁，保持清洁、干燥；遇污染时应及时清洁与消毒。

（2）擦拭物体表面的布巾，不同患者之间的洁污区域之间应更换，擦拭地面的地巾不同病房及区域之间应更换，用后集中清洗、消毒，干燥保存。

（六）常用消毒技术　见表3-1。

表3-1　常用消毒技术

消毒种类	适用范围	使用方法	注意事项
紫外线	适用于各类环境物体表面，如墙面、桌面等，以及空气消毒	（1）物体表面近距离（<1m）直接照射，在电压为220V，相对湿度为60%，温度为20～40℃，紫外线灯功率为30W（波长为253.7nm、强度不低于70μW/cm^2）时，照射时间不少于30min（开灯5min后开始计时） （2）空气消毒时，关闭门窗，保持消毒空间内环境清洁、干燥。在室内无人状态下，在电压为220V、相对湿度小于60%、温度为20～40℃，照射时间不少于30min	（1）紫外线强度大于90μW/cm^2的半年监测一次，大于70μW/cm^2小于90μW/cm^2的每季度监测一次，累计使用1000h更换 （2）紫外线灯开启时不稳定，应在开灯5min后开始计时 （3）使用时灯管表面应清洁、无尘、无油污 （4）应避免直接照射人体，必要时戴防护镜和穿防护服进行保护

续表

消毒种类	适用范围	使用方法	注意事项
戊二醛	适用于不耐热诊疗器械、器具与物品的浸泡消毒	常用浓度为2%，消毒浸泡时间为20～45min	（1）戊二醛对皮肤、眼睛和呼吸具有致敏性和刺激性，并能引发皮炎、结膜炎、鼻腔发炎及职业性哮喘，宜在内镜清洗消毒机中使用 （2）易在内镜及清洗消毒设备上形成硬结物质
邻苯二甲醛	适用于不耐热的诊疗器械、器具与物品的浸泡消毒。国外常用于内镜的消毒	采用浸泡消毒，邻苯二甲醛浓度为5.5g/L，pH为7.0～8.0，温度20～25℃，容器加盖，消毒时间为5～12min	（1）对衣服和皮肤有着色作用，要做好个人防护 （2）保存时注意密封、避光、干燥、阴凉、通风 （3）浓度按照说明配制，使用时间不得超过2周
含氯消毒剂	适用于物品、环境物体表面（地面、墙面、高频接触物体表面）、分泌物、排泄物等的消毒。常用的含氯消毒剂有水剂、片剂和粉剂	（1）浸泡法：细菌芽孢污染的物品采用浓度5000mg/L，浸泡30min以上。对结核杆菌、诺如病毒采用浓度1000mg/L。对细胞繁殖体采用浓度200mg/L （2）擦拭法：使用浓度、作用时间与浸泡法相同 （3）喷洒法：对于经血传播病原体、分枝杆菌、细菌芽孢污染的物品采用浓度2000mg/L消毒剂，浸泡60min以上	（1）粉剂应于阴凉处避光、防潮、密封保存；水剂应于阴凉处避光、密封保存。使用液应现配现用，使用时限≤24h （2）配置漂白粉等粉剂溶液时，应戴口罩、手套 （3）未加防锈剂的含氯消毒剂对金属有腐蚀性，不应做金属器械的消毒 （4）对织物有腐蚀和漂白作用，不应用于有色织物的消毒
过氧乙酸	适用于耐腐蚀物品、环境等消毒	（1）浸泡法：将待消毒的物品浸没于装有0.5%（5000mg/L）过氧乙酸的容器中，加盖，作用时间10min。一般物品表面采用浓度1000～2000mg/L （2）擦拭法：大件物品或其他不能用浸泡法消毒的物品用擦拭法消毒。消毒时间的浓度和作用时间同浸泡法 （3）喷洒法：环境消毒时用0.2%～0.4%（2000～4000mg/L）溶液喷洒，作用时间30～60min	（1）过氧乙酸不稳定，应贮存于通风阴凉处，远离可燃物质。用前应测定有效含量，原液浓度低于12%时不应使用 （2）稀释液应现用现配，使用时限≤24h （3）过氧乙酸对多种金属和织物有很强的腐蚀和漂白作用，浸泡消毒后，应及时用符合要求的水冲洗干净
含溴消毒剂	适用于饮用水、游泳池水、污水和一般物体表面的消毒	（1）浸泡法：对芽孢使用浓度1000～2000mg/L，作用时间30min。一般使用浓度250～500mg/L浸泡30min （2）擦拭法：使用浓度和作用时间与浸泡法相同 （3）喷洒法：对芽孢使用浓度1000～2000mg/L，作用时间60min。一般使用浓度500～1000mg/L喷洒消毒30min	现配现用，阴凉、干燥处保存
煮沸消毒	适用于金属、玻璃制品、餐饮具、织物或其他耐热、耐湿物品的消毒	将待消毒物品完全浸没水中，加热，水沸腾后维持≥15min	（1）从水沸腾时开始计消毒时间，中途加入物品应重新计时 （2）消毒物品应保持清洁，所消毒的物品应全部浸没于水中，可拆卸物品应拆开

四、灭菌技术

（一）压力蒸汽灭菌

1. 适用范围 适用于耐热、耐湿诊疗器械、器具和物品的灭菌。下排气压力蒸汽灭菌还适用于液体的灭菌；快速压力蒸汽灭菌适用于裸露的耐热、耐湿诊疗器械、器具和物品的灭菌。压力蒸汽灭菌不适用于油类和粉剂的灭菌。

2. 压力蒸汽灭菌器灭菌参数 见表3-2。

表3-2 压力蒸汽灭菌器灭菌参数

设备类别	物品类别	灭菌设定温度	最短灭菌时间	压力参考范围
下排气式	敷料	121℃	30min	102.8～122.9kPa
	器械		20min	
预真空式	器械、敷料	132℃	4min	184.4～210.7kPa
		134℃		201.7～229.3kPa

3. 注意事项

（1）应根据待灭菌物品选择适宜的压力蒸汽灭菌器和灭菌程序。常规灭菌周期包括预排气、灭菌、后排气和干燥等过程。快速压力蒸汽灭菌程序不应作为物品的常规灭菌程序。

（2）灭菌器操作方法应遵循生产厂家的使用说明或指导手册。

（3）管腔器械不应使用下排气压力蒸汽灭菌方式进行灭菌。

（4）硬质容器和超大超重包装，应遵循厂家提供的灭菌参数。

（5）灭菌包重量要求：器械包重量不宜超过7kg，敷料包重量不宜超过5kg。

（6）灭菌包体积要求：下排气压力蒸汽灭菌不宜超过30cm×30cm×25cm；预排气压力蒸汽灭菌器不宜超过30cm×30cm×50cm。

（二）干热灭菌

1. 适用范围 耐热、不耐湿、蒸汽或气体不能穿透物品的灭菌，如玻璃、金属等医疗用品和油类、粉剂等制品的灭菌。

2. 灭菌参数 一般为以下几种：150℃，150min；160℃，120 min；170℃，60 min；180℃，30 min。

3. 注意事项

（1）灭菌时灭菌物品不应与灭菌器内底部及四壁接触，灭菌后温度降到40℃以下再开启灭菌器柜门。

（2）灭菌物品包体积不应超过10cm×10cm×20cm，油剂、粉剂的厚度不应超过0.6cm，凡士林纱布条厚度不应超过1.3cm，装载高度不应超过灭菌器内腔高度的2/3，物品间应留有空隙。

（三）低温灭菌

1. 适用范围 适用于不耐热、不耐湿的器械、器具和物品的灭菌。

2. 常用低温灭菌方法 主要包括环氧乙烷灭菌、过氧化氢低温等离子体灭菌、低温甲醛蒸汽灭菌。

3. 环氧乙烷

（1）适用范围：适用于不耐热、不耐湿的诊疗器械、器具和物品的灭菌，如电子仪器、光学仪器、纸质制品、化纤制品、塑料制品、陶瓷及金属制品等诊疗用品。不适用于食品、液体、油脂类、粉剂类等灭菌。

（2）灭菌参数：100%纯环氧乙烷小型灭菌器，灭菌参数见表3-3。

表 3-3 小型环氧乙烷灭菌器灭菌参数

环氧乙烷作用浓度	灭菌温度	相对湿度	灭菌时间
450～1200mg/L	37～63℃	40%～80%	1～6h

（3）注意事项

1）应在环氧乙烷灭菌器内进行，灭菌器应取得国家卫生和计划生育委员会消毒产品卫生许可批件。

2）灭菌器应由专业人员进行安装，保证有专门的排气管道。

3）消毒人员应经过专业知识和紧急事故处理的培训。过度接触环氧乙烷后，应迅速移离中毒现场，立即吸入新鲜空气；皮肤接触后，用水冲洗接触处至少 15min，同时脱去脏衣服；眼睛接触液态环氧乙烷或高浓度环氧乙烷气体，应冲洗眼睛至少 10min，并均应尽快就诊。

4）环氧乙烷灭菌器及气瓶或气罐应远离火源和静电。气罐不应存放在冰箱中。

5）每年对工作环境中环氧乙烷浓度进行监测并记录。

6）物品灭菌前应彻底清洗干净，应使用专用包装材料。

7）灭菌柜内装载物品周围应留有空隙，物品应放于金属网状篮筐中或金属网架上，纸塑包装应侧放。装载不超过总体积的 80%。

五、环境卫生学监测

灭菌保证水平（SAL）是指灭菌处理后单位产品上存在活微生物的概率，SAL 通常表示为 10^{-n}，国际上规定，灭菌保证水平必须达到 10^{-6} ，即灭菌处理必须使灭菌物品污染的微生物的存活概率减少到 10^{-6}。

（一）基本原则

1. 空气 重点科室每月进行空气细菌含量监测 1 次，非重点科室每季度监测 1 次。

2. 物体表面 重点科室每月对物体表面（治疗车、治疗台、患者床等）细菌含量监测 1 次，非重点科室每季度监测 1 次。

3. 医护人员手 重点科室每月对医生、护士各 1 名进行手表面细菌含量监测 1 次，非重点科室每季度监测 1 次。

4. 采样原则 采样后必须尽快对样品进行相应指标的检测，送检时间不得超过 6h，若样品保存于 0～4℃条件时，送检时间不得超过 24h。

（二）环境卫生学监测操作法

环境卫生学监测操作法见表 3-4。

表 3-4 环境卫生学监测操作法

项目		采样时间	布点方法	采样方法	注意事项
空气	普通房间（Ⅱ类、Ⅲ类、Ⅳ类环境）	在消毒处理后操作前进行采样	室内面积≤30m²，设内、中、外对角线 3 点，内、外点布点位距墙 1m 处；室内面积>30m²，设四角及中央 5 点，四角布点距墙 1m	平板暴露法：将普通营养琼脂平板（直径 9cm）从内到外或顺次（同一路径不走两次）放在各采样点，采样高度为距地面 1.5m 处，采样时将平板盖打开，扣放于平板旁，暴露 5min，盖好立即送检	（1）采样人员做好手部卫生，佩戴口罩、帽子等个人防护装备。进入清洁房间采样必须穿洁净服 （2）器皿打开顺序应先内后外；手臂及头不可越过培养皿上方；行走及放置动作要轻，尽量减少对空气流动状态的影响；皿盖应扣放，以防污染 （3）采样完毕的培养皿应在 6h 内培养

续表

项目	采样时间	布点方法	采样方法	注意事项
空气：层流洁净手术室和洁净用房（Ⅰ类环境）	洁净系统已运行 40min，在消毒处理后操作前进行采样	百级洁净手术室和洁净用房室内面积≤$30m^2$，监测点数为 5 点（采用双对角线布点）；室内面积>$30m^2$，监测点数为 9 点（采用双对角线布点，中央 1 点，四角各 2 点）。布点时注意避开送风口	平板暴露法（同普通房）：送检时对层流洁净手术室的中央手术区和周边区平板有明显标记	
物体表面	在消毒处理后 4h 内进行采样	被采表面<$100cm^2$，取全部表面；被采表面≥$100cm^2$，取 $100cm^2$	用 5cm×5cm 的标准灭菌规格板，放在被检物体表面，用浸有无菌生理盐水采样液的棉拭子 1 支，在规格板内横竖往返各涂抹 5 次，并随之转动棉拭子，连续采样 1～4 个规格板面积，剪去手接触部分，将棉拭子放入装 10ml 采样液的试管中送检	（1）送检时间不得超过 6h，若样品保存于 4℃，则不得超过 24h （2）消毒后采样一定要采用中和剂，不同消毒剂所用中和剂不同
医护人员手	在接触患者、从事医疗活动前进行采样	被检人五指并拢，将浸有无菌 0.9%的氯化钠溶液的棉拭子 1 支在双手指曲面从指根到指端来回涂擦各 2 次（一只手涂擦面积 $30cm^2$），并随之转动采样棉拭子，剪去手接触部位，将棉拭子放入装有5ml 采样液的试管内送检。采样面积按"cm^2"计算		结果判定：卫生手消毒后细菌总数应≤$10cfu/cm^2$；外科手消毒细菌总数应≤$5cfu/cm^2$
内镜	消毒灭菌后，使用前		用无菌注射器抽取 10ml 含相应中和剂的缓冲液，从待检内镜活检口注入，用 15ml 无菌试管从活检出口收集，及时送检，2h 内检测	结果判定：消毒后的内镜要求细菌总数<20cfu/件，不得检出致病菌，灭菌后内镜则应为无菌

（三）各类环境空气、物体表面、医护人员手卫生标准

（1）细菌菌落总数和致病性微生物：见表 3-5。

表 3-5　细菌菌落总数和致病性微生物

环境类别	范围	标准		
		空气（cfu/m^3）	物体表面（cfu/cm^2）	医护人员手（cfu/cm^2）
Ⅰ类	层流洁净手术室、层流洁净病房	≤10未检出金黄色葡萄	≤5	≤5
Ⅱ类	普通手术室、供应室无菌区、重症监护病房	球菌和溶血性链球菌 ≤200未检出金黄色葡萄	≤5	≤5
Ⅲ类	儿科病房、妇产科检查室、注射室、换药室、治疗室、供应室清洁区、急诊室、检验科、各类普通病房和房间	球菌和溶血链球菌 ≤500 未检出金黄色葡萄球菌和溶血链球菌	≤10	≤10
Ⅳ类	传染病科及病房		≤15	≤15

（2）儿科病房的物体表面和医护人员手上不得检出沙门菌。

知识链接 软式内镜清洗消毒技术规范如下。

1. 基本原则

（1）软式内镜每次使用完后均应进行彻底清洗和高水平消毒或灭菌。

（2）软式内镜及重复使用的附件、诊疗用品应遵循以下原则进行分类处理：①进入人体无菌组织、器官，或接触破损皮肤、破损黏膜的软式内镜及附件应进行灭菌；②与完整黏膜相接触，而不进入人体无菌组织、器官，也不接触破损皮肤、破损黏膜的软式内镜及附属物品、器具，应进行高水平消毒；③与完整皮肤接触而不与黏膜接触的用品宜低水平消毒或清洁。

2. 内镜清洗消毒应遵循流程（图 3-17）

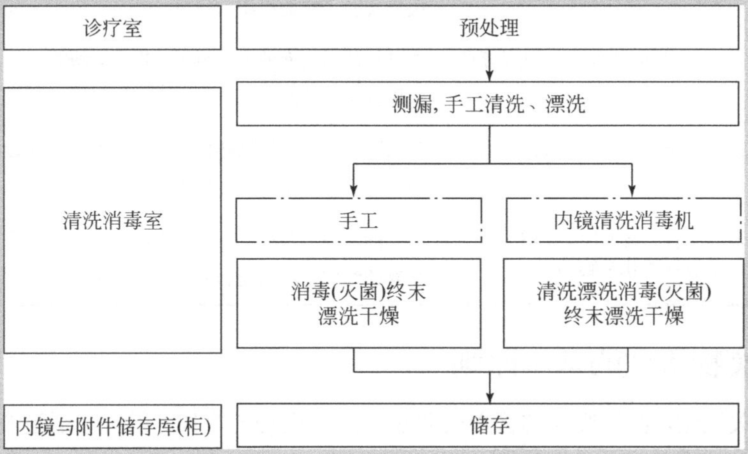

图 3-17 软式内镜清洗消毒流程

3. 注意事项

（1）内镜使用后应按以下要求测漏：①宜每次清洗前测漏；②条件不允许时，应至少每日测漏 1 次。

（2）内镜消毒或灭菌前应进行彻底清洁。

（3）清洗剂和消毒剂的作用时间应遵循产品说明书。确诊或疑似分枝杆菌感染患者使用过的内镜及附件，其消毒时间应遵循产品的使用说明。

（4）消毒后的内镜应采用纯化水或无菌水进行终末漂洗，采用浸泡灭菌的内镜应采用无菌水进行终末清洗。

（5）内镜应储存在清洁、干燥的环境中。

（6）每日诊疗工作开始前，应对当日拟使用的消毒类内镜进行再次消毒、终末漂洗、干燥后，方可用于患者诊疗。

第六节 医疗废物分类、放置与处理

一、有关概念

医疗废物是指医疗卫生机构在医疗、预防、保健和其他相关活动中产生的具有直接或间接感染性、毒性及其他危害性的废物。医疗废物分类见表 3-6。

表 3-6　医疗废物分类

类别	特征	常见组分或废物名称
感染性废物	携带病原微生物，具有感染性疾病传播危险的医疗废物	被患者血液、体液、排泄物污染的物品，包括：①棉球、棉签、引流棉条、纱布及其他各种敷料；②一次性使用卫生用品、一次性使用医疗用品及一次性医疗器械；③废弃的被服；④其他被患者血液、体液、排泄物污染的物品 医疗机构收治的传染病患者或疑似传染病患者产生的生活垃圾 病原体的培养基，标本盒，菌种、毒种保存液 各种废弃的医学标本
病理性废物	诊疗过程中产生的人体废弃物和医学实验动物尸体等	手术及其他诊疗过程中产生的废弃的人体组织、器官等 医学实验动物的组织、尸体
损伤性废物	能够刺伤或割伤人体的废弃的医用锐器	病理切片后废弃的人体组织、病理蜡块等 医用针头、缝合针
药物性废物	过期、淘汰、变质、被污染的废弃药品	各类医用锐器，包括解剖刀、手术刀、备皮刀、手术锯等 载玻片、玻璃试管、玻璃安瓿等
化学性废物	具有毒性、腐蚀性、易燃易爆性的废弃的化学物品	废弃的一般性药品，如抗生素、非处方类药品等 废弃的细胞毒性药物和遗传毒性药物

二、医疗废物管理的基本原则

根据国家有关规定，医疗废物的管理主要包括医疗废物的收集、贮存、运输和最终处置等全过程。对医疗废物管理遵循以下几个原则。

1. 全程化管理原则　严格控制医疗废物从产生、分类收集、密闭包装到收集转运、储存、处置的整个流程。

2. 集中处置原则　利用和改造现有固体废物处置设施和其他设施，对医疗废物集中处置，并达到基本的环境保护和卫生要求。

3. 无害化处理原则　严防交叉感染和二次污染，避免伤害，焚烧过程中的灰渣必须视同危险废物，要妥善处理，必须达标排放；严格区分医疗废物和生活垃圾，严禁把医疗废物混入生活垃圾排放。

三、医疗废物管理方法

医疗废物管理方法包括医疗废物的产生地、存放、运送、暂贮地的管理及医疗废物的交接、登记及转运。

（一）医疗废物产生地管理

（1）根据医疗废物的类别，将不同种类的医疗废物分置于符合《医疗废物专用包装物、容器的标准和警示标识的规定》的包装物或容器内。

（2）感染性废物、病理性废物、损伤性废物、药物性废物及化学性废物不能混合收集，废弃的麻醉药、放射性药品等及其相关废物的管理，依照有关法律法规执行。

（3）隔离的传染病患者或疑似传染病患者产生的具有传染性的排泄物，应当按照国家规定严格消毒，达到排放标准后排入污水处理系统；所产生的医疗废物应当使用双层包装物，并及时密封。

（4）盛装医疗废物的每个包装物、容器外应当有警示标识，在每个包装物、容器上应当系有中文标签，中文标签的内容应当包括医疗废物产生单位、产生日期、类别及需要的特别说明等。

（二）医疗废物的存放管理

（1）医疗废物应存放于有医疗废物专用警示标识的专用包装袋、锐器盒、周转箱等专用容器内，专用容器质量要符合国家环境保护总局颁布的《医疗废物专用包装物、容器标准和警示标识规定》的文件要求。

（2）医疗废物产生的科室做到日产日清，在医疗废物暂存地存放时间不超过 2d。

（三）医疗废物的运送管理

（1）医疗废物要有专人用医疗废物专用车辆运送，运送人员每日从各科室将分类包装好的医疗废物按照规定的时间和路线运送至医院指定的医疗废物暂时贮存地点。

（2）运送人员在运送医疗废物时，应当防止造成包装物或容器破损和医疗废物的流失、泄漏和扩散，并防止医疗废物直接接触身体。

（3）每日运送工作结束后，对运送工具进行及时清洁和消毒，用浓度为 500mg/L 的含氯消毒剂进行擦拭消毒并做好消毒记录，并干燥保存备用。

（四）医疗废物暂贮地的管理

（1）建立医疗废物暂时贮存设施、设备，不得露天存放医疗废物。

（2）医疗卫生机构建立的医疗废物暂时贮存设施、设备应当远离医疗区、食品加工区、人员活动区和生活垃圾存放场所，方便医疗废物运送人员及运送工具、车辆的出入。并有严密的封闭措施，设专（兼）职人员管理，防止非工作人员接触医疗废物。

（五）医疗废物的交接、登记及转运要求

（1）医疗废物必须交由取得县级以上人民政府环境保护行政主管部门许可的医疗废物集中处置单位处置，依照危险废物转移联单制度填写和保存转移联单。

（2）医疗废物的产生科室和暂存地必须对医疗废物进行登记，登记内容应当包括医疗废物的来源、种类、重量或数量、交接时间、最终去向及经办人签名等项目。登记资料至少保存 3 年。

第四章　给　药　法

学习目标

（1）了解给药的基本知识。
（2）了解中药不良反应的表现。
（3）熟悉皮内注射法、皮下注射法、肌内注射法、静脉注射法、穴位注射法的概念。
（4）熟悉吸入法、局部给药法的用物准备及操作程序。
（5）熟悉中医护理操作技术的用物准备及操作程序。
（6）熟悉静脉留置导管封管的操作程序。
（7）熟悉输液泵的操作程序。
（8）掌握给药原则。
（9）掌握各种皮试药物的使用浓度。
（10）掌握判断各种药物过敏试验结果的标准。
（11）掌握破伤风抗毒素脱敏注射法。
（12）掌握注射原则、各种注射法的目的及其注射部位。
（13）掌握中西医护理操作技术的操作方法。
（14）掌握中西医护理操作技术的适应证、禁忌证及注意事项。
（15）掌握输血的注意事项。
（16）掌握输液泵的注意事项。
（17）掌握中药不良反应的原因与预防。

给药（medications）是药物治疗的具体执行过程，其目的包括治疗疾病、预防疾病、协助诊断及维持正常生理功能。护士在临床给药工作中承担重要职责，护士应懂得运用药理学的知识合理地使用药物，掌握正确的给药方法，使药物充分地发挥作用，同时还要做好病房的药物管理，确保临床用药安全、有效。

第一节　给药的基本知识

一、西药的给药原则

（1）遵医嘱给药。在给药中，护士必须严格按照医嘱进行，不得擅自更改医嘱。同时，护士对医嘱有监督作用，对于有疑问或错误的医嘱应及时指正，了解清楚后方可用药，避免盲目执行。

（2）了解所用的药物，包括药物的作用、性质、剂量、用药时间、用药后的不良反应及配伍禁忌，安全正确地用药，使药物发挥最佳疗效。

（3）药物要现配现用。配置药物时，应考虑配置的环境、药物与溶酶及配伍禁忌。

（4）按需要进行过敏试验。询问过敏史、用药史和家族史，配备抢救药物和设备。过敏试验期间和用药过程中、用药后要加强病情观察。一旦出现过敏反应，应立即停药，就地抢救。过敏试验阳性时，要告知医生、患者和家属，做好记录和交班。

（5）根据患者病情、用药目的，用药前评估患者前次用药后的药效、不良反应。给药中和给药后要做好药物疗效和不良反应的观察和记录，并将有关情况及时与医生沟通。

（6）给药前向患者做好解释，并给予相应的药物指导，提高患者掌握合理用药的能力。

（7）注射用药需遵守安全注射原则。

（8）安全、准确地用药。

1）严格执行“三查、七对、一注意”制度。

三查：操作前、操作中、操作后查。

七对：核对床号、姓名、药名、药物浓度、剂量、用药方法及时间。

一注意：注意用药后的反应。

2）根据病情、药物的理化性质和作用目的选择准确、合适的用药方法和用药途径。

3）合理安排给药次数和时间。

（9）做好药物的管理。常用药品分类妥善管理，急救及贵重药品专人管理，麻醉、精神及医疗用毒性药品依法管理。

二、中药的给药原则

中药的治疗效果，除受剂型等因素的影响外，还与用药时间、用药的剂量、用药的温度及用药的方法等有关。

（一）合理安排用药时间

服药时间应根据胃肠的状况、病情需要及药物特性来确定。

1. 饭前服药 饭前胃中空虚，药物可避免与食物混合，能迅速进入肠中，充分发挥药效。驱虫药、攻下药及其他治疗胃肠道疾病的药物和滋补药宜饭前服。

2. 饭后服药 饭后胃中存有较多食物，可减少对胃的刺激，故对胃肠道有刺激的药物如抗风湿药宜饭后服；消食药亦宜饭后及时服用，以利充分发挥药效。一般药物，无论饭前或饭后服，服药与进食都应间隔 1h 左右，以免影响药物与食物的消化吸收与药效的发挥。

此外，为了使药物能充分发挥作用，有的药物还应根据人体的生物节律在特定时间服用：安神药宜在睡前 0.5～1h 服用；缓下药宜睡前服用，以便翌日清晨排便；涩精止遗药应晚间服 1 次；截疟药应在疟疾发作前 2h 服用，急性病则不拘时服。

（二）严格掌握用药剂量

一般疾病服药，多采用每日 1 剂，每剂分早晚二服或早中晚三服，每服药液量为 200～250ml，病情急重者，可每隔 4h 左右服药 1 次，昼夜不停，使药力持续，有利于顿挫病势。应用药力较强的药物如发汗药、泻下药时，服药应适可而止，以得汗、得下为度，不必尽剂，以免汗、下太过，损伤正气。呕吐患者服药宜小量频服。中成药根据剂型不同及要求可给予片、丸、粒、克等单位药物服用，小儿根据要求和年龄酌情减量。

（三）合理选择药液温度

汤药多宜温服。如果治寒证用热药，宜热服。特别是辛温发汗解表药用于外感风寒表实证，不仅药宜热服，服药后还需温覆取汗。治热病所用寒药，如热在胃肠，患者欲冷饮者可凉服；如热在其他脏腑，患者不欲冷饮者，寒药仍以温服为宜。另外，用从治法时，也有热药凉服，或凉药热服者。

（四）选择有效的服药方法

中药剂型种类多样，应根据患者的不同情况、药的剂型等采取不同的服药方法。一般丸剂、片剂、胶囊、滴丸等用白开水送服，祛寒药可用姜汤送服，祛风湿药宜用黄酒送服，以助药力；散剂、丹剂、膏剂、细丸及某些贵重细料药，可用白开水或汤药冲服或含服；呕吐患者在服药前先服少量姜汁，亦可先嚼少许生姜片或橘皮，预防呕吐，汤药应浓煎，少量多次服用；婴幼儿、危重病患者，可将药调化后喂服，对于神志不清、昏迷、破伤风及其他不能进食者可行鼻饲法将药液或中成药调成药液经胃管注入胃中。

第二节 给药途径

给药途径是影响药物疗效的重要因素之一，不同的给药途径可以影响药物吸收的量和速度甚至某些药物以不同的给药途径使用时还会产生不同药物效应。进行药物治疗时，为达到安全合理用药目的，应根据治疗目的选择适当的给药途径。按照药物吸收速度由快到慢的给药途径依次为静脉—吸入—肌内—皮下—直肠黏膜—口服—皮肤。

一、口服给药法

口服给药法（medication administration：oral）是最常采用的给药方式，指药物（西药、中成药和中药汤剂）经口服用后被胃肠道吸收入血，通过血液循环到达局部或全身组织，达到减轻症状、治疗疾病、维持人体正常生理功能、协助诊断目的的一种给药方法。

（一）评估要点

（1）患者认知能力、进食方式和药物相关知识的知晓度。
（2）患者用药史、不良反应史。
（3）患者口咽部是否有溃疡、糜烂等情况。

（二）给药步骤

（1）备药：洗手，准备好用物，备药顺序是固体→水剂→油剂。
（2）发药：规定时间内携带医嘱、药物、温开水到病床，再次查对正确无误后，将药物分发给患者，协助服药，并说明注意事项，再次查对患者，协助患者取合适体位。
（3）药杯作相应处理，清洁发药盘、发药车，整理药柜。
（4）发药完毕，在口服药单上签名；密切观察并记录服药后患者的反应。

（三）注意事项

（1）严格执行查对制度。
（2）把每位患者的所有药物一次性取离药盘，以减少错漏。
（3）如患者对服用药物提出疑问，应重新核查。
（4）若患者不在或因故暂不能服药，应将药物带回固定位置保管，适时再发，并做好交接班。
（5）药杯一人一用一换，长期住院并口服药者每周清洗消毒一次，盛油剂的药杯先用吸水纸擦净再浸泡。
（6）给药前了解治疗目的，如口服降糖药、降压药时对患者血糖、血压先评估，必要时报告医生给予更改剂量。

（7）某些药物，如青霉素、胰岛素等易被破坏而失效，只能注射给药。

（8）服安神药应注意保持环境安静，并避免强烈光线刺激，以免影响患者休息。

（9）口服中药期间，应禁食生冷、油腻、辛辣、腥臭等刺激性食物。

（10）取液体药时保持视线与所示药量刻度在同一水平上，以保证药量准确；瓶签朝上倒药，以免药液沾污瓶签。

（11）药液不足 1ml 时在药杯内先倒入少量冷开水再滴入药液，以免药液黏附杯内。

二、注射给药法

注射给药法（injection method）是将无菌药液注入体内，达到预防和治疗疾病或协助诊断的一种给药方法。常用注射方法包括皮内注射、皮下注射、肌内注射及静脉注射。注射给药具有药物吸收快、血药浓度升高迅速、吸收剂量准确的特点。

（一）皮下注射技术

皮下注射给药（hypodermic injection）是将少量药液注入皮下组织的方法。通常取上臂三角肌下缘、腹部两侧、大腿前侧或外侧等部位注射，主要应用于不宜经口服给药但要求在一定时间内发生药效的情况，如局部麻醉或预防接种。

1. 评估要点

（1）患者用药史、家族史、过敏史。

（2）药物性质、作用及不良反应。

（3）患者注射部位皮肤是否有硬结、红肿、破溃等情况。

2. 给药步骤

（1）备药：洗手，准备好用物，询问患者过敏史。

（2）按吸药法吸取药液。

（3）选择注射部位，按常规消毒皮肤。

（4）抽吸药液，排尽空气。

（5）左手绷紧局部皮肤，右手持注射器，示指固定针栓，针头斜面向上和皮肤成 30°～40° 角（图 4-1，图 4-2），迅速刺入针头的 1/3～2/3，松开左手，固定针栓，抽吸无回血，即可推注药液。

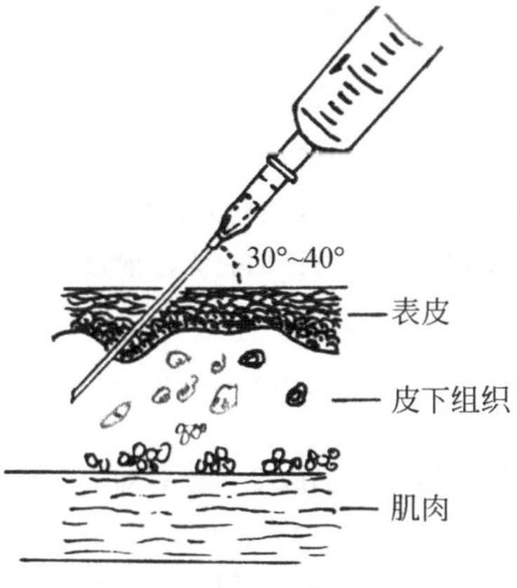

图 4-1　进针角度

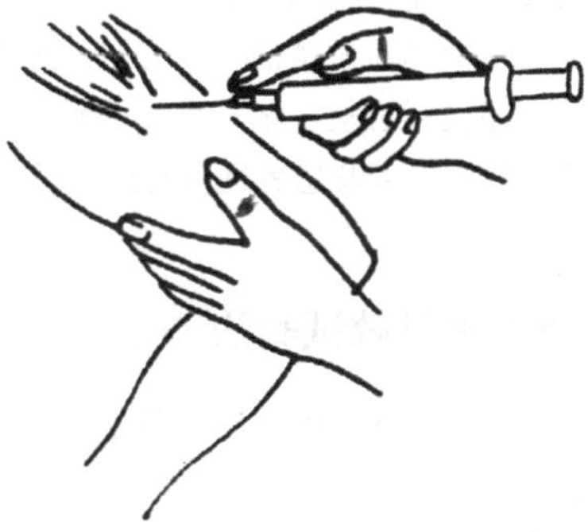

图 4-2　注射方法

（6）注射毕，快速拔针，用棉签轻压针刺处。

（7）操作完毕，清理用物。

3. 注意事项

（1）对需要长期反复注射者，应经常更换注射部位。

（2）体瘦者或腹部注射时可捏起注射部位皮肤再行穿刺。

（3）针头刺入角度不宜超过45°，以免刺入肌层。

（二）皮内注射技术

皮内注射给药（intradermic injection，ID）是将少量药液注入表皮与真皮之间的方法。注射部位通常取前臂掌侧下段，因该处皮肤较薄，易于注射，且此处皮色较淡，如有局部反应易于辨认。该注射方法常用于药物过敏试验、预防接种及局部麻醉的起始步骤。

1. 评估要点

（1）患者用药史、家族史、过敏史。

（2）药物性质、作用及不良反应。

（3）患者注射部位皮肤是否有硬结、红肿、破溃等情况。

2. 给药步骤

（1）按医嘱备药。

（2）查对医嘱，按吸药法吸取药液。

（3）选择合适的注射部位，以注射点为中心用75%乙醇，用螺旋旋转方式消毒皮肤，消毒范围直径>5cm，待干。

（4）排尽针筒内空气。

（5）左手绷紧前臂内侧皮肤，右手持注射器，针头斜面向上，与皮肤成5°角刺入。

（6）待针头斜面进入皮内后，放平注射器，左手拇指固定针栓，右手注入药液0.1ml，使局部形成一皮丘，随即拔出针头。

（7）操作完毕，清理用物。

3. 注意事项

（1）注射前应详细询问用药史与过敏史。

（2）忌用碘类消毒剂，以免影响对局部反应的观察。

（3）注射后局部勿按揉。

（4）高渗或化学治疗等药物禁止皮内注射。

附：药物过敏试验

药物过敏试验是指把药物稀释到一定浓度，作用于局部或全身，在一定时间内观察局部或全身反应，以判断机体对该种药物是否过敏的一种方法。药物过敏试验的评估要点：①患者病情、合作能力；②用药史、家庭史、过敏史、不良反应史；③对疼痛的耐受性；④药物相关知识的知晓度；⑤患者注射部位皮肤是否有硬结、红肿、破溃等情况，以及患者进食时间；⑥破伤风抗毒素（TAT）过敏试验法要评估有无注射过TAT或停药超过一周。

一、青霉素过敏试验法

青霉素（penicilin，PG）是一种半抗原，进入人体后与组织蛋白结合而形成全抗原。对于过敏体质的患者，可使其产生各种过敏症状，如皮疹、哮喘、喉头声带水肿，严重时可引起窒息、血压下降或过敏性休克。因此，需要使用青霉素制剂而无青霉素过敏史的患者或曾使用青霉素但已停药3d以上再次用药的患者，使用青霉素前必须行青霉素过敏试验；而在使用过程中使用不同生产批号的制剂时亦需重新行青霉素过敏试验。对有青霉素过敏史者禁止使用青霉素和行青霉素过敏试验。

（一）给药步骤

（1）按医嘱备药及准备急救盒（急救盒内有0.1%盐酸肾上腺素1支、1ml注射器1个、砂轮1个）。

（2）配制试验药液：以每1ml生理盐水含500U青霉素的试验药液为标准，具体配制如下。

1）取青霉素1瓶（80万U/瓶），注入4ml生理盐水，则1ml含20万U。

2）取0.1ml，加生理盐水至1ml，则1ml含2万U。

3）取0.1ml，加生理盐水至1ml，则1ml含2000U。

4）取0.25ml，加生理盐水至1ml，则1ml含500U，即配成青霉素试验液。

（3）试验前再次确定患者无青霉素过敏史。

（4）皮内试验：按皮内注射法在患者前臂掌侧注入青霉素试验液0.1ml（含50U）。

（5）注射完毕，告知患者皮试观察期间不可随意离开医护人员的视野范围，切勿搔抓或揉按皮试部位皮肤，如有不适应及时告知医护人员。

（6）记录皮内试验时间、位置，注射后20min观察结果。

（7）结果判断标准：①阴性，皮丘无改变，周围不红肿，无红晕，无自觉症状。②阳性，皮丘隆起增大，出现红晕，直径大于1cm，或红晕周围有伪足、痒感。或有头晕、心悸、恶心等甚至发生过敏性休克。

（二）注意事项

（1）不宜空腹进行皮试，以免发生眩晕、恶心等反应，易与过敏反应相混淆。

（2）每次配制时均须将溶液混合均匀。

（3）皮试结果阳性者不可使用青霉素，并要在病历、医嘱单、床头卡和注射簿上加以注明，以及将结果告知患者及家属。

（4）如对皮试结果有怀疑，应在对侧前臂皮内注射生理盐水0.1ml，以作对照，确认皮试结果为阴性方可用药。

（5）在注射时和注射后观察期间，要注意患者是否有皮肤感觉异常的情况，或有头晕、心悸、恶心等过敏反应的症状。

（6）如出现严重的过敏反应应立即停药，皮下注射0.1%盐酸肾上腺素0.5～1ml，每隔半小时可再皮下注射0.5ml，直至脱离危险期。心脏停搏者，行心脏胸外按压术或心内注射0.1%盐酸肾上腺素1ml，给予吸氧，喉头水肿影响呼吸时行气管切开术，根据病情需要应用其他药物。

二、链霉素过敏试验法

链霉素（phytomycin）过敏反应临床上较少见，其表现同青霉素过敏反应，轻者表现为发热、皮疹、荨麻疹，重者可致过敏性休克。需要使用链霉素制剂而无链霉素过敏史的患者，或曾使用链霉素停药3d以上再次用药的患者，需行链霉素过敏试验。

（一）给药步骤

（1）按医嘱备药及准备急救盒（急救盒内有0.1%盐酸肾上腺素1支、1ml注射器1个、砂轮1个）。

（2）皮试药液配制：皮内试验液的剂量以1ml生理盐水溶液含2500U链霉素试验溶液为标准。具体配制如下。

1）链霉素一瓶为1g（100万U），用生理盐水3.5ml溶解后为4ml，则1ml含0.25g（25万U）。

2）取0.1ml，加生理盐水至1ml，则1ml含2.5万U。

3）取0.1ml，加生理盐水至1ml，则1ml含2500U。

（3）取链霉素试验液0.1ml（含250U）作皮内注射，注射后20min观察结果。皮试结果的判断参照青霉素过敏试验结果的判断。

（二）注意事项

发生过敏反应时，可静脉注射葡萄糖酸钙或氯化钙，因链霉素与钙离子结合可使毒性症状减轻。其余注意事项及处理参照青霉素过敏试验。

三、破伤风抗毒素过敏试验法

破伤风抗毒素（antitoxin tetanus，TAT）是一种免疫血清，具有抗原性，注射后也容易出现过敏反应，因此，在用药前应作过敏试验。曾用过破伤风抗毒素而超过 7d 者，如再使用，须重新做过敏试验。

（一）给药步骤

（1）物品准备：参阅青霉素过敏试验法准备用物，另备 TAT 制剂。

（2）患者准备：参阅青霉素过敏试验有关内容。

（3）皮试液的配制：取每支 1ml 含 1500U 的破伤风抗毒素药液，抽取 0.1ml，加生理盐水稀释到 1ml（即含 150U）。

（4）按皮内注射法在前臂掌侧注入破伤风抗毒素试验液 0.1ml（含 15U），注射后 20min 观察结果。皮内试验结果判断如下：①阴性，局部无红肿。②阳性，局部反应为皮丘红肿，硬结>2.5cm，红晕>4cm，可出现伪足或伴有痒感。余同青霉素过敏反应。

（5）如皮试结果为阳性，而患者确实需要应用 TAT 时，可采用脱敏注射法进行给药。按下列要求，每隔 20min 进行皮下注射一次，分四次注射完毕。

1）第一次：TAT 0.1ml，加生理盐水 0.9ml。

2）第二次：TAT 0.2ml，加生理盐水 0.8ml。

3）第三次：TAT 0.3ml，加生理盐水 0.7ml。

4）第四次：TAT 0.4ml，加生理盐水 0.6ml。

（二）注意事项

（1）若试验结果不能肯定时，应在对侧肢体的前臂内侧用生理盐水作对照试验，如出现同样结果，说明是阴性。

（2）当确定为阴性后，将余液 0.9ml 作肌内注射。

（3）如果出现严重过敏反应时，应立即停止注射，并迅速处理；如果反应轻微，待症状消退后，酌情将注射的次数增加，剂量减少，以达到顺利注入所需的全量。

（4）在皮试或脱敏过程中，要注意观察患者是否有气促、发绀、荨麻疹及过敏性休克等表现。

（三）肌内注射技术

肌内注射给药（intramuscular injection）是将少量药液注入肌肉组织内的方法。注射位置一般选择肌肉较厚、离大神经及大血管较远的部位，其中以臀大肌最常用，其次为臀中肌、臀小肌、股外侧肌及上臂三角肌。肌内注射给药适用于由于药物或病情因素不宜采用口服给药但要求药物比皮下注射更迅速发生疗效或用于注射刺激性较强或药量较大的药物的情况。

1. 评估要点

（1）患者认知能力，药物相关知识的知晓度。

（2）用药史、家族史、过敏史。

（3）对疼痛的耐受度。

（4）患者注射部位皮肤是否有硬结、红肿、破溃等情况。

2. 给药步骤

（1）备药：洗手，准备好用物，可取坐位或卧位。

（2）查对医嘱，按吸药法吸取药液。

（3）选择注射部位

1）臀大肌“十”字定位法：从臀裂顶点向左侧或右侧划一水平线，然后从髂嵴最高点作一垂直平分线，将臀部分为四个象限，其外上象限并避开内角（从髂后上棘至大转子连线）即为注射区（图 4-3）。

2）臀大肌连线定位法：髂前上棘和尾骨连线的外上 1/3 处即为注射部位（图 4-4）。

3）臀中肌、臀小肌注射定位法：以示指尖和中指尖分别置于髂前上棘和髂嵴下缘处，这样髂嵴、示指、中指便构成一个三角形，注射部位在示指和中指构成的角内；或以髂前上棘外侧三横指处（以患者自己手指宽度为标准）（图 4-5）。

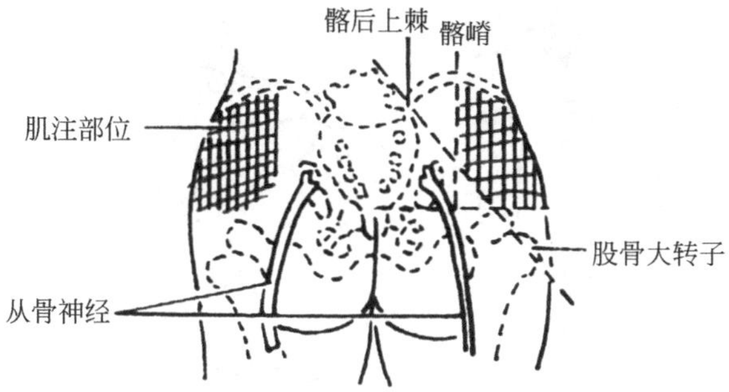

图 4-3　臀大肌“十”字定位法

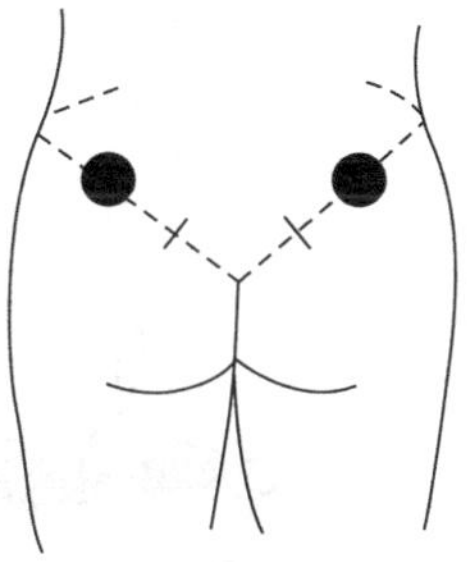

图 4-4　臀大肌连线定位法

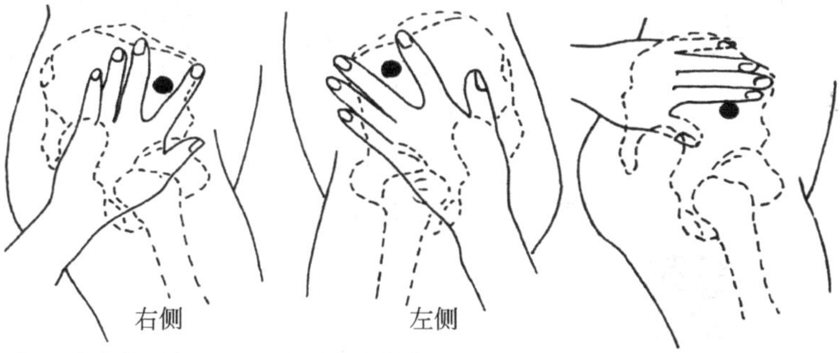

图 4-5　臀中肌、臂小肌注射定位法

4）股外侧肌注射法：取大腿中段外侧，位于膝上 10cm，髋关节下 10cm，约 7.5cm 宽（图 4-6）。

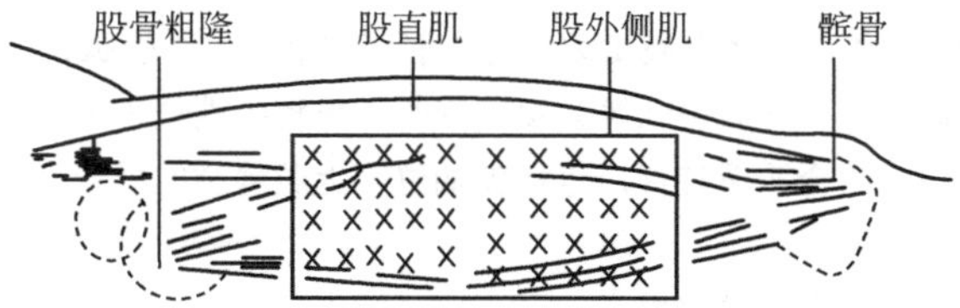

图 4-6　股外侧肌注射法

5）上臂三角肌部位为上臂外侧，肩峰下 2～3 指。

（4）按常规消毒皮肤。

（5）抽吸药液，排尽空气。

（6）用左手拇指和示指绷紧皮肤，右手持注射器，以中指固定针栓，将针头迅速垂直刺入皮肤，深度约为针梗的 2/3（2.5～3cm），消瘦者及患儿酌减（图 4-7）。

（7）固定针头，确定无回血后以均匀的速度慢慢推注药液，做到两快一慢（图 4-7）。

（8）注药毕，快速拔针，以无菌干棉签轻压进针处片刻。

3. 注意事项

（1）切勿将针梗全部刺入，以防针梗从衔接处折断。

（2）1 岁以下婴幼儿不宜选用臀大肌注射，应选用臀中肌、臀小肌注射。

（3）在注射过程中，应注意是否有晕针的发生，以及头晕、胸闷等过敏反应的表现。

（4）多种药液同时使用时应先注入刺激性较小的药物。

（5）刺激性强，药液量大的药物，注射时进针要深，推药速度要慢。

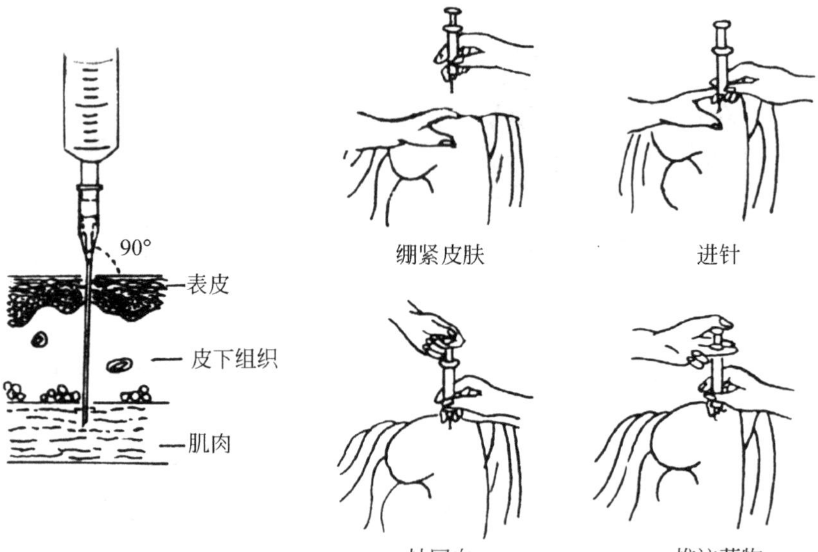

图 4-7　进针角度及注射方法

（四）静脉注射技术

静脉注射给药（intravenous　injection）是通过静脉注入药液的方法。常用的静脉有四肢浅静脉、小儿头皮静脉与股静脉、颈静脉。

常用静脉注射工具包括一次性静脉输液钢针、外周静脉留置针（PVC）、中心静脉导管（CVC）、经外周静脉置入中心静脉导管（PICC）、输液港（PORT）及输液辅助装置等。

经外周静脉置入中心静脉导管：可经上肢贵要静脉、肘正中静脉、头静脉、肱静脉、颈外静脉（新生儿还可通过下肢大隐静脉、头部颞静脉、耳后静脉等）穿刺置管，导管尖端位于上腔静脉或下腔静脉。

输液港：完全植入人体内的闭合输液装置，包括尖端位于上腔静脉的导管部分及埋植于皮下的注射座。

1. 评估要点

（1）患者年龄、用药史、家族史、过敏史。

（2）注射用药的目的及药物性质。

（3）患者穿刺部位皮肤是否有硬结、红肿、破溃及静脉弹性等情况。

2. 给药步骤

（1）按医嘱备药。

（2）核对医嘱，选择合适静脉，在穿刺部位的肢体下垫小枕。

（3）选择注射部位，按常规消毒皮肤，皮肤消毒范围直径应>5cm，待消毒液自然干燥后再进行穿刺。

（4）在穿刺部位上方约 6cm 处扎紧止血带，止血带末端向上。

（5）接好头皮针并排尽空气。

（6）嘱患者握拳，使静脉充盈。

（7）以左手拇指绷紧静脉下端皮肤，使其固定，右手持注射器，针头斜面向上，针头与皮肤成 20°～25° 角，在静脉上方或侧方刺入皮下，再沿静脉方向潜行刺入，见回血，证明针头已入静脉，可再顺静脉进针 0.5～1cm（图 4-8），松开止血带，嘱患者松拳，固定针头，缓慢注入药液（图 4-9）。注射毕，拔出针头以干棉签按压刺点。

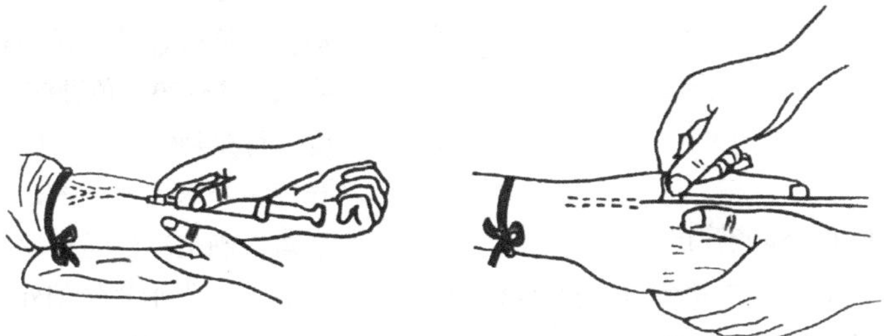
A　　B

图 4-8　静脉注射进针法

A. 注射器进针法；B. 头皮针进针法

图 4-9　静脉注射药液法

3. 注意事项

（1）注射过程中要试抽回血，以检查针头是否仍在静脉内。

（2）若局部红、肿、热、痛，试抽无回血，提示针头滑出静脉，应拔出针头，更换部位，重新注射。

（3）根据病情及药物性质，掌握注入药物的速度，并随时倾听患者的主诉。

（4）KCl（氯化钾）注射液禁止静脉注射。

（五）外周静脉输液技术

外周静脉输液（peripheral venous transfusion）是利用大气压和液体静水压原理将药物由静脉输入体内的方法。

1. 评估要点

（1）评估患者的年龄、心肺功能、过敏史、用药史、不良反应史、进食情况。

（2）评估穿刺部位皮肤情况和静脉条件，血管是否显露，有无红肿、硬结、瘢痕，肢体的血液循环情况。

（3）评估药液的性质（pH、渗透压、疗效、不良反应）和治疗疗程，选择合适的置管方式、输注途径和静脉治疗工具。

2. 给药步骤

（1）按医嘱用药，核对药物，并加好药液。

（2）填写输液内容标签，倒贴在输液瓶上。

（3）用消毒液消毒瓶塞，将输液管和通气管的针头同时插入瓶塞至针头根部。

（4）输液管排气（图 4-10）。

（5）选择静脉，消毒穿刺部位皮肤，扎止血带。嘱患者握拳，使静脉充盈。

（6）进行静脉穿刺

1）头皮针穿刺法：针头以 15°～30° 角进行穿刺，见回血后，将针头再平行进入少许，放松止血带和调节器，嘱患者松拳，见溶液输入通畅，用胶布固定稳妥，将肢体置于舒适位置。

2）外周静脉留置针穿刺法：去除留置针保护套、旋转针芯，松动外套管。紧绷皮肤，持针以 15°～30° 角进针，见回血后，降低穿刺角度，将穿刺针再推进 0.2cm。撤针芯 0.2cm，将导管完全送入血管内，松止血带，打开输液调节器，确定输液通畅后，将针芯完全撤出。用无菌透明敷料作密闭式固定（“U” 形固定，输液接头高于导管尖端，“Y” 形接口朝外）。

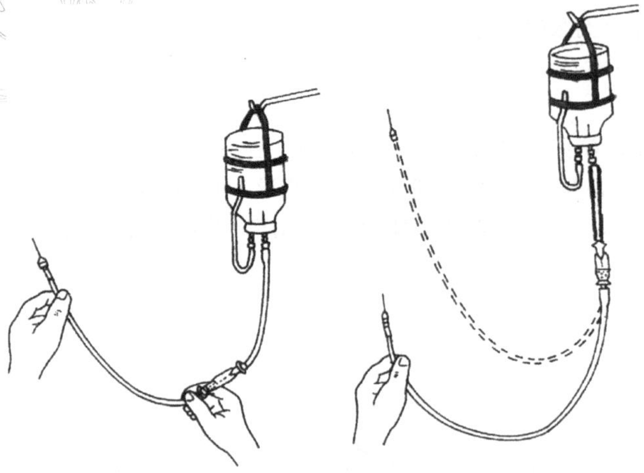

图 4-10　输液管排气

（7）根据患者的年龄、病情、药物的性质来调节滴速，向患者交代相关注意事项。

（8）操作完毕，整理用物。

3. 注意事项

（1）在操作过程中要严格执行无菌操作和查对制度。

（2）根据病情需要，有计划地安排输液顺序，如需加入药物，应合理安排，以尽快达到输液目的，注意配伍禁忌。

（3）输液前应排尽输液管及针头内空气，药液滴尽前要及时更换溶液瓶或拔针以防造成空气栓塞。需 24h 连续输液者，应每日更换输液器。

（4）一般在心肺功能正常情况下，成人滴速宜 40～60 滴/分，儿童滴速宜 20～40 滴/分。

（5）接受乳房根治术和腋下淋巴结清扫术的患者，应选健侧肢体进行穿刺；下肢血管不作为成年人选择穿刺血管的常规部位。需长期静脉给药者，为了保护静脉，应有次序地先下后上、由远端到近端地选择血管进行注射。

（6）对组织有强烈刺激的药物，应先用生理盐水穿刺注射，证实针头在血管内，再调换注射对组织有强烈刺激的药物，以防止药物外溢于组织内而发生坏死，尤其是注射高渗药及输血时。

（7）外周静脉留置针宜用于短期静脉输液治疗，不宜用于腐蚀性药物等持续性静脉输注。

（六）静脉输血技术

静脉输血（intravenous transfusion）是将全血或某些成分血通过静脉输入人体内的方法。

1. 评估要点

（1）患者的心肺功能和对输血的认知程度。

（2）患者的血型、输血史及过敏史。

（3）输血的目的。

2. 给药步骤

（1）洗手，戴口罩。按密闭式静脉输液法先输入少量生理盐水。

（2）由两人仔细进行“三查”“八对”，确定无误后，常规消毒血袋开口处塑料管，将输血器针头插入塑料管内，缓慢将血袋倒挂于输液架上。

（3）关闭生理盐水管调节器，打开输血管调节器。

（4）开始输入速度宜慢，观察 10min 无不良反应，再根据病情调整滴速。

（5）交代患者或家属有关注意事项。

（6）输血完毕，继续滴入少量生理盐水使输血器内的余血全部输入体内再拔针。

3. 注意事项

（1）根据配血单采集交叉配血标本，要求每次为一位患者采集，禁止同时采集两位患者的血标本，以避免差错。

（2）输血时须两人核对无误后方可输入。

（3）如用库存血，必须认真检查库存血质量。正常血液分为两层，上层血浆呈黄色，下层血细胞呈暗红色，两者之间界线清楚，无凝块。如果血浆变红，血细胞呈暗紫色，界线不清，提示可能溶血，不能使用。

（4）输入的血液内不得随意加入其他药品，如钙剂、酸性或碱性药物、高渗或低渗溶液，以防止血液变质。

（5）若疑有输血反应时，应停止输血，并保留余血以供检查分析原因。

（6）输入两袋以上血液时，两袋血之间须输入少量生理盐水。

（7）输血过程中，密切观察有无发冷、寒战、恶心、胸闷、心悸、气促、腰酸、头晕等输血反应的表现。

三、黏膜给药法

黏膜给药法（mucosal drug delivery）是指药物通过黏膜下毛细血管直接进入体循环起到相应药物效应的一种给药方法。目前研究最多的主要是鼻黏膜、口腔黏膜和眼黏膜这三种途径。黏膜给药评估要点：患者给药部位黏膜情况、过敏史、用药的目的及患者对用药的认知程度、合作程度。

（一）眼内给药法

滴眼法（nasal drip）是指将药物滴入眼下部结膜囊内，通过结膜吸收药物而起到相应作用的一种方法。

1. 操作步骤

（1）操作者洗手。

（2）以棉签或棉球拭净眼部分泌物。

（3）嘱患者头稍后仰，眼向上看，左手用棉签将下眼睑向下方牵拉，右手持滴管或滴瓶，手掌跟部轻轻置于患者前额上。滴管距离眼睑 1～2cm，将 1～2 滴药液滴入眼下部结膜囊内。

（4）轻提上睑，使药液均匀扩散于眼球表面，以干棉球拭干流出的药液，并嘱患者轻轻闭眼 1～2min。

2. 注意事项

（1）滴眼操作要轻柔、准确，角膜感觉敏感，滴药时不宜直接滴在角膜面上，以免引起不适，并注意勿使滴管末端触及睫毛或眼睑缘，以防污染。

（2）注意观察药液有无经泪道流入泪囊或鼻腔；药物吸收后有无引起全身不良反应。

（3）若同时滴入多种药物，两药间隔时间应在 10min 以上。使用滴眼液的顺序依次为：①水溶性；②悬浊性；③油性。先滴刺激性弱的药物，再滴刺激性强的药物。

（4）角膜溃疡、角膜裂伤者，滴药时勿给眼球施加压力。

（5）若双眼用药，先滴健眼，后滴患眼。

（6）若为传染性眼病患者，需要实行药物隔离（双眼患病者一眼一支眼药，单眼患病一人一支眼药）。

（7）生物制剂（如重组牛碱性成纤维细胞生长因子、重组人表皮生长因子等）应避光，2～8℃保存，药物说明书要求低于 20℃保存的药物，须置于冷藏箱内。

（8）眼药启封后有效期为 15d（特殊药物按说明书要求）。

（9）若使用散瞳药、β-受体阻滞药时应用棉球紧压泪囊部 3min，可减少药液经泪道进入黏膜吸收。

（10）滴眼液通常白天使用，具有吸收快、滴药后不影响视力等特点，但作用时间较短，一般须每隔 2～3h 重复使用一次，才能提高主药的利用率。

（二）耳内给药法

滴耳法（ear-dripping therapy）是将滴耳剂滴入外耳道，以达到清洁、消炎效果的一种方法。

1. 操作步骤

（1）清洁外耳道。

（2）用左手将耳郭向后上方轻轻牵拉（如为小儿滴耳，应将其耳郭向下牵拉），使耳道变直，右手持滴瓶，手掌跟轻置于耳旁。

（3）将 3～5 滴药液滴入外耳道（若滴入的是耵聍软化液，滴入的药量要适当增加），反复轻压耳屏数次，使药液充分进入中耳，用小棉球塞入外耳道口，以免药液流出。

（4）嘱患者保持原体位 5～10min。

2. 注意事项

（1）外耳道分泌物太多时，应先用 3%过氧化氢溶液及 0.9%氯化钠溶液反复清洗至清洁，以免影响药物的疗效。

（2）药液温度应适宜。

（3）注意避免滴管触及外耳道而导致滴管及药物的污染。

（4）若患者出现迷路反应，如眩晕、眼球震颤、呕吐、恶心时应就地休息，护士注意加强观察。

（三）鼻腔给药法

滴鼻法（nasal drip）是指通过鼻腔滴入药物，起到收缩鼻黏膜、消炎、抗过敏或润滑等作用的方法。

1. 操作步骤

（1）擤鼻，以纸巾抹净鼻分泌物，解开衣领。

（2）患者取仰卧头低位或侧卧头低位，患侧向下，操作者用一手轻轻推鼻尖以充分显露鼻腔，另一手持滴管距鼻孔约 2cm 处滴入药液 3～5 滴。

（3）轻捏鼻翼，使药液匀布鼻腔黏膜。

（4）用纸巾揩去外流药液。

2. 注意事项

（1）滴药后，应保持原体位 5～10min 再改变体位，以免药液外流。

（2）注意有无出现反跳性黏膜充血加剧，尤其是血管收缩药连续使用时间过长（超过 3d）者容易出现反跳性黏膜充血加剧。

（3）对于鼻侧切开患者，为防止鼻腔或术腔干燥，滴鼻后，应取患侧卧位，使药液进入术腔。

（4）有高血压、闭角性青光眼、冠状动脉粥样硬化性心脏病、甲状腺功能亢进的患者慎用血管收缩类滴鼻液，婴幼儿尽量不用滴鼻液，因为婴幼儿鼻黏膜娇嫩，易受刺激，用后容易影响其发育。

（5）一般先滴收缩鼻黏膜的药液，5～10min 后再滴抗生素类药液。

（四）口腔黏膜给药法

舌下含服给药法（sublingual）是指药物通过舌下毛细血管吸收进入循环系统的一种给药方法，这种给药方法避免了胃肠道消化液的作用和首过效应。

1. 操作步骤

（1）患者取坐位或半坐卧位。

（2）将药物直接置于患者舌下，药物可快速溶解，通过舌下黏膜吸收而发挥速效作用。

2. 注意事项

（1）患者口腔干燥时可先含服温开水以湿润口腔，口腔湿润才利于药物的融化，但切忌用温水送服。

（2）药物应置于舌下黏膜，不可放于舌面，因为人的舌面上有舌苔和角质层，以免影响药物有效成分的吸收速度。

（五）腹腔给药法

腹膜是全身面积最大、配布最复杂的浆膜，由间皮及少量结缔组织构成，薄而光滑，呈半透明状，具有分泌、吸收、防御、调理、再生的功能。腹膜腔是脏腹膜与壁腹膜互相延续、移行，共同围成的不规则潜在性腔隙。

腹腔给药主要有腹膜透析、腹腔灌注化学治疗等方式。常见的腹膜透析方式包括自动化腹膜透析（APD）、持续不卧床腹膜透析（CAPD）等。现主要以持续不卧床腹膜透析为例进行介绍。

持续不卧床腹膜透析是指患者根据医生处方，通过手工注入的方式将腹膜透析液留在腹腔内持续进行溶质交换的一种透析方法。持续不卧床腹膜透析一般每日要进行3～5次腹膜透析液的更换。

1. 操作步骤

（1）备齐用物，准备操作环境。

（2）检查透析液，检查透析管路有无破损。

（3）悬挂透析液，确认透析管上的旋钮已关紧，将透析短管与透析液管路对接。

（4）打开透析短管开关，引流腹腔内液体，结束后关闭短管开关。

（5）入液管路排气，排气时慢数5个数字。

（6）打开透析短管开关，入液，结束后关闭短管开关。

（7）首先打开并检查碘伏帽，其次分离，最后戴碘伏帽。

（8）固定短管，将透析短管放入腰包中。

（9）整理用物，观察引流液的性状，测量计算超滤量并做记录。

2. 注意事项

（1）透析前房间用紫外线照射30min，每日2次，还应注意房间通风换气，门前放置浸有消毒液的脚垫。

（2）分离和连接各种管道时应注意严格无菌操作。

（3）掌握各种管道连接系统，如“O”形管或双联管的应用。

（4）透析液输入腹腔前要干加热至37℃。

（5）准确记录透析液每次进出腹腔的时间和液量，定期送腹膜透析的透出液做各种检查，测量生命体征的变化。

（6）观察透析管皮肤出口处有无渗血、漏液、红肿等。

（7）患者沐浴前可将透析管用塑料布包好，沐浴后将其周围皮肤轻轻拭干，消毒后重新包扎，不宜盆浴，以免引起腹膜炎。

（六）阴道、宫颈给药法

阴道、宫颈给药法（ravenous injection）是自女性阴道放入或塞入宫颈药物的方法，常用于阴道炎、子宫颈炎及术后阴道残端的治疗。

1. 给药步骤

（1）协助患者取屈膝仰卧位，暴露外阴部，臀下铺治疗巾。

（2）按医嘱给予阴道冲洗或灌洗。

（3）用阴窥器暴露宫颈，拭去宫颈黏液或炎性分泌物。

（4）给药方法有以下四种：①局部用药；②喷雾器给药；③阴道穹后部塞药；④宫颈棉球给药。

2. 注意事项

（1）应用腐蚀性药物时，要注意保护阴道壁及正常的组织。

（2）应用非腐蚀性药物时，转动阴窥器，使阴道四壁均能涂布药物。

（3）经期或子宫出血者不宜从阴道给药。

（4）用药后禁止性生活。

（5）未婚妇女阴道给药时，不能使用阴窥器，可用长棉签涂擦。

（6）妇科棉签上的棉花需捻紧，按同一方向转动。

（七）直肠给药法

直肠给药法（rectal administration）是指经肛门将药物送入肠管，通过直肠黏膜的迅速吸收进入体循环，从而发挥药效以治疗全身或局部疾病的给药方法。其主要方法有以下三个：①保留灌肠法（retention enema）；②直肠点滴法（the rectum drop method）；③栓剂塞入法（suppository）。

大量不保留灌肠　　中药保留灌肠

1. 操作步骤

（1）保留灌肠法

1）备齐用物，携至床旁，说明目的，取得配合，嘱患者排二便，遮挡患者。

2）灌肠液去渣，保持温度适宜，一般以 39～41℃为宜，取去渣中药灌肠液约 200ml，用甘油注射器抽取药液备用。

3）取左侧卧位，松开衣裤，将裤脱至大腿上 1/2 处，屈膝，臀下用小枕垫高 10cm，垫上橡胶单及治疗巾或卫生纸，注意保暖。

4）将弯盘置于臀缘，润滑肛管前端与甘油注射器接好，排气，用止血夹夹紧肛管。

5）左手分开臀部，右手持肛管插入直肠 15～20cm，松开止血夹，缓慢推注药液，药液推注完后注入温开水 5～10ml，用止血钳夹紧肛管缓缓拔出，置弯盘内，分离肛管，用卫生纸轻轻按压肛门。

6）嘱患者平卧 1h，整理床单位，清理用物。

7）洗手，记录灌肠液量、滴入过程与时间、患者反应并签名。

（2）栓剂塞入法

1）备齐用物，携至床旁，说明目的，取得配合，嘱患者排二便，遮挡患者。

2）取左侧卧位，松开衣裤，将裤脱至大腿上 1/2 处，屈膝，暴露肛门。

3）戴上指套或手套，嘱患者张口深呼吸，尽量放松。

4）将直肠栓剂插进肛门，沿直肠壁朝脐部方向送入 6～7cm。

5）置入栓剂后嘱患者保持侧卧 15min，以防栓剂滑脱或融化后渗出肛门外。

6）擦干净肛门。

2. 注意事项

（1）保留灌肠法

1）灌肠前让患者排尽大便，必要时可先行清洁灌肠。操作中严密观察病情，注意腹部保暖。

2）保留灌肠前应先了解病变的部位，以便掌握灌肠时的卧位和肛管插入的深度，如阿米巴痢疾的病变部位多见于回盲部，应取右侧卧位。

3）药液温度应保持在 39～41℃，一次灌入药液不应超过 200ml，温度过低可使肠蠕动加强，腹痛加剧，过高则引起肠黏膜烫伤或肠管扩张，产生强烈便意，致使药液在肠道内停留时间短、吸收少、效果差。

4）肠道疾病患者可在晚间睡前灌肠，若肛管比较细，药液推注速度宜慢，以便药液保留在 1h 以上。药物在肠内保留的时间越长越利于肠黏膜吸收。

5）肛门、直肠、结肠等手术后的患者及大便失禁、下消化道出血、妊娠者均不宜保留灌肠。

6）宜在排便后 30～60min 再行灌肠。

（2）栓剂塞入法

1）置入栓剂时动作要轻柔，避免引起疼痛。

2）如栓剂滑脱出肛门外，应予重新插入。

3）为避免药物渗出物沾污内裤，可使用卫生棉垫。

4）争取栓剂保留在肛门内 20～30min。

四、透皮给药法

透皮给药法是指通过皮肤表面给药，使药物以恒定速率（或接近恒定速率）通过皮肤，进入体循环产生全身或局部治疗作用的一种方法。透皮给药制剂除了传统的贴膜剂型外，现已研究出离子电渗器、凝胶剂、超声给药器等全新给药手段。透皮给药法的评估要点：①患者病情、意识、感知觉、药物过敏史及既往史状况；②肢体功能和皮肤情况；③机器性能情况；④患者体质及耐受程度；⑤心理状况及合作程度。

（一）离子导入法

中药离子导入常用的是直流电离子导入疗法，它是将离子透入仪输出的直流电，施加于浸有中药药液的电极板上，使药物离子透入人体穴位，从而获得药物透入与刺激穴位的双重治疗效应。

1. 操作步骤

（1）将纱布放至盛有中药药水的敷料缸内，浸透后稍拧干至不滴水，待用。

（2）检查离子导入治疗仪确保输出旋钮在零位，导线连接妥当。

（3）患者取舒适体位，按医嘱正确取穴、定位。

（4）依次将浸透药水的纱布、电极板贴在相应穴位上并固定。

（5）打开电源开关，调节流量，由小到大，缓慢调试，询问患者感觉，以患者耐受为度。若患者在治疗中出现不适感，操作者必须撤离导电端，切断电源暂停操作后再查找原因。

（6）向患者交代注意事项，提醒患者切勿自己调节流量。

（7）护士擦手，做好记录：治疗部位、操作起止时间。

（8）治疗完毕后，先关流量开关，后关电源开关，用干净小纱布擦净残留药液，将电极板擦拭干净、消毒后备用。

（9）检查局部皮肤反应，正常情况下，应出现均匀的潮红，若出现局部瘙痒给予止痒剂。

2. 注意事项

（1）刺激强度因人而异，有效调节治疗频率。

（2）治疗过程中随时询问患者感觉，检查电极板有无松脱。

（3）治疗结束，先撤走导电端，再关闭电源；禁止直接关闭电源引起患者出现触电感。

（4）预防电灼伤。

（二）中药贴敷法

中药贴敷法是以中医基本理论为指导，应用中草药制剂，施于皮肤、孔窍、腧穴及病变局部等部位的治病方法。

1. 操作步骤

（1）遵医嘱配置药物。

（2）备齐用物，携至床旁，做好解释，核对医嘱。

（3）协助患者取合适体位，暴露敷药部位，注意保暖。

（4）用盐水棉球清洁局部皮肤，将药物敷于患处，加盖敷料或棉垫，用胶布或绷带固定，调节至松紧适宜。

（5）敷药完毕，协助患者整理衣着，安排舒适体位，整理床单位。

（6）清理用物，做好记录并签字。

2. 注意事项

（1）敷药时摊制药物厚薄要均匀，固定要松紧适宜。

（2）对有脓头或成脓阶段的肿疡敷药，宜中间留空隙，围敷四周。

（3）乳痈敷药时，可在敷料上剪孔或剪一缺口，使乳头露出，以免乳汁溢出污染敷料及衣被。

（4）敷药面积应大于患处且保持一定的湿度。若药物较干时，应用所需的药汁、酒、醋、水等进行湿润。

（5）观察局部及全身情况，敷药后，若出现红疹、瘙痒、水疱等过敏现象时，应及时停止使用，并报告医师，配合处理。

五、呼吸道给药

呼吸道给药法是指气体或挥发性药物经肺上皮和呼吸道黏膜吸收进入血液循环的一种给药方法。本部分主要介绍雾化吸入给药法。

雾化吸入给药法（aerosol rebreathing method）是用雾化装置将药液分散成较小的雾滴，使其悬浮于气体中，自鼻或口吸入给药以达到治疗的目的的方法。吸入药物除对呼吸道局部产生疗效外，还可通过肺部吸收，达到全身疗效。雾化吸入用药主要评估要点：患者肺功能、用药情况、自理能力及雾化器和氧气装备是否能正常工作。

（一）氧气雾化吸入

氧气雾化（oxygen atomization）是借助高速气流通过毛细管孔并在管口产生负压，将液体由接邻另一管道吸出，所吸出的液体冲击前方阻挡口被撞击成雾滴的一种雾化形式。氧气雾化装置的构造见图 4-11。

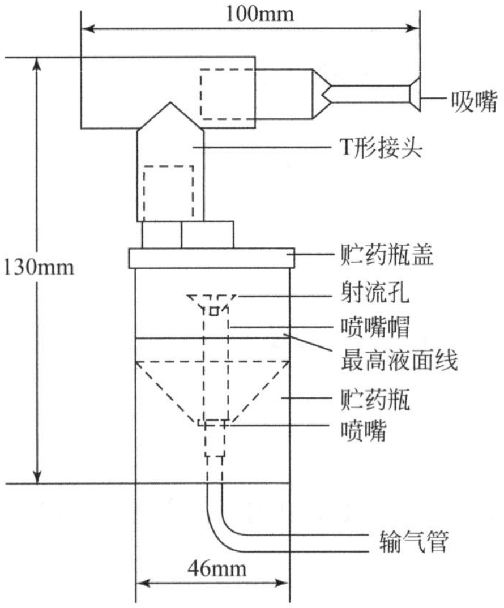

图 4-11　氧气雾化装置的构造

1. 操作步骤

（1）将 T 形接头及吸管连接好（图 4-11）。

（2）遵照医嘱将所需药液倒入雾化吸入器内。

（3）输气管出口端连接到雾化器底部的输气入口处。

（4）调整氧气流量至 8L/min。

（5）将口含嘴放入患者口中，指导患者用鼻呼气，口含吸嘴吸气，进行深呼吸，至所用的药液雾化吸入完毕。

（6）治疗结束，关闭氧气，指导患者漱口。

2. 注意事项

（1）注意安全用氧，湿化瓶内勿装水，防止药液被稀释。

（2）各部件的连接要紧密，勿漏气。

（3）药物液面不能高于贮药瓶“最高液面线”。

（4）雾化器及雾化吸入的口含嘴应一人一用，防止交叉感染。

（二）超声雾化吸入

超声雾化吸入（ultrasonic atomizing inhalation）是通过超声发生器的薄膜高频振荡，使液体成为雾滴而被吸入的一种雾化形式。超声雾化装置如图 4-12 所示。

1. 操作步骤

（1）检查各部件是否连接紧密，关上所有开关。水槽内加冷蒸馏水 250ml，浸没雾化罐底部的透声膜。

（2）按医嘱用药，将 30～50ml 药液倒入雾化罐内，检查无漏水后，把雾化罐放入水槽内，将水槽盖旋紧。

（3）接通电源，先开电源，根据需要调节雾量。

（4）给患者含上口含嘴或戴上面罩，指导患者深呼吸。

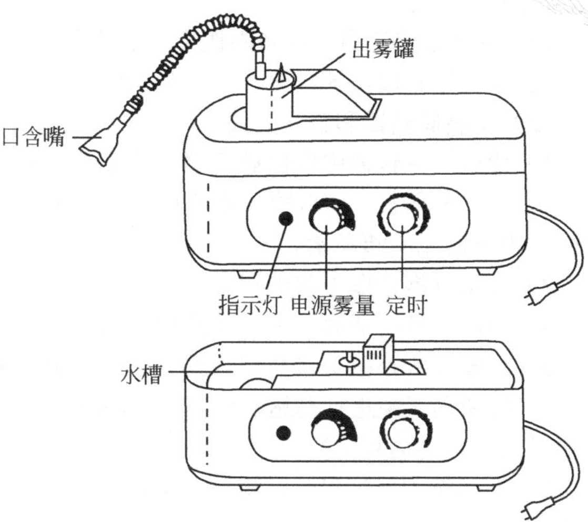

图 4-12　超声雾化装置

（5）每次治疗时间为 20～30min，治疗完毕，关上电源开关。

（6）给予漱口，清理用物。

2. 注意事项

（1）注意操作轻稳，以免损坏水槽底部的电晶片及雾化罐底部的透声膜。

（2）水槽内须保持有足够的冷水，槽内水温勿超过 50℃。

（3）每次治疗时间为 20～30min，注意雾化药量适宜。

（4）雾化面罩（或含嘴）和管做到一人一用或一人一消毒。

第三节　给药监测

给药监测是指通过灵敏可靠的方法检测患者血液或其他体液中的药物浓度以获取有效药物代谢动力学参数，应用药物代谢动力学理论指导临床合理用药方案的制订与调整，以保证药物治疗的有效性和安全性。临床实践中为了精确及严格地控制药物浓度而常使用专用仪器控制药物的给药速度或检测用药效果。本节主要介绍胰岛素泵、血糖监测及输液泵/注射泵等给药监测的方法。

一、胰岛素泵

胰岛素泵治疗是采用人工智能控制的胰岛素输入装置持续皮下输注胰岛素的方式，模拟胰岛素的生理性分泌模式从而控制血糖的一种胰岛素治疗方法。胰岛素泵由泵、小注射器和与之相连的输液管组成。小注射器最多可以容纳 3ml 的胰岛素。注射器装入泵中后，将相连的输液管前端的引导针用注针器扎入患者的皮下（常规为腹壁），再由电池驱动胰岛素泵的螺旋马达推动小注射器的活塞，将胰岛素输注到体内。胰岛素泵的基本用途是模拟胰腺的分泌功能，按照人体需要的剂量将胰岛素持续地推注到使用者的皮下，保持全天血糖稳定，以达到控制糖尿病病情的目的。

1. 评估要点

（1）患者的年龄、配合能力。

（2）患者对胰岛素泵治疗的目的，意义及注意事项的了解程度。

（3）患者腹部皮肤的洁净情况及完整性（有无瘢痕、炎症、硬结等）。

2. 操作步骤

（1）安装前的准备：①核对医嘱、患者信息、胰岛素种类及剂量（只能用短效和速效胰岛素）；②提前 2h 从冰箱取出胰岛素，使胰岛素温度与室温相同；③给胰岛素泵安装电池。

（2）安装储药器和输注管路

1）检查：从包装中取出储药器，检查是否有破损、裂缝或渗漏。

2）抽取胰岛素，消毒胰岛素瓶口，将针头套在储药器乳头部，将储药器的活塞缓缓向下拉出，使药室内慢慢充满胰岛素。

3）排出气泡，取下移液罩。

4）逆时针转动活塞，使其脱离储药器。

5）将输注管路接头接在储药器乳头部，并拧紧接头。

6）将胰岛素泵进行马达复位，按“ACT”键进入菜单—充盈—马达复位 （注意：每次更换储药器时均要将马达复位）。

7）手动充盈屏幕提示，将储药器放入泵内，按住“ACT”键进行手动充盈，直至针尖露出液滴为止。

（3）设置胰岛素泵的参数

1）再次核对医嘱，做好三查七对。

2）按医嘱设置胰岛素泵的各项参数，常用参数包括：①日期和时间；②设置基础率；③设置追加胰岛素的最大剂量。

（4）胰岛素泵输注装置的安装

1）向患者或家属解释安装胰岛素泵的步骤、目的和配合注意事项。

2）稳定患者情绪。

3）协助患者取舒适体位。

4）选择注射部位，主要部位为腹部，其他注射胰岛素的部位也可以。

5）消毒皮肤，消毒直径＞5cm，待干。

6）注射和固定：将针头装入助针器，拔除针套，撕开胶布，将助针器对准注射部位，进针，退出助针器，拔出引导针后再贴好胶布，连接延长管。

7）定量充盈管路前段小软管（管路直径 9mm，充盈量为 0.5U；管路直径 6mm，充盈量为 0.3U）。

8）交代注意事项。

3. 注意事项

（1）确保无菌操作，正确选择注射部位，注射部位切勿受压。

（2）告知患者输注餐前大剂量后的进食时间和低血糖的症状及处理方法，嘱患者洗澡时应断开快速分离器，洗澡完毕后重新连接好胰岛素泵。

（3）做好交班：检查胰岛素泵有无报警提示，及时做好报警处理；检查胰岛素的剩余量；观察输注部位有无红肿、渗液、出血、针头脱出及输注管路是否通畅、有无松脱和空气等。如果注射部位出现疼痛、出血、肿块、瘀斑等，应通知医生，视情况更换位置。如果固定注射部位的防水胶布有松脱现象，应及时更换。

（4）每 72h 更换管道一次，并记录。

（5）应避免把运行中的胰岛素泵放置在高于 40℃或低于 0℃的环境中，在寒冷天气位于室外时，必须贴身佩戴胰岛素泵并使用保暖衣物盖住。

（6）切勿将胰岛素泵暴露在强磁场环境中，以免引起意外。若需要接受磁共振（MRI）或其他能产生强磁场的医学检查时，一定要把胰岛素泵与人暂时分离，放在检查室外。

二、血糖监测

血糖的监测是糖尿病管理中的重要组成部分，通过监测血糖可全面了解患者血糖情况，以利于评价与调整治疗方案。

1. 评估要点

（1）患者的年龄、过敏史、合作程度、进食时间、运动和用药的情况。

（2）患者双手指端皮肤的颜色、温度及角质层厚度。

（3）血糖试纸有效期及其是否干燥、有无裂缝和折痕。

（4）检查仪器各部分运行是否正常。

2. 操作步骤

（1）将血糖试纸插入血糖仪。

（2）用75%乙醇消毒患者指尖皮肤。

（3）用拇指顶紧要采血的指间关节，再用采血器在指尖一侧刺破皮肤。

（4）用干棉签擦去第一滴血，将第二滴血作为样本，利用虹吸原理将血液吸入试纸中。

（5）等待测试结果并记录。

3. 注意事项

（1）如患者指端皮肤苍白、冰冷时应温暖并按摩手指以增加血液循环，或手臂下垂使血液流至指尖。

（2）刺破皮肤后勿加力挤压，以免组织液混入血样，造成检测结果偏差。

（3）忌用碘酒或聚维酮碘消毒皮肤。

（4）试纸开启后2min内完成操作，测量时不要碰触到血糖试纸的测试区域。

（5）测试中的血糖仪应平放在桌面上直至测试结束。

三、输液泵/注射泵

输液泵/注射泵（infundibulum/injection pump）是一种集光、机、电于一身的智能化的自动输液装置，可以满足不同的输液要求，同时还具有多项报警功能，是降低工作强度，提高治疗精度的理想设备。输液泵/注射泵能准确地给予患者输入或注入单位时间药液量，达到最佳治疗效果。

1. 评估要点

（1）患者的年龄、生命体征、心肺肾功能、有无脑水肿等情况。

（2）药物的性质及作用。

（3）输液泵/注射泵的性能、电池。

2. 操作步骤

（1）输液泵的操作步骤

1）输液泵固定在输液架上。

2）打开输液泵门，把排好气的输液管装进输液泵，固定好后把门关上。

3）打开电源开关，根据医嘱设置参数：先调定输液总量—调定每小时输液量—按启动键—开始静脉滴注（若更改输液速度先按停止键，重新设置后再按启动键）。

4）两人核对设置速度是否正确。

5）若有报警应查明原因，及时作相应处理。

6）停用输液泵时，先按停止键后关电源，打开输液泵门，取出输液管，拔电源插头。

7）输液结束后撤离用品，消毒，擦干输液泵，并检查其性能，妥善存放备用。

（2）注射泵的操作步骤

1）按医嘱准备静脉推注药物及接好延长管。

2）将微量注射泵固定在输液架上。

3）安装注射器。

4）打开电源开关（POWER）。

5）设置注射速度。

6）按压绿色启动键（START）后，工作状态指示灯变亮并闪烁，开始注射。

7）两人核对设置速度是否正确。

8）推注结束，关闭电源，取出注射器。

9）清洁输液泵，并检查其性能，妥善存放备用。

3. 注意事项

（1）告知患者使用药物的特殊性，以及不能擅自调速。

（2）随时查看工作状态指示灯，及时处理报警，如排空、阻塞、泵门未关闭、输液完毕、管路有气泡、电力不足等。

（3）输液瓶应高于输液泵 30cm，输液泵高于患者心脏 30cm，以确保输液效果。

（4）如有回血，先按停止键再按冲洗键，待血液回流后再按启动键。

（5）输液管必须沿着输液泵内的导管槽安装且应紧贴槽壁。

（6）因各种原因需打开输液泵时，应先夹输液管，避免药物快速输入引起不良反应。

（7）注射泵的启动键或调速键等设置键要远离患者活动的方向，避免患者不小心触碰。

第五章　饮食与营养

学习目标

（1）了解中医饮食原则。
（2）熟悉医院饮食的种类。
（3）熟悉吞咽摄食障碍的管理。
（4）熟悉肠道管喂饮食的适应证。
（5）熟悉全肠胃外营养定义。
（6）熟悉体重管理的定义。
（7）掌握全肠胃外营养的适应证。
（8）掌握体质指数的计算和判断。

饮食是人的基本需要，是维持正常的生理功能、生长发育及新陈代谢的必要条件，属于马斯洛需求层次理论中最基础的生理需要。营养作用是指有机体摄入、消化、吸收、输送及利用营养素的过程。合理、良好的饮食与营养（diet and nutrition），对于健康人群与疾病的治疗都有着重要的作用。良好的营养为人们正常生理活动提供了物质与能量的保证，合理的营养饮食有助于疾病的康复，是一种积极的治疗因素，人们常称“营养是第二药房”。因此，护士必须掌握营养原则和食物成分的知识，并能通过入院评估把患者对食物的喜好与饮食习惯相结合，熟悉营养与疾病的有关知识，配合营养师制订切实可行的营养治疗计划，为患者进行科学的饮食与营养的指导，以满足患者对营养的需要。

第一节　饮食与营养

人体需要的营养元素主要有六大类：蛋白质、脂肪、碳水化合物、矿物质、维生素、水。水是构成人体最重要的成分。营养素的主要功能为供给热能、构成和修补组织、调节生理功能。

一、蛋白质

蛋白质（proteins）是维持生命的重要物质基础，正常人体内有16%～19%是蛋白质。蛋白质是人体氮的唯一来源。组成蛋白质的氨基酸其中有8种不能在体内合成或合成速度不能满足机体需要，称为必需氨基酸，其余称为非必需氨基酸。蛋白质供给的能量占总能量的10%～15%，其主要生理功能是构成和修复人体细胞、组织，协助制造重要物质如酶、激素、免疫物质等，维持胶体渗透压，调节生理功能等。

二、脂肪

脂肪（fat）是人体最丰富的热量来源，是人体储存热能的主要形式，它供给的能量占总能量的

20%～25%。脂肪的主要生理功能是提供热能、储存能量、参与构成机体组织、供给必需氨基酸、促进脂溶性维生素的吸收和利用、供给胆固醇、维持人体体温、保护肝脏，其也是细胞膜的重要成分。

三、碳水化合物

碳水化合物（carbohydrate）是人体热量的主要来源，它供给的能量占总能量的60%～70%。碳水化合物的主要生理功能是提供热能、促进脂肪氧化、节省蛋白质、维持心脏和神经系统的正常活动、护肝解毒，其也是膳食纤维的来源。

四、维生素

维生素（vitamin）是人体必需的一类有机营养素。根据其溶解性，维生素可以分为两类：脂溶性维生素，如维生素A、维生素D、维生素E、维生素K；水溶性维生素，如B族维生素、维生素C（表5-1）。

表5-1　维生素的生理作用、缺乏症、食物来源和成人每日需要量

名称	生理作用	缺乏症	食物来源	成人每日需要量
维生素A	参与正常视觉活动和上皮生长与分化，促进骨骼发育，过量可致中毒	夜盲症、皮肤干燥、毛囊角化	动物肝脏、未脱脂奶及奶制品、禽类、胡萝卜、绿叶蔬菜、水果等	男性：800μg 女性：700μg
维生素D	调节钙磷代谢，促进钙磷吸收，过量可致中毒	佝偻病、骨质软化病	鱼肝油、海鱼、动物肝脏、蛋黄、奶油及日光照射等	5μg
维生素E	抗氧化作用，维持细胞完整性，参与DNA、泛醌的合成，促进毛细血管增生，改善微循环，防止动脉硬化及其他心血管疾病，抑制血栓形成	溶血性贫血、生育受损	油料种子、植物油、谷类、坚果类、绿叶蔬菜	14mg
维生素K	参与凝血因子的合成，促进凝血	出血	菠菜、白菜及肠道菌群合成	20～120μg/kg
维生素B_1	构成辅酶，参与糖代谢，参与支链氨基酸代谢、调节神经生理活动，维持心脏、神经及肌肉的正常功能	脚气病	动物内脏、肉类、豆类、花生及未加工的谷类	男性：1.4mg 女性：1.3mg
维生素B_2	构成体内多种氧化酶，激活维生素B_6，与糖、脂肪尤其与蛋白质代谢有关	口角炎、皮肤病和眼病	动物肝、肾、心，乳类、蛋类、豆类、蔬菜	男性：1.4mg 女性：1.2mg
维生素B_{12}	形成辅酶，提高叶酸利用率，促进红细胞的发育与成熟	巨幼细胞性贫血（恶性贫血）	肉类、鱼类、禽类、蛋类、贝壳类	2.4μg/kg
叶酸	参与各种代谢，促进红细胞的生成及RNA、DNA、蛋白质合成	巨幼细胞贫血、舌炎、腹泻	新鲜绿叶蔬菜、肝、肾、蛋类、牛肉、菜花及土豆	3.1μg/kg
维生素C	促进胶原、神经递质、抗体合成，参与胆固醇代谢，保护细胞膜，治疗贫血，促进铁吸收，提高铁利用率	坏血病	新鲜蔬菜、水果	100mg

五、矿物质

矿物质（minerals）也称无机盐，占体重的2.2%～4.3%，包括碳、氢、氧、氮以外的各种元素，它对调节和维持正常的生理功能起主要作用。

六、水

水（water）是构成人体的主要成分，占体重的60%～70%，它的生理功能包括构成人体组织、维持体温、参与体内新陈代谢、溶解和运送营养素和代谢物、维持消化吸收。

第二节　医院饮食和营养

营养治疗是现代综合治疗中不可缺少的重要组成部分。在增进疗效上，营养治疗与医疗、护理有着同等重要的意义。

一、基本饮食

基本饮食（basic diet）包括普通饮食（general diet）、软质饮食（soft diet）、半流质饮食（semi-liquid diet）、流质饮食（liquid diet）（表 5-2）。

表 5-2　基本饮食

类别	适用范围	饮食原则	用法
普通饮食	病情较轻或疾病恢复期，消化功能正常者	一般易消化、无刺激性食物	每日进餐 3 次，蛋白质 70～90g/d，总热能 9.5～11MJ/d
软质饮食	低热、老、幼患者，口腔疾病或术后恢复期的患者，消化吸收功能差的患者	以软烂无刺激性易消化为主，如面条、烂饭，菜和肉应切碎煮熟	每日进餐 3～4 次，蛋白质约 70g/d，总热能 8.5～9.5MJ/d
半流质饮食	发热、体弱、消化道疾病，咀嚼不便、手术后等	少食多餐、无刺激性、易于咀嚼吞咽；膳食纤维含量少，营养丰富；食物呈半流质状，如粥、面条、馄饨、蒸鸡蛋、肉末、豆腐、菜末等	少食多餐，每日进餐 5～6 次，每次 300ml，蛋白质约 60g/d，总热能 6.5～8.5MJ/d
流质饮食	高热、口腔疾病、各种大手术后，急性消化道疾病，危重或全身衰竭等	食物呈液体状，如奶类、豆浆、米汤、稀藕粉、肉汁、菜汁、果汁等。因所含热量及营养素不足，故只能短期使用	少食多餐，每日进餐 6～7 次，每次 200～300ml，蛋白质约 40g/d，总热能 3.5～5.0MJ/d

二、治疗饮食

治疗饮食（therapeutic diet）是指针对营养失调及疾病的情况而调整适当的饮食和营养需求量，以达到治疗目的的一种饮食（表 5-3）。

表 5-3　治疗饮食

饮食种类	适用范围	饮食原则及用法
高热量饮食（high-energy diet）	消耗热能较多的患者，如甲状腺功能亢进、高热、大面积烧伤及孕妇等	每日总热量约 12.5MJ，在基本饮食上加餐 2 次，可进食牛奶、豆浆、鸡蛋、藕粉、蛋糕等
高蛋白饮食（high-protein diet）	长期消耗性疾病，如结核、严重贫血、烧伤、肾病综合征、大手术后及癌症晚期等	增加蛋白质的量，按体重计应每日供 1.5～2g/kg，成人每日蛋白质总量为 90～120g，饮食中增加肉、鱼、蛋类、豆制品等动植物蛋白
低蛋白饮食（low-protein diet）	限制蛋白质摄入的患者，如急性肾炎、尿毒症、肝性脑病等患者	成人蛋白质总量在 40g/d 以下，视病情需要也可 20～30g/d。肝性脑病者应以植物蛋白为主
低脂肪饮食（low-fat diet）	动脉粥样硬化、冠状动脉粥样硬化性心脏病、高脂血症、肝胆疾病、肥胖及腹泻等人群	成人脂肪总量在 50g/d 以下，患胆、胰疾病的患者可少于 40g，尤其要限制动物脂肪的摄入。高脂血症及动脉粥样硬化者不必限制植物油（椰子油除外）
低胆固醇饮食（low-cholesterol diet）	动脉硬化、高胆固醇血症、高血压、冠状动脉粥样硬化性心脏病等患者	成人膳食中胆固醇含量在 300mg/d 以下，食物中少用动物内脏、饱和脂肪、蛋黄、脑、鱼子等

续表

饮食种类	适用范围	饮食原则及用法
低盐饮食（low-salt diet）	急慢性肾炎、心脏病、肝硬化伴腹水、重度高血压但水肿较轻等患者	成人可用食盐不超过2g/d（含钠0.8g），不包括食物内自然存在的氯化钠，忌用一切腌制食品，如香肠、咸肉、皮蛋、咸菜等
无盐低钠饮食（salt-free diet）	按低盐饮食适用范围，但水肿较重者	无盐饮食中食物含钠量应控制在0.7g/d以下；低钠饮食应控制食物含钠量在0.5g/d以下。除食物内自然含钠量外，不放食盐烹调低钠饮食，对无盐和低钠者，还应禁用含钠食物和药物，含碱食品如馒头、油条、挂面、汽水（含碳酸氢钠）和碳酸氢钠药物等
少渣或无渣饮食（low-residue diet or residue free diet）	伤寒、痢疾、肠炎、腹泻、食管胃底静脉曲张、咽喉部或消化道手术后患者	少食或禁食含膳食纤维多的食物，如粗粮、韭菜、芹菜等，可以食用蛋类、嫩豆腐等。一般含热量高的食物含渣量低
高膳食纤维饮食（high-fiber diet）	便秘、肥胖症、高脂血症、糖尿病等患者	选择含膳食纤维多的食物，如芹菜、韭菜、粗粮、卷心菜、豆类等
要素饮食（elemental diet）及各种配方膳食	严重烧伤，低蛋白血症、大手术后胃肠功能紊乱、胃肠道瘘、急性胰腺炎、消化吸收不良、晚期癌症、短肠综合征及营养不良等人群	要素膳又称化学膳，是人工配置的符合机体生理需要的各种营养素合成，不需消化或很少消化即可吸收的无渣饮食，可口服、鼻饲或由造瘘管滴入，滴注温度保持在38～40℃，滴速为40～60滴/分，最快不超过150ml/h

三、试验饮食

试验饮食（testing diet）亦称诊断饮食，是指在特定的时间内，通过对饮食内容的调整来协助疾病的诊断和确保实验室检查结果正确性的一种饮食（表5-4）。

表5-4 试验饮食

饮食种类	适用范围	饮食原则
潜血试验饮食	用于配合诊断有无消化道出血	试验前3d禁食肉类、肝脏、血类食品、绿叶蔬菜及含铁药物，以免产生假阳性反应，可吃的食物有牛乳、豆类、大白菜、菜花、冬瓜、土豆、萝卜等，鸡蛋以不超过1个为宜。第四日开始留取粪便做隐血试验检查
胆囊造影饮食	用于需要进行造影检查判断有无胆囊、胆管、肝胆管疾病	（1）检查前1d中午进食高脂肪饮食，以刺激胆囊收缩和排空，有助于造影剂进入胆囊 （2）检查前1d晚餐进食无脂肪、低蛋白、高碳水化合物饮食，以减少胆汁分泌。晚餐后服造影剂，禁食、水，禁烟，至次日上午 （3）检查当日早晨禁食，第一次摄X线片后，如胆囊显影良好，可进食高脂肪餐（如40g油炸鸡蛋2个，或40～50g奶油巧克力），服后30～60min再摄影观察胆囊收缩情况
肌酐试验饮食	用于协助检查、测定肾小球的滤过功能	连续服用肌酐试验饮食3d。该饮食要限制蛋白质、豆类、肉类，使全日膳食中蛋白质总量在40g以下。全日主食不超过300g，多用蔬菜，以满足饱腹感，如热能不足时，可增加藕粉或含糖果汁等补充。第三日留取尿液作肌酐试验
甲状腺 ^{131}I 试验饮食	用于协助检查甲状腺功能	在检查或治疗前1个月，忌吃海带、紫菜、卷心菜、含碘盐等含碘较高食物，禁用碘酒做局部消毒。试验期为2周，2周后做 ^{131}I 功能测定
低脂肪、少渣饮食	适用于结肠检查或手术的患者	检查前1d或手术前3d开始进低脂肪、少渣饮食。可给予大量豆浆、藕粉、杏仁茶、大米粥、去油肉汤或鸡汤、挂面、面片及蒸鸡蛋等，禁用蔬菜类、水果、肉类及奶类等纤维和胀气的食物

第三节　中医的饮食原则

饮食是维持人体生命活动必不可少的物质基础，是五脏六腑、四肢百骸得以濡养的源泉，是气血津液的重要来源；能增强体质，抵御外邪，防止疾病的发生。因此，饮食调护对于扶助人体正气、抵抗外邪及病中、病后的康复尤为重要，亦体现了中医未病先防、既病防变的原则。《黄帝内经》中就有“虚则补之，药以祛之，食以随之”和“谷肉果菜，食养尽之”等提法。俗语所说“药补不如食补”就是这个道理。

一、饮食调护的整体观

人体是一个有机的整体，人体与自然环境也是一个有机的整体。进行饮食调护时应注意协调人体内部、人体与自然环境间的相互关系，保持人体内外环境的稳定性、统一性。

1. 调整阴阳　疾病的发生与演变是阴阳的相对平衡受到破坏，饮食调护可以损其有余，补其不足，调整阴阳，恢复机体阴阳的动态平衡。例如，热毒亢盛易引起耗伤阴液的病证，饮食采用清热保津法，选食芹菜粥、绿豆粥等，泄阳以和阴。

2. 协调脏腑　脏腑与脏腑之间、脏腑与躯体之间是一个统一的整体。脏腑病变可以反映到身体某一部分，饮食调护必须适应脏腑之间、整体与局部之间的关系，恢复机体的生理平衡。例如，视物昏花的病证，为肝血不足表现于目，饮食调护宜采用滋补肝肾法，选食猪肝枸杞汤、猪肝羹等；口舌生疮的病证，乃心胃火旺反映于口舌，饮食调护宜采用清心泻火法，选用灯芯粥、竹叶或芦根水等。这都是协调脏腑，统一整体与局部关系的病证。又如肺的病变，可能是由于本脏受邪而发病，也可能是其他脏腑病变所致。如肺本脏为病，饮食调护宜宣肺降逆，选食姜糖饮等；因肝火亢盛，木火刑金者，应泻肝火为主，选食菊花茼蒿饮等。同样，其他脏腑的病变，也可根据脏腑的相互关系，选择适当的食物以协调它们之间的平衡，以收到不同程度的食疗效果。

3. 因时制宜　四时变化对人体的生理功能、病理变化均产生一定的影响，故饮食调护时，应注意气候特点。春季，万物萌生，阳气升发，人之阳气也随之升发，食宜扶助阳气，可选用红枣、花生等，膳食如红枣粥等。夏季，万物茂盛，天气炎热而又多夹湿，食宜清热化湿，健脾开胃，可选用绿豆、西瓜等，膳食如绿豆粥等。秋季，气候干燥，万物收敛，食宜养阴润燥，可选用蜂蜜、麦冬、雪梨等，膳食如麦冬粥等。冬季，万物伏藏，天寒地冻，容易感寒邪，伤人阳气，食宜温补阳气，可选用羊肉、干姜等，膳食如当归羊肉汤等。

4. 因人制宜　人们的生理特征、气血盛衰是随着年龄而变化的。饮食调护亦应根据年龄特征而配制。儿童生机旺盛，稚阴稚阳，脾常不足，而且饮食不知自节，稍有不当，就会损伤脾胃，伤食为患，食宜健脾消食。老年人生机减退，气血不足，阴阳渐衰，饮食宜进易消化而补益之品，慎食难于消化及寒凉的食物。

5. 因地制宜　因地制宜就是根据不同地区的地理环境特点进行饮食调护。例如，东南沿海地区气候温暖潮湿，人们易感湿热，宜食清淡除湿的食物，可常选食绿豆、赤小豆、薏苡仁等，膳食如绿豆赤小豆粥、薏苡仁粥等。西北高原地区气候寒冷干燥，人们易感寒受燥，宜食温阳散寒、生津润燥的食物，可选用银耳、羊肉、狗肉等，膳食如冰糖银耳羹、清炖羊肉等。

总之，饮食调护与人体健康，疾病的产生、发展、治疗和转归有着密切的联系。针对患者的不同体质、不同病症运用中医的整体观进行辨证施食，因时、因人、因地制宜地正确指导患者饮食，并注意饮食宜忌，可以增强人体的正气和抗病能力，从而使阴阳平衡，气血调和，祛病保健。

二、食物的性能、种类及作用

（一）食物的性能

食物的性能，古代简称为“食性”“食气”“食味”等，和药物性能一致，也包括气（性）、味、升浮沉降、补泻等内容。

食物“气”或“性”与药性“四气”或“四性”说相一致。古人按寒、凉、（平）温、热基本上把食物分为三大类气质或性质，即寒凉一类、平一类、温热一类。以常见三百多种食物统计数字来看，平性食物居多，温热性次之，寒凉性更次之。从生活与临床应用食物经验看，寒凉性质食物多属于阴性，具有滋阴、清热、泻火、凉血、解毒作用。温热性质食物属于阳性，具有温经、助阳、活血、通络、散寒等作用。

食物的“味”，指食物的主要味道，概括为“五味”，即酸（涩）、苦、甘（淡）、辛、咸。五味的作用与药物“味”的作用相一致。其为酸收、苦降、甘补、辛散、咸软等。以常见三百多种食物统计数字来看，甘味食物最多，咸味与酸味次之，辛味更次之，苦味较少。此外，还有淡味，中医将之归于甘味范围，有渗利小便、祛除湿气等作用，如西瓜、冬瓜、茯苓、黄花菜、薏苡仁等。

五味之外尚有“芳香”概念，是指食物的特殊嗅味，芳香性食物以水果、蔬菜居多，如橘、柑、佛手、芫荽、香椿、茴香等食物，芳香性食物一般具有醒脾开胃、行气化湿、化浊辟秽、爽神开窍、走窜等作用。

不同于药物“味”的作用方面，苦味食物（如苦瓜），尚有健脾作用；咸味食物（如鱼、虾、蟹），尚有补肾，养血作用。各种食物所具有的味可以是一种，也可以兼有几种，这表明了食物作用的多样性。至于五味的阴阳属性，则辛甘属阳，酸苦咸属阴。

食物的“归经”也是食物性能的一个主要方面，归经显示某种食物对人体某些脏腑、经络、部位等的突出作用，它表明食物的重点选择性。实际上这是古人对食物作用选择性的认识，是食物作用的内在规律。中医还认为，食物的归经与“味”有一定的联系。一般情况下，辛味食物归肺经，用辛味发散性食物（如葱、姜、芫荽等）治疗表证、肺气不宣咳嗽症状；甘味食物归脾经，用甘味补虚性食物（如红枣、蜂王浆、山药等）治疗贫血、体弱症状；酸味食物归肝经，用酸味食物（如乌梅、山楂等）治疗肝胆脏腑等方面疾患；苦味食物归心经，用苦味食物（如苦瓜、绿茶等）治疗心火上炎或移热小肠证；咸味食物归肾经，用咸味食物（如甲鱼、昆布、海藻等）治疗肝肾不足、消耗性疾患（如甲状腺功能亢进、糖尿病等疾患）。

食物的升浮沉降性能概念与食物的气和味有密切关系。食物的气味性质与其阴阳属性决定食物作用趋向。一般来说，凡食性温热、食味辛甘淡的食物，其属性为阳，其作用趋向多为升浮（如姜、蒜、花椒等），具有发散、宣通开窍等功效，如芫荽、薄荷能解表而治疗感冒，菊花、绿茶能清利头目而治疗头痛；凡食性寒凉，食味酸苦咸的食物，其属性为阴，其作用趋向多为沉降（如杏仁、梅子、莲子、冬瓜等），具有清热、平喘、止咳、利尿、敛汗、止泻、补益等功效，如西瓜清热而治热病烦渴，冬瓜利尿而治小便不通，乌梅收敛而止泻痢等。根据三百多种常用食物统计数字表明，具有沉降趋向的食物多于升浮趋向的食物。

食物性能的“补”与“泻”概念，一般泛指食物的补虚与泻实两方面作用，这也是食物的两大特性。补性食物一般分别具有补气、助阳、滋阴、养血、生津、填精等功效；泻性食物一般分别具有解表、散热、开窍、辟秽（防疫）、清热、泻火、燥湿、利尿、祛痰、祛风湿、泻下、解毒、行气、散风、活血化瘀、凉血等功效。根据常用的三百多种食物统计数字分析表明，泻性食物多于补性食物，由此看来，中医营养手段不仅为补虚扶正，很大程度上是为了泻实祛邪。

（二）食物的种类

1. 辛散类 常见的有葱、韭菜、大蒜、辣椒、姜、花椒、酒等。其味辛，性温热，少食可有通阳、散寒、健胃作用，适用于寒证和水饮疾病，如肺寒痰饮、阳虚水肿、中焦虚寒等。多食则耗气伤津，生痰动火，不适用于阴亏血少、痈疽疮疡等。

2. 甘甜类 主要是瓜果、饮料和糖类食品。适宜于体质虚弱、久病、大病、产后气血虚弱之人。但对肥胖症、消渴病、中风、肝阳上亢、水肿患者则须控制。又因瓜果、饮料多性寒，能清热生津止渴，故适宜于热病津伤者，夏季保健养生亦可食用。但多食则易伤脾胃，故虚寒之体和肠胃病证如（腹痛、泄泻、呕吐等）应慎用。

3. 油腻类 主要包括动物油脂及煎炒食物（如油条、麻花等），性滑顺润、味厚腻滞，适宜于体质虚弱、营养不良的患者，如干咳、习惯性便秘等。对肝胆病症和脾胃病症应少食或禁食。

4. 发物类 指可诱发或加重病情的食物，如海鲜类中的鱼、虾、蟹、蚌等；蔬菜中有大蒜、蒜苗、芫荽、笋、蘑菇、雪菜、香椿芽、南瓜等；肉类如羊肉、狗肉、驴肉、公鸡肉、猪头肉等。这些食物少食无妨、多食则易损伤脾胃，诱发旧病、又增新病，凡过敏性疾病（如部分皮肤病、哮喘）及外感热病要慎用。另外，这些食物易生痰助火，肝阳上亢、痈疽疮疡患者要慎用。

5. 补益类 猪肉、牛肉、青鱼、禽蛋等属平补类；羊肉、狗肉、雀肉、鸡肉等属温补类；百合、甲鱼、海带等属补阴类；山药、大枣属补气类；胎盘、核桃仁属补阳类。

6. 生冷类 生冷拌菜及冷饮、冷菜均属生冷类，此类食物有清热解毒之功效，适用于热证，如热证便秘、温病、喉痈等；一切虚寒之证及脾胃功能不良者忌食。

（三）饮食的作用

饮食的作用是由它自身固有偏性（性能）如“性”“味”“归经”“升降浮沉”“补泻”等特性决定的。它体现在以下几个方面。

1. 防病延衰 广义地说，所有关于饮食的保健措施都是以预防疾病、延年益寿为目的，饮食对人体的滋养作用，本身就是一项重要的保健预防措施。饮食入胃，通过脾的运化生成人体所需要的精气血津，可保证机体的营养，使五脏功能旺盛、气血充实，恰如《黄帝内经》所言：“正气存内，邪不可干。”中医学早在一千多年以前，就有用动物肝脏预防夜盲症，用海带预防甲状腺肿大，用谷皮、麦麸预防维生素 B_1 缺乏病，用水果和蔬菜预防坏血病等记载。另有研究表明，中医所述的某些食物的预防保健作用确有科学道理。除了食物对人体整体的影响外，有的食物有局部作用，如大蒜能杀菌和抑制病毒，故可防治呼吸道感染和肠道传染病等，生山楂、红茶、燕麦能够降低血脂，故可预防动脉硬化。近年来，人们还主张用玉米粉粥预防心血管病，用薏苡仁粥预防癌症等。

利用饮食营养防衰益寿，也是历代医家十分重视的问题。肾藏精，主生长发育，是人体衰老与否的决定因素。肾精有先后天之分，先天之精与生俱来，后天之精主要来源于饮食，先天是基础，后天养先天。精藏于肾而养于五脏，精气足则胃气盛，肾气足则体健神旺。因此，在延缓衰老的食物选择上，应以补益肾精作用的食物作为首选。同时注意肺脾的调护，因为这三脏在生命过程中，特别在机体与自然界的物质交换、新陈代谢过程中，起着极为重要的作用。早在两千年前，古人就认识到，肺“司呼吸”“天气通于肺”，脾为“水谷之海”“气血生化之源”，肾为机体的“先天之本”，因为“肾藏精”“受五脏六腑之精而藏之”。

另外，从中医养生抗衰防老所确立的治则治法来看，也多以补肾方面为主，兼顾肺脾；对历代保健医疗食谱中所含食物成分进行统计，发现其功效也以调补肺、脾、肾三方面为多。食补、食疗方以抗衰老为主要功效，出现率较高。基本归肺脾肾三经方面的食物有以下几种：蚕豆、粳米、小米、稻米、大麦、黑大豆、荞麦、黄豆、小麦、核桃、大枣、栗子、龙眼、荔枝、莲子、山药、藕、芡实、桑葚、山楂、乌梅、落花生、百合、白果、杏仁、荸荠、黑芝麻、枸杞子、生姜、芫荽、萝卜、芋头、冬瓜、大蒜、西瓜、苹果、荷叶、枣仁、白砂糖、蜂蜜、橘皮、蘑菇、茶叶、茼蒿、苜蓿、木瓜、韭菜子、南瓜、海带、紫菜、海藻、淡菜、海参、猪肤、牛乳、鹿胎、鹿鞭、鸡肉、鸭肉、鲤鱼、鲫鱼、鳝鱼、牡蛎肉等。

2. 补充营养 饮食的滋养是人体赖以生存的基础。每个人一生中摄入的食物要超过自己体重的1000～1500倍，这些食物中的营养素（中医称为水谷精微）几乎全部转化成人体的组织和能量，以满足生命运动的需要。《难经》中记载：“人赖饮食以生，五谷之味，熏肤（滋养肌肤），充身，泽毛。”说明我国在两千多年以前，已十分重视饮食的营养作用。

中医学认识饮食对人体的滋养作用是从整体观出发的。《素问·经脉别论篇》：“饮入于胃，游溢精气，上输于脾。脾气散精，上归于肺，通调入，下输膀胱，水精四布，五经并行，合于四时五脏阴阳，揆度以为常也。”即是说，饮食进入人体胃腑后，通过胃的腐熟，水谷精微转化成人体所需要的气、血、津液等，在全身的输布是通过五脏六腑的生理功能共同完成的，在其过程中，各个脏腑气血、津液的消耗都得到了不断的补充，通过三焦完成水液代谢的全过程，并周而复始，不断循环，维持人体生命不息。这种后天的水谷精微和先天的真气结合，形成人体的正气，从而维护正常的生命活动和抗御邪气（致病因素）。此外还形成维持机体生命的基本物质“精”。“精”藏于五脏，是脏腑功能活动和思维、意识活动，即“神”的基础。“气、精、神”为人体之三宝，生命之所系，而它们都离不开饮食的滋养。所以，战国时期的名医扁鹊曾经说：“安身之本必资于饮食。不知食宜者，不足以存生。”

3. 调偏纠弊 食物与药物都有治疗疾病的作用。但食物每人每日都要吃，较药物与人们的关系更为密切，所以历代医家都主张“药疗”不如“食疗”。古代医者如此想，也是如此做的。在治疗过程中，确实先以食疗，后以药疗。只有食疗不能取效时，才以药疗。古时人们称能用食物治病的医生为“上工”。

饮食治疗作用有以下三个方面。

（1）补：补益脏腑。人体各种组织、器官和整体的功能低下是导致疾病的重要原因。中医学把这种病理状态称为“正气虚”，其所引起的病症称为“虚证”。根据虚证所反映的症状和病机的不同，还可分为肝虚、心虚、脾虚、肺虚、肾虚及气虚、血虚等。其主要表现为心悸气短、全身乏力、食欲缺乏、食入不化、咳嗽虚喘、腰膝酸软等。中医主张体质虚弱或慢性虚证患者可用血肉有情之品来滋补。米面果菜等也有改善人体功能、补益脏腑气血的作用。

（2）泻：泻实祛邪。外部致病因素侵袭人体，或内部功能的紊乱和亢进，皆可使人发生疾病。如果病邪较盛，中医称为“邪气实”，其证候则称为“实证”。若同时又有正气虚弱的表现，则是“虚实错杂”，此时既要针对病情进行全面的调理，又要直接去除病因，即所谓“祛邪安脏”。有些食物有多方面的治疗作用，如鸡蛋除营养作用外，还有调节脏腑功能、清解热毒等作用。李时珍说：“鸡子黄补阴血，解热毒，治下痢甚验。”

（3）调：调整阴阳。人体的生理功能只有在和谐协调的情况下，才能得以维持，从而处于健康状态，免受病邪的侵袭。生活中，饮食得当则可起到维持阴阳调和的作用。另外，对因为阴阳失调所导致的疾病状态，利用饮食的性味也可进行调节。根据阴阳失调的不同情况，可有扶阳抑阴、育阴潜阳、阴阳双补等很多方法。

三、饮食有节，荤素搭配

饮食有节是指饮食有规律，定时定量，不可过饥过饱。《灵枢·五味》说：“谷不入，半日则气衰，一日则气少矣。”其是说饮食要定时，定时不食可引起元气的不足。《尚书》中的“食哉惟时”是说进餐要有较固定的时间。饮食不节，暴饮暴食，最易伤脾胃，所以无论从养生保健或病体康复角度来讲，饮食都必须有节。中医认为，一日之中，机体阴阳有盛衰之变，白天阳旺，活动量大，故饮食可稍多，而夜幕阳衰阴盛，即待寝息，以少食为宜，因此有“早吃饱，午吃好，晚吃少”的古训，这是饮食有节的具体体现。既要保持人体所需的营养，又要防止脾胃损伤，是饮食调护的关键所在。

荤素搭配也是饮食的重要原则，是长寿健康的秘诀之一。饮食应以谷物、蔬菜、瓜果等素食为主，辅以适当的肉、蛋、鱼类，不可过食油腻厚味。各种性味的食物过食之后都会引起体内阴阳平衡的失调而致病，《千金要方》指出："咸则伤筋，酢则伤骨，故每学淡食"。《素问·生气通天论》曰："膏粱之变，足生大疗"，此说明肥甘厚味易引起痈疽疮疡等疾病。现代医学证实，中年以上的人由于内分泌的改变和脂类代谢的失调，摄入过高的肥肉类食物和高盐饮食，易形成动脉粥样硬化，从而导致高血压、冠状动脉粥样硬化性心脏病、肥胖等疾病。总之，饮食宜清淡，不宜过度嗜咸及肥甘厚味之品，应多食蔬菜、瓜果，健脾开胃，促进食物吸收。

四、饮食宜忌

中医学根据几千年来的实践，在治病防病中提出不同的饮食宜忌，其总的原则是以食物的四气五味，来调整人体的阴阳偏胜，以达到治疗疾病和保护健康的目的。

中医学所指的饮食宜忌包括广义和狭义两种概念。广义的饮食宜忌概念涉及食物与体质、地域、季节、年龄、病情及饮食调配、用法、用量等方面。而狭义的饮食宜忌概念仅包含饮食与病情方面的禁忌。

（一）患病期间饮食禁忌

病症的饮食宜忌是根据病症的寒热虚实、阴阳偏胜，结合食物的五味、四气、升降浮沉及归经等特性来加以确定的。根据中医学文献记载，古代医家把患病期间所忌食的食物高度概括为以下几大类：生冷、黏滑、油腻、腥膻、辛辣、发物六大类。另外，个别疾患，如麻疹初起可适量食用发物，如豆芽、芫荽等，以利透发等，均属例外情况。临床上常见的寒证、热证、虚证、实证的饮食宜忌如下。

1. 寒证 饮食原则为益气温中、散寒健脾。宜食温性热性食物，忌寒凉、生冷之品。

2. 热证 饮食原则为清热、生津、养阴。宜食寒凉平性食物，忌温燥伤阴之品。

3. 虚证 饮食原则为阳虚者宜温补，忌寒凉之品；阴虚者宜滋补、清淡，忌用温热之品。一般虚证患者多数有脾胃功能的减退，难于吸收消化，因此也不宜吃肥腻、煎炸、硬固之品，宜采用清淡而富于营养为宜。

4. 实证 是指病实邪实而言，如热证、寒证中都有实证，在虚证中也有正虚邪实。饮食原则要根据辨证情况标本兼治或急则治其标，缓则治其本，抓住主要矛盾才能配合药治而获良效。常见实证如水肿忌盐、消渴忌糖，是最具针对性的饮食调护措施。

（二）服药期间饮食禁忌

清代章杏云所著《调疾饮食辨》一书"发凡"中云："病人饮食，借以滋养胃气，宣行药力，故饮食得宜足为药饵之助，失宜则反与药饵为仇。"这一认识是颇为正确的。患者服中药时有些食物对所服之药有不良的影响，则应忌服，也有某些食物可以增进药物作用的发挥。《伤寒》及《金匮要略》中指出服药时忌生冷、黏腻、肉、面、五辛、酒、酪、臭物等。服药期间对某些食物的禁忌，前人称为服药禁忌，也就是通常所说的忌口。但对饮食宜忌不能绝对化，要具体病情具体分析，如水肿忌盐，中医列为五不治之一，但有时也由此引起钠减体倦而虚损，即长期忌盐引起的低钠血症，进一步正气不足而病情难以好转，故水肿不重的患者不宜绝对忌盐。小儿麻疹忌食过度，可致营养不良。还要注意个体差异，如有些患者罹患皮肤病，因某种饮食而发作或加重，即应禁忌。饮食经调制或配制后是可以改变其性质而改变其宜忌的。

（三）妇女经期、妊娠、产后饮食禁忌

妇女月经期，应摄取清淡而富有营养的食物，忌食生冷、辛辣、燥热之品。因过食生冷，易使血行不畅，导致痛经或闭经；过食辛辣、燥热之品，易使血分蕴热，导致月经过多。妊娠和产后，

母体处于特殊生理阶段，饮食调养有着重要意义。妊娠期，母体脏腑经络之血注于冲任经脉，以养胎元。此期母体多表现阴虚阳亢状态，因此应避免食用辛辣、腥膻之品（如酒、桂皮、胡椒、辣椒、狗肉等），以免耗伤阴血而影响胎元，可进食甘平、甘凉补益之品，如绿豆、黑大豆、薏苡仁、淮山药、党参、黄芪瘦肉汤等。怀孕早期，饮食宜少而精，以新鲜瓜果蔬菜为佳，如橘、梨等；妊娠中期，宜食用高热量、高蛋白及富有钙、磷、铁、碘的食品，如牛奶、豆浆、蛋黄、海带、紫菜、虾皮、瘦肉、鸡肉、黄花菜等；妊娠后期，由于胎儿逐渐长大，影响母体气机升降，易产生气滞现象，故应少食胀气和涩肠类食物，如荞麦、高粱、番薯、芋头等。

孕期饮食禁忌，是指怀孕期间孕妇应忌食或尽量避免食用对胎儿不利的饮食物，又称“忌食养胎”。《时病论》说：“清肠之槐花，去寒之姜、桂，利湿之米仁，……皆为犯胎之品，最易误投，医者不可不敬惧乎”。根据饮食对胎儿的不同影响，归纳起来，主要有活血类食物、滑利类食物、大辛大热类食物、酒类饮料及其他有关食物。

孕妇产后，瘀血内停，不宜进食酸敛类食物，如莲子、芡实、柿子、南瓜等，以免不利恶露排出；亦不宜进食辛辣发散和渗利小便类食物，以防加重产后气血虚弱。中医学认为“产后必虚”，产妇多表现阴血亏虚或瘀血内停等征象。另外产妇还要以乳汁喂养婴儿。因此，产后的饮食原则应以平补阴阳气血，尤以滋阴养血为主，可进食甘平、甘凉类粮食、畜肉、禽肉和蛋乳类食品，慎食或忌食辛燥伤阴、发物、寒性生冷食物。

五、饮食调护的辨证应用

（一）脾胃病证

脾胃病证包括胃脘痛、呕吐、泄泻、便秘等，系脾胃运纳失常所致。其宜进食清淡的蔬菜，营养丰富的瘦肉、鸡蛋、鱼类等；忌食生冷油腻、烟、酒、辛辣刺激及土豆、黄豆、白薯等易胀气食物。饮食以软、烂、少量多次为原则。脾胃寒凉宜食温性食品；胃热者忌辛辣，可酌进水果或果汁；胃酸过多，可多食面食，胃酸缺乏可于饭后食少许醋或山楂片；腹泻者以少油半流质或软饭为宜，忌食生冷瓜果等寒凉滑润食物。呕吐剧者应暂时禁食，好转后再进全流或半流质饮食，逐渐恢复软食、普食。呕吐期以蔬菜为宜，缓解期渐增少油荤菜，切忌饱食。

（二）肝胆病证

肝胆病证（如黄疸、腹胀等）与肝的疏泄功能失常有关。饮食宜食清淡蔬菜及营养丰富的瘦肉、鸡、鱼类等食物，忌食油腻生冷、辛辣食物。急性期以素食为宜，多食新鲜水果，缓解期或恢复期可进荤食。水肿者还应忌盐，肝性脑病患者应控制动物蛋白的食入量。

（三）肺部病证

肺部病证以咳嗽、咳痰、肺痈、悬饮等为主证，饮食宜清淡素食，多食水果。忌食生辣、油腻、甜黏类食物，禁烟酒。咳嗽痰黄可选枇杷、梨等清热化痰之品；痰中带血宜食藕片、藕汁等清热止血之品；痰白清稀不宜食用生冷瓜果。肺阴虚可选食百合、银耳、甲鱼等滋阴补肺之品。哮喘患者常与过敏有关，应禁食发物类。

（四）心脏病证

心脏病证以心悸为主证，饮食宜清淡、低盐。可食用富含维生素 B 和维生素 C 的豆制品；油脂以植物油、玉米油、菜籽油为主。忌食高脂、高胆固醇类食物及辛辣刺激及烟酒、浓茶、咖啡。山楂、大蒜有降血脂的作用，芹菜有降血压的作用，可指导患者经常食用。

（五）肾部病证

肾部病证以水肿、消渴、淋浊、遗精等为主证。宜进食清淡、营养丰富的食物及各种动物补养类食物。忌食盐、碱过度和酸辣过度的刺激品，乳糜尿应忌食脂肪、蛋白类食物。水肿者可食用冬瓜、赤小豆以利尿消肿，肾虚者可选用牛、羊、狗肉及蛋类。若需补肾填精，可选用甲鱼、乌贼鱼、胎盘、牛羊骨髓。消渴病患者需控制米面主食，多食蔬菜、瘦肉充饥。肾衰竭患者应补而有节，主要节制米、豆类食品，食用鱼肉时以蒸煮、做汤为宜，不宜炸、炒。

（六）外感病证

外感病证与外感风邪有关，以发热为主、如感冒、中暑、痢疾等。疾病初起，低热期，可素食或少油荤半流质饮食。高热期宜食素食、流质及清凉饮料，如米汤、绿豆汤、西瓜等。退热期，宜素食半流质及少油适量为宜。恢复期、宜进软食或普食，但宜清淡少油腻。

第四节　吞咽（摄食）障碍管理

吞咽（摄食）障碍（dysphagia）是指食物从口腔经咽部、食管运送到胃的过程中出现障碍的一种表现，是由于上颌、双唇、舌、软腭、咽喉、食管上括约肌和食管组织或神经功能受损所致，吞咽反射迟缓、微弱甚至消失。按正常吞咽过程来分，吞咽（摄食）障碍可分为口腔期、咽喉期、食管期。轻者有咀嚼、食团形成或移送困难，严重时出现误咽或误吸甚至水和营养摄入困难。如果吞咽障碍长期存在或处理不当将产生多种并发症，营养不良是吞咽障碍患者常见的并发症。因此，做好吞咽（摄食）障碍患者的管理对预防营养不良尤为重要。

一、吞咽障碍筛查及评估

吞咽（摄食）障碍筛查是通过常规的筛查工作及早发现存在可能吞咽障碍的患者，报告给主管医生、语言治疗师，以便做进一步临床评估及必要的功能性检查，对患者经口进食过程严密观察，结合语言治疗师意见，指导患者进食，包括进食姿势、食物性状、一口量、进食方式调整等；对管饲或人工呼吸的患者给予充分的护理，避免营养不良、误吸等的发生。筛查要求简单、准确、可靠、安全、经济及有高敏感性，目前还没有公认的统一的吞咽困难筛查方法。吞咽障碍筛查往往是由饮水试验和一些提示误吸的危险因素所构成。

（一）评估要点

1. 评估患者的健康史

（1）内在因素：①生理因素。老化会使肌肉量减少和结缔组织弹性下降，这些会引起头颈区域肌肉的运动的力量和速度下降，从而影响老年人的吞咽功能。②病理因素。神经系统的脑血管疾病、帕金森症、重症肌无力、老年痴呆；呼吸系统疾病的肺部感染；胃肠消化系统的口腔、牙齿、咽喉及食管功能；其他方面的鼻咽癌、口和喉部放射治疗后等因素也会影响患者的吞咽功能。③药物因素。很多药物影响吞咽功能，如抗抑郁药引起黏膜干燥、嗜睡；镇静药可影响精神状态；利尿药会使患者觉得口干；肌松药使肌力减退；抗胆碱药引起口干、食欲下降；黏膜麻醉药抑制咳嗽反射等。

（2）外在因素：①评估老年吞咽障碍照顾者的文化水平和照顾能力，如是亲属照顾还是非亲属照顾，对患者的支持程度如何；②评估进食环境，如有无周围环境干扰、光线、与照顾者的互动情况、进食前中后的情境策略、言语提示、书面提示和标志、身体提示、视觉提示等；③食物性状、进餐时间、餐具选择是否合适等。

2. 评估患者的身体状况 患者出现吞咽（摄食）障碍的临床表现和并发症是多方面的，不仅表现为明显的进食障碍或噎呛，更多表现为一些非特异性的症状和体征，常见的临床表现为流涎、低头明显；饮水呛咳，吞咽时或吞咽后咳嗽；吞咽后口腔食物残留，在吞咽时可能会有疼痛症状；进食时发生哽噎，有食物附着咽喉的感觉；频发的清喉咙动作，进食费力、进食量减少、进食时间延长；有口鼻反流，进食后呕吐；说话声音沙哑、变湿；反复发热、肺部感染；隐性误吸。

（二）操作步骤

1. 要求 首先观察患者的意识水平，观察进食姿势的控制程度，如果患者可主动配合并能在支持下保持直立位或坐位，需要在确定患者无严重的呼吸困难，痰量少且可通过咳嗽排出，吞咽反射存在的情况下才可进行。

2. 内容 ①口腔卫生情况；②观察患者口腔唾液的控制情况；③如果允许，给予饮食试验测试。

3. 方法 目前临床上常用的筛查方法有三种，介绍如下。

（1）筛查试验 1：反复唾液吞咽测试（RSST）。患者取坐位或者半坐卧床位，检查者将示指、中指并排横放于患者喉结及舌骨处，让患者尽量快速反复吞咽，喉结和舌骨随着吞咽运动，越过手指，向前上方移动然后再复位，观察在 30s 内患者吞咽的次数和喉上抬的幅度，中老年患者（50 岁以上）30s 内可完成 5 次，高龄患者（80 岁以上）30s 内完成 3 次即可，口干患者可在舌面沾少量水后让其吞咽，如果喉上下移动小于 2cm，则可视为异常。

（2）筛查试验 2：分 2 个阶段进行。第 1 阶段：每次给予患者 5ml 水，嘱患者喝下。吞咽 3 次共 15ml，如果 3 次中出现 2 次呛咳或吞咽后声音嘶哑可判断为吞咽障碍。如果没达到上述指标就进入第 2 阶段。第 2 阶段：给予患者 60ml 水，限定于 2min 内饮完，如果出现呛咳或吞咽后声音嘶哑也可判断存在吞咽障碍。

（3）筛查试验 3：洼田饮水试验。如果患者意识状态良好，咳嗽反射正常，确保患者处于坐位或由其他方法支持坐姿，先让患者单次喝下 2～3 汤匙水，如无问题，再让患者像平常一样喝下 30ml 水，然后观察和记录饮水时间、有无呛咳、饮水状况等，按Ⅴ级分级进行评价记录，评估结果见第二章表 2-5。

（三）注意事项

（1）通过筛查试验判断患者可经口进食后，护士还需要观察患者一次或更多次经口进食过程。要了解患者的实际吞咽功能，需要观察患者 1d 中不同时段的进食过程，在患者运动或服用药物前后。任何由于疲劳、药物治疗或其他因素所导致的吞咽功能变化，都需要记录下来。与家属交流患者的情况和与照顾者讨论病情可以获得更多重要的信息，由此所获得的信息并不都是可靠的，要记住这些筛查用于判断患者是否存在吞咽障碍有一定的局限性，还需与语言治疗师等吞咽障碍小组其他诊疗人员共同探讨做进一步的评估及实验室检查的必要性，以明确患者的吞咽功能。

（2）在观察患者进食过程中，需要注意以下几点：①在进食过程中，嗓音发生改变（可疑声带上有食物残留）；②在吞咽中或吞咽后咳嗽（可疑误吸）；③在呼吸时，发出痰声和咕咕声（可疑无能力清除咽喉中食物和液体因而误吸入呼吸道中）；④吞咽和进食困难时明显的代偿方式，如多次吞咽、一口量和浓度的控制、避免或倾向于选择某种食物，或采用代偿姿势进食，如点头吞咽、转头吞咽；⑤进食疲劳或进食时间延长；⑥喉部听诊中可听见正常呼吸气流的改变。

二、吞咽（摄食）障碍的康复护理

吞咽障碍的康复护理不仅能改善个体的进食状况，也能改善营养和预防并发症（如肺炎）。其方法包括改变体位、食物质量与性状的改进、进食工具的选择、食物放入口的位置、一口量及进食速度与姿势的代偿性方法及吞咽障碍的康复治疗技术等。

1. 体位　由于口腔阶段及咽腔阶段同时存在功能障碍的患者较多，因此进食的体位应因人、因病情而异。

（1）床上半坐卧位：开始训练时应选择既有代偿作用又安全的体位，对于不能坐位的患者至少取躯干 30° 仰卧位，头部前屈，偏瘫侧肩部以枕垫起，喂食者站于患者健侧（图 5-1A）。此时进行训练，食物不易从口中漏出、有利于食团向舌根运送，还可以减少向鼻腔逆流及误咽的危险。颈部前屈也是预防误咽的一种方法，因为仰卧时颈部易呈后屈位，使与吞咽活动有关的颈椎前部肌肉紧张、喉上抬困难，从而容易引起误吸。

（2）坐位：坐位进餐时，双脚面平稳接触地面，双膝关节屈曲 90°，躯干挺直，前方放一适宜餐桌，双上肢自然放于桌面，食物放于桌上，让患者能看到食物，以使食物的色香味促进患者食欲，图 5-1B 为坐位喂食体位。

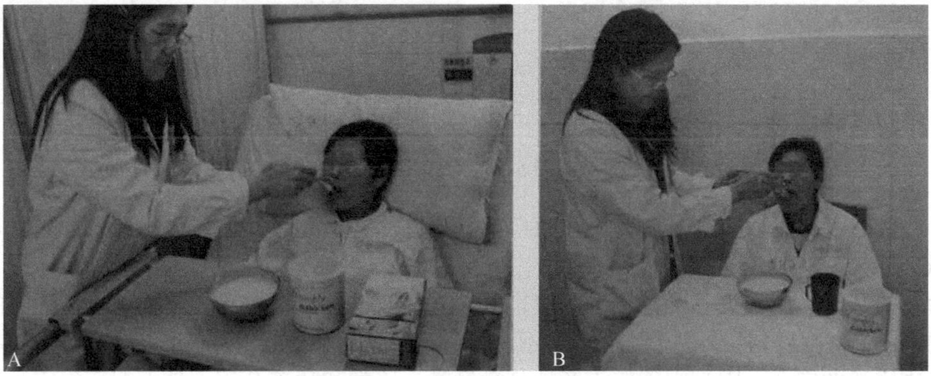

图 5-1　吞咽障碍患者喂食姿势

A. 半卧位喂食，喂食者站于患者健侧；B. 坐位喂食

培养良好的进食习惯也至关重要。最好定时、定量，能坐起来不要躺着，能在餐桌边不要在床上进食。

2. 餐具的选择　根据患者的功能情况尽量选用适宜、得心应手的餐具，有利于顺利地完成进食。可按以下要求选择餐具。

（1）匙羹：患者手抓握能力较差时，应选用匙面小、难以粘上食物、柄长或柄粗、边缘钝的匙羹，便于患者稳定握持餐具。一般采用边缘钝厚，匙柄较长，容量 5～10ml 的匙子为宜，便于准确地放置食物及控制每勺食物量，不会损伤口腔黏膜（图 5-2）。

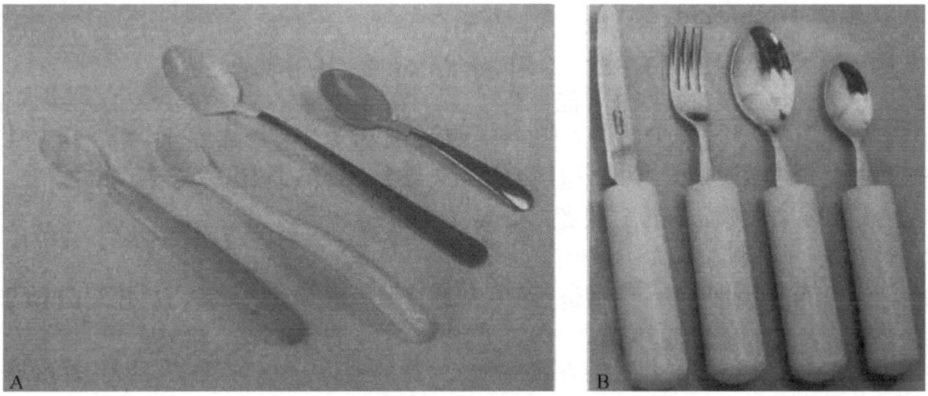

图 5-2　匙羹

A. 普通手柄；B. 加粗手柄

（2）碗：如患者用一只手舀碗里的食物有困难，可选择广口平底瓷碗或边缘倾斜的盘子等。必要时，碗底可加用防滑垫，预防患者舀食物时碰翻碗具。

（3）杯：用普通的杯子摄食时，因其颈部伸展较多，容易导致误吸的危险，此时可用杯口不接触鼻部的杯子，这样患者不用费力伸展颈部就可以饮水（图 5-3A、图 5-3B）。

A

B

图 5-3　特殊杯子

（4）用普通吸管吸取有困难时，可在吸口部分想办法，如在吸口上或注射器上加吸管，慎重调整一口量。

3. 食物的选择　应根据吞咽障碍的程度，本着先易后难的原则来准备食物。容易吞咽的食物符合以下要求：①密度均匀；②黏性适当；③不易松散，通过咽和食管时易变形且很少在黏膜上残留；④稠的食物比稀的安全，因为它能较满意地刺激触觉、压觉和唾液分泌，使吞咽变得容易；⑤还要兼顾食物的色、香、味及温度等。

4. 食团在口中位置　进食时应把食物放在口腔最能感觉食物的位置，其适宜促进食物在口腔中保持及输送。最好把食物放在健侧舌根后部或健侧颊部，这样有利于食物的吞咽。这种做法不仅适合部分或全部舌、颊、口、面部有感觉障碍的患者，也适合所有面舌肌肉力量弱的患者。

5. 一口量及进食速度

（1）一口量：即最适于吞咽的每次摄食入口量，对患者进行摄食训练时，如果一口量过多，食物将从口中漏出或引起咽残留导致误咽；过少则会因刺激强度不够难以诱发吞咽反射。一般正常人每口量稀液体 1～20ml；果酱或布丁 5～7ml；浓稠泥状食物 3～5ml；肉团平均为 2ml。一般先以少量试之（稀液体 1～4ml），然后酌情增加，为防止吞咽时食物误吸入气管，可结合声门上吞咽法训练，以使在吞咽时声带闭合更好后再吞咽。吞咽后紧接咳嗽，可除去残留在咽喉部的食物残渣。

（2）进食速度：为减少误咽的危险，应调整到合适的进食速度，前一口吞咽完成后再进食下一口，避免 2 次食物重叠入口的现象。

食团的大小和进食速度对某些患者能否顺利吞咽有一定影响。某些咽喉期启动吞咽延迟或咽缩肌无力的患者常需 2～3 次吞咽才能将食团咽下，如食团过大、进食速度过快，食物容易滞留于咽并发生误吸。因此，咽缩肌无力的患者慎用或禁用大食团。另外，根据患者吞咽功能情况，指导患者改变和适应这种饮食习惯，速度过快者，提醒放慢速度，以防误咽。

6. 代偿性方法　是指头或身体姿势的调整。其包括转头、低头、交互吞咽等方法，虽然不能改善吞咽功能，但可减少误吸和增加食物摄入量。根据评估结果确定最适合的姿势和帮助选择进食需要的特殊工具。

7. 吞咽障碍的康复治疗　是以改善吞咽生理为目标的锻炼方法，每种方法都可针对某个吞咽器官功能异常而改善其功能，降低并发症。例如，舌骨上肌群的力量训练对增加环咽肌打开程度、喉前伸幅度及减少误吸有明显效果。另外，针灸和行为干预（包括吞咽锻炼、饮食改进、环境改变、姿势改变）可改善吞咽障碍。尽管目前尚缺乏充分的证据证实冷刺激和生物反馈方法对咽喉期吞咽启动延迟有效，但在临床上经常采用这些方法来治疗咽喉期吞咽启动延迟；有小样本随机对照研究提示，经颅直流电刺激较假性刺激更能改善吞咽功能。

第五节　肠道管喂饮食

肠道管喂饮食（nasogastric gavage）也称鼻饲法（nasal feeding），是指通过鼻胃管、鼻十二指肠管或鼻空肠营养管为不能经口进食的患者提供营养素或药物的方法，以达到营养和治疗的目的。

一、鼻饲法

（一）适应证

（1）适用于不能经口进食者，如昏迷、口腔疾病、某些术后等患者。
（2）肿瘤患者、行冬眠治疗者、食管狭窄者、拒绝进食者。
（3）早产儿和病情危重的婴幼儿等。

（二）禁忌证

（1）上消化道出血。
（2）食管静脉曲张或梗阻。
（3）鼻腔、食管手术后的患者。

（三）评估要点

（1）患者的病情及治疗情况，是否能承受插入导管的刺激。
（2）患者的心理状态与合作程度，既往是否接受过类似的治疗，是否紧张，是否了解插管的目的，是否愿意配合和明确如何配合插管。
（3）患者鼻腔黏膜有无肿胀、炎症，有无鼻中隔偏曲，有无鼻息肉等。

（四）操作准备

1. 用物准备　治疗盘内置鼻饲包（治疗碗、压舌板、镊子、胃管、50ml的甘油注射器、纱布、治疗巾）、液体石蜡、75%乙醇溶液、松节油、棉签、胶布、夹子或橡皮圈、安全别针、弯盘、听诊器、适量开水、鼻饲液200ml（38～40℃）、卫生纸等。

2. 患者准备

（1）向患者或家属讲解插管的目的、操作过程及配合的相关知识。
（2）根据病情取合适卧位。
（3）戴眼镜或有义齿者操作前应取下，妥善放置。

3. 环境准备　环境整洁，无异味，符合患者进食要求，病室内无便盆或其他脏物。

（五）操作步骤

操作步骤包括插管、灌食、拔管三部分。

1. 插管及灌食

（1）对于神志清醒者，应作解释，以取得合作。协助患者取坐位或右侧卧位，颌下铺治疗巾，清洁鼻腔。

（2）打开鼻饲包，用液体石蜡纱布润滑胃管前段 15～20cm，一手持纱布托住胃管，另一手持镊子夹住胃管，沿一侧鼻孔轻轻向前推进插入。当胃管通过咽部时（14～16cm 处），患者可能有恶心，嘱患者做吞咽动作。当患者吞咽时，将管子迅速往前推进。插的深度为 45～55cm，相当于患者鼻尖至耳垂再至剑突的长度。在插入过程中，如发现呛咳、呼吸困难、发绀等情况，表示误入气管，应立即拔出，休息片刻后重插。插入不畅时可将管子抽回一小段，再小心向前推进。

（3）昏迷患者，因吞咽和咳嗽反射消失，不能合作，为提高插管的成功率，在插管前应去枕，协助患者头向后仰，当胃管插入 15cm（会厌部）时，左手将患者头部托起，使下颌靠近胸骨柄，以增加咽部通道的弧度，便于管端沿后壁滑行徐徐插入。

（4）检查胃管是否在胃内，其方法如下：①接甘油注射器抽吸，有胃液被抽出。②将胃管末端放入盛水碗内，无气体逸出。如果有大量气体逸出，表明误入气管。③置听诊器于胃部，用注射器快速从胃管注入 10～20ml 空气，能听到气过水声。

（5）证实胃管在胃内后，用胶布固定胃管于鼻翼及颊部。

（6）开口端接注射器，先回抽，见有胃液抽出，再缓慢注入少量温开水，然后灌注鼻饲流质液或药液，注入完毕后，必须再注入少量温开水，提高胃管，冲净胃管，避免鼻饲液存积在管腔中变质，造成胃肠炎或堵塞管腔。

（7）将胃管开口端反折，用纱布包好，用橡皮圈系紧或用夹子夹紧，用安全别针固定于大单或枕旁。

（8）协助患者取舒适卧位，整理床单位，清理用物，将注射器洗净，放入治疗盘内，盖上纱布备用，所有用物应每日消毒一次。

（9）记录插胃管时间、患者反应和鼻饲量。

2. 拔管法　用于患者停止鼻饲或长期鼻饲需要更换胃管时。

（1）备齐用物携至床边，向患者解释，以取得配合。

（2）置弯盘于患者颌下，揭去固定胶布。

（3）反折或捏紧胃管开口端，用纱布包裹近鼻孔处的胃管，请患者做呼吸动作，深吸气时不要抽动管子，等慢慢呼气时，轻柔地一次性完成拔管动作，用纱布包住抽出胃管，放于弯盘内。昏迷患者，除无法嘱咐做深呼吸外，拔管方法同上，拔到咽喉处时要快速，以免液体滴入气管。

（4）清洁患者口鼻、面部，擦去胶布痕迹，协助患者漱口，取舒适卧位，整理床单位，清理用物。

（5）记录拔管时间和患者反应。

（六）注意事项

（1）胃管插入会给患者带来很大压力，操作前必须与患者进行有效的沟通，让患者或家属理解该项操作是必要的、安全的。

（2）动作要轻柔，态度要真诚。

（3）每次灌食前均应测试胃管是否留置于正确位置。

（4）鼻饲者，须用药物时，应将药片研碎，溶解后再灌入，每次鼻饲量不超过 200ml，间隔时间不少于 2h。

（5）长期鼻饲者，应每日进行口腔护理，胃管应每周更换（晚上拔出，翌晨再由另一鼻孔插入）。

（6）观察要点：管道是否固定通畅；患者有无出现不适，如恶心、呕吐、腹胀、腹痛、反流，呛咳、咳嗽、呼吸困难、发绀等。

（7）需要翻身吸痰的患者应先翻身或吸痰后，再行喂食，以免引起呕吐或呛咳。

（8）鼻饲过程中应避免灌入空气，以免引起腹胀。

二、胃造瘘管喂养

胃造瘘管喂养是指在内镜协助下，于腹壁、胃壁造口置管，将营养管置入胃内，实现胃内喂养。

（一）适应证

（1）病程长，不能长期鼻饲或静脉营养者。鼻饲营养超过 3～4 周时，应行胃造瘘。胃造瘘是一种常用的肠内营养方法。

（2）经口进食恢复无望者，如鼻咽癌患者放射治疗后张口受限而无法进食。

（3）因咽喉功能和吞咽功能障碍、鼻腔鼻咽感染伴发不治性吞咽障碍等情况导致严重营养不良者。

（4）进行吞咽训练的患者，为减少鼻饲下反流、误吸的发生也可进行造瘘术喂食。

（二）操作步骤

胃造瘘管喂养多采用经皮胃镜下胃造瘘术（PEG），具体步骤如下。

（1）患者左侧卧位，术者插入胃镜后转平卧位，头部抬高 15°～30°，双腿伸直，向胃腔注气，使胃前壁与腹壁紧密接触。

（2）胃镜在胃内前壁窦体交界处定位，同时在体表左上腹壁透光处确定穿刺点。助手在腹壁透光处用手指按压此点，术者在内镜直视下可见胃腔内被按压的隆起，指导助手选定体表 PEG 最佳位置（通常在左上腹肋缘下中线外 3～5cm 处）。

（3）术者固定胃镜前端，并持续注气保持胃腔张力。助手协助术者将圈套器经胃镜活检孔插入胃腔内，并张开置于胃内被按压的隆起处。

（4）常规消毒穿刺点皮肤，铺无菌洞巾，用 1%利多卡因局部逐层浸润麻醉至腹膜下。

（5）在穿刺点皮肤处纵切 0.5～0.8cm 至皮下，再钝性分离浅筋膜至肌膜下，助手用 16 号套管穿刺针经皮肤切口垂直刺入胃腔的圈套器内，术者镜下直视指导助手套住穿刺针头，并固定穿刺针外套管，拔出金属针芯，将长 150cm 的粗丝线或导丝经穿刺针外套管插入胃腔，圈套器套紧粗丝线或导丝后，连同胃镜退出口腔外。让粗丝线或导丝一端在腹壁处，一端在口腔外。

（6）术者将口端粗丝线或导丝与造瘘管尾部扎紧，造瘘管外涂润滑油，助手缓慢牵拉腹壁外粗丝线，将造瘘管经口、咽喉、食管、胃和腹壁轻轻拉出腹壁外。

（7）再次插入胃镜，观察造瘘管头端是否紧贴胃黏膜，确认垫盘是否张开后退出胃镜，用皮肤垫盘固定，锁紧造瘘管，并于造瘘管距腹壁 20cm 处剪断，接上“Y”形管。

（三）注意事项

（1）术后 24h 禁食，之后少量多次逐渐增加食量，每日局部消毒，更换敷料 1 次，直至造瘘口形成。

（2）每次管饲后用 30ml 生理盐水冲洗导管，保持导管通畅。

（3）每次喂食抬高床头使患者处于半卧位或坐位。喂食后保持此姿势 30～60min，以减少胃食管反流的发生。

（4）每日观察造瘘口周围皮肤，清洁伤口以预防皮肤感染和造瘘口感染。

（5）注意胃造瘘管蘑菇头与胃壁、造瘘管固定盘片与腹壁接触的松紧度，保持轻度紧张以免腹部皮肤及胃黏膜坏死，同时也避免造瘘管与腹腔壁有空隙而发生腹腔感染。

三、空肠造瘘管喂养

空肠造瘘管喂养是指在内镜协助下，于肠壁造口置管，将营养管置入空肠内，实现空肠内喂养。

（一）适应证

（1）适用于胃食管反流症状较重或须长期管饲的患者。
（2）胃轻瘫或胃排空能力受损者。
（3）在食管反射存在的情况下，肠鸣音减弱或消失时也可应用。

（二）操作步骤

空肠造瘘管喂养采用经皮空肠造瘘术（PEJ），具体步骤如下。
（1）患者取仰卧位，取左上经腹直肌切口，寻找空肠，助手提起横结肠。
（2）术者自其系膜根部（脊柱左前方即为十二指肠悬韧带），向外提出空肠，距起始部15～25cm处选定造瘘部位。
（3）在选定造瘘处的肠系膜对侧肠壁上，用细丝线作一荷包缝合，直径为1～1.5cm。肠管周围用盐水纱布垫保护后，用尖刃刀在荷包缝合的中央将肠壁戳一小孔，用吸引器吸引肠内容物。
（4）随即向肠腔远端置入一条尖端有2～3个侧孔的16号胶管，尖端通向空肠远端10～15cm，将荷包缝线收紧结扎。
（5）将导管顺肠管纵轴平置于近端肠壁上，沿导管两旁以细线作浆肌层间断缝合，将导管连同荷包缝合口埋于两侧肠壁折叠而成的沟内，埋藏长度需5cm左右。
（6）将导管穿过大网膜，并将网膜覆盖造瘘处，经左上腹另一切口引出胶管。
（7）将造瘘肠管的浆肌层和壁腹膜固定数针，胶管和皮肤固定缝扎一针，逐层缝合腹壁切口。

（三）注意事项

（1）进行肠造瘘时，必须用生理盐水纱布垫围护，避免污染，同时用吸引器吸去肠内容物。
（2）施行空肠造瘘时，须探查十二指肠悬韧带，认定是空肠上段，然后选择造瘘处，造瘘胶管顶端必须向空肠远端插入，以利于灌注营养物质。
（3）术后继续输液，必要时输血，供给足量维生素B_1、维生素C、维生素K。
（4）术后继续胃肠减压1～2d，如无腹胀即可拔除。
（5）控制感染，使用抗生素。
（6）术后6～10h，即可自导管滴入糖水、牛奶、维生素等饮食，开始时50～60ml/h，以后逐渐增加。
（7）待病情好转，不需继续造瘘时，可将造瘘管拔除，但必须在术后10d以上，造瘘口周围已有瘢痕粘连后。导管拔出后，造瘘口可望在数日内自行愈合。

知识链接

管饲饮食的并发症及预防措施

1. 误吸
（1）管道护理：妥善固定喂养管；输注营养液前确定导管的位置是否恰当
（2）取合适体位：经鼻胃管或胃造口途径管饲者，管饲前可抬高床头30°～45°，管饲后维持原卧位20～30min。
（3）及时评估胃内残留量：每次输注营养液前及连续输注过程中（每隔4h）抽吸并评估胃内残留量，若超过100～150ml，应减慢或暂停输注。
（4）合理安排吸痰时间，在给患者管饲前应进行较彻底地吸痰，管饲后1h内尽量不吸痰。
2. 腹泻
（1）查明原因，采取针对性措施，如减慢输注速度或降低营养液浓度；若对乳糖不耐受，应改为无乳糖配方营养制剂。

（2）输注时注意营养液的浓度、输注速度及温度。

（3）经胃管给予：开始时即可用全浓度（20%～24%），输注速度约 50ml/h，每日给予 500～1000ml，3～4d 内逐渐增加输注速度至 100ml/h，达到 1 日所需总量 2000ml。

（4）经空肠管给予：先用 1/4～1/2 全浓度（即等渗液），输注速度宜慢（25～50ml/h），从 500～1000ml/d 开始，逐日增加输注速度、浓度，5～7d 达到患者能耐受和需要的最大输入量。输注时保持营养液温度合适（38～40℃），室温较低时可使用恒温加热器。

（5）防止营养液污染：配制营养液时遵守无菌操作原则；现配现用，1 次仅配 1d 量；暂不用时置于 4℃冰箱保存，24h 内用完；容器应每日煮沸灭菌后使用。

3. 便秘　与医师和营养师联系，及时调整饮食，可选择富含粗纤维的营养液灌喂。

4. 管道堵塞　管饲前后都需要用温开水或生理盐水冲净管腔；管饲食物应制作精细，所有食物均用搅拌机搅碎调匀；喂药时药片要研碎溶解后注入，给药后用 30～50ml 温开水冲洗管道 1 次，尽量避免与营养液混在一起。

第六节　全胃肠外营养

全胃肠外营养（total parenteral nutrition，TPN）是指人体需要的全部营养物质都经静脉通道输入体内的方法。根据其输入途径不同可分为中央胃肠外营养和外周胃肠外营养。即通过胃肠道以外的途径从中心静脉或周围静脉滴入，以浓缩的形式输入患者所需的全部营养物质，包括丰富的热量、全部必需氨基酸和部分非必需氨基酸、必需脂肪酸、维生素、电解质和微量元素。它能使患者维持良好的状况、增加体重、促进伤口的愈合，能使幼儿继续生长发育。全胃肠外营养对危重病患者的营养支持是行之有效的，已成为挽救或延长生命的重要措施。

一、适应证

（1）不能口服者，如无法吞咽、食管梗阻、幽门梗阻、肠梗阻等。

（2）不宜口服者，如胃肠瘘、节段性肠炎、溃疡性结肠炎、短肠综合征、急性胰腺炎、复杂的胃肠手术后（尤其当伴有并发症时）。

（3）口服不能满足需要者，如慢性感染、短肠综合征、吸收不良综合征、严重烧伤、恶性肿瘤化学治疗或放射治疗期间、神经性厌食等。

（4）特殊情况，如急性肾衰竭、肝衰竭、心力衰竭等。

二、禁忌证

（1）胃肠功能正常、适应肠内营养或 5d 内可恢复胃肠功能者。

（2）不可治愈、无存活希望、临终或不可逆昏迷患者。

（3）需急诊手术、术前不可能实施营养支持者。

（4）心血管功能或严重代谢紊乱需要控制者。

三、评估要点

（1）患者的病史，营养需要及心肺功能。

（2）药物的作用、不良反应，药物的质量、有效期及有无药物配伍禁忌。

（3）患者的心理状态及对胃肠外营养知识的了解程度。

四、操作准备

1. 用物准备

（1）3L 袋、加药用注射器及针头、无菌纱布、瓶套、启瓶器、消毒液、棉签等。

（2）液体及药物按医嘱准备。

（3）输液卡及输液架。

2. 患者准备

（1）了解全胃肠外营养的目的。

（2）排空二便，取舒适卧位。

3. 环境准备

（1）保持环境安静，消除干扰。

（2）调节工作空间以便于操作。

（3）有条件者配制营养液应在层流台进行，无条件者必须选择一洁净的房间，经过空气消毒，用含氯消毒液或 75%乙醇擦拭操作台，地面进行消毒拖净，操作时避免有人来回进入操作室。

五、操作步骤

1. 全营养混合液的配制 将脂肪乳剂、氨基酸、碳水化合物、电解质、微量元素及维生素混合于一个口袋中，称为全营养混合液（total nutrient admixture，TNA）。

（1）配液前准备：备齐所有用物，避免多次走动而增加污染的概率，检查所有药液有无变质、混浊，有无絮状物，瓶子有无裂痕，瓶口有无松动，药物需经 2 人核对后才可加药，检查 3L 输液袋、管道有无破损及有效期。

（2）混合顺序：①微量元素和电解质加入氨基酸溶液中。②将磷酸盐、胰岛素加入葡萄糖液中。③将水溶性维生素和脂溶性维生素加入脂肪乳剂中。④用 3L 静脉营养袋把加入添加剂的液体按葡萄糖、氨基酸、脂肪乳剂的顺序进行混合，并不断地摇动使之均匀混合。混合后的混合液中葡萄糖的最终浓度为 10%～20%，能获得相容性稳定的 TNA。

2. 插管

（1）协助患者去枕平卧，头偏向对侧，肩下垫一薄枕，取下颌角和锁骨上缘中点连线之上 1/3，颈外静脉外缘处为穿刺点。

（2）术者立于穿刺部位对侧或顶侧，选择穿刺点，常规消毒皮肤，打开穿刺包，戴无菌手套，铺洞巾。助手以手指按压颈静脉三角处，使静脉充盈。

（3）由助手协助，术者用 5ml 注射器抽吸 1%利多卡因，在穿刺部位作局部麻醉，用 10ml 注射器吸取生理盐水，以平针头连接硅胶管，排尽空气备用。

（4）左手绷紧穿刺点上方皮肤。术者先用刀片尖端在穿刺点上刺破皮肤作引导，减少进针时皮肤阻力。右手持穿刺针与皮肤成 45° 角进针，入皮后改为 25° 角沿静脉方向穿刺。

（5）见回血立即用一手拇指按住针栓孔，另一手持备好的硅胶管快速由针孔送入 10cm 左右。插管时由助手一边抽回血一边缓慢注入生理盐水。

（6）确定硅胶管在血管内后，退出穿刺针，再次抽回血检查是否在血管内，确定无误后移去洞巾，接上输液器。

（7）用无菌薄膜敷贴覆盖穿刺点并固定硅胶管或用胶布烘烤后固定，硅胶管与输液管接头处用无菌纱布包扎并固定在颈部。

3. 护理

（1）每日更换敷料，用 0.9%过氧乙酸溶液（不可用乙醇，防止硅胶管老化）擦拭消毒硅胶管，常规消毒局部皮肤。如需再次输液，取下静脉帽消毒针栓孔，接上输液器即可。

（2）停止置管时，硅胶管末端接上注射器，边抽吸边拔管，切忌将血凝块推入血管。拔管动作应轻柔，避免折断硅胶管。拔管后局部加压数分钟，用 70%乙醇消毒穿刺局部，无菌纱布覆盖。

六、注意事项

（1）用物准备齐全，向患者及家属做好解释工作，解除顾虑、取得合作。

（2）TNA 最好现配现用，聚氯乙烯（PVC）袋的 TNA 一般在 24h 内输完，放在 4℃的冰箱内保存最多不超过 48h。而醋酸乙烯袋（EVA）的 TNA 可保存 1 周。

（3）在配制溶液及插管操作中，必须严格执行无菌技术，防止感染原进入血液中，防止败血症或菌血症的发生。要特别重视插管部位的护理，防止敷料松脱或污染，注意插管部位有无红肿及疼痛现象（图 5-4）。

（4）当患者咳嗽时，有可能导致中心静脉导管被回血堵塞，要注意观察，发现回血及时处理。也可使用输液泵不断地、均匀地输入液体，防止血栓形成。

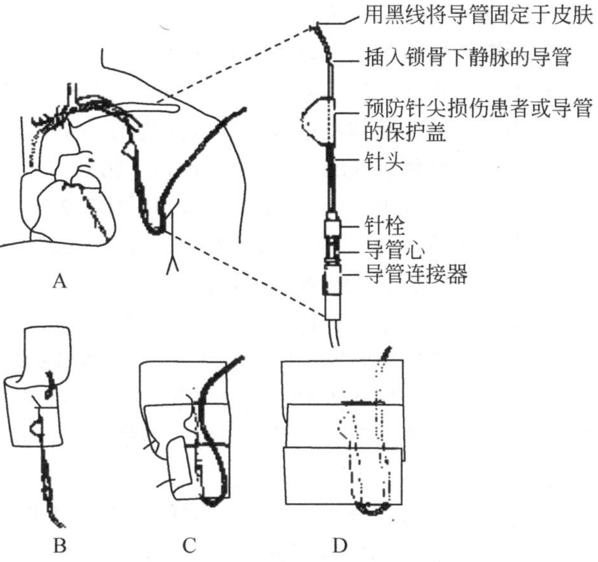

图 5-4　胃肠外营养管部位图

A.针头进入锁骨下；B.以一剪口无菌纱布围于管周；C.粘贴敷料；D.完成后

（5）使用输液泵时，要注意防止液体滴空，防止因输入空气而形成空气栓塞。如果已有气体进入，需排除空气或更换管子。

（6）经常检查流速，防止由于滴注速度不均而造成的血糖变化。流速过快，患者会出现恶心、头痛、疲劳等症状，说明血糖及尿糖升高，导致细胞渗透性利尿及脱水，应通知医生并调整流速。流速过慢，则血糖过低，患者无法得到适当的营养。使用输液泵可使流速均匀，也要每半小时校正一次，以保持流速恒定。

（7）对患者的心肝肾功能，血生化、尿液检验及免疫功能进行监测。根据体内变化，采取必要的措施，防止发生严重并发症。要准确而及时地采集和送验各项化验标本。

（8）每日测量体重，准确记录出入量，为掌握病情和调整营养成分提供可靠依据。

（9）对病情危重者，应仔细监护，密切观察患者的生命体征及各种临床变化，实行计划护理。

（10）观察要点：①管道是否固定通畅，滴注速度是否均匀，置管部位皮肤有无红肿；②有无出现不适症状，如恶心、胸闷、头痛、疲劳、出汗、心悸、寒战、高热等；③生命体征、出入量、意识变化、电解质情况。

第七节　体重管理

体重管理是为了促进患者保持最佳的体重和脂肪比例，预防或减少由于患者体重和脂肪比例因素而导致的健康问题。

一、体重判断方法

1. 体质指数（BMI）　是最常用的方法。

体质指数（BMI）的计算公式为：BMI=实际体重（kg）÷身高（m）的平方。按照国内通用的标准，只要BMI数值在18.5～23.9即为体重适宜；小于18.5为消瘦；达到24即为超重（超重是较轻度的肥胖）；达到28为肥胖。

2. 标准体质指数法　计算公式如下。

标准体质指数=（实际测量体重－标准体重）÷标准体重×100%

我国常用的标准体重指数计算公式为Broca改良式：

男性：标准体重（kg）=身高（cm）-105

女性：标准体重（kg）=身高（cm）-105-2.5

按上式计算，标准体重±10%为正常体重；超过10%～20%为过重；超过20%为肥胖；低于10%～20%为过瘦弱；低于20%者为严重瘦弱。

3. 腰围　是一个既独特又简便的体重判断的方法。

目前用腰围判断肥胖的国内标准是男性腰围≥85cm、女性≥80cm者即为腹型肥胖。值得注意的是，有一些人，整个体重的重量可能并不超标，但腰围超标，这种情况也属于肥胖，并对健康有害，应该减少腰围。当然，不论何种类型的肥胖，减肥都必须在整体上进行，局部减肥几乎是不可能的。

上述三个指标（体质指数、标准体质指数和腰围）是目前判断体重是否适宜的通用方法。在实际生活中，利用其中的任何一个都可以，只要有一个指标超过或低于标准值，即可认为是肥胖或消瘦。

4. 孕妇体质指数　妇女妊娠前体质指数与妊娠期体重增加适宜标准存在争议。目前，WHO主要采用2009年美国医学会修订的《孕期体重增加指南》中妊娠前BMI和妊娠期体重增加适宜标准（妊娠前BMI<18.5，妊娠期体重宜增加12.5～18.0kg；妊娠前BMI为18.5～24.9，妊娠期体重适宜增加11.5～16.0kg；妊娠前BMI为25.0～29.0，妊娠期体重适宜增加7.0～11.5kg；妊娠前BMI>30，妊娠期体重适宜增加5.0～9.0kg）。我国一些学者认为，中国与欧美人口的体质存在差异，因此对我国孕妇妊娠前BMI与妊娠期体重增加适宜标准做了进一步修订。2007年《中国营养师培训教材》推荐妊娠前BMI与体重增长推荐值为：妊娠前BMI<19.8，妊娠期体重适宜增加12.5～18.0kg；妊娠前BMI为19.8～26.6，妊娠期体重适宜增加11.5～16.0kg；妊娠前BMI为26.0～29.0，妊娠期体重适宜增加7.0～11.5kg；妊娠前BMI>29，妊娠期体重适宜增加6.0～6.8kg，这与美国标准有一定区别。2008年，Leung等探讨了香港地区妊娠期体重增加适宜标准，推荐BMI<18.5，妊娠期体重适宜增加13.0～16.7kg；妊娠前BMI为18.5～23.5，妊娠期体重适宜增加11.0～16.4kg；妊娠前BMI>23.5，妊娠期体重适宜增加7.1～14.4kg。

二、体重管理原则

建立在有效控制体重并且易于长期坚持的原则上，体重管理首先要控制总热量的摄入（为正常人群需要量的80%左右）；然后在均衡营养的前提下，适量提高蛋白质的摄入量，降低脂肪尤其是饱和脂肪酸的摄入量。

第六章 管道护理技术

学习目标

（1）了解留置各种引流管的护理原则及护理要点。
（2）熟悉各种置管术的定义及评估要点。
（3）掌握各种置管术的操作技术及注意事项。

管道是临床上用于诊断和治疗疾病的重要手段和不可缺少的重要工具，是危重病患者的生命通道，涉及临床各个学科和人体的各个部位。根据引流目的不同，留置引流可以划分为治疗性引流、预防性引流和检查性引流。治疗性引流是将腹膜炎产生的脓液、血液、淋巴液、消化液、渗出液及在封闭腹腔前使用的残余清洗液排出体外；预防性引流是在伤口周围及容易淤积液体的部位插入引流管，防止术后并发症的发生；检查性引流是在对术后出血或缝合不良进行评估时，可以从排出体外的液体性状和成分中获取所需要的数据。

第一节 管道护理原则

一、妥善固定原则

大多数管道置入时患者有不适甚至痛苦感，因此，护理时应妥善固定，防止管道滑脱或扯出。固定时要防止引流管打折、受压、扭曲、牵拉、脱落或意外拔管；顺各引流管停留的方向进行固定；躁动不安的患者应有专人看护，必要时给予保护性约束。一旦出现意外拔管，及时通知医生并做相应的处理；在患者步行、坐下、站立时，协助固定管道和引流装置。

二、保持通畅原则

无论何种管道，均应保持通畅，以发挥其治疗、诊断及观察疾病的作用。护士应密切监测引流管通畅情况，及时发现并处理引流困难管道；负压引流者，要保持适宜的负压。

三、预防感染原则

大多数管道置入时是有创的，所以操作中应严格遵守无菌原则，防止发生感染。留置引流时，保持整个引流系统的密闭性，防止感染；引流袋（瓶）本身具有培养细菌滋生的条件，因此大部分引流袋（瓶）放置的高度不能超过引流管的插入部位（脑室引流管除外），避免反流而引起感染。

四、严密观察原则

护理人员应注意管道置入的目的、作用等，密切观察管道置入过程中和置入后患者的反应，监测记录生命体征，及时发现并处理相关并发症。

1. 感染 护士定期在无菌操作下更换引流装置，严防感染。

2. 引流管阻塞或引流不畅 引流管不可受压、扭曲、打折，定期以离心方向挤捏，若有阻塞可用注射器回抽，但禁止擅自冲洗。

3. 出血 若腹腔内出血，引流液会变成鲜红色，每小时的引流量超过 200ml。对于出血的患者应密切观察生命体征的变化并同时注意观察是否有出血性休克的征兆。

4. 吻合口漏 若引流液伴有粪臭味，应怀疑吻合口漏；同时应注意观察患者是否有发热、腹痛、腹胀等症状；若引流液为乳白色，应怀疑乳糜漏。

5. 水、电解质、酸碱平衡紊乱 准确记录出入量，观察患者的神志、皮肤黏膜、尿量等。

第二节 各种引流管护理

一、脑室引流管

脑室穿刺引流术（图 6-1）是经颅骨钻孔或锥孔行脑室穿刺放入引流管，将超过正常容量的脑脊液排出脑室外，以降低颅内压力的技术。脑室穿刺引流术适用于颅内高压、颅内动脉瘤等患者，是行颅内治疗的重要手段；凝血功能障碍或血小板减少、颅内血管畸形、组织中线过度偏移、硬膜下积脓或脑脓肿的患者禁用（图 6-2）。

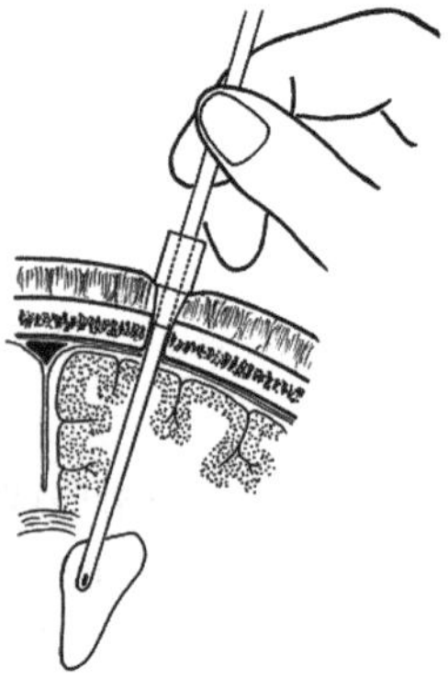

图 6-1 脑室穿刺引流术

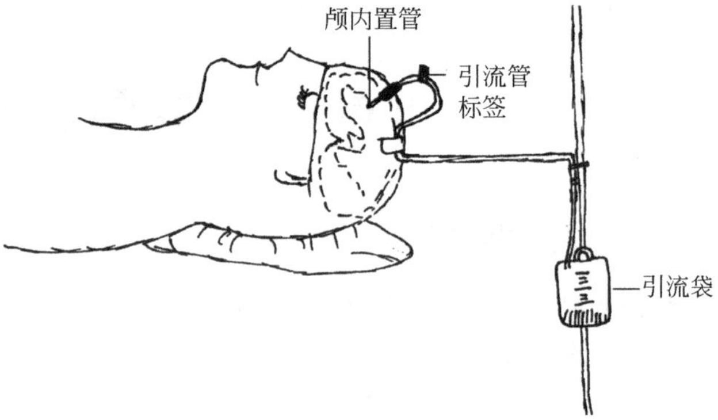

图 6-2 脑室引流装置图

（一）评估要点

（1）评估患者的年龄、病情、意识、生命体征、心理状况、对疾病的认识程度、配合程度等。

（2）评估患者留置引流管的目的和时间，伤口敷料有无渗血、渗液，引流管口皮肤情况及引流情况。

（3）评估环境是否达到清洁、安静、温度适宜、光线充足、关闭门窗、减少不必要人员走动等要求。

（二）操作步骤

（1）准备：消毒液、治疗巾、纱布、透明胶带、绳、橡皮筋、标尺、快速手消毒液。

（2）核对：备齐用物携至床边，核对；向患者解释操作目的及配合要点，取得患者的合作。

（3）体位：协助患者取平卧位，确认脑室引流管处于暂时关闭状态。

（4）铺巾：铺治疗巾，位置在患者脑室引流管下方。

（5）固定：将输液架固定于床头，标尺用橡皮筋固定在输液架上。标尺的 0 点刻度与患者仰卧位时的外耳道在同一水平面，侧卧时与鼻尖在同一水平面；将接在脑室引流管末端的引流瓶用绳子悬挂固定在标尺上，引流瓶抬高的高度，成人一般为 10～15cm 为宜（高度以引流瓶瓶口的水平到外耳道或鼻尖水平的高度）。引流管与引流瓶的三通连接处用无菌纱布包裹。

（6）检查：检查引流管的连接是否紧密，有无弯曲、打折、牵拉，确认无误后开放脑室引流管。

（7）标记：引流管名称、留置的日期。

（8）再次核对：患者的身份及脑室引流管抬高的高度。

（9）整理床单位，清理用物，做好观察，记录引流物的色、质、量等。

（三）注意事项

（1）妥善固定引流管，引流管不可受压、扭曲、打折，固定时注意留有足够长度引流管，方便患者翻身。

（2）保持有效高度，控制引流速度及量，防止因过快过多或过慢过少引起颅内压的变化。

（3）保持引流通畅，引流系统的密闭和无菌，观察引流管内的液面有无随患者的呼吸、脉搏等上下波动。

（4）翻身或改变体位时需夹闭引流管，防止逆行感染。

（5）拔管前 1d，需夹闭引流管 24h，观察患者有无头痛、呕吐等颅内压升高的症状，如有异常需立即报告医生并开放引流管。

二、腰椎引流管

腰椎引流是经腰椎放置引流管至腰大池，引流颅内循环的脑脊液，减轻其对脑室的刺激，缓解症状，并留取标本检验，进行诊断和指导治疗，是神经科临床常用的检查方法之一，对神经系统疾病的诊断和治疗有重要价值，简便易行，且比较安全；适用于中枢神经系统炎性病变、蛛网膜下隙出血、脑膜瘤、脊髓病变及多发神经根病变等疾病的检查。颅内压明显升高和穿刺部位局部皮肤、皮下组织或脊柱有感染及严重凝血功能障碍等患者禁止穿刺。

（一）评估要点

（1）评估患者的年龄、病情、意识、生命体征、心理状况、对疾病的认识程度、配合程度等。

（2）评估患者留置引流管的目的和时间，伤口敷料有无渗血、渗液，引流管口皮肤情况及引流情况。

（3）评估环境是否达到清洁、安静、温度适宜、光线充足、关闭门窗、减少不必要人员走动等要求。

（二）操作步骤

（1）物品准备：腰椎穿刺包 1 个，2%利多卡因 1 支、10ml 注射器 1～2 个、5ml 注射器 1～2 个、无菌手套 2 副、治疗盘、无菌棉球、2.5%碘酊、75%乙醇、胶布、垃圾桶、快速手消毒液，根据需要准备鞘内注射的药物。

（2）核对：核对医嘱、治疗卡；携用物至床旁，核对患者身份；向患者解释操作目的及配合要点，安慰、鼓励患者，取得患者的合作。

（3）体位：协助患者取去枕屈曲侧卧位，躯干与床面垂直，头颈向前屈曲抱膝，使腰椎后凸，椎间隙充分增宽，充分暴露穿刺部位；或者由助手在术者对面用一手抱患者头部，另一手挽住患者双下肢腘窝处并用力抱紧，便于进针（图 6-3）。

（4）铺巾：在患者背后床上铺无菌治疗巾。

（5）穿刺点选择：一般选择 T_3T_4 髂嵴最高点连线中点（图 6-3）。

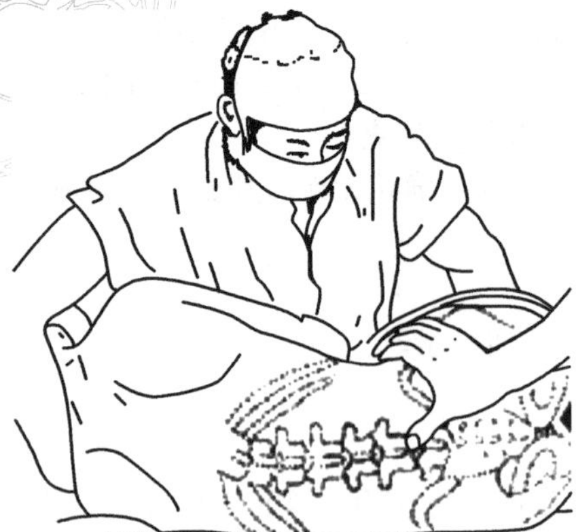

图 6-3　腰椎穿刺的部位

（6）消毒和麻醉：穿刺部位经常规消毒后，操作医生戴无菌手套，铺洞巾。用 2%利多卡因在穿刺部位注射皮丘，皮下浸润麻醉，整个操作应严格执行无菌操作。

（7）穿刺：操作者用左手固定穿刺部位皮肤，右手持穿刺针，针头斜面向上刺入皮下，方向与背平面横轴垂直，针头略向头端倾斜，缓慢进入。刺入韧带时可感受到一定阻力，当阻力突然减低时提示已刺入蛛网膜下隙，可拔出针芯让脑脊液流出。如未见脑脊液流出，将穿刺针退至皮下更换一个角度后再次进针。成人穿刺深度为 4～6cm，儿童为 2～4cm。操作过程中随时观察患者的病情变化，如患者出现不适，可嘱患者深吸气，扶持患者，防止断针等意外发生。

（8）测压：以测压管紧接针柄进行脑脊液压力测定。测压时令患者全身放松，如测压管中脑脊液液面随患者呼吸、脉搏或腹部加压搏动明显，表明穿刺针的针尖位置正确。待测压管中脑脊液液面平稳后，读数并记录其压力。当压力超过 20cmH_2O，或滴速超过 50 滴/分，提示颅内压增高。压力过高时放液速度不可太快，防止椎管内压力降低引起脑疝。

（9）收集脑脊液：缓慢放出脑脊液 3～4ml，分别放于试管中送检。必要时鞘内注射药物或行药物灌洗。一般常规脑脊液细胞学检查仅需 0.5～1.0ml 脑脊液。

（10）拔除穿刺针：插入针芯，拔除腰椎穿刺针，穿刺点消毒，覆盖无菌纱布，并用胶布固定。

（11）再次核对患者身份。

（12）安置患者：协助患者取去枕平卧体位，告知患者穿刺术后的注意事项；整理床单位，清理用物。

（三）注意事项

（1）操作前和操作过程中随时观察患者的病情变化，并鼓励患者配合，消除恐惧心理，在穿刺过程中如患者出现不适，可嘱患者深吸气，扶持患者，防止断针等意外发生。

（2）密切观察患者面色、脉搏、呼吸、意识，有异常及时报告操作者。

（3）当压力超过 20cmH_2O，或滴速超过 50 滴/分，提示颅内压增高。压力过高时放液速度不可太快，防止椎管内压力降低引起脑疝。

（4）术后协助并指导患者全身放松，去枕平卧 4～6h，之后仍以卧床休息为主。

（5）脑脊液标本及时送检，以免影响检查结果。

（6）指导患者保护局部，穿刺针眼敷料防止潮湿、污染，24h 内不宜沐浴，以免引起局部或椎管、颅内感染。

（7）若脑脊液自硬膜穿刺孔外漏引起低颅压综合征，可表现为坐起或站立时头痛加重，平卧位头痛减轻，重者有头晕、恶心、呕吐，应及时通知医生，遵医嘱输入低渗盐水，改善症状。

三、胸腔闭式引流管

胸腔闭式引流管是指放置在胸膜腔用于排除胸腔内积气或积液的管道（图 6-4）。留置胸腔引流管还可以达到重建胸腔负压，维持纵隔的正常位置，平衡两侧胸腔压力，最终促进肺复张的作用。适用于外伤性或自发性气胸、血胸、脓胸及心胸手术后的引流等。

（一）评估要点

（1）评估患者的年龄、病情、意识、生命体征、心理状况、对疾病的认识程度、配合程度等。

（2）评估患者留置引流管的目的和时间，伤口敷料有无渗血、渗液，引流管口皮肤情况、伤口周围有无皮下气肿及引流情况。

（3）评估环境是否达到清洁、安静、温度适宜、光线充足、关闭门窗、减少不必要人员走动等要求。

（二）操作步骤

（1）物品准备：无菌水封瓶1个、止血钳2个、量杯、棉签、治疗巾、治疗包、无菌棉球、无菌纱布、清洁手套1副、无菌手套1副、75%乙醇、生理盐水、0.5%安尔碘消毒液、胶布。

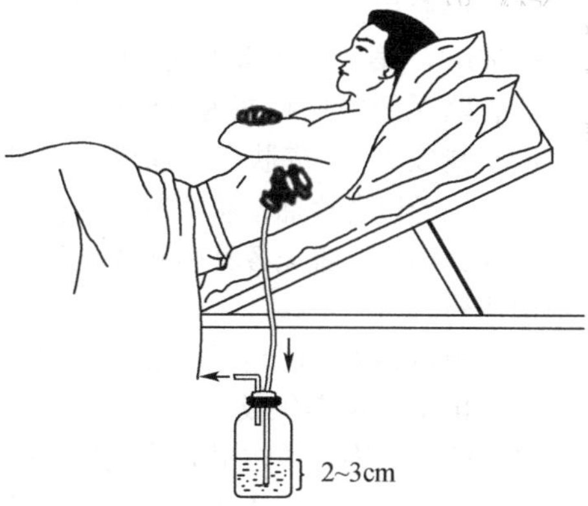

图6-4　胸腔闭式引流管

（2）核对：核对医嘱、治疗卡；携用物至床旁，核对患者身份；向患者解释操作目的及配合要点，安慰、鼓励患者，取得患者的合作。

（3）体位：协助患者取半坐卧位。

（4）铺巾：铺治疗巾，在患者引流管口下方放置弯盘。

（5）更换水封瓶：暴露引流管与水封瓶的连接处，戴无菌手套；用两把止血钳双向夹紧引流管近端，分离引流管及水封瓶，由内向外消毒引流管口及周围，将新的水封瓶与引流管连接；松开两把止血钳，观察引流情况，确认引流通畅，妥善固定引流管及水封瓶。

（6）更换伤口敷料：揭开伤口敷料，观察伤口是否有感染、渗液、出血或缝线脱落的情况；消毒皮肤伤口（以酒精棉球消毒伤口，由中心向外消毒），盖上敷料，胶布固定，脱手套，擦手。

（7）再次核对：核对患者身份。

（8）整理床单位，清理用物，做好观察，记录引流物的色、质、量等。

（9）观察和记录：①注意观察长玻璃管中的水柱波动。因为水柱波动的幅度反映无效腔的大小与胸膜腔内的负压的大小。一般情况下水柱上下波动范围为 4～6cm。若水柱波动过高，可能存在肺不张；若无波动，则提示引流管不畅或肺已完全扩张；但若患者出现胸闷气促、气管向健侧偏移等肺受压的症状，应疑为引流管被血块堵塞，需设法捏挤或使用负压间断抽吸引流瓶的短玻璃管，促使其通畅，并立即通知医生处理。②观察引流液的量、性质、颜色，并准确记录。

（三）注意事项

（1）严格执行无菌操作。更换伤口敷料或水封瓶时要戴口罩、手套，注意手卫生、清洁插管处，每48～72h以及需要时更换插管处的敷料。更换敷料时使用凡士林纱布。管道与水封瓶接口处用无菌纱布包裹，并保持干净，每日更换。需要时更换引流瓶或引流袋。

（2）保持管道的密闭性和有效固定：确认胸腔闭式引流装置整个引流系统连接紧密，且固定稳妥。确保引流瓶保持直立状态。水封瓶长管应浸入水中3～4cm。将引流瓶放置于安全处，保持引流瓶低于胸壁引流口60～100cm位置。适当留出足够长的管道以便于患者移动。翻身时注意防止管道受压、扭曲。搬运患者或更换引流瓶时应用两把钳双向夹闭管道，防止气体进入胸腔。

（3）保持管道的通畅：监测X线报告以确定管道的位置。定期以离心方向挤捏管道，检查管道是否通畅。通过观察引流液的情况和水柱波动来判断引流是否通畅，一般水柱波动在 4～6cm，若过高可能存在肺不张，若无波动则是引流不畅或肺已完全复张。观察胸腔积液体征。若患者出现胸闷气促、气管向健侧偏移等肺受压症状，应怀疑引流管被血块阻塞，需设法挤捏或使用负压间断抽吸引流管的短管，促使其通畅，并与医生协商处理。

（4）确保引流的效果：观察患者留置管道后的呼吸情况和主诉。观察患者动脉血氧饱和度的变化。观察胸腔引流液的量、颜色和性状，第一个 8h 多为血性液。一般正常引流量为第一个 2h 为 100～300ml，第一个 24h 约为 500ml。监测管路中液面起伏、液体排出和漏气情况。监测胸腔闭式引流管路系统中抽吸瓶内气泡溢出处和水柱波动情况。观察插管处周围及其他部位有无出现皮下气肿（捻发音），皮肤有无渗液、红肿。观察体温和白细胞的变化，有无感染征象。

（5）减轻患者疼痛：咳嗽时用手按压伤口。用软枕双手交叉抱在胸前，轻轻用手按压，以保护伤口，减少疼痛。避免各种引起管道牵拉的动作。练习腹式节律深呼吸。分散患者注意力，必要时采用镇痛药。

（6）预防感染：严格无菌操作，防止逆行感染。鼓励患者深呼吸、有效咳嗽、排痰，必要时按医嘱应用抗生素和雾化吸入。

（7）预防气胸。预防引流管连接处脱落和意外拔管。随时检查引流装置是否密闭及有无妥善固定。在床边准备两把无齿止血钳，以备随时急用，并教会患者脱管的紧急处理方法：①引流管连接处脱落时，应立即用两把无齿止血钳夹闭或反折近胸端引流管，并更换引流装置；②引流管于胸壁伤口脱出，立即用手顺皮肤纹理方向捏紧引流口周围皮肤（注意不要直接接触伤口），并立即通知医生做进一步处理。

（8）指导患者进食高蛋白、高热量和富含维生素的食物，并注意补充营养和水分、注意水和电解质的平衡。

（9）拔管护理：一般置管 48～72h 后，无气体溢出或引流量明显减少，24h 引流液小于 50ml，脓液小于 10ml，胸片示肺膨胀良好、无漏气，无呼吸困难，则可拔管。拔管后要严密观察有无胸闷、呼吸困难、切口漏气、渗液、出血、皮下气肿等。

四、“T”形引流管

胆管疾病手术治疗时，应用“T”形管引流，使胆汁经引流管进入肠道或分流至体外，减轻术后胆总管压力，防止胆汁外漏而引起胆汁性腹膜炎、膈下脓肿等并发症；促进炎症的消退，有利于愈合；引流残余结石；支撑胆管，防止胆管狭窄、梗阻等并发症的发生；术后行胆管镜取石、造影等（图 6-5）。

“T”形管材质多为橡胶、硅胶、乳胶制品，全长约 40cm，有双臂伸出，形似“T”字。临床上以乳胶制品多见（图 6-6）。

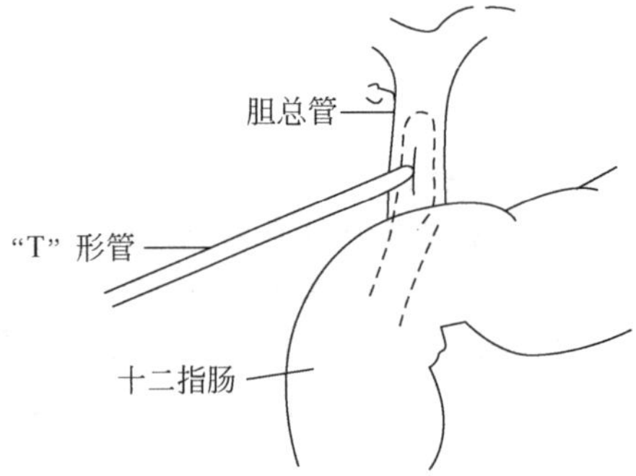

图 6-5　“T”形管引流原理图

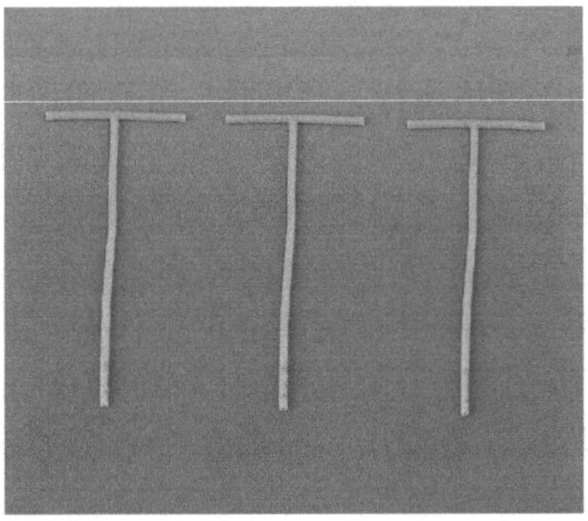

图 6-6　“T”形管

（一）评估要点

（1）评估患者的年龄、病情、意识、生命体征、心理状况、对疾病的认识程度、配合程度等。

（2）评估患者的手术方式、留置引流管的目的和时间，伤口敷料有无渗血、渗液，引流管口皮肤情况及胆汁引流物量、颜色、性质。

（3）评估环境是否达到清洁、安静、温度适宜、光线充足、关闭门窗、减少不必要人员走动等要求。

（二）操作步骤

（1）用物准备：无菌引流袋 1 个、止血钳、量杯、棉签、治疗巾、治疗包、无菌棉球、无菌纱布、清洁手套 1 副、无菌手套 1 副、75%乙醇、生理盐水、0.5%安尔碘消毒液、胶布，快速手消毒液。

（2）核对：核对医嘱、治疗卡；携用物至床旁，核对患者身份；向患者解释操作目的及配合要点，安慰、鼓励患者，取得患者的合作。

（3）体位：协助患者取平卧位或半卧位。

（4）铺巾：铺治疗巾，在患者引流管口下方放置弯盘。

（5）排空引流：带清洁手套倾倒引流液于量杯，观察胆汁的性质、量、颜色、气味。

（6）更换引流袋：暴露“T”形管与引流袋的连接处，戴无菌手套；用止血钳加紧引流管近端，分离引流管及引流袋由内向外消毒引流管口及周围，将新的引流袋与“T”形管连接；松开止血钳，观察引流情况，确认引流通畅，妥善固定引流管及引流袋。

（7）更换伤口敷料：揭开伤口敷料，观察伤口是否有感染、渗液、出血或缝线脱落情形；消毒皮肤伤口（以酒精棉球消毒伤口，由中心向外消毒），盖上敷料，胶布固定，脱手套，擦手。

（8）再次核对：核对患者身份并在治疗单上签名。

（9）整理床单位，清理用物，做好观察，记录引流物的颜色、性质、量等。

（三）注意事项

（1）妥善固定“T”形管。患者翻身或被动搬动时，注意防止“T”形管脱出，烦躁不安的患者适当给予约束，避免拔出“T”形管。若“T”形管在手术后 4d 内脱出，易发生胆汁漏或胆汁性腹膜炎。此时，立即用导尿管经原引流口置入，如胆汁引流通畅，固定导尿管，继续观察。若导尿管不能置入，B 超证实腹腔内大量渗液，患者出现明显的胆汁性腹膜炎症状，应重新开腹行胆总管置“T”形管和腹腔引流。术后 2 周以上脱出，视病情考虑拔管或重新置管固定。

（2）保证管道通畅。勿受压及屈曲管道，妥善固定，防止脱出。若“T”形管突然不流胆汁，可能有泥沙样结石或蛔虫阻塞管腔，在医生指导下用生理盐水冲洗或取石钳夹出蛔虫或结石。

（3）防止并发症。①胆道出血：观察并记录引流的血量，若每小时出血大于 100ml，持续 3h 以上，或患者有血压下降、脉细数等早期休克表现，立即报告医生，并配合抢救。②黄疸：术前有慢性肝炎、肝硬化或肝功能损害者，术后可能出现黄疸，一般 3～5d 会减退。若术前有重度肝功能损害或术中损伤了胆管，术后黄疸时间比较长者，应观察病情，注意血清胆红素浓度，发现问题及时报告医生。③胆漏：原因可能为“T”形管脱出、胆管损伤或胆总管下段梗阻。若患者切口处有黄绿色胆汁样渗出物，每小时大于 50ml，应疑为胆漏。立即通知医生并协助处理。长期存在胆漏且渗出物较多者，应补充热量和维生素，维持水电解质平衡，能进食者给予低脂、高维生素饮食，少量多餐。

（4）若“T”形管引流逐渐减少，胆汁量小于 200ml/d，颜色正常、澄清，透明。可在术后 10d 左右，试行夹管 1～2d，夹管期间应注意观察病情，患者若无发热、腹痛、黄疸等症状，经“T”形管造影证实胆道通畅，无残余结石，持续开放“T”形管 24h，充分引流造影剂后，再夹管 2～3d，患者仍无不适即可拔管。

（5）拔管后残留窦道可予凡士林纱布填塞，有时会从引流口流出少量胆汁，属于正常现象。第二日由医生换药处理即可，一般 3～5d 引流口可自行愈合。如果流出胆汁较多应通知医生处理。

（6）若胆道造影发现有结石残留，则需保留“T”形管 6 周以上，再做取石或其他处理。

（7）嘱患者进清淡、易消化、低脂食物，并注意补充水分及盐分；出院后，可间断夹闭“T”形管，每日开放 1～2h，并每周门诊复诊更换引流管口敷料及引流袋，如有胆汁从漏口流出，须及时更换敷料，保持伤口周围皮肤清洁、干燥。

五、胃肠引流管

（一）胃肠引流术

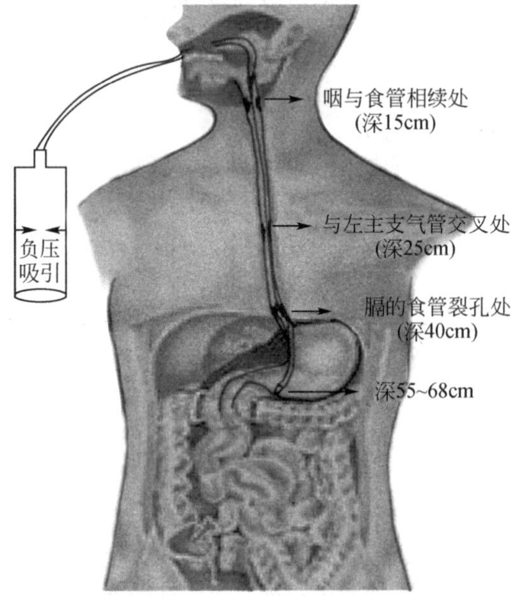

图 6-7　胃管负压吸引原理图

胃肠引流是将胃管经鼻腔插入胃内，外接胃肠减压器，用于预防腹部手术中出现的呕吐、窒息及腹胀，利于手术操作；减轻胃肠道内压力，解除或避免腹胀，改善胃肠壁的血液循环，促进胃肠功能恢复；减轻吻合口或伤口的张力，促进愈合；观察判断有无消化道出血的发生（图 6-7）。鼻咽部有癌肿或存在急性炎症狭窄、食管静脉严重曲张、吞食腐蚀性药物、支气管哮喘、严重心肺功能不全等情况的患者禁止插管。

胃管长约 125cm，有 10 号、12 号、14 号、16 号，头端有 5～6 个侧孔，使用时将其头端置入胃腔内以吸出胃内液体及气体。目前临床广泛使用的硅胶胃管与组织相容性大，胃管头端较硬，含导丝，便于顺利插入，管壁柔软，对患者刺激小；末端连接一小塞子，灌注后只需将小塞子塞住末端开口；管道是透明的，便于观察管内情况；管前端侧孔较大，便于灌注食物或引流。而橡胶胃管因组织相容性小，胃管头端软逐渐被临床淘汰。

1. 评估要点

（1）评估患者的年龄、病情、意识、生命体征、心理状况、对疾病的认识程度、配合程度等。

（2）评估患者局部鼻腔情况：有无鼻中隔偏曲、鼻息肉、鼻腔炎症、鼻腔阻塞、脑脊液鼻漏或其他不宜插管的疾病及有无义齿等。

（3）评估环境是否达到清洁、安静、温度适宜、光线充足、关闭门窗、减少不必要人员走动等要求。

2. 操作步骤

（1）用物准备：治疗盘、治疗巾、硅胶胃管、液体石蜡、弯盘、听诊器、镊子、手电筒、纱布、棉签、胶布、50ml 注射器、治疗碗内盛温开水、负压引流瓶、安全别针、快速手消毒液，必要时准备舌钳及开口器、垃圾桶。

（2）核对：核对医嘱、治疗卡；携用物至床旁，核对患者身份；向患者解释操作目的及配合要点，安慰、鼓励患者，取得患者的合作。

（3）体位：协助患者取右侧卧位或半卧位。

（4）铺巾：铺治疗巾，在患者颌下放置弯盘。

（5）检查清洁鼻腔：检查鼻腔情况，用棉签清洁鼻腔结痂及分泌物，清洁鼻腔。

（6）润滑管道：充分润滑胃管的前端，表面涂以液体石蜡。测量长度：测量并标记胃管应置入的长度。成人：平卧位时置入的长度是从前额发际至胸骨剑突的距离，坐位时置入的长度是从鼻尖经耳垂至胸骨剑突的距离，45～55cm，胃肠减压胃管长度是在以上置入长度的基础上再增加 5～

10cm。新生儿：从鼻尖到剑突约 10cm。婴幼儿：耳垂经鼻尖至胸骨剑突的距离 14～18cm。学龄儿童：耳垂经鼻尖至胸骨剑突的距离 20～25cm。估计深度：成人一般胃管插入 40～45cm 表示已达贲门，50～60cm 已达胃内，60～65cm 已达幽门。测量完做好标记。

（7）插管：将胃管从鼻腔插入，嘱患者做吞咽动作，随患者吞咽顺势送管至测量标志处，做初步固定，插管过程中如出现剧烈恶心、呕吐，则暂停插入，嘱患者做深呼吸，休息片刻再插；出现咳嗽、呼吸困难、发绀等现象，表明鼻胃管误入气管，应立即拔出，稍作休息再插管；必要时让患者饮少量温水，随吞咽动作插管，插入不畅时检查胃管是否盘曲在口中；动作轻柔，避免损伤食管黏膜，尤其通过试管三个狭窄部位时；昏迷患者插管时应去枕，头向后仰（机械通气患者采用端坐位或半卧位），插入 15cm 时，将患者头部托起，使下颌靠近胸骨柄，便于胃管顺利通过会厌部；另可采用侧卧位拉舌法，即予患者侧卧位，插入胃管 12～14cm，遇到阻力时助手用舌钳将患者舌体拉出，即可顺利插入鼻肠管。

（8）判断位置：检查胃管是否在胃腔，并抽取胃内积血及分泌物。三种判断位置的方法：将胃管末端放入盛水碗内，无气泡逸出；用注射器从胃内注入 10ml 空气，同时置听诊器于胃部，能听到气过水声；用注射器抽吸，有胃液被抽出。通过检测回抽物 pH（≤5.5）或结合 X 线也能确认胃管是否在胃内。

（9）连接负压装置：用胶布将胃管固定于鼻翼及脸颊，用安全别针固定于衣服或枕旁；检查并连接胃肠减压装置，定期挤压以保持有效负压引流，必要时接中心负压吸引装置持续负压吸引。1～2h 挤压负压装置 1 次；调节合适负压，若负压过高，胃黏膜会吸附在导管小孔使之堵塞。

（10）再次核对：核对患者身份并在治疗单上签名。

（11）整理床单位，清理用物，做好观察，记录引流物的色、质、量等。胃肠术后 24h 内可引流出少量血性液或咖啡样液 100～300ml，若每小时引流血性液大于 200ml，则及时汇报医生并处理。

3. 注意事项

（1）插管前应仔细检查胃管的性能和质量。

（2）留管期间，要经常抽吸胃内容物，避免胃膨胀而引起呕吐，并记录每日胃液吸出量及性质，以供每日补充水、电解质参考。

（3）胃肠减压期间禁食、水。如果须服药，将药物研碎溶于水后从胃管注入，用温开水冲洗胃管后夹管 1～2h，以免药物被吸出。

（4）保持口腔清洁，勿张口呼吸，防止口唇干裂，口唇可用盐水纱布覆盖，并涂石蜡油，深呼吸，有效咳嗽排痰，预防肺部并发症；每日口腔护理 2～3 次，清醒、禁食的患者可给予温盐水或根据医嘱予中药漱口液漱口等。

（5）嘱患者进行床上翻身、踢腿、抬腰等锻炼，有利于胃肠功能的恢复。

（6）呃逆处理：深吸气后，屏气或快饮一杯水、做吞咽动作、诱发呕吐、艾灸天突穴等。

（7）咽痛、咽感不适处理：雾化吸入或在插管鼻腔滴石蜡油或复方薄荷脑滴鼻液，以减少胃管对鼻黏膜的刺激，减轻咽喉部疼痛。

（8）意外脱管：避免擅自拔出胃管，一旦胃管脱出应及时报告医生并协助处理。

知识链接

胃肠引流拔管指征

（1）拔管指征是患者肛门已排气，肠蠕动恢复，无明显腹胀、腹痛或需更换胃管者（普通胃管每周、硅胶胃管每月更换 1 次）。

（2）拔管前嘱患者屏气，将胃管反折夹紧，用纺纱布或纸巾包裹胃管，动作轻柔，到咽喉处快速拔出，协助患者漱口，清洁面部，擦去胶布痕迹。

（二）留置三腔二囊管压迫止血术

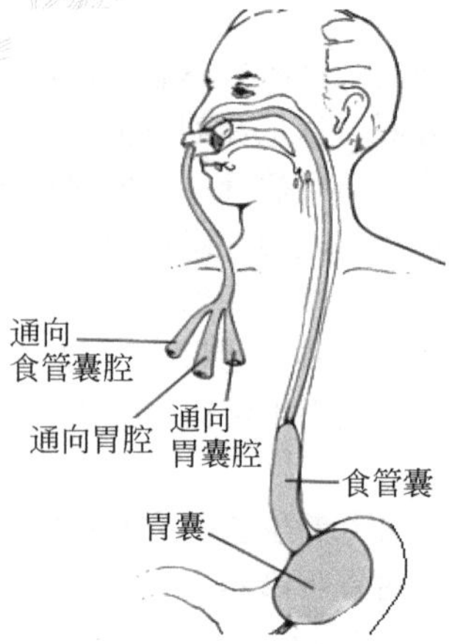

图 6-8　三腔二囊管

三腔二囊管留置压迫止血是食管胃底静脉曲张急性出血的抢救措施，宜在药物不能控制出血时使用，以争取时间准备其他治疗措施，是一种简单、安全、便捷、经济的治疗方法，尤其在肝硬化门静脉高压引起食管胃底静脉曲张破裂大出血急性期，压迫止血效果显著。严重心脏病、高血压、胃穿孔、食管狭窄、食管梗阻、心功能不全等患者慎用。

三腔二囊管的两个气囊分别为胃囊和食管囊，三腔管内的三个腔分别通往两个气囊和患者的胃腔（图 6-8）。

1. 评估要点

（1）评估患者的年龄、病情、意识、生命体征、心理状况、对疾病的认识程度、配合程度等。

（2）评估患者消化道症状、出血情况；评估局部鼻腔情况：有无鼻中隔偏曲、鼻息肉、鼻腔炎症、鼻腔阻塞、脑脊液鼻漏或其他不宜插管疾病及有无义齿等。

（3）评估环境是否达到清洁、安静、温度适宜、光线充足、关闭门窗、减少不必要人员走动等要求。

2. 操作步骤

（1）用物准备：治疗包、三腔二囊管 1～2 条、治疗巾 2 条、治疗盘、纱布、棉签、压舌板、听诊器、手电筒、治疗碗内盛适量温开水、50ml 的甘油注射器、5ml 注射器、血压计、玻璃接头、止血钳 2 把、负压瓶、胶布、无菌液体石蜡（20ml）2 支、快速手消毒液、无菌手套 2 对、剪刀。

1）牵引用物：滑车牵引固定架、滑轮、绷带、牵引物、棉垫、500g 重的沙袋或 500ml 液体。

2）检查气囊：戴无菌手套，检查气囊有无松脱、漏气，用注射器向胃气囊注气 150～200ml，囊内压达 40～50mmHg，食管囊内注气 100～150ml，囊内压达 30～40mmHg，用血管钳夹管仔细检查气囊有无损坏、漏气或变形，然后再用注射器将囊内空气抽尽，用血管钳夹紧两气囊管，以防气体进入气囊内，并对三个通道的外口做好标记，并辨认管壁上 40cm、60cm、65cm 三处标记是否清晰。

（2）核对医嘱、治疗卡，向患者解释操作目的及配合要点，安慰、鼓励患者，取得患者的合作。

（3）携用物至床旁，核对患者身份。

（4）体位：帮患者取仰卧位或半卧位，清洁鼻腔，用手电筒查看鼻腔有无鼻中隔偏曲、鼻腔炎症和阻塞等；垫治疗巾于颌下，在剑突处作标记，清洁手，打开治疗包，放入液体石蜡、注射器等用物，放弯盘至颌下，备好胶布。

（5）测量长度：前发际至剑突的长度再增加 5～10cm，约 65cm，测量长度后戴无菌手套。

（6）润滑管道：将液体石蜡 1～2 支倒入碗内，将胃囊及食管囊全部浸泡在液体石蜡中。

（7）插管：用液体石蜡抹三腔二囊管及患者鼻腔，使其润滑→核对→卷好食管囊、胃囊（边卷边插）→缓慢插入 14～16cm（会厌部），嘱吞咽（昏迷患者此时以左手托起头部前屈同时送管）随患者吞咽顺势送管至 65cm 处，检查胃管是否在胃腔，并抽取胃内积血及分泌物。患者有恶心，则停止片刻嘱深呼吸。插入不畅则检查管是否盘曲在口中，出现呛咳、发绀等立即拔出，休息后重插。

（8）判断胃管位置的三种方法：参见“胃肠引流术”。通过上述三种方法检测到管在胃内后，再进 2～3cm，胃囊打气后往外拉，看能否卡在胃底，避免一部分胃气囊在食管部位。

（9）固定牵引：鼻旁固定管，胃管接负压引流袋，向胃气囊内注气 150～200ml，压力维持在 40～50mmHg，测压后补注 5ml 空气，开口部反折弯曲后，用止血钳夹紧胃囊管外口，向外牵引三腔管，遇阻力时，表示胃囊已达胃底部，向食管囊内注气 100～150ml，压力维持在 30～40mmHg（图 6-9），测压后补注 5ml 空气，开口部反折弯曲后，用止血钳夹紧食管囊的管外口，用压力计检测压力。向外牵引三腔管，遇阻力时，将管外端接一绷带，用 500g 重沙袋或 500ml 盐水瓶通过滑轮固定于床架上持续牵引。角度成 45°，牵引物距地面 30cm 左右（图 6-10），在鼻腔出口处导管上做好标志。

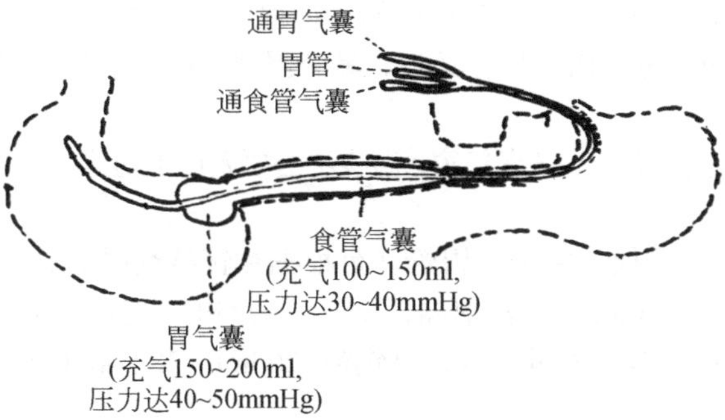

图 6-9　三腔二囊管气囊充气原理

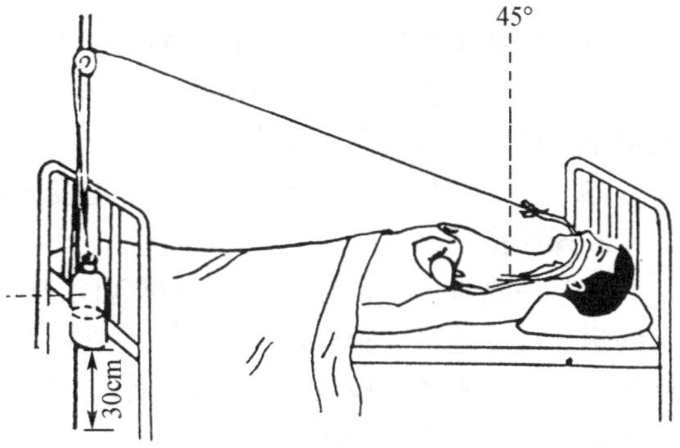

图 6-10　三腔二囊管压迫止血示意图

（10）连接负压吸引器：必要时将食管引流管、胃管连接负压吸引器。

（11）再次核对。

（12）安置患者：协助患者取舒适体位，将呼叫器置于易取处；询问患者有何需要，整理患者衣服、床单位；告知患者留管期间的注意事项。

（13）处理用物：分类处理用物。

（14）洗手记录：洗手，取口罩，记录引流物的色、质、量等。

3. 注意事项

（1）插管前应仔细检查三腔二囊管的性能和质量。

（2）留管期间应注意

1）要经常抽吸胃内容物，避免胃膨胀而引起呕吐。并记录每日胃液吸出量及性质，以供每日补充水、电解质参考。

2）每日口腔护理 2～3 次。

3）每日向鼻腔滴入少量液体石蜡 2 次。

4）首次压迫止血时间为 12h，放松牵引 15～30min，将食管气囊的气体抽尽（抽气时要观察抽出气量是否与注气量相符，以了解有无漏气），胃气囊的气体可以保留，放松牵引，将三腔管送入胃中 2～3cm，缓解胃气囊对胃底局部的压迫，防止长时间的压迫局部胃黏膜造成糜烂。以后间隔 6h 放松牵引 1 次。放松牵引期间需密切观察是否有出血现象，如发生再出血，可立即牵引，牵引后再向食管气囊注气，可为抢救大出血争取时间。定时测两囊压力，每班测压一次，如压力下降应适当充气维持（并查找原因），测压后补注空气 5ml，测压时放松牵引，做好交接班。

（3）随时观察管道鼻腔出口处标记是否有移位。气囊压迫时间一般≤72h，如继续出血可适当延长，出血停止 12～24h 后，放气后再观察 12～24h，如无出血可拔管。

（4）拔管前服液体石蜡 15～20ml，放松牵引，做好固定，观察 30min 无出血，放出食管囊气体，将管道向胃内送入少许，做好固定，服液体石蜡 15～20ml，观察 12h 后无出血，放去胃气囊，食管气囊的气体用血管钳夹紧气囊管口，然后慢慢拔出管道。拔管后 24h 内密切观察患者有否再出血，先禁食 1～2d 然后逐渐由流质、半流质饮食过渡到软食等，恢复后的饮食仍应避免生、硬、过热及辛辣食物。

（三）留置胃管鼻饲饮食术

留置胃管

鼻饲法是将胃管经一侧鼻腔插入胃内，从管内灌注流质食物、水和药物的方法。适用于不能经口进食者、早产儿、上消化道肿瘤引起吞咽困难者、拒绝进食者和病情危重的婴幼儿等。上消化道出血、食管静脉曲张或梗阻、鼻腔及食管手术后的患者禁止插管。

1.评估要点

（1）评估患者的年龄、病情、意识、生命体征、心理状况、对疾病的认识程度、配合程度等。

（2）评估患者局部鼻腔情况：有无鼻中隔偏曲、鼻息肉、鼻腔炎症、鼻腔阻塞、脑脊液鼻漏或其他不宜插管疾病及有无义齿等。

（3）评估环境是否达到清洁、安静、温度适宜、光线充足、关闭门窗、减少不必要人员走动等要求。

2. 操作步骤

（1）用物准备：治疗盘内置鼻饲包[治疗碗、压舌板、镊子、胃管（可根据鼻饲持续时间、患者的耐受程度选择橡胶胃管、硅胶胃管或新型胃管）、50ml 甘油注射器、纱布、治疗巾]、液体石蜡、棉签、胶布、夹子或橡皮圈、安全别针、弯盘、听诊器、适量开水、鼻饲液 200ml（38～40℃）、卫生纸、快速手消毒液等。

（2）核对：核对医嘱、治疗卡；携用物至床旁，核对患者身份；向患者解释操作目的及配合要点，安慰、鼓励患者，取得患者的合作。

（3）体位：能配合者协助取坐位或半卧位，无法坐起者取右侧卧位，昏迷患者取去枕平卧头向后仰位。

（4）铺巾：铺治疗巾，在患者颌下放置弯盘。

（5）检查清洁鼻腔：检查鼻腔情况，用棉签清洁鼻腔结痂及分泌物。

（6）测量长度：测量并标记胃管应置入的长度。成人平卧位：前额发际至胸骨剑突的距离，成人坐位：鼻尖经耳垂至胸骨剑突的距离，45～55cm；新生儿：从鼻尖到剑突的距离，约 10cm；婴幼儿：耳垂经鼻尖至胸骨剑突的距离，14～18cm；学龄儿童：耳垂经鼻尖至胸骨剑突的距离，20～25cm。估计深度：成人一般胃管插入 40～45cm 表示已达贲门，50～60cm 已达胃内，60～65cm 已达幽门。测量完做好标记。

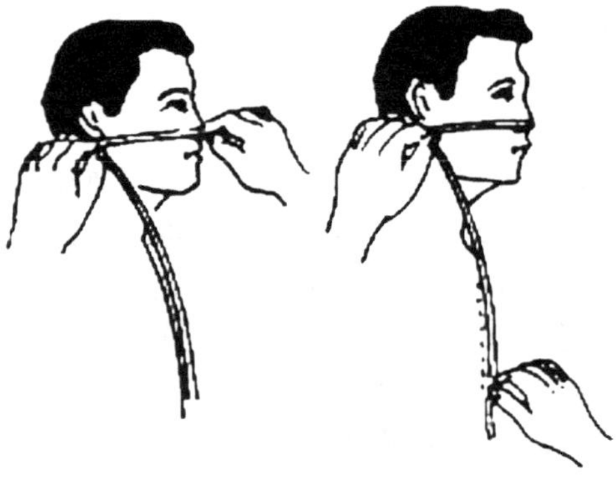

图 6-11　胃管插入长度

（7）润滑管道：打开鼻饲包，用液体石蜡纱布充分润滑胃管前段 15～20cm。

（8）插管：一手持纱布托住胃管，另一手持镊子夹住胃管，沿一侧鼻孔轻轻向前推进插入。当胃管通过咽部时（14～16cm 处），患者可能有恶心，嘱患者做吞咽动作。当患者吞咽时，将管子迅速往前推进。插的深度为 45～55cm，相当于患者鼻尖至耳垂再至剑突的长度（图 6-11）。在插入过程中，如发现呛咳、呼吸困难、发绀等情况，表示误入气管，应立即拔出，休息片刻后重插。插入不畅时可将管子抽回一小段，再小心向前推进。

昏迷患者，因吞咽和咳嗽反射消失，不能合作，为提高插管的成功率，在插管前应去枕，协助患者头向后仰，当胃管插入 15cm（会厌部）时，左手将患者头部托起，使下颌靠近胸骨柄，以增加咽部通道的弧度，便于管端沿后壁滑行徐徐插入（图 6-12）。

（9）确认：检查胃管是否在胃内，其方法如下。胃管末端接甘油注射器抽吸，有胃液被抽出；将胃管末端放入盛水碗内，无气体逸出。如果有大量气体逸出，表明误入气管；置听诊器于胃部，用注射器快速从胃管注入 10～20ml 空气，能听到似疾风吹过声音（图 6-13）。

（10）固定：证实胃管在胃内后，用胶布固定胃管于鼻翼及颊部防止胃管移动或脱出。

（11）灌注食物：开口端接注射器，先回抽，见有胃液抽出，再缓慢注入少量温开水，然后灌注鼻饲流质食物或药液，注入完毕后，必须再注入少量温开水，提高胃管，冲净胃管，避免鼻饲液存积在管腔中变质，造成胃肠炎或堵塞管腔。

图 6-12　昏迷患者插管示意图

（12）将胃管开口端反折，用纱布包好，用橡皮圈系紧或用夹子夹紧，用安全别针固定于大单或枕旁（图 6-14）。

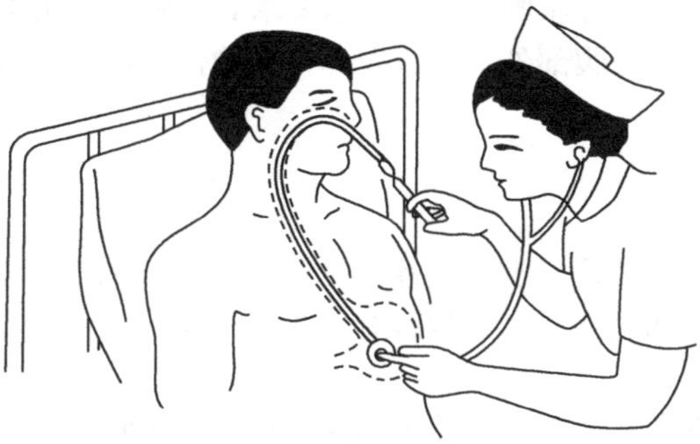

图 6-13　检查胃管插入胃内方法之一

图 6-14　胃管固定法

（13）协助患者清洁鼻孔、口腔，取舒适卧位，整理床单位，清理用物，将注射器洗净，放入治疗盘内，盖上纱布备用，所有用物应每日消毒 1 次。

（14）记录插胃管时间、患者反应和鼻饲量。

3. 注意事项

（1）胃管插入会给患者带来很大压力，必须与患者进行有效的沟通，让患者或家属理解该项操作是必要的、安全的。

（2）插管时动作轻柔，避免损伤食管黏膜，态度真诚。

（3）每次灌食前均应测试胃管是否留置于正确位置、管道是否通畅，并用少量温水冲管后再进行喂食，鼻饲完毕后再次注入少量温水，防止鼻饲液凝结堵塞管道。

（4）鼻饲液温度应保持在 38～40℃，避免过冷过热，须用药物时，应将药片研碎，溶解后再灌入，每次鼻饲量不超过 200ml，间隔时间不少于 2h。

（5）在插入过程中，如发现呛咳、呼吸困难、发绀等情况，表示误入气管，应立即拔出，休息片刻后重插。

（6）食管静脉曲张、食管梗阻的患者禁忌使用鼻饲法。

（7）长期鼻饲者，应每日进行 2 次口腔护理，胃管应每周更换（晚上拔出，翌晨再在另一鼻孔插入）。

（8）要与清醒患者多沟通，讲解管饲饮食的目的及胃管护理知识，告知患者尽量减少用力咳嗽、咳痰，咳嗽时用手固定胃管防止胃管脱出。

知识链接

拔管法用于患者停止鼻饲或长期鼻饲需要更换胃管时。

（1）备齐用物携至床边，向患者解释，以取得配合。

（2）置弯盘于患者颌下，揭去固定胶布。
（3）反折或捏紧胃管开口端，用纱布包裹近鼻孔处的胃管，嘱患者深呼吸，深吸气时不要抽动管子，等慢慢呼气时，轻柔地一次性完成拔管动作，用纱布包住抽出胃管，放于弯盘内，昏迷患者，除无法嘱咐做深呼吸外，拔管方法同上，拔到咽喉处时要快速，以免液体滴入气管。
（4）清洁患者口鼻、面部，擦去胶布痕迹，协助患者漱口，取舒适卧位，整理床单位，清理用物。
（5）记录拔管时间和患者反应。

六、腹腔双套管负压引流

腹腔双套管负压引流广泛应用于腹部外科各种手术后；对手术创面的渗液起到良好的引流作用，局限消化道瘘并促进窦道形成，避免腹腔感染和腹腔脓肿；为肿瘤患者术后实施腹腔化学治疗提供治疗途径；观察手术后是否有出血和吻合口瘘；在腹部外科领域发挥重要的作用。凝血功能障碍者禁用。

（一）评估要点

（1）评估患者的年龄、病情、意识、生命体征、心理状况、对疾病的认识程度、配合程度等。
（2）评估患者的手术方式、留置引流管的目的和时间，伤口敷料有无渗血、渗液，引流管口皮肤情况及腹腔引流物量、颜色、性质。
（3）评估环境是否达到清洁、安静、温度适宜、光线充足、关闭门窗、减少不必要人员走动等要求。

（二）操作步骤

（1）用物准备：负压引流瓶1个、止血钳、量杯、棉签、治疗巾、治疗包、无菌棉球、无菌纱布、清洁手套1副、无菌手套1副、75%乙醇溶液、生理盐水、0.5%安尔碘消毒液、胶布、快速手消毒液。
（2）核对：核对医嘱、治疗卡；携用物至床旁，核对患者身份；向患者解释操作目的及配合要点，安慰、鼓励患者，取得患者的合作。
（3）体位：协助患者取平卧位或半卧位。
（4）铺巾：铺治疗巾，在患者腹腔双套管口下方放置弯盘。
（5）排空引流：带清洁手套倾倒引流液于量杯，观察腹腔引流液的性质、量、颜色、气味。
（6）更换瓶：暴露腹腔双套管与引流瓶的连接处，戴无菌手套；用止血钳夹紧引流管近端，分离引流管及引流瓶，由内向外消毒引流管口及周围，将新的引流瓶与腹腔双套管连接；松开止血钳，保持负压引流瓶处于负压状态，观察引流情况，确认引流通畅，妥善固定引流瓶。
（7）更换伤口敷料：揭开伤口敷料，观察伤口是否有感染、渗液、出血或缝线脱落情形；消毒皮肤伤口（用酒精棉球消毒伤口，由中心向外消毒），盖上敷料，胶布固定，脱手套，擦手。
（8）必要时做好腹腔双套管的护理。部分患者需进行持续腹腔灌洗，根据医嘱选择药物。例如，可在0.9%氯化钠溶液内加抗生素，以维持20～30滴/分速度为宜，冲洗液现配现用。
（9）再次核对：核对患者身份并在治疗单上签名。
（10）整理床单位，清理用物，做好观察，记录引流物的色、质、量等。

（三）注意事项

1. 保持有效引流
（1）患者取半卧位，有利于引流及预防膈下感染。
（2）保持引流管通畅，避免扭曲和受压，防止血凝块和纤维素沉淀阻塞导管，每隔1～2h从近端向远端挤捏引流管 1 次。

（3）引流管长度适中，更换体位时注意保护引流管，以防牵拉脱出。

（4）应用腹带时，引流管应从腹带的缝隙穿出，避免对引流管的压迫。

（5）预防感染：每日更换引流袋和引流管口的纱布，注意无菌操作，防止袋内引流液倒流。

（6）观察与记录：观察引流物的颜色、性质、量、气味、残渣等，准确记录 24h 引流量。并注意观察引流液量和质的逐日变化，以了解病情发展的趋势。正常引流液为淡红色，24h 引流量小于 300ml。吻合口瘘常发生在术后 3～7d，如患者出现发热、腹膜刺激症状或有异物流出，应警惕瘘的发生。

（7）注意观察引流管周围皮肤，有无红肿、破损，观察引流液是否外渗或渗出。

（8）引流管一般不通过切口引出，以免发生感染、切口裂开或切口疝，可在旁边戳一小孔引出。应妥善固定引流管和引流袋，防止患者变换体位时压迫引流管或牵拉而脱出，并减少牵拉引流管引起的疼痛。

2. 并发症的观察及护理

（1）大出血：常发生在术后 24h 内，如 12h 内引流液超过 300ml 且颜色鲜红，应警惕大出血发生。应查看伤口是否有活动性出血，引流是否接负压装置，压力是否过大。

（2）感染：引流管属于异物，如果操作、护理不当则可造成感染；固定不牢，脱落至腹腔也可造成感染。观察体温及伤口情况，如体温超过 38.5℃，伤口红肿，皮温升高，应遵医嘱使用抗生素。

（3）损伤：引流管长期压迫可损伤周围的脏器组织。如果腹腔引流管长期压迫肠管可引起肠穿孔。

（4）慢性窦道形成：其原因为引流管长期放置、引流不畅、反复感染及未能及时拔管。

（5）引流管脱落、阻塞、拔管困难：引流管固定不牢或患者用力过猛，可造成引流管脱落；引流管阻塞与引流物黏稠、引流不畅有关；如引流管置管时间长，可造成引流管与周围组织粘连，可使拔管困难。应密切观察，精心护理，避免其发生。

3. 拔管 烟卷引流及潘氏引流一般在术后 24～48h 拔除，其他引流管在 72～96h 拔除。预防性引流应在引流液明显减少时拔除引流管；治疗性引流应逐步取出引流管，每日拔出数厘米，以利于引流通道从深部逐渐闭合，防止形成空腔。拔管后要注意敷料是否干燥，体温及腹部体征的变化，如有异常及时通知医生。

4. 嘱患者勿牵拉管道以免其脱出 引流管和引流袋均应保持在出口平面以下，避免引流液反流造成腹腔感染。

七、膀胱造瘘引流管

膀胱造瘘引流是将双腔或三腔气囊导尿管从耻骨联合上方插入膀胱引流尿液，目的是有效解除尿路梗阻，保护肾功能，维持机体水电解质代谢和内环境的平衡（图 6-15）。按照置管时间分为暂时性膀胱造瘘术和永久性膀胱造瘘术。暂时性膀胱造瘘术适用于梗阻性膀胱排空障碍所致尿潴留且导尿管不能插入者及前列腺炎、尿道炎、泌尿系统手术后确保尿路愈合者、阴茎和尿道损伤者等；永久性性膀胱造瘘术适用于尿道肿瘤行全尿路切除术者、下尿路梗阻伴尿潴留者、因年老体弱及重要脏器有严重疾病不能耐受手术者。膀胱空虚、有下腹部及盆腔手术史、过于肥胖、膀胱内充满血块或黏稠脓液、膀胱挛缩及出血性疾病等患者禁用。

（一）评估要点

（1）评估患者的年龄、病情、意识、生命体征、心理状况、对疾病的认识程度、配合程度等。

（2）评估患者的手术方式、留置引流管的目的和时间，伤口敷料有无渗血、渗液，引流管口皮肤情况，引流是否通畅及腹腔引流物量、颜色、性质。

（3）评估环境是否达到清洁、安静、温度适宜、光线充足、关闭门窗、减少不必要人员走动等要求。

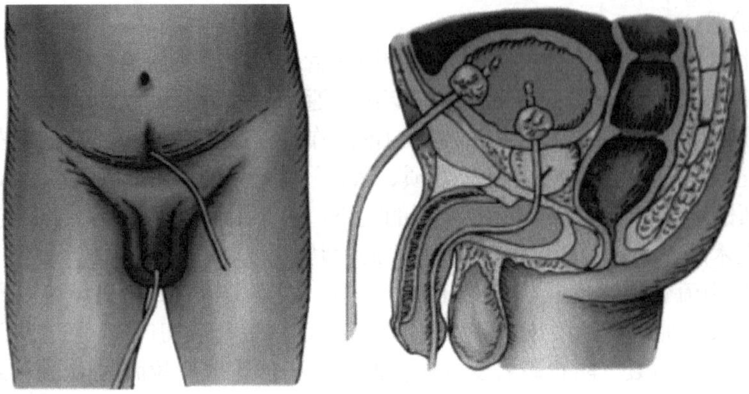

图 6-15　膀胱造瘘管放置

（二）操作步骤

（1）用物准备：治疗盘、治疗包、纱布 2 块、聚维酮碘、引流袋、无菌手套、治疗巾、棉签、快速手消毒液。并检查有效期，是否潮湿、破损、漏气。

（2）核对：携用物至患者床旁，核对患者身份，解释插管目的、方法及配合要点。

（3）检查管道：协助患者取合适体位，从上至下缓慢挤压膀胱造瘘管，观察是否通畅，检查敷料有无渗出，注意患者保暖。

（4）消毒与更换：铺治疗巾于接头下，用纱布包住管口上方 5cm 并用止血钳夹紧，使管口朝上，打开治疗包，用镊子取纱布 1 块，包裹接头处，分离膀胱造瘘管袋，竖直抬高引流管，使引流液全部流入袋内，取 3 根聚维酮碘棉签，分别消毒膀胱造瘘管内径、造瘘管横断面、造瘘管外径，用镊子取纱布盖已消毒的造瘘管外径，取出引流袋，关紧下端活塞，连接引流袋于引流管上，松止血钳，再次挤压造瘘管，检查是否通畅。

（5）撤治疗巾，脱手套，整理床单位。

（6）洗手，取口罩，记录。

（三）注意事项

（1）术后保持导尿管引流通畅，正确固定引流管，保持整个引流系统的连接紧密和密闭，标记清晰。防止引流管弯曲受压、阻塞，以免影响尿液外流，致使膀胱内尿液潴留。

（2）膀胱造瘘口的敷料每 2～4d 更换 1 次，导尿管接上无菌袋，引流袋的位置应低于耻骨联合处，不得超过造瘘口的水平位置以免发生尿液逆行进而诱发感染。注意保留足够长度引流管，方便患者翻身活动，避免因牵拉而脱出，搬动患者时暂时夹闭造瘘管，防止尿液逆流。

（3）根据病情鼓励患者适当的液体摄入，使每日尿量保持在 2000ml/d 左右，并进行适当的活动。

（4）观察尿液的颜色、性状、尿液量、透明度、气味、比重。正常患者尿液呈淡黄色或深黄色，透明。发现尿液混浊、脓性、沉淀、血尿或有结晶时，多为泌尿系统感染，应及时处理。

（5）观察造瘘口渗血、渗尿情况，及时更换潮湿敷料，预防切口感染及尿性皮炎。

（6）定期用无菌等渗盐水冲洗造瘘管，冲洗时用力不能太猛，注意患者反应。

（7）注意观察患者有无膀胱刺激症状。

（8）拔除导尿管时间不能早于 12d，过早拔管，膀胱内尿液可能经拔管后的膀胱壁孔漏入耻骨后间隙，引起感染。12d 以后膀胱壁皮肤已由纤维结缔组织包绕，形成漏道，即使漏尿，尿液也不会流入膀胱内。

（9）嘱患者每日饮水 2000ml 以上，多排尿以进行生理性的膀胱冲洗；膀胱管应妥善固定，防止折叠或脱落；万一脱出，应立即到医院在无菌条件下重新插入；保持造瘘处皮肤清洁，必要时外涂氧化锌软膏以保护皮肤；尿袋水平位置不应高于膀胱，防止逆行感染。

八、留置导尿管

导尿术是指在严格无菌操作下，将导尿管经尿道插入膀胱引出尿液的方法，是临床常用的基础操作技术。导尿术容易引起医源性感染，如在导尿的过程中因操作不当造成膀胱、尿道黏膜的损伤；使用的导尿物品被污染；操作过程中违反无菌原则等原因均可导致泌尿系统的感染。因此，为患者导尿时必须严格遵守无菌技术操作原则。

留置导尿术是在导尿后，将尿管保留在膀胱内引流出尿液的方法。适用于抢救危重病、休克患者以观察病情，盆腔内器官手术前引流尿液，外科手术的围术期，昏迷、截瘫、尿失禁患者等。

（一）评估要点

（1）评估患者的年龄、病情、意识、生命体征、心理状况、对疾病的认识程度、配合程度等。

（2）评估患者导尿的目的、膀胱充盈度、会阴部皮肤黏膜情况和清洁度及生活自理能力。

（3）评估环境是否符合无菌操作、安静、温暖、光线充足、关闭门窗、保护隐私（用屏风遮挡）的要求。

（二）操作步骤

1. 用物准备　一次性导尿包、快速手消毒液、弯盘、一次性垫巾或小橡胶单和治疗巾 1 套、浴巾、便盆及便盆巾。

2. 核对　备齐用物携至床边，核对患者身份；向患者解释操作目的及配合要点，取得患者的合作。

3. 患者准备

（1）移床旁椅至操作同侧的床尾，将便盆放床尾床旁椅上，打开便盆巾。

（2）掀开床尾被盖，帮助患者脱去对侧裤腿，盖在近侧腿部，并盖上保暖浴巾，对侧腿用盖被盖好。

（3）体位：协助患者取屈膝仰卧位，两腿略外展，暴露外阴。

（4）垫巾：将小橡胶单或治疗巾垫于患者臀下，弯盘置于近外阴处，消毒双手，核对检查并打开导尿包，取出初步消毒用物，操作者一只手戴上手套，将消毒液棉球倒入小方盘内。

4. 根据男性、女性尿道的解剖特点实施消毒、导尿术

（1）女性患者

A. 初步消毒：操作者一手持镊子夹取消毒液棉球初步消毒阴阜、大阴唇；左手戴无菌手套，置于胸前区，右手持血管钳夹消毒液棉球初步消毒，顺序由外向内、自上而下，消毒阴阜及两侧大阴唇，分开大阴唇，消毒小阴唇和尿道口；接着以左手撑开大阴唇，消毒小阴唇和尿道口及肛门，每只棉球限用一次。污棉球置弯盘内；消毒完毕脱下手套置弯盘内，将弯盘及小方盘移至床尾处。

B. 打开导尿包：再次消毒双手后，将导尿包置于患者两腿之间，按无菌技术操作原则打开治疗巾。

C. 戴无菌手套，铺孔巾：取出无菌手套，按无菌技术操作原则戴好无菌手套，取出孔巾，铺在患者的外阴处并暴露会阴部。

D. 整理用物，润滑尿管：按操作顺序整理好用物，取出导尿管，根据尿管特性选择合适的润滑剂，充分润滑导尿管前段，根据需要将导尿管和集尿袋的引流管连接，取出消毒液棉球放于弯盘内。

E. 再次消毒：将弯盘置于外阴处，左手分开并固定小阴唇，右手持镊子夹取消毒液棉球，分别消毒尿道口及两侧小阴唇、大阴唇，顺序为内→外→内，自上而下，每个棉球限用一次，避免已消毒的部位再污染，消毒尿道口时稍停片刻，充分发挥消毒液的消毒效果。污棉球、镊子放床尾弯盘内。

F. 导尿：将方弯盘置于孔巾口旁，嘱患者张口呼吸，右手持另一镊子夹持导尿管对准尿道口轻轻插入尿道 4～6cm（图 6-16），见尿液流出再插入 1～2cm，松开固定小阴唇的手下移固定导尿管，将尿液引入集尿袋或方盘内。

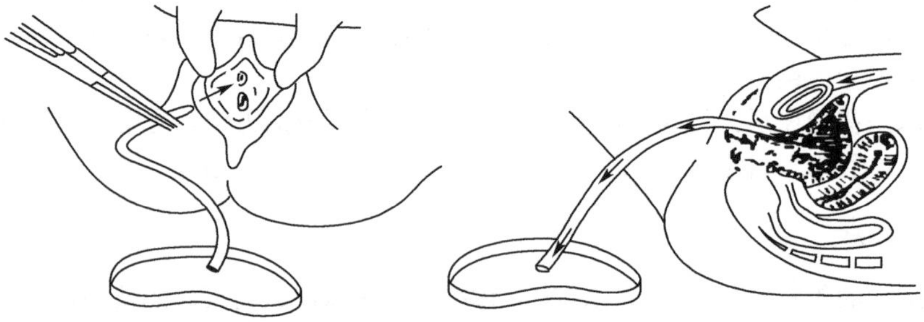

图 6-16　女患者导尿术

（2）男性患者

A. 初步消毒：操作者右手持镊子夹取消毒棉签进行初步消毒，依次为阴阜、阴茎、阴囊，每个棉签限用一次；左手戴无菌手套取无菌纱布裹住阴茎将包皮向后推，暴露尿道口，自尿道口向外向后旋转擦拭尿道口、龟头及冠状沟，自阴茎根部向尿道口消毒，包皮和冠状沟易藏污垢，应注意仔细擦拭，预防感染。污棉球、纱布置弯盘内；消毒完毕将小方盘、弯盘移至床尾，脱下手套。

B. 打开导尿包：再次消毒双手后，将导尿包置于患者两腿之间，按无菌技术操作原则打开治疗巾。

C. 戴无菌手套，铺孔巾：取出无菌手套，按无菌技术操作原则戴好无菌手套，取出孔巾，铺在患者的外阴处并暴露阴茎。

D. 整理用物，润滑尿管：按操作顺序整理好用物，取出导尿管，根据尿管特性选择合适的润滑剂，充分润滑导尿管前段，根据需要将导尿管和集尿袋的引流管连接，取出消毒液棉球放于弯盘内。

E. 再次消毒：将弯盘置于外阴处，左手用纱布包住阴茎将包皮向后推，暴露尿道口。右手持镊子夹消毒棉球再次消毒尿道口、龟头及冠状沟，由内向外，每个棉球限用一次，避免已消毒的部位再污染。污棉球、镊子放床尾弯盘内。

F. 导尿：将方弯盘置于孔巾口旁，嘱患者张口呼吸，左手继续持无菌纱布固定阴茎并提起，使之与腹壁成 60°角（图 6-17），将方弯盘置于孔巾口旁，嘱患者张口呼吸，右手持另一镊子夹持导尿管对准尿道口轻轻插入尿道 20～22cm，见尿液流出再插入 1～2cm，将尿液引入集尿袋或方盘内。

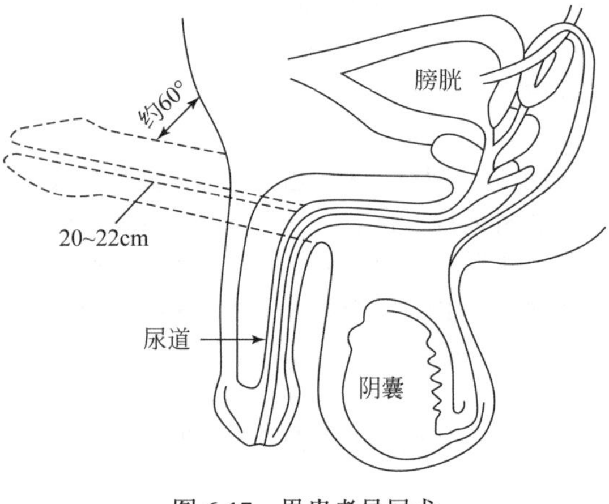

图 6-17　男患者导尿术

5. 夹管、倒尿　当方盘内盛 2/3 尿液，夹闭导尿管尾端，将尿液倒入便盆内，再打开导尿管继续放尿；或将尿液引流入集尿袋内至适量。

6. 取标本　如需作尿培养，用无菌标本瓶或试管接取尿液 5ml，盖好瓶盖，置于合适处。

7. 操作后处理

（1）导尿完毕，轻轻拔出导尿管，撤下孔巾，擦净外阴，收拾导尿用物弃于医用垃圾桶内，撤出患者臀下的小橡胶单和治疗巾，放治疗车下层。脱去手套，用手消毒液消毒双手，协助患者穿好裤子。整理床单位。

（2）清理用物，测量尿量，将尿标本贴标签后送检。

（3）消毒双手，做好记录，记录尿液的色、量、质量；观察患者的情况及反应。

8. 胶布固定法

（1）女性：用宽 4cm、长 12cm 胶布一块，上 1/3 贴于阴阜上，下 2/3 剪成三条分别贴于导尿管及两侧大阴唇上（图 6-18）。亦可用 2～3 条胶布分别将导尿管固定在一侧大阴唇和大腿内侧上 1/3 处（图 6-19）。

（2）男性：用蝶形胶布粘贴于阴茎两侧，再用细长胶布作半环形（开口处向上）固定蝶形胶布（图 6-20），在距离尿道口 1cm 处用蝶形胶布在另一端固定尿管。

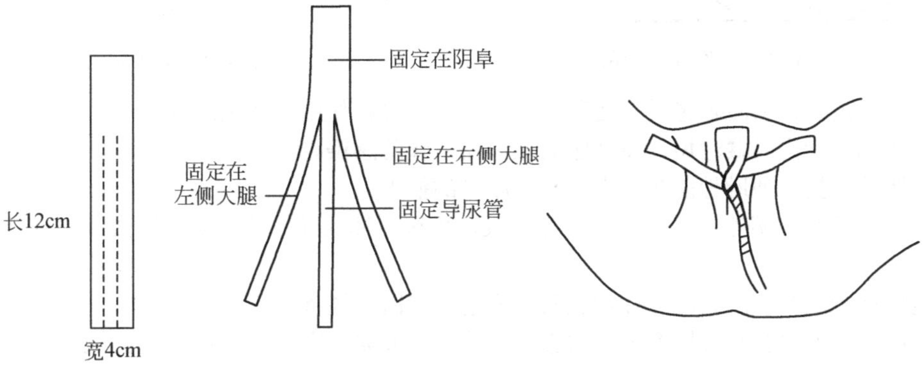

图 6-18　女患者留置导尿管固定法

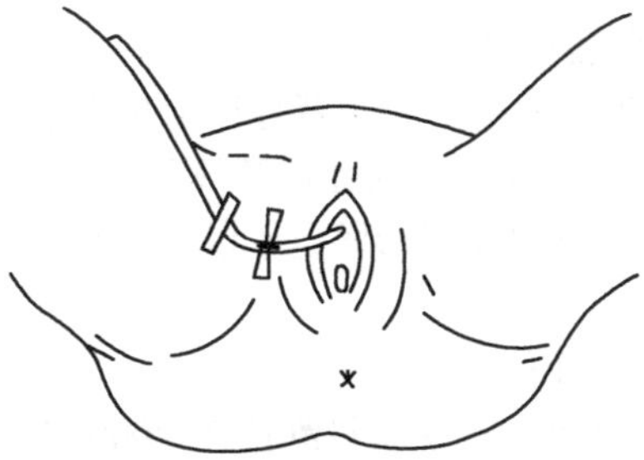

图 6-19　女患者留置导尿管固定法

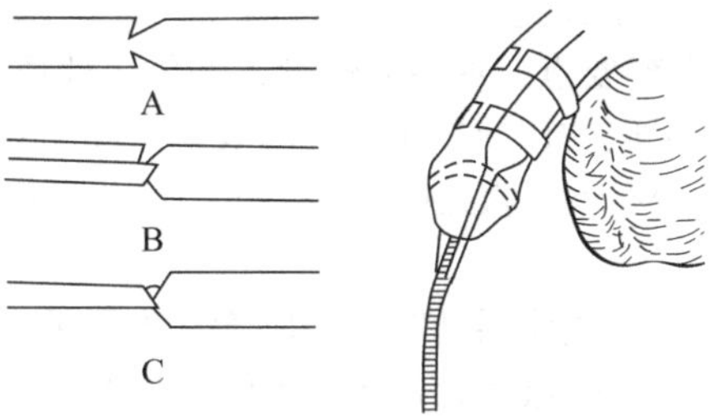

图 6-20　男患者留置导尿管固定法

9. 双腔气囊导尿管固定法　将导尿管插入膀胱，见尿后再插入 5～7m（即夹紧尿管末端），根据导尿管上注明的气囊容积向气囊注入等量的无菌蒸馏水，随即夹紧气囊末端，轻拉导尿管有阻力感证实导尿管已固定（图 6-21）。

10. 移开洞巾，将导尿管末端与集尿袋相连　引流管应留出足以翻身的长度（将集尿袋置于低于膀胱高度处），固定于床旁，以防止翻身牵拉使导尿管滑脱（图 6-22）。

11. 协助患者穿裤子　取舒适体位，整理床单位，清理用物。

12. 洗手　记录操作情况及患者反应。

（三）注意事项

（1）使用双腔气囊导尿管时，应确认导尿管在膀胱才可充气囊，以免膨胀的气囊压迫尿道，造成黏膜的损伤、出血。气囊中最好注入无菌蒸馏水，尽量避免向气囊注入空气或盐水。

（2）术前留置尿管，目前主张送手术室麻醉后再插，可减少损伤及不适。

（3）男性患者导尿注意点

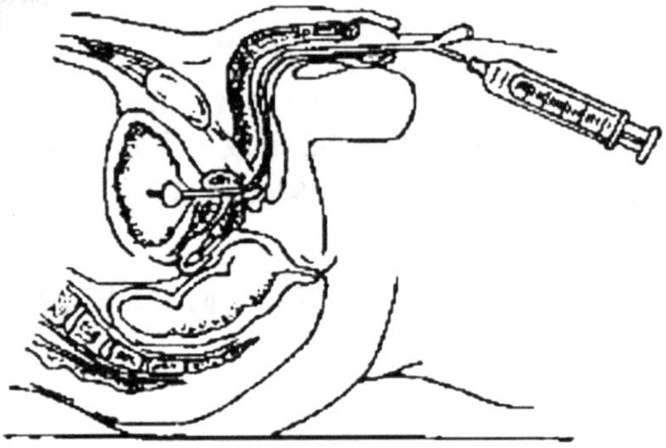

图 6-21 气囊导尿管留置法

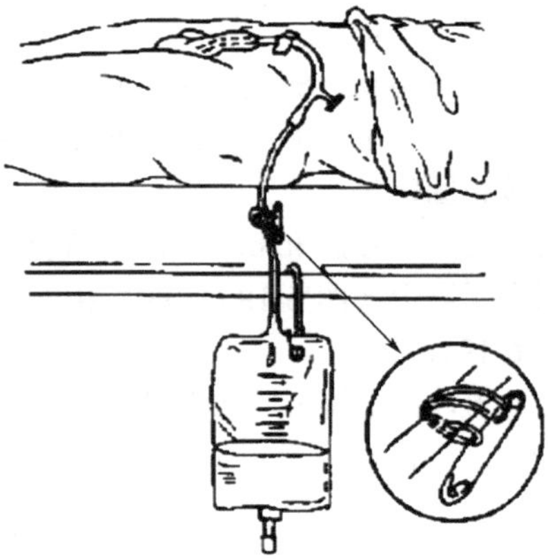

图 6-22 集尿袋的应用

1）男性尿道长，为减轻患者疼痛和不适，导尿前最好使用润滑止疼胶。

2）包皮和冠状沟易藏污垢，要彻底清除污垢，预防感染。

3）将阴茎上提，使耻骨前弯消失，利于尿管的插入。

4）插管受阻时，稍停片刻，请患者深呼吸，再缓缓插入导尿管，切忌用力过快过猛而损伤尿道黏膜。

5）老年前列腺增生患者，如插管受阻，应请专科医生插管。

6）对膀胱高度膨胀且又极度虚弱的患者，第一次放尿不应超过 1000ml。因大量放尿使腹腔内压力突然降低，血液大量滞留腹腔血管内，导致血压下降而虚脱；又因膀胱内突然减压，引起膀胱黏膜急剧充血而发生血尿。

7）对乳胶过敏或过敏体质者不用乳胶尿管，可选用硅胶尿管。

8）观察要点：观察尿液量、颜色、性质、导尿前后患者的情况；了解导尿前患者的主诉，膀胱充盈，采取的诱导排尿技术及效果；导尿过程是否顺利，异物情况的处理及效果。

（4）胶布不得直接贴在龟头上，以免损伤龟头表皮，且不得作环形固定，以免影响阴茎的血液循环。

（5）患者离床活动时，导尿管及集尿袋应妥善安置，防止脱出。

（6）做好健康教育：解释置管的目的，鼓励适当的液体摄入，使尿量维持在 2000ml 以上，并进行适当的活动。

（7）及时发现及积极预防处理与引流管相关的护理问题或并发症。

（8）注意训练患者膀胱反射功能，拔管前采用间歇性引流夹管方法，使膀胱定时充盈排空，促进膀胱功能的恢复。

（9）嘱患者每日饮水在 2000ml 以上，减少尿道感染、预防尿路结石；集尿袋不得超过膀胱高度并避免挤压，防止尿液反流导致感染。

知识链接

1. 泌尿系统感染预防处理

（1）保持尿道口清洁，会阴消毒每日 2 次。女性患者用聚维酮碘溶液棉球擦拭外阴及尿道口每日 1～2 次，如分泌物过多，可先用 0.02%高锰酸钾溶液清洗，再聚维酮碘棉球擦拭；男性患者用聚维酮碘棉球擦净尿道口、龟头及包皮周围皮肤。

（2）及时排放尿液，集尿袋不能高于膀胱高度（图 6-22），防尿液反流。搬运患者时暂时关闭尿管。

（3）保持排尿管道的固定、密闭完整，保持会阴、尿管与尿袋连接处的清洁。

（4）定时更换集尿袋，及时倾倒，必要时记录尿量。视病情及尿袋材料每1～3日更换1次，硅胶尿管每月更换1次。更换时严格执行无菌技术操作原则。

（5）鼓励没饮水控制的患者多饮水，发现尿液混浊、沉淀、有结晶时每周做尿常规检查1次。

（6）发生尿路感染时，遵医嘱行膀胱冲洗或灌药。长期留置尿管患者，定期行膀胱功能训练。

（7）在置尿管前用0.5%聚维酮碘溶液3～5ml从尿道口注入，以消毒尿道远端，同时起润滑作用。

（8）应用硅胶和乳胶材料的导尿管代替过去的橡胶导尿管。

（9）采用有阻止细菌沿导尿管逆行功能的潴尿器，减少长期留置尿管患者的尿路感染率。

（10）观察要点：注意观察尿液颜色、性状、尿量、透明度、气味、比重、引流情况；了解有无尿频、尿急、腹痛等症状。发现尿液混浊、沉淀、有结晶时，应及时处理，必要时做尿常规检查。

2. 引流不畅的预防处理　①若尿管阻塞可用生理盐水低压冲洗，必要时更换尿管；②因前列腺术后出血引起的阻塞，应去除阻塞的因素后进行持续膀胱冲洗；③尿管在膀胱内打结者可在超声引导下细针刺破气囊，套结松解后拔出尿管再插；④膀胱痉挛者给予解痉药物。

3. 后尿道损伤的预防处理　①男性患者导尿应见尿后再插入5～7cm，注水后牵拉尿管能外滑2～3cm较安全；②对插管困难者应掌握插管技巧，忌操作粗鲁或反复插管。

第七章 中医适宜技术

学习目标

（1）了解各项技术的适应证和禁忌证。
（2）了解各项技术的定义。
（3）了解各项技术的注意事项。
（4）熟悉各项技术的评估要点和用物准备。
（5）掌握各项技术的操作步骤。

中医适宜技术是医药卫生行业在长期的实践中探索创新、积累总结形成的“简、便、验、廉”且不以药物为主的诊疗技术和方法，以居民卫生服务需求为导向，是与社会经济发展水平相适应的，基层医疗卫生机构能提供的，社区居民愿意接受的安全、有效、方便、经济的实用技术。

中医适宜技术又称中医药适宜技术，是祖国传统医学的重要组成部分，其内容丰富、范围广泛、历史悠久，常见的适宜技术有针法、灸法、按摩法、拔罐法、熏洗、刮痧、贴敷疗法等。

第一节 灸 法

灸法是利用艾绒或其他药物，在穴位或患部熏灼、贴敷，使其产生温热性或化学性刺激，通过经络穴位的作用，达到治疗目的的一种古老治疗方法。它具有调理气血、扶正祛邪、温通经脉、消肿散瘀、拔毒止痛、去腐生肌等功效。常用的灸法种类很多，如艾炷灸、艾条灸、瘢痕灸、隔物（姜、蒜、盐、附子饼等）灸、温针灸、热敏灸等。

不同灸法有不同的特点、治疗目的和效果。艾条灸的特点是在不接触皮肤的前提下，通过艾的药理作用与热的物理作用，达到温经散寒、扶阳固脱的治疗功效；艾炷灸的特点是通过直接或间接接触皮肤，使艾的药力直透穴位，起效更快，有促进气血运行、提高机体抗病驱邪能力的功效，以治疗虚证、寒证和阴证为主，适用于慢性久病及阳气不足之证；雷火灸的特点是以芳香走窜的药物作为引经药，进一步产生祛风散寒、活血通络、利湿的功效，达到温经通络、流畅气血、祛寒除湿的治疗目的；热敏灸的特点是所选取的穴位具有热敏化的效果，激发喜热、透热、扩热、传热、局部不（微）热远部热、表面不（微）热深部热、非热觉等热敏灸感或经气传导，解除或缓解凡是出现穴位热敏化的疾病（包括热证、寒证，或是虚症、实证）的症状。

一、艾条灸

艾条灸是用纯净的艾绒制成艾条，点燃后在人体某穴位或患处熏灸的一种技术操作，具有回阳救逆、调理肠胃、化湿止痒、祛腐拔毒等功效。根据实际操作方法的不同，艾条灸又包括温和灸、回旋灸、雀啄灸和实按灸等。

（一）评估要点

（1）患者病情、当前主要症状、既往史、体质情况、局部知觉及意识状态。

（2）实施艾条灸处的皮肤情况。

（3）患者的心理状况及对热的敏感度和耐受程度。

（二）操作步骤

（1）评估。

（2）告知患者或家属操作的目的、步骤。

（3）施灸体位：根据取穴选择合适的体位，体质虚弱或精神紧张者应采用卧位。暴露施灸部位，注意隐私保护和保暖，按医嘱确定施灸部位及施灸方法。

（4）施灸部位：先灸头部、腰背部，后灸胸腹、四肢。

（5）施灸方法：遵医嘱或根据病情，选用相应的灸法。艾条灸一般分为悬起灸和实按灸两大类。

1）悬起灸：是将艾条悬放在距离穴位一定高度上进行熏烤，而不使艾条点燃端直接接触皮肤。悬起灸一般用无药艾条，有时也可用药物艾条进行熏烤。其又分为温和灸、回旋灸、雀啄灸。

A. 温和灸：将艾条燃着的一端与施灸处的皮肤保持 3cm 左右距离，使患者局部温热而无灼痛，每穴灸 5～7min，以皮肤出现红晕为度。对昏迷或局部知觉减退者，操作者要将示指、中指分开后置于施灸部位两侧，通过操作者的手指来测量患者局部的受热温度，以利随时调节施灸的距离，掌握施灸的时间，防止灼伤。这种灸法的特点是温度较恒定和持续，对局部气血阻滞有散开的作用，主要用于局部疼痛的灸疗。

B. 回旋灸：又称熨热灸。即将点燃的艾条一端接近施灸部位，距皮肤 3cm 左右，平行往复回旋施灸，一般灸 20～30min。这种灸法的特点是温度呈渐凉渐温互相转化，除对局部病痛的气血阻滞有消散作用外，还能对经络气血的运行起到促进作用，故对灸点远端的病痛有一定的治疗作用。

C. 雀啄灸：将艾条点燃的一端对准穴位 2～3cm 处，似鸟雀啄米状，一上一下地进行艾灸，多随呼吸的节奏进行雀啄，一般可灸 5min。这种灸法的特点是温度突凉突温，对唤起穴位和经络的功能有较强的作用。因此，适用于灸治远端的病痛和内脏疾病。

2）实按灸：将点燃的艾条隔布或棉纸数层实按在穴位上，使热气透入皮肉深部，火灭热减后重新点火按灸。

（6）施灸时间：每穴灸的时间根据不同施灸方法有所不同，一般采用每日灸或隔日灸。

（7）注意观察患者全身情况或病情变化，了解患者的心理和生理感受。

（8）施灸完毕，立即熄灭艾火，将艾条插入小口瓶中。用纱布清洁局部皮肤，协助患者穿衣，整理床单位，安排舒适体位，酌情通风换气。

（9）记录患者的一般情况和施灸局部皮肤情况，异常情况的处理措施及效果。

（三）注意事项

（1）对于晕厥、局部知觉减退的患者或小儿等，操作者可将示中两指置于施灸部位的两侧，通过操作者手指的感觉来测知患者局部的受热程度。

（2）施灸过程中，随时询问患者有无灼痛感，调整距离，防止烧伤，及时弹去艾灰，如局部皮肤产生烧灼、热烫的感觉，应立即停止治疗。

（3）施灸后皮肤出现微红灼热，属于正常现象。如果局部出现小水疱，无需处理，可自行吸收。如水疱较大，消毒局部皮肤后，用无菌注射器吸出液体，覆盖无菌敷料，保持干燥，防止感染。

二、艾炷灸

艾炷灸是用纯净的艾绒（或加入中药）搓捏成圆锥状如麦粒大或如半截枣核大小，直接或间接置于穴位或病变部位上施灸的一种技术操作方法。其具有调和气血、温里回阳、消瘀散结、祛湿散寒等功效。

（一）评估要点

（1）患者病情、当前主要症状、既往史、体质情况、局部知觉及意识状态。
（2）患者体质及实施艾炷灸处的皮肤情况。
（3）患者的心理状况及对热、疼痛的敏感度和耐受程度。

（二）操作步骤

（1）评估。
（2）告知患者或家属操作的目的、步骤、可能引起的不适和并发症，如局部可出现烫伤、水疱等，并教会其配合的方法。
（3）施灸部位：协助患者取合适体位，暴露施灸部位，按医嘱确定施灸穴位，注意保暖。
（4）施灸方法：临床上分直接灸和间接灸两大类。
1）直接灸：是将艾炷直接放在皮肤上点燃而施灸的方法，又称着肤灸。临床上可分为化脓灸和非化脓灸。
A.化脓灸：亦称瘢痕灸，属于烧灼灸法，用黄豆大或枣核大的艾炷直接放在穴位上点燃施灸，每壮艾炷必须燃尽，除去灰烬后方可继续易炷再灸。艾炷烧灼局部组织，施灸部位往往被烧破甚至呈焦黑色，使其产生无菌性化脓现象（灸疮）。
本法适用于虚寒证，实热证和虚热证不宜用，头面颈项不宜用，每次用穴不宜多。例如，用麦粒大的艾炷烧灼穴位，痛苦较小，可连续灸 3～7 壮，灸后无需膏药敷治，称为麦粒灸，适用于气血两亏者。临床上适于治疗哮喘、肺痨、瘰疬等慢性顽疾。
施灸前要注意患者体位的平正和舒适，以及所灸穴位的准确性。
局部消毒后，可涂以大蒜液或凡士林，增加艾炷对皮肤的黏附力。
点燃艾炷后，患者一般会因烧灼而感剧痛，为了减轻疼痛，可轻轻拍打局部，有的可将 0.2%盐酸普鲁卡因 1～2ml 注射入施灸穴位皮内或皮下，无痛后再灸，或用中药外涂，局部麻醉后无痛施灸。具体方法：取川乌、细辛、花椒各 30g，蟾酥 1.8g，用 75%乙醇 300ml 浸泡 24h 后，取棕红色上清液，用消毒棉球涂于施灸穴位，静待 1～5min 达局部麻醉后即可施灸。灸完 1 壮后，用纱布蘸冷开水擦净所灸穴位，再依前法灸之。
灸完所需壮数后，施灸部位往往被烧破甚至呈焦黑色，在施灸穴位上贴敷药饼或药膏，每日换 1 次。数天后即现灸疮，停灸后 3～4 周灸疮结痂脱落，留有瘢痕。
B.非化脓灸：亦称无瘢痕灸，属于温热灸法，点燃艾炷，当患者感到烫时，即用镊子将艾炷夹去或压灭。当艾炷燃剩 2/5 而患者感到微有灼痛时即可易炷。连续灸 5～7 壮，局部出现红晕为止。灸后不发灸疮，无瘢痕，易为患者接受。
2）间接灸是将艾炷与皮肤之间用药物制品衬隔而施灸的一种方法，又称隔物灸。常用的有以下几种。
A. 隔姜灸：将生姜切成 0.2～0.3cm 厚的薄片，用针在其中间穿几个孔，置于穴位上，把艾炷放在姜片上点燃施灸。适用于风寒咳嗽、虚寒腹痛、呕吐、泄泻、风寒湿痹等症。
B. 隔蒜灸：用独头大蒜切成 0.2～0.3cm 厚的薄片，中间以针刺数孔，置于穴位上，把艾炷放在蒜片上点燃，每穴每次可灸 5～7 壮，隔 2～3d 1 次。适用于痈疽未溃、瘰疬、肺痨等疾病。例如，用大蒜捣成泥糊状，均匀铺于脊柱（大椎至腰俞）上，约 0.2cm 厚，周围用棉皮纸封固，然后用艾炷置其上，点燃施灸，则称为铺蒜灸法，用于治疗虚劳顽痹。
C. 隔盐灸：施灸部位多为脐部，又称“神阙灸”。将干燥食盐研细末，撒满脐窝，略高脐约 0.1cm，在盐上面置放较大艾炷施灸（为防止盐受热爆裂，可在盐上放一薄片生姜），待患者感到灼痛再更换艾炷。一般每次施灸 5～7 壮，每日或隔日 1 次，适用于寒证吐泻、腹痛、癃闭、四肢厥冷等症，有回阳救逆的作用。

D. 隔附子饼灸：是以附子片或附子药饼作间隔物。药饼的制法是将附子研成细末，以黄酒调和，制成直径约 3cm、厚约 0.8cm 的附子饼，中间以针刺数孔，放在应灸穴位或患处，上置艾炷，点燃施灸，直至灸完所规定的壮数为止。用于治疗风寒湿痹、痈疽初起之病症。

E. 隔豆豉饼灸：将淡豆豉研为细末，过筛，量疮之大小，以适量药末入黄酒做饼，软硬适中，厚约 0.6cm，放于疮孔周围，上置艾炷灸之，勿使皮破，每日 1 次，以愈为度。适用于外科疮疡初起，瘰疬、乳痈初起，各种痛症，疖肿未化脓者。

F. 隔胡椒饼灸：用白胡椒末适量，加面粉和水制成厚约 0.5cm，直径约 2cm 的圆饼，使中央呈凹陷形，置适量药末（如丁香、麝香、肉桂等）于内填平，上置艾炷，点燃施灸。灸完所规定的壮数，以觉温热舒适为度。适用于气虚下陷，脏器下垂之症。

（5）施灸时间：直接灸是在施灸穴位部位涂少量凡士林，上置大小适宜的艾炷，点燃，至燃剩 2/5 左右时，用镊子取出余下的艾炷，更换新炷再灸，一般灸 5～7 壮。间接灸是在施灸部位涂少量凡士林，取隔物制品（当中刺数孔），置于应灸部位，其上置艾炷，点燃，施灸，壮数按医嘱而定。体质强壮者，宜用大艾炷，壮数较多；体质虚弱者，宜用小艾炷，壮数较少。阳虚、寒证，宜大艾炷，壮数多；阴虚、热证，宜小艾炷，壮数少。肌肉丰厚处宜大或中艾炷，多灸；肌肉薄处宜小艾炷，少灸。艾炷灸可每日或隔日进行 1 次。

（6）随时观察局部皮肤及病情变化，询问患者有无灼痛感，患者稍有灼痛感即应更换艾炷或将艾火熄灭。对昏迷、知觉减退或小儿患者，应密切观察，掌握温度，防止烫伤皮肤。

（7）施灸时，严防艾火烧坏患者的衣服、被褥等物，避免火灾。

（8）灸毕，熄灭艾火。

（9）记录患者的一般情况和施灸局部皮肤情况，异常情况的处理措施及效果。

（三）注意事项

（1）施灸前应对患者说明施灸要求，消除恐惧心理。

（2）施灸部位，宜先上后下，先灸头项、腰背部，后灸胸腹、四肢；先灸阳经，后灸阴经。

（3）施灸后皮肤出现微红灼热，属于正常现象。若局部出现小水疱，无需处理，可自行吸收，如果水疱较大，消毒局部皮肤后，用无菌注射器吸出液体，覆盖无菌敷料，保持干燥，防止污染。

（4）对于昏迷、反应迟钝或局部皮肤感觉消失的患者，应注意勿灸过量，避免灼伤皮肤。

三、热敏灸

热敏灸是采用艾条悬灸热敏化的腧穴，激发喜热、透热、扩热、传热、局部不（微）热远部热、表面不（微）热深部热、非热觉等热敏灸感或经气传导，并施以个体化的饱和消敏灸量，从而提高艾灸疗效的一种新技术。热敏灸治疗方法主要是在为患者进行艾灸前，先寻找热敏化穴位，即灸疗的最佳选穴，然后进行施灸，从而热敏化穴位在艾热刺激下激发灸性感传甚至气至病所，达到“小刺激大反应”的作用，使临床疗效大幅度提高。

（一）评估要点

（1）患者病情、当前主要症状、既往史、体质情况、局部知觉及意识状态。

（2）患者体质及实施热敏灸处的皮肤情况。

（3）患者的心理状况及对热、疼痛的敏感度和耐受程度。

（二）操作步骤

（1）评估。

（2）告知患者或家属操作的目的、步骤、可能引起的不适和并发症，如局部可出现烫伤、水疱等，并教会其配合的方法。

（3）施灸体位：协助患者取适当体位，暴露施灸部位，注意遮挡和保暖。

（4）热敏点探查：用点燃的艾条，以患者体表病位附近经穴、压痛点、皮下硬结等反应部位为中心，在3cm半径的范围内，距离皮肤3～5cm施行回旋灸1～3min从而温通局部气血，继以在重点位置予以雀啄灸1～2min以加强灸量，找到热敏化穴位后予以温和灸。当患者感受到艾热发生透热、扩热、传热等感觉时，此点即为热敏点。

（5）施灸方法：将点燃的纯艾条对准热敏化腧穴，距离皮肤3cm左右实施温和灸，以患者局部无灼热痛感为度；灸量以完成感传为度，直至热敏现象消失。对热敏点完成1次治疗剂量的时间因人而异，一般为5～100min，每日1次。

（6）随时观察局部皮肤，询问患者有无灼痛感，及时调整距离，防止灼伤；施灸过程中应及时将艾灰弹入弯盘中，防止灼伤皮肤和烧坏衣物。施灸完毕，立即将艾条插入小口瓶中熄灭艾火。

（7）注意观察全身情况或其病情变化，了解患者的心理和生理感受。

（8）灸毕，用纱布清洁局部皮肤，协助患者着衣，整理床单位，安排舒适体位，酌情通风换气。

（三）注意事项

（1）选穴原则：先选强敏化腧穴，后选弱敏化腧穴；先选躯干部腧穴，再选四肢部腧穴；先选近心部腧穴，后选远心部腧穴。远近搭配，左右搭配，前后搭配。

（2）施灸剂量：最佳剂量以每穴完成灸感四相过程为标准，灸至感传完全消失为止。

（3）对于昏迷、反应迟钝或局部皮肤感觉消失的患者，应注意勿灸过量，避免灼伤皮肤。

四、雷火灸

雷火灸是以中药粉末（包括沉香、木香、乳香、茵陈、干姜、羌活、穿山甲、麝香、没药、草乌、川乌、雄黄等）加上艾绒制成艾条，施灸于穴位上的一种灸法。本疗法始于《本草纲目》。《针灸大成》认为此法“治闪挫骨间痹痛及寒湿气痛而畏刺者”。雷火灸疗法以芳香走窜的药物作引经药，使其具有祛风、散寒、利湿、通络的药力，渗透入穴位，达到温经通络、流畅气血、祛寒除湿的目的。

（一）评估要点

（1）患者病情、当前主要症状、既往史、体质情况、局部知觉及意识状态。

（2）患者体质及施灸部位的皮肤情况。

（3）患者的心理状况及对热、疼痛的敏感度和耐受程度。

（二）操作步骤

（1）评估。

（2）告知患者或家属操作的目的、步骤、可能引起的不适和并发症。

（3）协助患者取合适体位，暴露施灸部位，按医嘱确定施灸部位及施灸方法，注意保暖。

（4）取穴：根据病症选定穴位，选穴方法同“针刺法”。

（5）施灸方法：拧开灸具顶部，揭开灸具底部，拿起药艾条从底部向前推至露出约5cm处取大头针插在灸具两边针孔固定药艾，撕开药艾前端包装纸，点燃药艾。将燃着的药艾一端在施灸部位上方2～3cm处施灸，灸至局部皮肤发红，深部组织发热为度。

雷火灸有补法和泻法之分。临床可根据不同病情而选用之。补法常用于风寒湿痹、虚寒腹痛泄泻等。泻法常用于实证之痛症、腰背痛、湿浊阻滞之呕吐等。

1）补法

A. 雀啄法：雷火灸火头对准应灸处，采用像鸡啄米、雀啄食似的上下移动方法。其多用于泄邪气时，在患部和穴位上使用。

B. 小回旋法：雷火灸火头对准应灸的部位或穴位，做固定的小回旋转。该法采用顺时针方向旋转，多用于泻法；若采用反时针方向旋转，多用于补法。

C. 螺旋形灸法：雷火灸火头对准应灸部位中心点，逐渐由小而大，可旋至碗口大，反复使用由小而大的操作方法。按顺时针螺旋形方法旋转，多用于泻法；若采用反时针方向进行螺旋形反复旋转，多用于补法。

D. 横向灸法：超越病灶部位，灸时移动方向，左右摆动。距离皮肤 1～2cm，多用于泻法；距离皮肤 3～5cm，多用于补法。

E. 纵向灸法：超越病灶部位，灸时上下移动火头。距离皮肤 1～2cm，多用于泻法；距离皮肤 3～5cm，多用于补法。

F. 斜向灸法：超越病灶部位，灸条火头斜向移动。距离皮肤 1～2cm，多用于泻法；距离皮肤 3～5cm，多用于补法。常在治疗鼻炎等多种疾病上采用。例如，印堂穴移到迎香穴，必须采用斜向灸法。

G. 拉辣式灸法：操作者用左手三指平压躯干软组织，向中心线外侧移动，雷火灸距离皮肤 2cm，保持红火，随着操作者的手在患者皮肤上熏烤。在躯干部操作者平压肢体软组织，向远端移动，雷火灸距离皮肤 2cm，保持红火，随着操作者的手在患者皮肤上熏烤。每个方位每次拉动距离不少于 10cm，拉动次数为 3～5 遍为佳。

H. 摆阵法：用温灸斗（一孔式、两孔式等），根据病情可摆横阵、竖阵、斜阵、平行阵、丁字阵等。

2）泻法：以上的补法时间延长，超过了 30min，药量增大，渗透加深，即可起到泻的作用，尤其是超过 1h 以后的温灸法即可成为泻法。

（6）得气

1）补法得气：雷火灸距离皮肤 3～5cm，施灸时间为 5～10min，皮肤慢慢地呈现淡红色红晕或肌肉软组织表现柔软，皮肤温度增加，此为补法得气。

2）泻法得气：雷火灸距离皮肤 1～2cm，悬灸时间为 0.5～1min，皮肤出现红晕或皮温急剧增加，患者有刺痛感表现，此法为泻法得气。得气后为 1 壮，必须用手触摸被灸处皮肤，降低皮温后再重新反复施灸。

（7）施灸过程中注意观察患者局部皮肤及病情变化，询问患者有无灼痛感，随时调整施灸的距离，防止艾灰脱落，造成烧伤皮肤或毁坏衣物。

（8）灸毕，将灸火彻底熄灭，用纱布清洁局部皮肤。

（三）注意事项

（1）施灸过程中随时刮灰，保持红火，保持药艾温度，并防止因艾灰脱落而灼伤皮肤。

（2）艾药条燃至灸具口时，用止血钳取出大头针，拉开底盖用拇指推出药条，再用大头针固定继续使用。

（3）治疗结束时取出大头针，盖好灸盖，火自动熄灭。

第二节 按 摩 法

按摩，又称推拿，是在中医基础理论指导下，结合现代医学理论，运用推拿手法作用于人体特定的部位和穴位，通过调理脏腑、疏通经络、行气活血、理筋整复，达到防病治病目的的一种治疗方法。按摩治疗广泛应用于临床各科、各种病症，尤其是在治疗痛证上能收到良好的效果。而且按摩法操作简便、不良反应少见，不但适用于临床，也可以在家庭、社会中普遍开展。临床上用于头痛、牙痛、胃脘痛、关节错位、腰肌劳损、失眠、跌打顿挫、颈腰椎病、风湿痹痛、恶心呕吐、肩周炎等内科、外科、骨科病症及关节麻木、感觉迟钝等神经系统病症等的治疗。

一、开天门

开天门是指运用各种推拿手法，作用于头面部的腧穴上，刺激末梢神经，使机体产生感应，疏通经络，促进血液循环，加强机体代谢功能，具有开窍宁神、平肝息风、升阳固脱、疏风解表、通络明目、止痛等作用，最终达到阴阳平衡，解除头晕、头痛、偏头痛、神经衰弱、失眠、高血压等病症。即使无病，通过按摩也可以增强体质，起到预防保健作用。

（一）评估要点

（1）患者病情、体质、头部皮肤情况。

（2）患者心理状态及对疼痛的耐受能力等。

（3）女性患者的月经、妊娠、生产、白带、胎儿等情况。

头部穴位按摩

（二）操作步骤

（1）评估。

（2）告知患者操作目的和过程及可能出现的不适及注意事项。

（3）协助患者取坐位或仰卧位，暴露应按穴位部位。

（4）正确取穴，根据患者症状、年龄及耐受性选用适宜、或补或泻等手法，按顺序进行按摩。询问患者感觉。

（5）实施手法：①推上星：印堂→上星 36 次；②头维：印堂→头维 36 次；③抹眉：攒竹→丝竹空 36 次；④梳理太阳经：双手指端交替梳推头额 10～20 次；⑤叩印堂：36 次（中指端弯着叩）；⑥叩百会：36 次；⑦揉太阳穴：顺、逆时针各 10 次；⑧轻拍头部：前额→左太阳穴→前额→右太阳穴→前额→额顶（共 3min）；⑨收功（按双侧风池及肩井穴 5～10 次）。

1）开天门常用穴位的定位：①上星——前发际正中直上 1 寸；②印堂——两眉头连线的中点；③头维——额角发际直上 0.5 寸；④攒竹——眉头凹陷中；⑤丝竹空——眉梢处凹陷中；⑥百会——后发际直上 7 寸（两耳尖直上、头顶正中）；⑦太阳——眉梢与目外眦之间后约 1 寸凹陷处；⑧风池——胸锁乳突肌与斜方肌之间、平风府穴处；⑨肩井——位于大椎穴与肩峰连线的中点处；⑩风府——后发际正中直上 1 寸。

2）开天门的手法：根据刺激强度区分，轻刺激的手法为补，重刺激的手法为泻；按手法频率快慢来看，频率快的手法为泻，频率慢的手法为补；按手法操作的时间来讲，操作时间较长的手法为补，操作时间较短的手法为泻。

（6）为患者梳理头发，取舒适卧位。

（7）整理床单位，清理物品，告知患者注意事项。

（8）记录操作后患者的反应与病情变化及异常情况、处理措施与效果。

（三）注意事项

（1）操作前要修剪指甲，以防损伤患者皮肤。操作时用力要均匀、柔和、持久，禁用暴力。

（2）安排合适体位，注意保暖。

（3）操作过程中观察患者对手法的反应，若有不适，应及时调整手法或停止操作，以防发生意外。

二、腹部按摩

腹部按摩是在中医基本理论指导下，运用手法作用于人体腹部的穴位。通过局部手法刺激穴位，从而疏通经络、调动机体抗病能力、促进肠蠕动、帮助排便的一种技术操作。

（一）评估要点

（1）患者当前主要症状、既往史。
（2）患者体质及按摩部位的皮肤情况。
（3）患者的心理状况及对疼痛的耐受程度。

腹部穴位按摩

（二）操作步骤

（1）评估。
（2）告知患者穴位按摩的目的，操作过程，并指导患者配合。对腰部、腹部进行按摩前，嘱患者排空膀胱。
（3）再次核对，确定腧穴部位及推拿方法。
（4）协助患者取合适体位。松开衣物，暴露按摩部位，注意保暖。清洁局部皮肤。
（5）按同身寸法取穴（中脘、天枢穴、关元），涂按摩油，开始按摩。
（6）按摩方法：用摩法和推法由中脘穴顺时针推至左侧天枢穴到关元穴到右侧天枢穴，再回到中脘穴，进行环形按摩约 5min；然后用揉法分别按摩中脘穴、两侧天枢穴、关元穴各 30 次。
（7）操作过程中观察患者对手法的反应，若有不适，应及时调整手法或停止操作，以防发生意外。
（8）操作后协助患者着衣，安排舒适卧位，整理床单位，清理用物。
（9）观察患者的一般状况、局部皮肤的情况，实施穴位按摩后的效果，异常情况、处理措施及效果。

（三）注意事项

（1）操作的原则：力随形走，利用反作用力。
（2）操作的要求：持久、有力、均匀、柔和、深透。
（3）操作的要领：手法由易到难；力量由轻到重，由浅到深；频率由慢到快。

第三节 拔 罐 法

拔罐法又称负压疗法，是用罐状器具，扣在患处或穴位上，用烧火、温热或直接抽取罐中空气（或温水）的方法，造成罐中负压，使它紧吸在皮肤上，造成瘀血现象，从而起到治病作用的一种常见的民间治疗方法。

拔罐治疗时，罐内形成负压，使局部毛细血管充血甚至破裂，表皮瘀血，出现自身溶血现象。随即产生一种类组胺的物质，随体液周流全身，刺激各个器官，增强其功能活动，提高机体免疫力。并使治疗部位皮肤相应的内脏和组织代谢旺盛，细胞吞噬活动增强，促进机体恢复功能，加快疾病痊愈。

拔罐法可分为火罐法、水罐法、竹罐法、推罐法。其中火罐法应用广泛，被用于医院、社区、家庭护理中，也在其他许多国家被广泛应用。经过漫长的历史演变，拔罐法的罐具，排气法、罐法、配伍等其他方法，临床应用范畴等方面均有相当大的发展。

罐具从兽角发展为竹罐、木罐、铜罐、铁罐、铝罐、陶罐、瓷罐、玻璃罐甚至近年来研制成的橡胶罐、塑料罐、有机玻璃罐、电热罐、磁疗罐、红外线罐、紫外线罐、激光罐、离子透入罐等。罐具的型号由常用的几个型号（直径 1～4cm），发展为小至可用于耳穴、耳道、鼻道，大至可容纳整个人体。罐具的形状，由只能用于较平坦部位的平口罐发展为可用于人体各部位如指、趾、耳道、鼻孔、上肢、下肢、手、足、躯干甚至容纳整个人体的各种适当的形状。

拔罐法广泛用于临床实践中，适应证包括发热、感冒、原发性高血压、胸痹、胃脘痛、颈椎痛、腰椎痛、急性扭伤、坐骨神经痛、肩周炎、失眠、头痛、中风、三叉神经痛等。

一、拔火罐

拔火罐是以罐为工具，利用燃烧热力，排出罐内空气形成负压，使罐吸附在皮肤穴位上，造成局部瘀血现象，达到温通经络、祛风散寒、消肿止痛、吸毒排脓目的的一种技术操作。

（一）评估要点

（1）患者病情、既往史、意识、活动能力、有无感觉迟钝或障碍。

（2）患者体质及实施拔罐处的皮肤情况。

（3）患者的心理状态及对疼痛的耐受程度。

（二）操作步骤

（1）评估。

（2）告知患者或家属操作的目的、步骤、可能引起的不适和并发症，如局部可出现与罐口相当大小的紫色瘀斑，数日后可消失等，并教会其配合的方法。

（3）协助患者取合适体位，初诊、年老体弱、小儿和有过敏史、晕针史的患者，均宜采用卧位。暴露拔罐部位，拔罐部位应选择肌肉较丰满的部位，注意保暖。

（4）根据部位不同，选择合适的罐具，并检查罐口边缘是否光滑，有无缺损裂缝。

1）竹筒罐：取坚实成熟的竹筒，一头开口，一头留节作底，罐口直径分 3cm、4cm、5cm 三种，长短为 8～10cm。口径大的，用于面积较大的腰背及臀部；口径小的，用于四肢关节部位。对于日久不常用的竹筒罐，由于过于干燥，容易透进空气，所以临用前，可用温水浸泡几分钟，使竹筒罐质地紧密不漏空气后再用。

2）陶瓷罐：使用陶土，做成口小肚圆而大的形状，再涂上黑釉或黄釉，经窑里烧制而成。其有大、中、小和特小的几种类型，陶瓷罐，里外光滑，吸拔力大，经济实用。

3）玻璃罐：是用耐热质硬的玻璃烧制而成。其形似笆斗，肚大口小，罐口边缘略突向外，分三种号型，清晰透明，便于观察，罐口光滑，吸拔力好。

4）抽气罐：用青霉素、链霉素药瓶或类似的小药瓶，将瓶底切去磨平而成，切口须光洁，瓶口的橡皮塞须保留完整，便于抽气时应用。现在用透明塑料制成，不易破碎，上置活塞，便于抽气。

（5）拔罐部位：选择肌肉较丰满的部位，骨骼凹凸不平和毛发较多处不宜拔罐。

（6）拔罐方法：一手持罐具，另一手持止血钳夹 95% 乙醇溶液棉球点燃，深入罐内中下端，绕 1～2 周后迅速抽出，迅速将罐口扣在选定部位（穴位）上，留罐 5～10min。注意用火安全，防止烫伤，拔罐时动作要稳、准、快。

（7）拔罐过程中要随时询问患者感觉，检查罐口吸附情况，局部皮肤以紫红色为度，患者感觉疼痛、过紧，应及时起罐。

（8）起罐：一手夹持罐体，另一手拇指按压罐口皮肤，待空气进入罐内，即可顺利起罐。

（9）起罐后，如局部出现小水疱，可不必处理，待自行吸收；如水疱较大，消毒局部皮肤后，用无菌注射器吸出液体，覆盖消毒敷料。

（10）记录患者的一般情况和拔罐局部皮肤情况及异常情况的处理措施及效果。

（三）注意事项

（1）若应拔罐的部位有皱纹，或罐具稍大，不易吸附，可做一薄面饼，置于所拔部位，以增加局部面积，即可拔稳。

（2）采取合适体位，选择肌肉较丰满的部位，骨骼凹凸不平和毛发较多处不宜拔罐，避开有水疱、瘢痕和伤口的位置拔罐，防止烫伤。

（3）注意用火安全，防止烫伤，点火用的酒精棉球要夹紧，酒精要拧干，以防脱落烫伤患者皮肤。

（4）拔罐时动作要稳、准、快，起罐时切勿强拉。

（5）起罐后，如局部出现小水疱，可不必处理，待自行吸收；如水疱较大，消毒局部皮肤后，用无菌注射器吸出液体，覆盖消毒敷料。

（6）在上次拔罐出现的瘀血现象尚未消退之前，不宜在原处拔罐。

（7）使用过的罐具，均应消毒备用。

（8）拔罐时注意不要使患者受冷受风，以免感冒。拔罐后4～6h内避免沐浴、游泳。

二、平衡火罐法

平衡火罐法是拔罐疗法的一种，是平衡针灸学的重要组成部分，以阴阳学说为基础，以神经传导学说为途径，以自身平衡为核心，运用不同的拔罐手法作用于人体的一种非药物治疗的自然平衡疗法。其原理在于拔罐可有效激发经气、疏通经络，使各经脉气血运行通畅，反射性地引起中枢神经向应激状态转变，达到调节和改善机体疲劳、肾气平稳、肝脾调和的目的。平衡火罐选择背部是因为背俞穴主治脏腑病，从肺俞至膀胱俞包括五脏六腑，具有调节脏腑气机，并通过经络传导至脑，提高机体功能。平衡火罐通过良性刺激及火罐的温热效应，调理全身脏腑、疏通经络，从而起到调理肝脾肾的疗效。

（一）评估要点

（1）患者病情、既往史、意识、活动能力、有无感觉迟钝或障碍。

（2）患者体质及实施拔罐处的皮肤情况。

（3）患者的心理状态及对疼痛的耐受程度。

（二）操作步骤

（1）评估。

（2）告知患者或家属操作的目的、步骤、可能引起的不适。

（3）检查罐口边缘是否光滑，有无缺损裂缝。

（4）拔罐部位：选择肌肉较丰满的部位，骨骼凹凸不平和毛发较多处不宜拔罐。

平衡火罐法的取位原则：①取中为主，即躯体为主，四肢为辅。②胸、腹、盆腔内器官的治疗，以取背、腰、骶为主；胸部疾病的治疗以取后背为主（脊神经后根—华佗夹脊穴，膀胱经）。③根据疾病的发病阶段取位。急性病或慢性病急发，取健侧；反之，慢性病或急性病的恢复期，取患侧。

（5）拔罐手法：平衡火罐法中运用了多种手法，包括闪罐法、走罐法、留罐法。

1）闪罐法：指将罐吸拔在应拔部位后随即用腕力取下，反复操作至皮肤潮红时为止的拔罐方法。此法的兴奋作用强，适用于肌肉痿软、局部麻木或功能减退的虚弱病症。

2）走罐法：操作前先在罐口或吸拔部位涂上一层润滑剂作为介质，再以闪火法或滴酒法将罐吸附在所选部位的皮肤上。然后，医者用左手扶住并拉紧皮肤，右手扶住罐底，用力在应拔部位上下或左右来回推拉旋转移动，移动时，将罐具前进方向的半边略提起，以另半边着力，一般腰背部宜沿垂直方向上下推拉。四肢宜沿长轴方向来回推拉；胸胁部宜沿肋骨方向平行推拉；肩部、腹部宜用罐具自转或在应拔部位旋转移动。反复操作多次，至所拔部位皮肤红润、充血，将罐起下。此法适用于面积较大、肌肉丰厚部位（如脊背、腰臀、大腿等部位）的酸痛、麻木、风湿痹痛等病症。

3）留罐法：指将罐吸拔住后，在应拔部位留置一段时间，直至皮肤潮红、充血或瘀血为度，一般留罐10～15min，吸力强的可留罐时间短些，吸力弱的可以留罐时间长些。

按顺序进行操作，做各种手法时要视患者皮肤情况及耐受度而定，避免造成患者皮肤过度的摩擦。

（6）平衡火罐法的补泻原则：①顺时针为补，逆时针为泻；②顺经络为补，逆经络或垂直为泻。

（7）起罐时间：所有手法完成，留罐10～15min后，即可起罐。

（8）起罐手法：一手夹持罐体，另一手拇指按压罐口皮肤，待空气进入罐内，即可顺利起罐，起罐时勿强拉，以免损伤皮肤。起罐后，如局部出现小水疱，可不必处理，待自行吸收。如水疱较大，消毒局部皮肤后，用无菌注射器吸出液体，覆盖消毒敷料。

（9）拔罐间隔：可隔日1次或每日1次。

（10）记录患者的一般情况和拔罐局部皮肤情况及异常情况的处理措施及效果。

（三）注意事项

（1）若应拔的部位有皱纹，或火罐稍大而不易吸附，可做一薄面饼，置于所拔部位，以增加局部面积，即可拔稳。

（2）采取合适体位，选择肌肉较丰满的部位，骨骼凹凸不平和毛发较多处不宜拔罐，避开有水疱、瘢痕和伤口的位置拔罐，防止烫伤。

（3）注意用火安全，防止烫伤，点火用的酒精棉球要夹紧，酒精要拧干，以防脱落烫伤患者皮肤。

（4）拔罐时动作要稳、准、快，起罐时切勿强拉。

（5）起罐后，如局部出现小水疱，可不必处理，待自行吸收；如水疱较大，消毒局部皮肤后，用无菌注射器吸出液体，覆盖消毒敷料。

（6）在上次拔罐出现的瘀血现象尚未消退之前，不宜在原处拔罐。

（7）使用过的火罐，均应消毒备用。

（8）拔罐时注意不要使患者受冷受风，以免感冒。拔罐后4～6h内避免沐浴、游泳。

第四节 水 针

水针又称穴位注射，是在穴位内进行药物注射的一种技术操作。它是将针刺及药物对穴位的渗透刺激作用和药物的药理作用结合在一起，发挥综合效能从而达到治疗疾病的目的。它将针刺和药物的双重刺激作用有机结合，整合效能，故对某些疾病能提高效能。穴位注射技术形成于20世纪50年代初期，60年代开始得到推广和应用。

（一）评估要点

（1）患者当前主要症状、既往史、药物过敏史。

（2）患者体质及穴位注射部位的皮肤情况。

（3）患者的心理状况及对疼痛的耐受程度。

（二）操作步骤

（1）评估。

（2）告知患者或家属操作的目的、步骤、可能引起的不适和并发症，如注射部位出现疼痛、酸胀的感觉，避免着水，以免感染。

（3）针具选择：根据使用药物的剂量大小及针刺的深度选用不同的注射器和针头，常用注射器为1ml、2ml、5ml、10ml、20ml，常用针头为4号～6号普通的长注射针头，封闭用长针头。

（4）穴位选择：选穴原则同针刺法，一般每次2～4穴，不宜过多，以精为要。按一般针刺治疗时的处方原则，根据不同疾病，选择相应主治穴位。胸腹腰背部可选用触诊时阳性反应明显的俞穴、募穴；亦可选沿经络分布所触到的压痛点。

（5）药物剂量：作小剂量注射时不能过量，可用原药物剂量的1/5～1/2，具体部位，具体分析。头面及耳穴用药量要少，四肢及腰背部骨肉丰厚处用量要大，刺激性较小的药物用量较大，刺激性较大的药物用量较小。

（6）注射：按照肌内注射法消毒皮肤，然后排气、进针。运用提插手法调节针感，得气后回抽无血，将药液缓慢注入。一般疾病用中等速度推注；慢性病体弱者用轻刺激将药物缓慢推入；急性病体壮者用强刺激将药物快速注入。如需注射较多药液时，可将注射针头由深部逐渐提到浅层，边提边推药，或将注射针交换几个方向推药。

（7）注射中、注射后询问患者感觉、用药效果：如发生意外情况（如肢体活动功能障碍、肌肉挛缩畸形、骨髓炎、神经麻痹、感染致跛行、腓深神经损伤、深静脉炎等），需及时报告医生，对症处理。

（8）记录实施水针治疗后的客观情况。

（三）注意事项

（1）出现意外情况的可能：肢体活动功能障碍、肌肉挛缩畸形、骨髓炎、神经麻痹、感染致跛行、腓深神经损伤、深静脉炎等，临床多对症处理。

（2）意外情况的处理及预防

1）在选穴时，应避免选用肌肉浅薄，针感特别强烈的腧穴；要避开大动脉、大静脉和神经干选穴，若注射时患者有触电感，则要退针或改变方向，然后再注入药物，以免损伤神经。颈项、胸背部俞穴注射时不宜过深，以防误伤重要脏器；孕妇的下腹部，腰骶部和三阴交、合谷等穴位，一般不宜作穴位注射，以免引起流产。

2）避免将药液注入关节腔、脊髓腔和血管内。

3）穴位注射后出现的局部酸胀不适感，一般可在4～8h内自行消失；如局部反应较重，用艾条温和灸，多能缓解；如局部红肿，伴有发热和其他全身症状，应及时查明原因对症处理。年老体弱者，注射部位不宜过多，药量应酌情减少，以防晕针。

4）发生药物过敏反应：按药物过敏对症处理。应以预防为主，药液选择应注意药物的性能、药理作用、剂量、配伍禁忌、副作用和过敏反应，某些中草药制剂亦可能引起反应，使用时应该注意。凡能引起过敏反应的药物，必须先做皮试，试验阴性者方可使用。

第五节 皮 肤 针

皮肤针又称梅花针、七星针，是以5～7枚钢针集成一束，固定在针柄的一端，形如小锤，用之叩刺局部皮肤或穴位，激发经络功能，调整脏腑气血，以达到防治疾病目的的一种技术操作。其具有多针、浅刺、刺激面大、疼痛较轻微等特点。

（一）评估要点

（1）患者当前主要症状、既往史、全身有无出血倾向。

（2）患者体质及局部皮肤情况。

（3）患者心理状态及对疼痛的耐受程度。

（二）操作步骤

（1）评估。

（2）告知患者或家属操作的目的、步骤、可能引起的不适和并发症。

（3）常用刺激部位

1）背腰骶部：在脊柱两侧，自胸椎起至骶部止，沿着足太阳膀胱经和华佗夹脊穴，自上而下各纵刺3～4行。

2）胸部：在胸骨部，沿胸骨边自上而下叩刺2～3行。然后沿肋部走行方向自后向前，沿肋间隙叩刺，每个肋间隙叩刺一行。

3）腹部：自肋弓至脐区域，横行或沿肋弓弧形叩刺5～7行，在脐至耻骨、腹股沟韧带区沿肋神经分布区自外向内斜行叩刺3～5行。

4）头部：眉毛上缘至前发际，自右至左、自左至右叩刺2～4行；头顶至后发际，与前后正中线平行，由前至后在两侧叩刺5～7行。

5）面部：两头太阳区呈放射状叩刺1～3行，眼睑区及口唇部可环绕眼及口叩刺1～2行，面颊部、下颌部呈弧形叩刺1～3行。

6）颈部：颈前区可平行于前正中线叩刺，颈后区沿后正中线叩刺，两侧颈区可沿胸锁乳突肌叩刺。

7）四肢：按十二经脉循行路线，每经叩刺1～2行，肘、膝、踝部可呈环形叩刺。

（4）叩刺方法：可分为循经叩刺、穴位叩刺和局部叩刺三种。

1）循经叩刺：是沿经脉循行路线进行叩刺的一种方法，最常用的是项背腰骶部的督脉及膀胱经，因督脉能调节一身之阳气，所以其治疗范围颇广。另外，上肢可按手三阴、三阳经，下肢按足三阴、三阳经进行循经叩刺。

2）穴位叩刺：是根据穴位主治而叩刺的一种方法，较常用的是各种特定穴，包括华佗夹脊穴、阿是穴、背俞穴、募穴及四肢的郄穴、原穴、络穴，如出现敏感点、条索状物、结节等，应作重点叩刺。

3）局部叩刺：即是患部叩刺，如扭伤局部瘀血肿痛、顽癣、斑秃等，可在局部进行叩刺。

（5）皮肤消毒：局部皮肤用75%乙醇消毒，避免使用碘剂消毒液，以防局部皮肤色素沉着。

（6）检查针具：临床上一般使用一次性皮肤针，如使用消毒用具应检查针柄是否固定，针尖是否有倒钩，并注意消毒日期。

（7）叩击

1）叩击手法：一般以右手持针，用环指、小指固定针柄末端于小鱼际处，中指、拇指将针柄左右固定，示指按压针柄中端。治疗时用手腕弹力，上下叩打。针尖需垂直上下，用力均匀，避免斜刺或钩刺。

2）叩击强度：一般分为轻度刺激、中度刺激和重度刺激。轻度刺激时，叩打腕力较轻，冲力较小，患者稍有疼痛感，皮肤局部潮红，此为补法；中度刺激时，叩打腕力稍大，冲力较大，患者有轻度疼痛感，局部皮肤潮红，但不出血，此为平补平泻；重度刺激时，叩打腕力较重，冲力大，患者有明显疼痛感，但能忍受，皮肤明显发红，可有轻度出血，此为泻法。

（8）叩击过程中观察患者面色、表情、皮肤情况，有无不适感。如有异常，立即停止治疗，并采取恰当措施处理。

（9）叩击完毕，局部用75%乙醇消毒。

（三）注意事项

（1）叩刺躯干时，应注意保暖，避免受凉。
（2）皮肤针针尖必须平齐、无钩、无锈，针柄与针尖连接处必须牢固，以防叩刺时滑动。
（3）叩刺时用力均匀，针尖要垂直而下，垂直而起，避免斜、钩、挑，以减轻疼痛。
（4）使用过的针具，执行消毒后再清洗修理，灭菌处理后备用。
（5）叩刺后皮肤如有出血，须用消毒干棉球擦拭干净，保持清洁，以防感染。

第六节 耳穴压豆

耳穴压豆是用王不留行或其他物品（如莱籽等）贴耳部穴位，刺激耳郭上的穴位或反应点，通过其疏通经络，调节脏腑气血功能，促进机体的阴阳平衡，以达到治疗疾病目的的一种操作方法。

（一）评估要点

（1）患者当前主要症状、既往史及局部知觉。
（2）患者体质及耳穴压豆取穴部位的皮肤情况。
（3）患者的心理状况及对疼痛的耐受程度。
（4）女性患者的生育史、流产史、当前是否妊娠。

（二）操作步骤

（1）评估。
（2）告知患者或家属操作的目的、步骤、可能引起的不适和并发症，如耳穴压豆局部会有热、麻、胀、痛感。
（3）协助患者取舒适体位，按医嘱选择穴位并探查耳穴。手持探棒自耳轮后上方由上而下在选区内寻找耳穴的敏感点。耳穴的探查方法如下。
1）肉眼观察法：观察耳郭上是否有变形、变色，如鳞屑、水疱、丘疹、硬结、软骨增生、色素沉着及血管的形状、颜色变异等。
2）压痛点探查法：用探棒（或毫针柄、火柴梗、棉签）以均匀的压力，在耳郭相应部位，由中央向周围、自上而下、自外而内的探压，最痛的敏感点就是要找的穴位。
3）电测定法：采用目前常用的测定皮肤电阻的“良导点测定仪”，测定耳穴的电阻，电阻低的耳穴可通过指示灯、音响、仪表反映出来，即是要找的穴位。
（4）耳郭消毒：消毒局部（穴位）皮肤，消毒范围视耳郭大小而定，消毒时应自上而下、由内到外、从前到后。
（5）体位和进针：一般采取坐位，如精神紧张或年老体弱可采用卧位；一手持止血钳夹的王不留行子耳贴，一手固定耳郭，在相应的穴位压贴。
（6）留置时间：压子留3～5d，天气炎热、汗多可缩短时间，如不慎掉落就及时补贴上。
（7）更换或取下：留置时间结束，一手持止血钳夹王不留行子耳贴，一手固定耳郭将王不留行子耳贴取下，根据病情需要予对侧耳郭进行耳穴压豆。
（8）整理床单位，协助患者取舒适卧位，清理物品。
（9）记录患者的一般情况和耳穴压豆治疗局部皮肤情况，留置时间，患者的反应及病情变化，异常情况、处理措施及效果。

（三）注意事项

（1）耳穴压贴期间，患者总感觉到局部热、胀、麻、痛或感觉循经络放射传导为得气，应密切观察局部皮肤情况。
（2）嘱患者局部皮肤不湿水，每 4h 按压一次，以提高疗效。
（3）一般耳穴压贴留 3～5d，天气炎热、汗多可缩短时间。
（4）孕妇做耳穴压豆宜用轻刺激手法，对有习惯性流产史的孕妇则应慎用。
（5）压豆后患者自行按摩，以按压为主，切勿揉搓，以免搓破皮肤造成耳穴感染。

第七节 刮痧法

刮痧法，又称"挑痧"，属《黄帝内经》砭石疗法、刺络疗法的一种。其是指用边缘钝滑的器具，如牛角刮板、瓷匙、砭石等物的钝面，蘸取植物油或清水，在患者体表一定部位反复刮动，使局部皮下出现痧斑或痧痕的一种治疗方法。其可疏通腠理，使脏腑秽浊之气通达于外，促使周身气血流畅逐邪外出，从而达到治疗疾病的目的。

刮痧疗法包括刮痧法、撮痧法、挑痧法三种。刮痧常用工具有汤匙、铜钱、硬币、瓷器片、嫩竹板、牛羊角等。刮痧疗法的适应范围十分广泛，不仅适用于痧症，而且凡内科、儿科、妇科、皮肤科、眼科和耳鼻喉科等临床多种常见病均可治疗，如感冒、咳嗽、哮喘、腹痛、便秘、不寐、中风、落枕、月经不调、鼻渊、喉痹等。

（一）评估要点

（1）患者临床表现、既往史、意识、活动能力、有无感觉迟钝或障碍。
（2）患者体质及实施刮痧处的皮肤情况。
（3）患者的心理状况及对疼痛的耐受程度。
（4）女性患者必须了解月经情况、生育史、流产史、当前是否妊娠。

（二）操作步骤

（1）评估。
（2）告知患者或家属操作的目的、步骤、可能引起的不适和并发症，如局部可出现紫色痧点或瘀斑，数日后可消失等。
（3）根据病情选择刮痧部位，选取后暴露刮痧部位，铺治疗巾或垫纸巾，冬季要注意保暖，必要时屏风遮挡。主要的刮痧部位如下。
1）头部：眉心、太阳穴、鼻梁等。
2）颈项部：后项、颈部两侧。
3）胸部：各肋间隙、胸骨中线。
4）肩背部：两肩部、背部脊柱旁两侧。
5）上下肢：上壁内侧、肘窝，下肢大腿内侧、委中穴上下，足跟后跟腱处。
（4）协助患者取合适体位：如胸腹、下肢内侧、前侧部多选用仰卧位或仰靠坐位；头部、颈部、背部、上肢和下肢外侧部多选用俯卧位或俯伏坐位及坐位。
（5）实施手法：手持刮具，蘸水、油或药液，在选定的部位，使刮痧用具始终保持 45°～90°角，从上至下，由内向外，单一方向刮擦皮肤，不要来回刮动。例如，刮背部，则应在脊椎两侧沿肋间隙呈弧线由内向外刮，每次刮 8～10 条，每条刮 6～15cm。

（6）操作中，应保持刮痧板的湿润，刮擦数次后，操作者感觉刮具涩滞时，须及时沾湿再刮，直至局部皮下出现红色或紫红色痧为止，一般一个部位刮擦 20 次左右。

（7）随时询问患者有无不适，观察病情及局部皮肤颜色变化，调节手法力度。刮痧手法要求用力均匀，不要忽轻忽重。刮痧过程中如见冷汗不止、脉象沉浮、吐泻不止等情况，应停止刮痧，并及时抢救，防止意外发生。

（8）刮痧完毕，清洁局部皮肤。

（9）记录患者的一般情况和刮痧局部皮肤情况，刮痧时间，患者的反应及病情变化，异常情况、处理措施及效果。

（三）注意事项

（1）操作前检查刮具边缘有无缺损，避免损伤皮肤。

（2）操作中用力要均匀，勿损伤皮肤，忌来回刮。

（3）刮痧后嘱患者保持情绪稳定，饮食宜清淡，适当饮温开水、淡盐水或淡糖水，忌食生冷油腻之品。

（4）刮痧后，避免风直吹刮拭部位，出痧后 30min 内忌洗凉水澡，两次刮痧间隔以痧退为标准。

（5）使用过的刮具，应清洁消毒后备用。

第八节　熏　洗　法

熏洗法（全身）是将药物煎汤，趁热在全身各患处熏蒸、淋洗，以达到疏通腠理、祛风除湿、清热解毒、杀虫止痒目的的一种外治方法。

中药熏洗　　全身药浴

熏洗法属于中医“外治”法的范畴，被历代医家所重视并普遍使用。本法是以中药性味功能和脏腑经络学说理论为依据，选用一定的方药，经过不同加热方法，利用中草药的热力或蒸气作用于皮肤、腠理，达到开泄腠理、清热解毒、消肿止痛、杀虫止痒、温经通络、活血化瘀、疏风散寒、祛风除湿、协调脏腑等作用。

（一）评估要点

（1）患者当前主要症状、既往史及药物过敏史。

（2）患者体质、全身皮肤情况、意识状态、活动能力、配合程度、对热的敏感和耐受程度、感觉有无迟钝和障碍。

（3）患者的心理状况。

（4）女性患者月经史、流产史、生育史、白带情况。

（二）操作步骤

（1）评估。

（2）告知操作目的及过程、步骤、可能出现的不适及注意事项，如熏洗温度过高可引起烫伤，应根据患者的耐受和皮肤情况选择合适的温度。

（3）环境准备：关门窗，保持安静，保护患者私隐，取合适体位，暴露熏洗部位，注意保暖。

（4）药液选择

1）风寒感冒：可选用荆芥、防风、白芷、柴胡、前胡、羌活、独活、生姜等。

2）皮肤疾患：可选用连翘、黄柏、苦参片、牛膝、川椒、菊花、黄芩、蒲公英、紫花地丁等。

（5）温度和时间选择：药液温度以38～43℃为宜，一般熏洗时间为20～30min。蒸气热度适中，并掌握好患部与盛药液器皿的距离，药浴温度应适度，以免烫伤或灼伤患部，但药液也不可过冷。

（6）熏洗时，为避免药液蒸气走散，要加盖被单。冬季应注意保暖，夏季宜避风寒，以免感冒加重病情。熏洗后，要立即拭干皮肤，避免当风。

（7）时机：饭前饭后半小时内、过度疲劳者不宜进行，以防低血糖而引起虚脱昏倒或影响消化功能。临睡前不宜进行全身热水药浴，以免兴奋，影响睡眠。

（8）全身药浴后应慢慢从浴盆中起身，以免出现直立性低血压，造成一过性脑部缺血、眩晕。

（9）某些需延长时间熏洗的疾病，可用洗净的鹅卵石烧红，放入盆内，加强蒸发。

（10）熏洗过程中，观察患者的反应，及时了解患者生理及心理感受。若出现异常，应立即停止熏洗，协助患者卧床休息。

（11）清洁局部皮肤，擦干，协助患者着衣，取舒适卧位，整理床单位。

（三）注意事项

（1）冬季注意保暖，暴露部位尽量加盖衣被。

（2）熏洗药液温度不宜过高，一般为50～70℃，以防烫伤。

（3）根据熏洗部位不同，选用合适物品。

（4）伤口部位进行熏洗时，应按照无菌技术规程进行。

（5）包扎部位进行熏洗时，应揭去敷料，熏洗完毕后，更换消毒敷料。

（6）所用物品需清洁消毒，用具一人一份，避免交叉感染。

（7）餐后半小时内不宜熏洗，年老、心肺脑病、体质虚弱、水肿患者熏洗时间不宜过长，以防虚脱。

（8）颜面部熏蒸者，操作后半小时才能外出，以防感冒。

（9）操作过程中随时观察和询问患者的反应。

第九节　贴　敷　法

贴敷疗法是将各种不同的药物制成一定的剂型，贴敷于某些穴位或特定的部位上，利用药物对机体的刺激和药理作用，起到活血止痛、清热解毒、消肿散结、祛痰解痉、软坚散结、祛除邪气、疏通经络、调和阴阳、健脾开胃、调整气血、改善脏腑功能，从而达到调整机体和治疗疾病的目的的方法。

贴敷疗法主要用于治疗疖疮痈肿、急性炎症和某些神经系统病症。其包括外科的疖、痈、疽、疔疮、流注、跌倒损伤、烫伤等；内科的哮喘、肺痈、高血压、面瘫、头痛、盗汗、自汗等；儿科的流行性感冒、高热、百日咳、腮腺炎等；皮肤科和妇科、骨伤科的各种病症都可选用贴敷疗法。

一、穴位贴敷

穴位贴敷疗法，又称药物灸，是指将一些具有刺激性的中药研磨成粉，然后制成糊膏状，贴敷在特定的穴位上，通过刺激穴位以疏通经络、调和气血，达到防治疾病目的的一种中医外治方法。

（一）评估要点

（1）患者当前主要症状、既往史及药物过敏史。

（2）患者体质及贴药部位的皮肤情况。

（3）患者的心理状况。

（二）操作步骤

（1）评估。

（2）告知患者操作目的及过程，可能出现的不适及并发症和注意事项。局部贴药后可能出现药物颜色、油渍等污染衣物，对于不同的药物可能出现皮肤过敏现象，不同药物的气味也将产生刺激。

（3）按医嘱选择所需药粉和调和剂（姜汁、白醋、白开水等），调和后制成 $1cm^3$ 药饼备用。或直接选用以配好膏药。

（4）按医嘱确定贴药穴位，清洁局部皮肤，如胶布及贴药痕迹，剃去较长的毛发。

（5）将配置好的药物放于 5cm 直径的圆形或方形胶布中央，贴于相应的穴位上，治疗时间根据所选药物对皮肤刺激性强弱而定，成人贴药时间以 30～60min 为宜，最长敷药时间不可超过 2h，小孩贴药时间酌减。

（6）整理床单位，清理物品。

（7）贴药期间询问患者感觉，贴药时间到后协助患者取下药物，清洁局部皮肤。

（8）记录患者贴药局部皮肤情况及治疗效果。

（三）注意事项

（1）禁忌证：孕妇及局部皮肤异常者（皮损、溃疡、炎症、水疱、水肿等），合并严重心脑血管疾病、肝肾功能不全、严重糖尿病者禁用。对外贴胶布或药物过敏者慎用。

（2）贴药前要清洁局部皮肤，如胶布及贴药痕迹，剃去较长的毛发。

（3）药饼不宜过湿，范围不宜过大。若为膏剂，则加热使之烊化，贴于相应部位。贴药后仔细观察局部反应，如出现瘙痒、红肿、疼痛等，应立即取下药饼。

（4）贴药后交代患者 2h 内贴药部位勿沾冷水，避免冷风直吹，忌食生冷食物。贴药后应减少活动。避免剧烈活动后出汗，胶布潮湿脱落。

（5）虚弱体质、年老及寒证者，贴药后宜热熨外敷或配合温灸。

（6）一般成人贴药时间以 30～60min 为宜，小孩或皮肤较敏感者贴药时间酌减。

二、发疱疗法

发疱疗法是贴药法的一种，其是将药物敷贴于患处或穴位上使其局部皮肤红、灼、疼痛、起疱的治疗方法，也称“天灸疗法”。其药物剂型有膏贴、散贴、饼贴、叶贴、花贴、皮贴、药膜贴等。通过发疱疗法达到活血化瘀、消肿止痛、行气消痞、提脓祛腐的目的。利用药物较强的刺激作用，达到祛邪通络、清热解毒、消肿止痛之功效。

（一）评估要点

（1）患者当前主要症状、既往史及药物过敏史。

（2）患者体质及贴药部位的皮肤情况。

（3）患者的心理状况及对疼痛的耐受程度。

（二）操作步骤

（1）评估。

（2）根据贴药部位，协助患者取合适体位。暴露贴药部位，必要时盖上毛毯，或用屏风遮挡。按医嘱确定贴药穴位，清洁局部皮肤。

（3）根据贴药面积，取大小合适的棉纸，用油膏刀将药物均匀的平摊于棉纸上，厚薄适中。

（4）将摊好药物的棉纸四周反折后敷于相应部位，以免药物受热溢出污染衣被，加盖纱布或棉垫。

（5）一般成人贴药时间以 30～60min 为宜，小孩或皮肤较敏感者贴药时间酌减。6～8h 后皮肤逐渐起疱。待水疱胀满后，经常规消毒，用无菌注射器在疱下方抽出液体，用酒精消毒针眼，盖上无菌纱布。

（6）整理：协助患者着衣，整理床单位，清理物品。记录所敷药物、部位、时间、反应等，并签名。

（三）注意事项

（1）禁忌证：孕妇及局部皮肤异常者（皮损、溃疡、炎症、水疱、水肿等），合并严重心脑血管疾病、肝肾功能不全、严重糖尿病者禁用。对外贴胶布或药物过敏者慎用。

（2）贴药前要清洁局部皮肤，如胶布及贴药痕迹，剃去较长的毛发。

（3）药饼不宜过湿，范围不宜过大。若为膏剂，则加热使之烊化，贴于相应部位。贴药后仔细观察局部反应，如出现瘙痒、红肿、疼痛等，应立即取下药饼。

（4）贴药后交代患者 2h 内贴药部位勿沾冷水，避免冷风直吹，忌食生冷食物。贴药后应减少活动。避免剧烈活动后出汗，胶布潮湿脱落。

（5）虚弱体质、年老及寒证者，贴药后宜热熨外敷或配合温灸。

（6）一般成人贴药时间以 30～60min 为宜，小孩或皮肤较敏感者贴药时间酌减。

（7）发疱后应减少活动，疱内液体抽吸干净，一般隔日更换敷料，严格无菌操作，预防感染，告知患者不要自行刺破。

三、敷药法

敷药法是将药物研成细末（新鲜中草药则洗净处理后置研钵内捣烂），加适量赋形剂调成糊状后敷贴于患处或穴位的一种治疗方法。敷药的赋形剂可根据病情的性质和阶段的不同，分别采用水、酒、醋、蜜、饴糖、植物油、鸡蛋清、葱汁、姜汁、蒜汁、茶汁、凡士林等。敷药法具有通筋活络、活血化瘀、消肿止痛、清热解毒和祛瘀生新等作用。

（一）评估要点

（1）患者当前主要症状、既往史、药物过敏史。

（2）患者体质和敷药部位皮肤情况。

（二）操作步骤

（1）评估。

（2）根据敷药部位，协助患者取舒适卧位，暴露敷药部位，垫一次性治疗巾，以免污染床单，必要时盖上毛毯或屏风遮挡。

（3）准备药物。再次核对所用药物，需临时调制药物时，将药物倒入治疗碗内，用赋形剂调成糊状，如用新鲜中草药，则应先洗净切碎，然后置于研钵内捣烂，加少许食盐搅拌均匀。

（4）首次敷药的患者，用盐水棉球清洁局部皮肤；更换敷料者，取下原敷料，用盐水棉球擦洗皮肤上的药迹，观察创面情况及敷药效果。

（5）根据敷药面积，取大小合适的棉纸或薄胶纸，用油膏刀将所需药物均匀地摊平于棉纸上，厚薄适中。

（6）将棉纸四周反折后敷于患处（防止药物受热后溢出污染衣服），上盖敷料或棉垫，用胶布或绷带固定。

（7）若为疮疡，敷药面积应超过脓肿范围，一是防止毒邪扩散，二是通过药物作用，以约束毒邪和拔毒排脓。

（8）操作完毕，协助患者着衣，整理床单位，清理用物，洗手，记录所敷药物、部位、时间、反应等，并签名。

（三）注意事项

（1）摊药的面积应大于治疗部位，厚度为 1～2cm，厚薄应均匀。

（2）敷药的温度因人而异，注意试温，防止烫伤。

（3）敷药过程中，如出现红疹、水疱、瘙痒、疼痛等过敏现象时，应停止治疗，去除药物并清洁皮肤，报告医生处理。

（4）调药时注意掌握好药物的干湿程度，以既不至于流淌，又不至于脱落为宜。

第八章　标本采集技术

学习目标

（1）了解痰标本采集法。
（2）了解咽拭子标本采集法。
（3）熟悉标本采集的意义及原则。
（4）熟悉静脉血标本的采集方法。
（5）熟悉尿标本的采集法。
（6）熟悉粪便标本的采集法。
（7）熟悉各种传染病检测标本采集法。
（8）掌握动脉血标本采集法。

临床上通常送检的标本有排泄物（尿、粪）、分泌物（痰、鼻分泌物）、呕吐物、血液、体液（胸腔积液、腹水）和脱落细胞（食管、阴道）、身体组织（如各类手术病理标本）等。标本检验结果在一定程度上能够反映出机体正常的生理现象和病理改变，配合其他临床检查，对明确诊断、观察病情、制订防治措施起着重要作用。

虽然随着现代医学的发展，诊断疾病的方法日益增多，但综合分析临床症状、体征和检验结果的方式仍是最基本的临床诊断方法。因此，检验是诊断疾病不可缺少的依据和重要检查方法之一，其结果的正确与否直接影响到对患者疾病的诊断、治疗和抢救，而检验结果的正确与否又与标本采集质量密切相关。所以，标本采集和送检极为重要，是护理人员应该掌握的基本知识和基本技能之一。

第一节　标本采集的原则

遵照医嘱、充分准备、严格查对、正确采集、及时送检为采集各种检验标本应遵循的基本原则。

1. **遵照医嘱**　采集各种标本均应按医嘱执行。医生填写检验申请单，字迹要清楚，目的要明确，并签全名。凡对检验申请单有疑问的应核实清楚后才执行。

2. **充分准备**　采集标本前应明确检验项目、检验目的及注意事项，并向患者做耐心的解释，以取得合作。应根据检验目的选择适当容器，容器外必须贴上标签或条码，注明患者姓名、科室、床号、住院号、检查目的和送检日期及时间。此外，护士应该做好自身准备，如剪指甲、洗手及戴帽子、口罩等。

3. **严格查对**　查对是保证标本收集无误的重要环节之一。采集前应认真查对医嘱，双人核对申请项目、患者身份、标本容器及标识等，采集完毕及送检前应重复查对一次。

4. **正确采集**　为了保证送检标本的质量，必须掌握正确的采集方法和采集时机。采集标本既要保证及时，又要保证采集量准确。

（1）采集时机：晨起患者处于平静状态，为大部分标本采集的最佳时间。静脉采血前至少要禁食 8h；血脂测定需禁食 12～14h；做微生物培养检查，最好在使用抗生素之前采集标本；大便隐血检查前 3d 要禁食肉类、肝、血等动物性食物和大量绿色蔬菜，同时禁食维生素 C 和含铁剂的药物；尿液检查应按不同项目分别留取晨尿、随机尿、计时尿等。

（2）采集体位：住院患者建议采用卧位采血，非住院患者可采用坐位；醛固酮检测要在起床活动前卧位取血，起床后活动 4h 立位取血。

（3）标本容器：护士根据采集血液、尿液及粪便等不同标本种类及容量，准备适合的采集容器。在容器外贴上标签或电子条形码，注明患者姓名、性别、年龄、病区、床号、住院号、检验项目、标本采集日期和时间。凡细菌培养标本，应放入无菌容器内；采集抗凝血样本时，应选择合适的抗凝剂；需添加防腐剂时，应正确使用防腐剂种类和数量。

（4）止血带的使用：采集血液标本时应尽量缩短使用止血带的压迫时间，一般不超过 1min。见到血液进入采血容器后立即松开止血带。当需要重新采集标本时，应换另一只手臂。

5. 安全、及时地送检 标本采集后应及时送检，不应放置过久，以免标本变质而影响检验结果。特殊标本还应注明采集时间，应用有特殊标识字样（如剧毒、烈性传染等）的容器密封运送。标本的运送可采用人工运送、轨道运送或气压管道运送等方式。标本运送应遵循唯一标识、生物安全和及时运送三大原则。

（1）唯一标识原则：应用可扫描自动识别的条形码“腕带”是解决唯一标识最好的方式。

（2）生物安全原则：要求使用可以反复消毒的专用容器运送标本。血液标本、细菌培养标本、大小便标本等应分别应用独立的运送容器。注意容器的密闭性、安全性，防止标本被污染、破坏和变质。气压管道运送必须使用负压采血管，并确保试管管盖和橡皮塞牢固。

（3）及时运送原则：要求标本采集后应标上采血时间并及时送检，不宜放置过长时间。特殊标本，如检查阿米巴原虫或滴虫的标本应立即保温送检，血气分析标本在 30min 之内送检。不能及时送检的标本，应与检验部门联系，选择正确的保存方法。

6. 建立标本运送交接制度 设立标本运送登记簿，标本出病区前、入检验室前均应有交接登记，交接登记内容包括：病区标本总数、标本标签内容信息、标本离开病区时间、送达检验室时间等，确保标本不漏送、不错送。

7. 异常值的处理 接到异常结果回报时，依据临床危急值报告制度及处理流程，临床护士在接获非书面患者“危急值”或其他重要的检查（验）时，接获者必须规范、完整、准确地记录患者识别信息，复述确认无误后方可及时报告医生，及时有效处理，并做好记录。

8. 注意事项

（1）避免在输液过程中采集血液标本：因血液被稀释、输入药物可能干扰检验结果。静脉输入葡萄糖、氨基酸、蛋白质或电解质的患者，应在输液结束 1h 后采集标本；输入脂肪乳剂的患者，应在输液 8h 后采集标本。如必须在输液时采集标本，要避免在输液同侧的静脉采集标本。

（2）避免导致溶血的因素：包括标本管壁粗糙、容器不干燥和不清洁、穿刺处消毒液未干即开始采血、从血肿处采血、抽血速度过快、血液注入容器时未取下针头或注入速度过快产生大量泡沫、震荡过于剧烈、止血带捆扎时间过长或让患者反复握拳、运送标本震荡及放置时间过长等因素。

第二节　血液标本采集

血液不断流动于循环系统中，与机体所有组织发生联系，参与机体的每一项功能活动，对保证机体的新陈代谢、功能调节和维持机体内外环境平衡方面有着重要作用。血液发生病理变化时常影响全身的组织、器官，组织病变又可导致血液成分改变。故血液检查是重要的，也是最常用的检验项目，不仅可以反映血液系统本身的病变，协助诊断全身性疾病，而且也为判断患者病情进展和疾病治疗提供参考。

临床上采集的血液标本分三类：全血、血浆和血清。全血由血细胞和血浆组成，主要用于血液学检查，如血细胞计数和分类计数、血型定型、形态学检查、红细胞沉降率（简称血沉）、血气分析、血液细菌培养等。血浆为全血除去血细胞的部分，用于血浆生理和病理性化学成分的测定，适合临床生化（血脂、肝肾功能、电解质、酶学检查等）、凝血功能检查等。血清为离体后的血液自然凝固后析出的液体部分，除纤维蛋白原等凝血因子被消耗外，其他成分与血浆基本相同，适合于临床生化和临床免疫学（肝炎标志物、肿瘤标志物、内分泌激素、甲状腺功能检查等）的检查。目前临床生化多数项目所用的参考范围是针对血清标本的，一些检查项目（如电解质、蛋白质等）在血浆和血清中的结果差别相对较大，所以临床生化检查项目最好使用血清标本。

使用全血和血浆标本检查时，通常采集静脉血，需使用抗凝剂。实验室常用的抗凝剂有乙二胺四乙酸（EDTA）盐、肝素、枸橼酸盐等。不同的检查项目，所需的血量和抗凝剂种类也不同（表 8-1）。

表 8-1　常用血液标本检验项目、抗凝剂及采血量

检验项目	抗凝剂种类	采血量（ml）
血细胞计数和分类计数、形态学检查	EDTA · K_2	2.0
血气分析（PaO_2、$PaCO_2$、pH 等）	肝素	2.0
凝血检查（PT、APTT、凝血因子等）	109mmol/L 枸橼酸钠 0.2ml	1.8
红细胞沉降率（ESR）（空腹采血）	109mmol/L 枸橼酸钠 0.4ml	1.6
临床生化检查（血脂、肝肾功能检查等）（空腹采血）	无抗凝剂或肝素	2.0～4.0
肿瘤标志物（AFP、CEA 等）	无抗凝剂	3.0
肝炎标志物（乙肝三对、丙肝抗体）	无抗凝剂	3.0
甲状腺功能（T_3、T_4、TSH 等）	无抗凝剂	3.0

注：1. 临床生化检查、肝功能检查标本需早上空腹采血；

2. 采集血液标本均需一针见血，充分混匀，及时送检；

3. 如用真空负压采血管，注意区分试管塞颜色：生化检测，红色或黄色；全血细胞分析，紫色；凝血检查，蓝色；红细胞沉降率，黑色。

一、毛细血管采血

毛细血管采血用于血常规检查。由于该采血方法目前均由检验人员执行，此处具体方法从略。

二、静脉采血

静脉血标本采集是根据医嘱从患者静脉采集血液标本并送检的过程。

（一）评估要点

（1）一般情况（病情、进食情况、正进行的静脉药物治疗）。
（2）诊断和目前的治疗情况。
（3）需做的检查项目，决定采血量、采血管。
（4）肢体活动情况和静脉情况。
（5）穿刺部位皮肤情况：有无水肿、结节、瘢痕、伤口等。
（6）患者沟通、理解及合作能力。

（二）准备

（1）操作者准备：洗手、戴口罩。

（2）用物准备：安尔碘，棉签，止血带，真空采血针（7 号或 8 号），标本容器（干燥试管、抗凝管、血培养瓶或各种真空采血管），手套。

（3）患者准备：取舒适平卧位或坐位，采血部位注意保持清洁，明确采血目的。

（4）环境准备：私密性好，整洁、宽敞、明亮、温湿度适宜。

（三）操作步骤

（1）做好查对工作，贴化验单副联或条形码于标本容器（真空采血管）上。

（2）洗手，携用物至床旁。

（3）解释抽血目的和配合方法。

（4）选择合适静脉、穿刺点，在穿刺点上方约 6cm 处扎止血带，消毒皮肤。嘱患者空心握拳使静脉充盈，按静脉穿刺法穿刺血管，见回血后留取所需血量于选择好的标本容器或采血管里，松止血带，嘱患者松拳，用干棉签按压穿刺点，迅速拔出针头，按压穿刺点 1～2min。含抗凝剂的采血管要立即上下摇匀 8 次。采用注射器采血的，拔出针头后需取下针头，将所需血量沿管壁注入采血容器中，如有抗凝剂要充分混匀。

（5）协助患者取舒适体位。垃圾分类处理，清理用物，归还原处。

（6）洗手，再次查对医嘱、患者身份、标本及条形码，记录，送检。

（四）注意事项

（1）血标本用做临床生化检查、肝功能检查时，应在平静、空腹时采取，此时血液的各种化学成分处于相对恒定状态，检验结果比较正确。

（2）根据不同的检验目的选择标本容器或采血管，并计算所需采血量。一般血培养成人采血量为 8～10ml，儿童为 1～5ml，亚急性细菌性心内膜炎患者，为提高培养阳性率，采血量需增至 10～15ml。

（3）疟原虫血标本宜在患者发热时或寒战后抽血，以提高疟原虫的检出率。

（4）严禁在输液、输血的针头或同一侧手臂抽取标本，以免影响检验结果。应在对侧肢体采取。避免在输脂肪乳过程中或其后采血（停止输脂肪乳后最早采样时间是 8h 后）。

（5）同时抽取几个项目的血标本，当有血培养管时，抽取的先后顺序为血培养管→凝血管→血清管→肝素管→血气分析专用管→血常规管→其他管；当没有血培养管时，抽取的称后顺序为一支血清管→凝血管→其他血清管→肝素管→血气分析专用管→血常规管→其他管（表 8-2），动作需迅速准确。

表 8-2　真空采血容器头盖颜色及应用范围

颜色	抗凝剂	应用范围
红	不含任何抗凝剂	血清
蓝	枸橼酸盐	全血、血浆、凝血一般检查
黑	枸橼酸盐	全血、血浆、血沉检查
绿	肝素	全血、血浆检查
紫	乙二胺甲乙酸	全血、血浆，用于血细胞、血小板和血液学检查
黄	含促凝剂	血清，适合大多数免疫和生化项目

临床常用的培养瓶是密封瓶，瓶口除橡胶塞外另加铝盖密封，内盛培养基，经高压灭菌。使用时将铝盖剔去，用安尔碘消毒瓶盖，用真空采血针的另一边针头注入瓶内，待采血量足够后，轻轻

摇匀，即可送检。

（6）真空采血管摇匀方式：颠倒180°，混匀5～8次。不可用强力震荡，以免造成溶血，溶血会严重干扰结果判定。采血前严格“三查三对”，避免采错患者标本。

三、动脉采血

动脉采血是根据医嘱从患者动脉中采集血液标本并送检的过程。动脉血标本可评估人体内二氧化碳浓度及是否酸碱平衡。

（一）评估要点

（1）患者的一般情况，如吸氧流量、体温等。

（2）患者的诊断和目前的治疗情况。

（3）患者动脉搏动情况。

（4）其他与静脉采血相同。

（二）准备

（1）操作者准备：洗手、戴口罩。

（2）用物准备：无菌治疗盘、动脉采血器，或一次性注射器（2ml或5ml）、肝素、无菌纱布、无菌软木塞，必要时备无菌手套。

（3）患者准备：取舒适平卧位，采血部位注意保持清洁，明确采血目的。

（4）环境准备：私密性好，整洁、宽敞、明亮、温湿度适宜。

（三）操作步骤

（1）携用物至床边，向患者解释操作目的和注意事项以取得配合。

（2）选取动脉：桡动脉、肱动脉、股动脉、足背动脉。

（3）操作者立于穿刺侧，显露穿刺部位，常规消毒皮肤，消毒范围直径在5cm以上。

（4）抽吸肝素0.5ml，使注射器内壁湿润后，余液全部弃去。

（5）操作者戴无菌手套或常规消费左手的示指、中指，以固定欲穿刺的动脉。右手持注射器，在两指间垂直或与动脉走向成45°～60°角刺入动脉，见有鲜红色回血，右手固定穿刺针的方向及深度，左手以最快速度抽取血液。

（6）抽血毕，迅速拨出针头，同时用无菌纱布加压止血5～10min。

（7）立即将针尖斜面刺入软木塞，或将针尖套回一次性针套冒，以隔绝空气，并在化验单上注明吸氧流量和体温情况，立即送检。

（8）清理用物。

（四）注意事项

（1）严格执行无菌技术，以防感染。

（2）有出血倾向者，拔针后按压穿刺点时间适当延长。

（3）如果做二氧化碳结合力测定，抽取血液后，应立即注入有液体石蜡的抗凝试管。注入时针头（长针头）应插在液体石蜡液面以下，以隔绝空气。或将血液注入抗凝管后，立即盖紧胶盖送检，否则血液中二氧化碳逸出，测定值降低。

（4）观察要点

1）采集的标本有无混入空气。

2）患者抽血后按压部位有无出血、肿胀。

四、输（配）血标本

输（配）血标本是保证输血安全的重要因素，应保证标本的正确采集及标本运转流程高效、可控。输（配）血标本采集是指采集受血者的全血标本进行交叉配血试验的过程。将供血者的红细胞和血清分别与受血者的血清和红细胞混合，观察有无凝集反应，这一试验称为交叉配血试验。交叉配血是确定能否输血的重要依据，两侧均不凝集方可输血。

1. 评估要点 同静脉采血。

2. 准备 同静脉采血。

3. 操作步骤 同静脉采血。

4. 注意事项

（1）严格执行查对制度、无菌技术操作原则、标本采集原则、标准预防原则。

（2）双人共同核对医嘱。患者的血型必须与用血申请单、交叉配血申请表、血型检验报告单、医嘱上的血型相符。

（3）告知患者及家属交叉配血的目的、配合方法及采血后的注意事项。

（4）按静脉采血法评估患者的静脉、皮肤情况并进行采血。

（5）根据申请用血量决定交叉配血标本的量，若申请用血量为 200ml 则标本量为 2ml，申请用血量每增加 200ml 标本量增加 1ml。当红细胞申请量>8U 时，应抽取 2 份或 2 份以上标本。

（6）床旁采血前，需 2 名医务人员，床边双人核对医嘱、交叉配血申请表、用血申请单、患者血型或血型检验单、采血容器（乙二胺四乙酸抗凝管）标签信息的一致性，包括床号、姓名、性别、年龄、科室、ID 号或住院号。如果只有一名护士值班时，应邀请值班医生协助完成双人查对工作。

（7）严禁在正在输液、输血的肢体采血。

（8）标本采集后，核对标本管标签与输血申请单信息的一致性。

（9）扫描录入标本管条形码，在输血管理系统建立对应关系。

（10）将标本与输血申请单由专人一起送达输血科。

（11）标本转运途中如果发生漏损，应立即按生物安全应急预案处置并书面记录。

（12）医疗废物按感染性医疗废物处理。

五、血培养标本

血培养标本采集是指采集血液感染（或疑似感染）患者静脉血并送检验室进行培养的过程。

1. 评估要点 同静脉采血。

2. 准备 同静脉采血。

3. 操作步骤 同静脉采血。

4. 注意事项

（1）严格执行查对制度、无菌技术操作原则、标本采集原则、标准预防原则。

（2）告知患者及亲属采血的目的、方法及采血后的注意事项。

（3）正确把握采血时机。一旦怀疑有血液感染，应立即采血做血培养，宜在抗生素药物使用之前或停用抗生素药物 24h 后，在寒战、体温高峰时采集为宜。入院前 2 周内接受抗菌药治疗的患者，选用能中和或吸附抗菌药的培养瓶。对间歇性寒战或发热患者，应在寒战或体温高峰到来之前 0.5～1h 采集血液，或于寒战或发热后 1h 进行。

（4）采血过程中，严格执行无菌技术操作，防止污染。

（5）检验单需注明抗生素使用情况、血液采集及送检时间和部位、临床诊断等患者信息。

（6）采血部位：多采用肘静脉采血，切忌在静脉滴注抗生素的静脉处采血。除非怀疑有导管相关的血液感染，否则不应从留置静脉或动脉导管取血，因为导管易被皮肤正常菌群污染。

（7）采血次数视不同的感染类型而选择。一般在24h内采集2～3次，每次至少1个需氧瓶和1个厌氧瓶（称为1套），1个静脉穿刺点只能采集1个血培养，采集1套血培养需选择2个穿刺点，采集第2套时应选择另外2个静脉穿刺点。在两个不同部位采血的血培养中分离到同样菌种才能确定是病原菌。

可疑急性原发性菌血症、真菌菌血症、脑膜炎、骨髓炎、关节炎或肺炎的情况下，应在不同部位采集2～3份血标本。

不明原因发热，如隐性脓肿、伤寒和布鲁菌病，先采集2～3份血标本，24～36h估计体温升高之前（通常在下午）再采集2份以上血标本。

可疑菌血症或真菌菌血症，但血培养持续阴性，应改变血培养方法，以获得罕见的血培养的微生物。

可疑细菌性心内膜炎，在1～2h内采集3份血标本，如果24h后阴性，再采集2份血标本。

（8）采血量以培养基与血液之比为10∶1为宜。采血过少会明显降低阳性率。成人每次每培养瓶采血8～10ml，婴幼儿每次每培养瓶采血2ml。

（9）用注射器采血后，应排尽针头内空气，直接注入培养瓶，勿换针头，先注入厌氧培养瓶，避免注入空气，然后注入需氧培养瓶，轻轻混匀以防血液凝固。使用负压血培养瓶可减少污染环节。

（10）标本采集后应立即送检验室，最好在2h内。如不能及时送检，宜留置在室温环境，血培养瓶在放入培养箱前，不应暂存于冰箱内。

（11）接到患者异常检验结果后应实施及时报告、观察病情、执行治疗和采取护理措施。

（12）医疗废物按感染性医疗废物处理。

（13）血培养指征：患者出现寒战，体温超过38℃或低于正常体温，怀疑血液感染，尤其存在以下情况时，应抽血做细菌和真菌培养：院内肺炎，留置中心静脉导管超过72h，感染性心内膜炎，骨髓炎，有严重基础疾病、免疫缺陷伴全身感染症状，临床医生怀疑有血液感染可能的其他情况。

第三节　尿标本采集

尿液由肾脏产生，是机体代谢的产物，其理化性质和有形成分的改变不仅与泌尿系统疾病直接相关，而且受机体各系统功能状态的影响。临床上常收集尿标本做物理、化学、细菌学和显微镜等检查，以了解病情，协助诊断和治疗。

尿标本分三种：常规标本、12h或24h标本及培养标本。尿培养标本是指用无菌导尿术经导尿管、耻骨上穿刺等方法而采集到的中段尿液并送检的过程，用作细菌学检查。12h或24h尿标本用作各种尿生化检查，如钠、钾、氯、17-羟类固醇、肌酸、肌酐、尿糖定量或尿浓缩查结核杆菌等检查。常规标本则用于检查尿液的色泽、透明度、比重、蛋白、糖、细胞和管型等。

（一）评估要点

（1）患者的抗生素使用情况。
（2）患者的排尿情况。
（3）患者的理解合作能力。

（二）准备

（1）操作者准备：洗手、戴口罩。
（2）用物准备
1）尿常规标本：标本容器、检验单（标明科室、床号、姓名、性别、住院号），必要时备便盆或便壶。

2）尿培养标本：无菌导尿包、导尿用物、屏风、便盆、无菌有盖标本容器、检验单（标明科室、床号、姓名、性别、住院号）、无菌手套。

3）12h 或 24h 尿标本：容量为 3000～5000ml 清洁带盖广口瓶、防腐剂、检验单（标明科室、床号、姓名、性别、住院号）。

（3）患者准备：了解收集标本的目的和方法。

（4）环境准备：安静、隐蔽、温湿度适宜、光线明亮。

（三）操作步骤

（1）做好查对工作，贴化验单附联或条形码于收集容器上。

（2）携用物至床旁，向患者或家属解释留尿的目的和方法。

（3）收集尿标本

1）尿常规标本：①可下床活动的患者，给尿杯，嘱其到厕所排尿，留取不少于 10ml 尿液送检；②行动不便者，协助在床上使用便盆或尿壶收取尿液于尿杯中；③留置导尿的患者，于尿袋下方引流孔处打开橡胶塞收集尿标本。

2）12h 或 24h 尿标本：嘱患者于早晨 7∶00 排空膀胱后开始留尿，将上午 7∶00 后到翌日早上 7∶00 的尿全部收集在广口瓶内。若留 12h 尿，则晚上 7∶00 排空膀胱，将下午 7∶00 后到次晨 7∶00 的尿全部收集在广口瓶内。为避免尿液久放变质，应将集尿瓶置阴凉处，并根据检验要求，在尿中加防腐剂。以下为常用几种防腐剂的用法。

甲醛：每 1000ml 尿液加 40%甲醛液 5ml 左右，一般以在留取尿液 1～2 次后放入为宜，以防止细菌生长和固定尿中有机成分。适用于做尿加氏计数（12h 尿细胞计数）等。

浓盐酸：24h 尿中共加 5～10ml，以保持尿液在酸性环境中，防止尿中激素被氧化。用于内分泌系统的检验，如 17-酮类固醇、17-羟类固醇等。

甲苯：于尿液表面加数滴，形成一薄膜，防止细菌污染和延缓尿液中化学成分的分解。常用做尿蛋白定量、尿糖定量检查。如果测定尿中钠、钾、肌酐、肌酸等，则需加 10ml。

3）尿培养标本：屏风遮挡，协助患者取半卧位或卧位，放上便盆。按导尿术清洁、消毒外阴、尿道口，嘱患者排尿，弃去前段，留取 10ml 中段尿液于无菌标本瓶内，盖好瓶盖。协助患者穿裤，整理用物。若为尿潴留、尿失禁、昏迷、不合作的患者，则按无菌技术导尿，留取 10ml 中段尿液于无菌标本瓶内。

4）随机尿标本：即留取任何时间的尿液，适用于门诊、急诊患者。本法留取尿液方便，但易受饮食、运动、用药等影响，可导致病理临界浓度的物质和有形成分漏检，也可能出现饮食性糖尿或药物（如维生素 C）的干扰。

（4）洗手，记录，送检。

（四）注意事项

（1）会阴部分泌物过多时，应先清洁或冲洗，再收集尿液。

（2）女性患者月经期不宜留取尿标本。做早孕诊断试验应留晨尿。

（3）小儿或尿失禁患者可用尿套或尿袋协助收集。

（4）标本留取后，应及时送检，30min 内检验为佳，最多不超过 2h。

（5）如收集标本时间较长或不能及时送检，应加合适的防腐剂或 2～8℃冷藏保存。

（6）观察要点：尿的颜色、量、有无沉淀物。

第四节　粪便标本采集

正常粪便由已消化和未消化的食物残渣、消化道分泌物、大量细菌和水分组成。临床上常通过检查粪便判断消化道有无炎症、出血和寄生虫感染，并根据粪便的性状和组成了解消化功能。

粪便标本分五种：常规标本、细菌培养标本、隐血标本、寄生虫或虫卵标本、Ⅱ号菌培养标本。常规标本用于粪便性状、颜色、细胞等检查。细菌培养标本用于检查粪便中的致病菌。隐血标本用于检查粪便内肉眼不能看见的微量血液。寄生虫或虫卵标本则用于粪便中的寄生虫、幼虫及虫卵计数检查。Ⅱ号菌培养标本用于检查霍乱菌株。

（一）评估要点

（1）患者的临床诊断和治疗情况。

（2）患者的理解和合作能力。

（二）准备

（1）用物准备：清洁便盆、标本容器（培养试管或检查便盆，内附无菌棉签或检便匙）、消毒液、手套、检验单（标明科室、床号、姓名、性别、住院号）。

（2）患者准备：了解收集标本的目的和方法。

（3）环境准备：安静、安全、隐蔽。

（三）操作步骤

（1）做好查对工作，贴化验单附联或条形码于检便盒或培养试管上。

（2）携用物至床旁，向患者解释目的和收集粪便标本的方法。

（3）屏风遮挡，请患者排空膀胱，排便于清洁便盆内。

（4）收集粪便标本

1）常规标本：用检便匙取中央部分或黏液脓血部分少许（约 5g），置于检便瓶内。

2）细菌培养标本：用无菌棉签取中央部分粪便或黏液脓血部分少许置于培养瓶内，塞紧瓶塞。

3）隐血标本：按常规标本留取。

4）寄生虫或虫卵标本：将便盆加温，再嘱患者排便于盆内。用检便匙取不同部位的粪便 5～10g（尽量取黏液脓血部分）置于检便盒内。患者服驱虫药后或做血吸虫孵化检查则应留取全部粪便。

5）Ⅱ号菌培养标本：请患者于诊床躺下，侧卧，用大便玻璃采集管插入患者肛门 3～5cm，然后轻轻转动数次，取出后装入碱性蛋白胨水中。放入标本前，试管口及瓶塞常规消毒后塞紧。

6）无粪便排出而又必须检验时，可以直肠指诊或用采便管采集标本。

（5）清洁、消毒便盆，放回原处。

（6）洗手，记录，送检。

（四）注意事项

（1）标本力求新鲜，留取标本后立即送检，以免标本久置。采集时应选择其脓血黏液部分，如未见异常，则自粪便表面不同部位、粪便深处及粪便多部位取材，怀疑阿米巴感染的粪便标本应保温送检。

（2）标本不可混有尿液，不可从尿壶或便盆中采集标本，因尿液可使粪便中的原虫致死，以及能使粪便中胰蛋白酶活性检查结果增高。

（3）Ⅱ号菌培养标本专用试管放冰箱保存，使用时从冰箱中取出即用，不可在室温下久放。

（4）Ⅱ号菌培养标本试管使用前，要检查试管内碱性蛋白胨水量是否足够（需超过玻璃棒采集小孔）。

（5）采集粪便隐血标本时嘱患者检查前 3d 禁食肉类、肝、血、含大量绿叶素的食物和含铁剂药物，3d 后按收集常规粪标本法留取送检。

（6）注意采集时戴手套，采集粪便标本量要达 0.5～1g。如为水样便，取 1～3ml 即可，量过少则影响准确度。

（7）粪便标本采集完后将患者资料登记在送检本上，将姓名张贴于试管外，确认后送检验科。

（8）观察要点：粪便的颜色、性状，有无黏液、脓血、虫体。

第五节　呼吸道培养标本采集

正常人体的下呼吸道是无菌的，上呼吸道是有正常菌群栖息的。因下呼吸道的分泌物经上呼吸道排出，常受该处的正常菌群的污染，因此，判断下呼吸道分泌物中是否有病原菌的存在，需对上呼吸道的正常菌群有所了解（表 8-3）。

一、痰标本

痰液是气管、支气管和肺泡的分泌物，正常情况下分泌甚少且不引起咳嗽。呼吸道黏膜受刺激时分泌增多，形成痰液。痰液主要由黏液和炎性渗出物组成。唾液和鼻咽分泌物虽可混入痰液内，却非痰液的组成成分。痰液检查的主要目的是协助诊断某些呼吸系统疾病，如支气管哮喘、支气管扩张、肺部感染、肺结核、肺癌、肺吸虫病等。

痰标本采集是指采集患者从肺或深部咳出或吸出的痰液并送检的过程。临床上收集的痰标本分三种：常规标本、培养标本和 24h 标本。常规标本用作涂片查细胞、细菌、虫卵。培养标本用于查痰中的致病菌。24h 标本用于观察 1d 的痰量和性状。

表 8-3　呼吸道栖息的正常菌群

α 及γ链球菌
微球菌
凝固酶阴性葡萄球菌
拟杆菌
梭杆菌
厌氧球菌

（一）评估要点

（1）患者的一般情况、理解能力及合作能力。

（2）患者咳嗽、咳痰情况。

（3）患者心理状态。

（二）准备

（1）用物准备

1）能自行留痰者：标本容器（痰培养标本备无菌容器及漱口溶液 200ml，24h 痰标本备广口集痰器）、检验单（标明科室、床号、姓名、性别、住院号）。

2）无法咳痰或不合作者：集痰器、检验单（标明科室、床号、姓名、性别、住院号）、吸痰用物（吸引器、吸痰管）、生理盐水、手套。痰培养标本需备无菌用物。

（2）患者准备：核对患者信息并向患者解释收集痰液的方法和注意事项。

（3）环境准备：病室清洁，空气清新，温湿度适宜。

（三）操作步骤

（1）做好查对工作，贴化验单附联或条形码于痰盒上，携用物至床旁。

（2）解释留取痰液的方法和目的。

（3）收集痰标本。

1）常规痰标本

A．能自行留痰者：请患者清晨醒来未进食前先漱口，去除口腔中的杂质，数次深呼吸后用力咳出气管深处的痰液于痰盒内，盖好痰盒。

B．无法咳痰或不合作者：协助患者取适当卧位，由下向上叩患者背部。在吸痰器吸管中段连接集痰器，按吸痰法吸痰入集痰器内，加盖。

2）痰培养标本

A．能自行留痰者：请患者清晨醒来未进食前漱口，先用漱口液漱口，再用清水漱口，深呼吸数次后用力咳出气管深处的痰液于无菌集痰器内，盖好瓶盖。

B．无法咳痰或不合作者：方法同常规痰标本的收集，但在吸痰管中段应连接无菌集痰器，以防污染。

3）24h 痰标本：请患者从早晨醒来（7∶00）未进食前且漱口后，从第一口痰开始留取，次晨（7∶00）未进食前且漱口后的第一口痰作为结束，将 24h 的全部痰液吐入集痰器内。

（4）根据患者需要而给予漱口或口腔护理。

（5）洗手，记录痰的外观和性状，24h 痰标本应记总量。

（6）立即送检。

（四）注意事项

（1）采集时间应在使用抗生素药物之前，以清晨第 2 口痰为好。为减少正常菌群的污染，留痰前先用清水或生理盐水反复漱口后，除去鼻咽腔分泌物，然后用力咳出气管深处痰液于灭菌痰培养盒内，立即送检，力求新鲜，以免细胞和细菌自溶。

（2）注意标本内切勿混入唾液及鼻咽分泌物。

（3）对无痰、少痰或痰液黏稠不易咳出者，可用 45℃加温生理盐水雾化吸入，以使痰液易于咳出；对于小儿可轻压胸骨柄上方以诱导咳痰。

（4）用于检查结核分枝杆菌时，为了提高阳性率，应收集 24h 痰液。

（5）怀疑为嗜血杆菌感染时，应随留随送。

（6）通过气管穿刺获得痰液，或在环甲膜水平以下直接穿刺取肺分泌物，主要用于厌氧菌培养，采集后立即排出空气，插入无菌的橡皮塞或注入厌氧培养瓶内送检。

（7）观察要点：患者的咳痰情况，痰的颜色、性状及量。

（8）所留的痰标本必须是从气管深部或肺部咳出，不要混入唾液、鼻咽分泌物、食物、漱口液等。

（9）痰标本留取后 2h 内送检，否则应 4℃冷藏，但放置时间不可超过 24h。

二、咽拭子标本

咽拭子标本采集的目的是从咽部和扁桃体取分泌物做细菌培养或病毒分离。

（一）评估要点

（1）患者的一般情况、理解能力及合作能力。

（2）患者的临床诊断和目前的病情、治疗情况。

（3）检查目的。

（4）了解患者的进食时间，避免在进食后 2h 内取标本，以防呕吐。

（二）准备

（1）用物准备：咽拭子培养管、酒精灯、火柴、压舌板、手电筒、检验单（标明科室、床号、姓名、性别、住院号）。

（2）患者准备：协助患者了解取咽拭子培养的方法和目的。

（3）环境准备：病室清洁，空气清新，温湿度适宜。

（三）操作步骤

（1）做好查对工作，贴化验单附联或条形码于咽拭子培养管上。

（2）洗手，携用物至床旁。

（3）向患者解释取咽拭子培养的目的和方法。

（4）点燃酒精灯，嘱患者张口发“啊”音，暴露咽喉（必要时用压舌板压舌），用培养管内的消毒长棉签以敏捷而轻柔的动作擦拭两侧腭弓和咽、扁桃体上的分泌物。取毕，将试管口在酒精灯火焰上消毒，快速将棉签插入试管，塞紧。

（5）洗手，记录，送检。若做病毒分离，应将标本保存于冰箱内。

（四）注意事项

（1）最好在应用抗生素之前采集，以早晨起床后采集为宜。

（2）采集前最好先用清水漱口，拭子要避免接触到口腔和舌黏膜，立即送检。

（3）观察要点：分泌物的颜色和量。

第六节　各种传染病检测标本采集

一、艾滋病检测标本

艾滋病病毒又称人类免疫缺陷病毒（human immunodeficiency virus，HIV），它侵入人体后破坏人体的免疫系统，使人体发生多种难以治愈的感染和肿瘤，最终导致死亡。

HIV 检测最常用的样品是血液，包括血清、血浆和全血。唾液或尿液有时也可作为测试样品。

（一）评估要点

（1）患者的病情。

（2）患者的理解能力、合作能力。

（二）准备

（1）用物准备：常规采血用物（真空采血管、采血针头、安尔碘、棉签、止血带）、手套。

（2）患者准备：采血部位注意保持清洁，明确采血目的。

（3）环境准备：整洁、宽敞、明亮、温湿度适宜。

（三）操作步骤

（1）做好查对工作，贴化验单附联或条形码于标本容器（真空采血管）上。

（2）洗手，戴手套。

（3）携用物至床旁，向患者解释留取标本的目的和配合方法。
（4）按静脉采血法抽取一定量静脉血于真空采血管里，做好 HIV 标记，立即送检。
（5）洗手，记录。

（四）注意事项

（1）采集血标本时应注意安全，避免直接接触血液，应戴双层手套。
（2）操作者如有伤口，应避免与患者直接接触。
（3）观察要点
1）患者采血后按压部位有无出血、肿胀。
2）采集人员有无接触到血标本。

二、重症急性呼吸综合征临床检测标本

传染性非典型肺炎是指主要通过近距离空气飞沫和密切接触传播的呼吸道传染病，世界卫生组织把传染性非典型肺炎称为重症急性呼吸综合征（severe acute respiratory syndromes，SARS）。

对于 SARS 患者或疑似患者，由于传染性强、危害性大、致死率高，因而对这部分患者进行体液和血液标本采集时，要采取严格的安全防护措施。采样人员要经过生物安全培训和具备相应的实验技能，或在当地疾病预防控制机构专业人员的指导下采集。

（一）评估要点

（1）患者的病情。
（2）患者的理解能力、合作能力。

（二）准备

（1）用物准备
1）痰液：密闭加盖无菌容器，容器内预留 5ml 无菌生理盐水、密封袋。
2）咽拭子：无菌咽拭子试管（内加 2ml 无菌生理盐水）、密封袋。
3）血液：采血针、真空采血管、密封袋、消毒用品。
4）粪便：密闭加盖无菌容器，容器内旋转无菌小勺、密封袋。
5）尿液：密闭加盖无菌容器、密封袋，女性患者加一次性尿杯。
（2）患者准备：采血部位注意保持清洁，明确采血目的。
（3）环境准备：整洁、宽敞、明亮。

（三）操作步骤

（1）做好查对工作，贴化验单附联或条形码于各标本容器上。
（2）洗手，戴好帽子、口罩、防护镜，穿隔离衣，戴双层手套。
（3）携用物至床旁，向患者解释留取标本的目的和配合方法。
（4）各种标本的采集方法

1）咽拭子：用无菌湿棉签擦拭双侧咽、扁桃体及咽后壁，再将棉签放入无菌试管中，加注特别标志（红色 SARS 字样），密封送检。

2）痰液：让患者直接将痰液咳入无菌试管中，加注特别标识（红色 SARS 字样），密封送检。

3）血液：按静脉采血法抽取 5～10ml 静脉血于真空无抗凝采血管里，标本采集后加注特别标识（同上），密封送检。

4）粪便：用无菌小勺将粪便 5～10g 装入密闭无菌容器内，盖紧盖子，加注特别标识（同上），

密封送检。

5）尿液：将2～5ml尿液装入带盖无菌容器内，盖紧盖子，加注特别标识（同上），密封送检。

（5）洗手，记录。

（四）注意事项

（1）血液标本一律使用真空采血管采血，不使用末梢血，以免在采集过程中造成更大范围的污染。

（2）送检的标本，要求密封包装，放在专门为运输用的容器内，加盖，由专人运送。运送过程中严防遗撒。送入检验科，由专人签收。

（3）详细登记有关病例的姓名、性别、年龄等基本信息，以及发病日期、采样日期等。

（4）接触标本者应穿双层隔离衣、戴12层以上棉纱口罩、防护镜。接触污物时需戴双层橡胶手套。

（5）当手被血液、体液污染或可能污染后，应立即用消毒液浸泡后洗手。可用0.2%过氧乙酸溶液浸泡擦拭，也可用0.5%聚维酮碘溶液（含有效碘5000mg/L）涂搽1～3min。

（6）如果在操作过程中意外被针刺、刀割或其他形式的割伤，以致伤口与病毒标本直接接触，或带病毒样本碰到皮肤部位，必须用消毒肥皂清洗伤口，再用清水冲洗。若标本溅入或接触到眼黏膜、口腔黏膜上，立即用滴眼液或漱口液清洗，并即向有关负责人报告。

（7）观察要点

1）标本是否按要求保存。

2）采集人员有无接触标本。

三、登革热检测标本

登革热（dengue fever）是登革热病毒引起、伊蚊传播的一种急性传染病。

（一）评估要点

（1）患者的病情。

（2）患者的理解能力、合作能力。

（二）准备

（1）用物准备：采血针头、无抗凝采血管、棉签、安尔碘、止血带。

（2）患者准备：采血部位注意保持清洁，明确采血目的。

（3）环境准备：整洁、宽敞、明亮。

（三）操作步骤

（1）做好查对工作，贴化验单附联或条形码于真空采血管上。

（2）洗手，携用物至床旁。

（3）向患者解释留取标本的目的和配合方法。

（4）按静脉采血法抽取3ml静脉血于真空干燥采血管里，做好登革热标记，立即送检。

（5）洗手，记录。

（四）注意事项

（1）送检单应填写项目：姓名、年龄、性别、职业、发病时间、入院时间、住址、工作单位、送检单位、联系电话、送检科室电话，共十一项。

（2）血标本即抽即送，如天气炎热送检，应用冰块包裹标本，保持低温。

（3）观察要点：标本是否按要求保存。

四、禽流感标本

禽流感是由甲型流感病毒引起的一种禽类疾病综合征，是一种新型的从动物传播到人的病毒性传染病。至今发现能直接感染人的禽流感病毒亚型有：H5N1、H7N1、H7N2、H7N3、H7N7、H9N2和H7N9。其中，高致病性H5N1亚型和首次发现的新禽流感H7N9亚型尤为引人关注，不仅造成了人类的伤亡，同时重创了家禽养殖业。

对于感染高致病性禽流感病毒患者或疑似患者，由于其传染性强、危害性大、致死率高，因而对这部分患者进行体液和血液标本采集时，要采取严格的安全防护措施。采样人员要经过生物安全培训和具备相应的实验技能，或在当地疾病预防控制机构专业人员的指导下采集。

（一）评估要点

（1）患者的病情。
（2）患者的理解、合作情况。

（二）准备

（1）用物准备：咽拭子采样管、鼻拭子采样管、鼻咽收集器、有盖无菌容器、螺口采样管、无菌螺口管、真空采血管、采血针、棉签、消毒用品、密封袋。
（2）患者准备：采血部位保持清洁，明确采血目的。
（3）环境准备：整洁、宽敞、明亮。

（三）操作步骤

（1）做好查对工作，贴化验单附联或条形码于各标本容器上。
（2）洗手，戴好帽子、口罩、防护镜，穿隔离衣，戴双层手套，携用物至床旁。
（3）向患者解释留取标本的目的和配合方法。
（4）各种标本的采集方法

1）咽拭子：用2根聚丙烯纤维头的塑料杆拭子同时擦拭双侧咽、扁桃体及咽后壁，将拭子头浸入含3ml采样液的试管中，尾部弃去，旋紧管盖，加注特别标识（红色禽流感字样），密封送检。

2）鼻拭子：将1根聚丙烯纤维头的塑料杆拭子轻轻插入鼻道内鼻腭处，停留片刻后缓慢转动退出。取另一根聚丙烯纤维头的塑料杆拭子以同样的方法采集另一侧鼻孔。上述两根拭子浸入同一含3ml采样液的试管中，尾部弃去，旋紧管盖，加注特别标识（同上），密封送检。

3）鼻咽抽取物或呼吸道抽取物：用与负压泵相连的收集器从鼻咽部抽取黏液且从气管抽取呼吸道分泌物，收集在有盖无菌容器里，加注特别标识（同上），密封送检。

4）咽漱液：用10ml不含抗菌药的采样液漱口。漱口时让患者头部微仰，发“噢”声，让洗液在咽部转动。然后将咽漱液收集于50ml无菌的螺口塑料管中。无条件的情况下可用平皿或烧杯收集咽漱液并转入10ml螺口采样管中，旋紧管盖，加注特别标识（同上），密封送检。

5）深咳痰液：要求患者深咳后，将咳出的痰液收集于50ml含3ml采样液的螺口塑料管中，旋紧管盖，加注特别标识（同上），密封送检。

6）呼吸道灌洗液：将收集器头部从鼻孔或气管插口处插入气管（约30cm深处），注入5ml生理盐水，接通负压，旋转收集器头部并缓慢退出。收集抽取的黏液，并用采样液涮洗收集器1次，旋紧盖口，加注特别标识（同上），密封送检。

7）粪便标本：采集5～10g粪便置于含5～10ml采样液无菌螺口管中，旋紧管盖，加注特别标识（同上），密封送检。

8）血清标本：按静脉采血法采集血液标本 5ml 于真空采血管内，标本采集后加注特别标识（同上），密封送检。

（四）注意事项

（1）标本必须放在大小合适的带螺旋盖且内有橡胶圈的塑料管里，拧紧。

（2）将密闭后的标本放入大小合适的塑料袋内密封，每袋只装一份标本。

（3）直接在塑料管上用油性记号笔写明样本的种类、采样时间、编号、姓名，同时也将标本有关信息填在禽流感人体标本送检登记表上，连同塑料管用另一密封袋密封。

（4）将装标本的密封袋放入专用运输箱内（或疫苗冷藏包），放入冰袋，然后以柔软物质填充，内衬具有吸水和缓冲能力的材料。同一患者 2 份以上的密封标本，可以放在同一个密封袋内再次做密封。所有容器必须印有生物危险标识。

（5）观察要点：标本是否按要求保存。

第九章　急救操作技术

学习目标

（1）了解海姆利希手法、呼吸机的使用、洗胃术、自动体外除颤器的使用、环甲膜穿刺术、气管插管术、气管切开术。

（2）掌握氧气吸入技术、吸痰法、心电监测技术、人工气道开放术、简易呼吸球囊使用技术、心肺复苏术、心脏电除颤技术。

（3）熟悉口咽通气管或鼻咽通气管置入术、创伤急救技术。

急救护理操作技术是针对各类急性病、急性创伤、慢性疾病急性发作及危重病患者实施抢救与护理。急救护理工作范围跨度大，内容涉及多学科，实践性很强。它已经成为护理学科中的一个重要部分。掌握急救护理操作技术，能及时换救患者生命，提高抢救成功率，促进患者康复，减少伤残率，提高生存质量。

第一节　急救护理原则

急救护理学的内容在宏观上包含院前急救、院内抢救和急危重症监护、创伤急救、急性中毒、灾难急救、急诊医疗服务体系、急救护理教育、科研和人才培训等。院前急救包括了现场急救、转运及途中监护，由于院前急救的特殊性，在有限的人力、物力与实践情况下，要达到最大的救治效果，必须遵循一定的急救原则。

一、院前急救护理原则

（1）按救护车物品规范化管理的要求做好院前急救物品质量管理，确保急救车上所有仪器和设备能正常运行，药物及无菌物品在有效期内。

（2）所有参加现场急救的医护人员必须熟练掌握各项急救技能及危重病患者的处理流程，熟悉急救车上的物品摆放，抢救过程能够保持有效沟通，职责分明，配合默契。

（3）建立院前急救与院内急诊有效衔接的工作流程。医护人员到达现场前，可通过通信工具，指挥或指导家属或相关人员对患者进行初步处理。

（4）急救人员在到达后做好现场评估，先排险后施救，及时将患者转移到安全地点。

（5）辨别患者所患疾病或受伤原因，遵循先救命后治病、先重伤后轻伤、先复苏后处置、先救治后转运、急救与呼救并重的原则。

（6）遇成批患者需要救护时，按照国际检伤分类标准，分别用红、黄、绿、黑四种颜色的检伤分类卡标记，同批次伤员，应统一将相应的标记卡挂在同一侧肢体的上肢或下肢，或其他明显部位，以便后续救治者辨认并采取相应的措施。注意关注沉默的伤员。

（7）监测患者意识状态及生命体征，保持呼吸道通畅，有舌后坠者给予口咽通气管或鼻咽通气管通畅气道，必要时行紧急气管插管术。有气道梗阻者，实施海姆利希手法解除患者气道异物。对怀疑脊髓损伤者应充分做好脊髓损伤的固定和搬运，严格按脊柱骨折要求进行急救处理，防止二次受伤。

（8）保存离断的肢体或器官：正确保存创伤患者的离断肢体和器官等，避免遗漏在现场，及时做好保存工作，以增加再植的成功率，减少伤残。将其用无菌敷料或清洁软物包裹，外加塑料袋密封好，周围置冰块，低温保存，切忌将离断肢体浸泡在任何液体中。标明患者姓名、年龄、性别、离断肢体和器官的名称及数量、离断时间，随患者同时转运。

（9）危重病患者经初步处理后应及时转运，做好院前、院内急救紧密衔接。转运前，向接收医院告知患者的病情和现场处理情况。转运途中，持续对患者实施有效的急救措施。加强监护并做好转接记录。

（10）现场救治过程中，严格执行查对制度，至少同时使用姓名、年龄两项核对患者身份，确保对正确的患者实施正确的操作。在实施紧急抢救的情况下，医生必要时可口头下达临时医嘱，护理人员执行口头医嘱时须向医生复述一遍，复述药物名称、剂量、使用方法、途径，双方确认无误后方可执行，事后及时补记。保留抢救中使用过的空安瓿瓶、输液瓶或袋等物品，以便核对统计。各种急救药品须经两人采用两种核对方式核对后方可使用。

（11）现场实施救治过程中，做好患者及家属的有效沟通。边实施操作边说明操作目的，并安慰患者及家属，消除恐惧及焦虑心理，以取得其对救治的配合。

（12）清点患者的随身财物，有家属陪伴者由其自行保管，无家属者需 3 人同时清点并做好登记，专人保管。

（13）做好抢救记录，准确记录患者姓名、年龄、性别、疾病种类，以及病因、病情、急救措施、疗效及患者去向。注意医生与护士的记录必须保持一致。

二、院内急救护理原则

（1）各种急救仪器设备及药品必须专人管理，班班清点检查，定期进行维护保养，保证各种急救仪器随时处于备用状态，并建立设备检修档案，有应急调配机制。有适量的应急物资储备，能承担突发公共事件的紧急医疗救援任务。

（2）参加急救人员必须分工明确，紧密配合，听从指挥，严格执行危重病患者抢救制度、医嘱查对及执行制度、交接班制度、危重病患者转运制度、医疗安全管理制度等各项制度。医护人员必须正确使用抢救设备，掌握各项抢救技能，确保急危重症患者得到及时、优先救治。

（3）确保急危重症患者和群体性（3 人以上） 伤病员及时进入绿色通道，一律遵循先进行抢救治疗后补办手续、先检查用药后补缴费用的原则。

（4）可疑患急性传染疾病者应及时隔离，医护人员根据标准预防的原则，采取防护措施。

（5）如发现患者病情危急，应当立即通知医师，在紧急情况下为抢救危重病患者生命应当先实施必要的紧急救护。

（6）危重病患者连接心电监护仪，分析患者心率及心律，必要时尽早进行心脏电复律或除颤。

（7）根据患者的病情，选择合适的体位。将抢救车推至患者床旁。

（8）确保患者气道通畅，必要时予头偏向一侧或侧卧位，预防呕吐引起窒息。必要时行负压吸引，及时清除口咽、鼻腔部分泌物或呕吐物。

（9）评估患者的呼吸功能，选择鼻导管或面罩予以吸氧，必要时用呼吸球囊辅助呼吸或建立人工气道行机械通气。

（10）迅速建立静脉通道，遵医嘱用药。

（11）患者躁动或抽搐时注意保护患者安全。做好保暖。

（12）落实首诊负责制及急会诊制度，及时请相关专科会诊，查明致病原因，尽早进行确定性治疗措施。患者转科前做好病情评估，选择转运时机，做好转运前的物品准备，并通知相关科室，交接清楚患者的病情及处理经过，保障诊疗的连续性。

（13）需手术的患者及时做好术前准备，通知相应科室并尽快送达手术室。

第二节　心肺复苏术

心肺复苏术（cardiopulmonary resuscitation，CPR）是针对呼吸心搏停止的急症危重患者所采取的抢救关键措施，即利用胸外按压形成暂时的人工循环并恢复自主搏动，采用人工呼吸代替自主呼吸，快速电除颤转复心室颤动，以及尽早使用血管活性药物来重新恢复自主循环的急救技术。其包括成人心肺复苏、儿童心肺复苏和新生儿心肺复苏。心搏、呼吸骤停大多发生在意外场合，抢救复苏时，时间就是生命，尽早进行心肺复苏术能有效挽救患者的生命。

一、成人心肺复苏

（一）评估要点

（1）识别与启动：患者无反应，成人无呼吸或呼吸不正常（如临终喘息），启动紧急医疗服务系统（emergency medical service system，EMSS）或呼叫复苏小组。

（2）评估周围环境，确保现场对施救者和患者均是安全的。

（二）操作步骤

（1）确认现场安全。

（2）识别心搏骤停：检查患者有无反应，有无呼吸或呼吸不正常（如临终喘息），是否能在10s内明确感觉到脉搏（10s内可同时检查呼吸和脉搏）。成人脉搏检查部位为颈动脉。

（3）启动应急反应系统的同时，将患者仰卧在平坦的地面或硬板床上。

（4）按压：将双手放在胸骨的下半部，开始胸外心脏按压30次。以100～120次/分的速度持续按压，成人按压幅度至少5cm，同时避免大于6cm。保证每次按压后使胸廓充分回弹，不可在每次按压后停靠在患者胸上。

（5）开放气道：胸外按压后，采用仰头提颏或推举下颌法开放气道。

（6）人工呼吸：如果患者有呼吸或已恢复有效呼吸，且有脉搏，可给患者恢复体位，监测患者情况，直到急救人员到达；如果没有呼吸，给予2次人工呼吸。心肺复苏术操作过程中，各种通气方式包括口对口、口对鼻、面罩通气和高级气道通气，均推荐持续超过1s，每次通气须使患者胸部隆起，人工呼吸过程遵循标准预防操作原则。成人每5～6s给予1次人工呼吸，或10～12次/分。

（7）尽可能减少胸外按压的中断次数，替换按压时间应控制在5s内。操作开始后每2min或5个循环周期后，应重新评估患者心搏、呼吸情况。

（8）尽早电除颤。如果患者在监护状态下，则从发现心室颤动到实施电击除颤的时间应控制在3min内，心脏除颤结束后立即胸外心脏按压。

（9）建立有效静脉通道，遵医嘱用药。

（10）根据心肺复苏的效果，组织后续工作，使患者尽快获得进一步有效的高级生命支持和综合的心搏骤停后治疗。

（11）确认患者身份，尽快联系家属，家属到达后，进行告知。

（12）准确及时记录，抢救记录应在抢救结束后6h内完成。

（三）注意事项

（1）心脏按压频率不能少于100次/分或不能大于120次/分。

（2）按压深度不能小于5cm，或不能大于6cm。

（3）按压间隙不能停靠在患者胸部。
（4）不能给予过量通气，即呼吸次数太多或呼吸用力过度。

（四）知识链接

（1）成人、儿童、婴幼儿心肺复苏比较：见表 9-1。
（2）启动紧急医疗服务系统：如果发现患者没有反应，如没有活动或对刺激没有反应等，急救者应启动紧急医疗服务系统（拨打急救电话），取出自动体外除颤器（AED）（如果有自动体外除颤器），然后回到患者身边进行心肺复苏术。如果需要，可进行心脏除颤。

表 9-1 成人、儿童、婴幼儿心肺复苏比较

	成人（≥8 岁）	儿童（1～8 岁）	婴儿（<1 岁）
开放气道角度	90°	60°	30°
呼吸频率	8～10 次/分		
动脉触诊	颈动脉	颈或股动脉	肱或股动脉
按压方法	双掌根	双或单掌根	单手中指与无名指或环抱法
按压位置	乳头连线胸骨处		紧贴乳头连线下方胸骨处
按压深度	至少 5cm，同时避免大于 6cm	至少 1/3 胸部前后径，大约 5cm	至少 1/3 胸部前后径，大约 4cm
按压速度	100～120 次/分		
按压比例	30∶2	30∶2（单人），15∶2（双人）	

（3）如果有多名急救者在现场，一名急救者按步骤进行心肺复苏术，另一名启动紧急医疗服务系统，同时取出自动体外心脏除颤器。
（4）对淹溺、窒息的患者或昏迷儿童，先行 5 个周期心肺复苏，约用时 2min，再启动紧急医疗服务系统。

二、儿童心肺复苏

（一）评估要点

（1）识别与启动：患者无反应，无呼吸或呼吸不正常（如临终喘息），启动紧急医疗服务系统（emergency medical service system，EMSS）或呼叫复苏小组。
（2）评估周围环境，确保现场对施救者和患者均是安全的。

（二）操作步骤

（1）确认现场安全。
（2）识别心搏骤停：检查患者有无反应，有无呼吸或呼吸不正常（如临终喘息），是否能在 10s 内明确感觉到脉搏（10s 内可同时检查呼吸和脉搏）。儿童检查颈动脉和股动脉。
（3）启动应急反应系统。
（4）按压：将双手或一只手（对于很小的儿童可用）放在胸骨的下半部，开始胸外心脏按压 30 次。以 100～120 次/分的速度持续按压，按压幅度至少为儿童患者胸部前后径的 1/3，对于婴儿这大约相当于 4cm，对于儿童为 5cm，一旦儿童进入青春期，按压幅度则至少 5cm。保证每次按压后使胸廓充分回弹，不可在每次按压后依靠在患者胸上。
（5）开放气道：胸外按压后，采用仰头提颏或推举下颌法开放气道。
（6）人工呼吸：如果患者有呼吸或恢复有效呼吸，且有脉搏，可给患者恢复体位，监测患者情况，直到急救人员到达；如果没有呼吸，给予 2 次人工呼吸。心肺复苏术操作过程中，各种通气方式包括口对口、口对鼻、面罩通气和高级气道通气，均推荐持续超过 1s，每次通气须使患者胸部隆起，人工呼吸过程遵循标准预防操作原则。

（7）尽可能减少胸外按压的中断次数。操作开始后每 2min 或 5 个循环周期后，应重新评估患者心搏、呼吸情况。

（8）尽早电除颤。如果患者在监护状态下，则从发现心室颤动到实施电击除颤的时间应控制在 3min 内，心脏除颤结束后立即胸外心脏按压。

（9）建立有效静脉通道，遵医嘱用药。

（10）根据心肺复苏的效果，组织后续工作，使患者尽快获得进一步有效的高级生命支持和综合的心搏骤停后治疗。

（11）确认患者身份，尽快联系家属，家属到达后，进行告知。

（12）准确及时记录，抢救记录应在抢救结束后 6h 内完成。

（三）注意事项

（1）心脏按压频率不能少于 100 次/分或不能大于 120 次/分。

（2）按压深度至少 1/3 胸部前后径，大约 5cm。

（3）按压间隙不能停靠在患者胸部。

三、新生儿心肺复苏

（一）评估要点

（1）评估新生儿是否足月妊娠。

（2）评估新生儿羊水是否清。

（3）评估新生儿肌张力是否良好。

（4）评估新生儿的呼吸情况及啼哭与否。

（二）操作步骤

（1）在分娩前准备复试设备。检查简易呼吸器、吸引装置、氧气以保证其功能正常，新生儿窒息复苏台温度调至 32~34℃，预热。

（2）将新生儿放在保温台上，用预热的毛巾擦拭新生儿身上的羊水以减少体温散失。

（3）出生后立即用几秒钟的时间快速评估 4 项指标，顺序为是否足月、羊水是否清、肌张力是否良好、有无呼吸或啼哭。4 项中有 1 项为“否”，则进行初步复苏。

（4）使新生儿仰卧并轻度仰伸位（轻度伸展颈部），保持呼吸道通畅（鼻吸气位）。适当时，在新生儿肩部垫毛毯以保持正确体位。用吸耳球或吸管（12F 或 14F）迅速清理口腔、鼻腔分泌物，先口腔后鼻腔。当羊水有胎粪污染时，无论胎粪是稠或稀，新生儿娩出后先评估有无活力。有活力时，继续初步复苏；如无活力，采用胎粪吸引管进行气管内吸引。应限制吸管的深度（千克体重+6cm）和吸引时间（＜10s），吸引器的负压为 80~100mmHg。需要时，插入喉镜以观察气管并吸出被胎粪污染的羊水。必要时，插入气管内插管吸引，以吸出下呼吸道的胎粪。

（5）用手拍打或用手指轻弹新生儿的足底或摩擦背部 2 次，以诱发自主呼吸。

（6）经保温、吸痰和刺激后不能建立自主呼吸的新生儿给予气囊面罩正压通气。如果刺激诱发呼吸无效，表明新生儿处于继发性呼吸暂停，需要气囊面罩正压通气。有呼吸暂停或心率＜100 次/分，首次压力一般为 30~40cmH_2O，通气压力需要 20～30 ㎝ H_2O（1cmH_2O=0.098kPa），频率 40～60 次/分，供氧气 5L/min。

1）以流量 5～10L 的纯氧气充满用以复苏的简易呼吸器。调整简易呼吸器至正常充盈状态。

2）用适当大小的面罩严密罩住新生儿的下颌、口鼻。

3）听诊以确定通气是否充分，通气 15～30s 后测心率。

（7）胸外按压：有效正压通气 30s 后，心率＜60 次/分，或出生后无呼吸和心搏者，在正压通气同时须进行胸外按压。胸外按压的位置为胸骨下 1/3（两乳头连线中点下方），避开剑突。用环抱法或双指法，按压深度约为胸部前后径的 1/3，大约 4cm。胸外按压和正压通气的比例为 3∶1，即 90 次/分按压和 30 次/分呼吸。

1）持续按压直到心率＞100 次/分。

2）持续通气直至开始出现充分的自主呼吸或肤色红润。

3）如果需要长时间通气或新生儿对简易呼吸器反应差时，行气管插管。

（8）气管插管正压通气：气囊面罩正压通气后，如心率＜60 次/分，或需＞2min 气囊面罩正压通气，或出生后无呼吸和心搏，或羊水Ⅲ度混浊无活力者，协助医生气管插管，正压通气。喉镜：早产儿 0 号，足月儿 1 号。

1）双侧呼吸音听诊以确定气管插管位置是否恰当。

2）以胶布将气管插管固定在面部。

（9）如果通气超过 2min，经口插入胃管。

（10）遵医嘱用药：患者在充分正压通气和胸外按压后心率仍＜60 次/分，予肾上腺素、纳洛酮、碳酸氢钠和扩充血容量等药物。给药途径有脐静脉、气管内滴注及末梢静脉注射。

（11）评价：复苏过程中完成每个步骤（约 30s）均需进行复苏效果评价，主要基于 3 个体征：呼吸、心率、肤色（或经皮血氧饱和度）。

（12）复苏后监护与护理：包括体温管理、生命体征监测、早期发现并治疗并发症、预防低血糖和感染等。

（13）记录复苏时间、顺序和新生儿反应。记录准确及时，并在抢救结束后 6h 内完成。

（14）适当时，向患儿父母进行告知。

（三）注意事项

（1）保暖并避免高温，防止引发呼吸抑制。

（2）吸引口鼻腔分泌物时，过度用力吸引可导致喉痉挛，可刺激迷走神经，引起心动过速，可延迟自主呼吸出现。

（3）胸外按压期间，放松时拇指或其他手指应不离开胸壁。

知识链接

（1）有活力是指规则呼吸或哭声响亮、肌张力好，心率＞100 次/分，以上 3 项中有 1 项不好者为无活力。

（2）气管插管：常用的气管导管要求为上及下直径一致的直管（无管肩）、不透射线和有厘米（cm）刻度。如使用金属管芯，不可超过管端（表 9-2）。

表 9-2　不同体重气管导管型号和插管深度的选择

新生氏和体重（g）	导管内径（mm）	唇-端距离（cm）*
≤1000	2.5	6～7
1000～2000	3.0	8～9
2000～3000	3.5	7～8
＞3000	3.5～4.0	9～10

*为上唇至气管导管管端的距离。

（3）脐静脉插管：脐静脉是静脉注射的最佳途径。可插入 3.5F 或 5F 的不透射线的脐静脉导管，导管尖端应仅达皮下进入静脉。插入过深，则高渗透性和影响血管的药物可能直接损伤肝脏。务必避免将空气推入脐静脉。

（4）新生儿心肺复苏流程：①恶化顺序为肤色→呼吸→肌张力→反射→心率；②有效顺序为心率→反射→肤色→呼吸→肌张力。肌张力恢复越快，预后越好。

第三节　心脏电除颤技术

心脏电除颤（cardiac electric defibrillation）也称心脏电复律，是在短时间内向心脏通以高压强电流，使心肌瞬间同时除极，消除异位性快速心律失常，使之转复为窦性心律的方法。最早用于消除心室颤动，故称心脏电除颤。其包括除颤器的使用和自动体外除颤器的使用。

一、除颤器的使用

（一）适应证与禁忌证

1. 适应证

（1）同步电复律的适应证：①药物治疗后无效的各种异位快速心律失常，如快速性心房颤动、心房扑动、室上性心动过速，有脉性室性心动过速；②伴有血流动力学改变的各种异位性快速心律失常；③尖端扭转性室性心动过速。

（2）非同步电复律的适应证：心室扑动、心室颤动、无脉性室性心动过速。

2. 禁忌证

（1）洋地黄过量引起的心律失常（除室性颤动外）。

（2）低钾血症伴低钾性心律失常。

（3）伴有病态窦房结综合征的异位性快速心律失常者。

（4）心房颤动或心房扑动伴有高度或完全性房室传导阻滞者。

（5）心肌的急性炎症患者。

（二）评估要点

（1）评估患者病情和意识状态。

（2）评估患者心电图状态及心电图波形是否为心室颤动或心室扑动。

（3）评估患者除颤部位皮肤是否完好，必要时清洁皮肤。

（三）操作步骤

（1）操作者迅速为患者摆放为复苏体位，立即为无颈动脉搏动、无意识（呼之不应）的患者进行心肺复苏术，同时呼叫其他工作人员抢救。

（2）一旦除颤器准备就绪，就直接除颤。在准备过程中，需要不间断的进行心肺复苏术。

（3）选择电复律方式：根据患者情况选择心脏电复律方式（同步电复律、非同步电复律）。

（4）涂导电糊：在两个电极板上分别涂以适量导电糊，或直接在胸壁除颤部位放置 4～6 层生理盐水湿纱布。

（5）选择除颤能量：单相波除颤选择 360J，双相波除颤选择 200J；儿童电除颤的初始能量为 2～4J/kg，后续能量至少 4J/kg，但不超过 10J/kg。

（6）电极板定位：标记为“心底部”（STERNVM）的电极板放置于患者右锁骨下，胸骨右缘第

2 肋间；标记为“心尖部”（APEX）的电极板放置于患者左侧腋前线第 5 肋间。电极板与皮肤密切接触，保证导电良好。

（7）充电。

（8）放电除颤：电极板紧贴胸壁正确位置。告知在场人员远离病床，同时操作者勿接触患者与床单位，再次确认心电图仍为心室颤动或心室扑动，双臂伸直下压，施加适当压力（10～12kg）同时放电除颤。

（9）立即移去电极板进行胸外心脏按压，5 个循环周期后，再次评估患者心律，判断是否需要再次除颤。

（10）复苏成功后，整理患者衣物，观察患者胸前区皮肤有无灼伤，密切观察心电监护，观察并及时记录生命体征变化。

（四）注意事项

（1）注意识别成人及婴儿、儿童用的电极板。婴儿用除颤电极板直径为 4.5cm，儿童用除颤电极板直径为 8cm，成人用除颤电极板直径为 10～13cm。多数现代除颤器中，小儿除颤电极板内置于成人电极板的下面，将成人的电极板从把手上推开即可暴露出来。

（2）患者体内如植入起搏器，除颤部位应避开其 10cm 以上，同时避开瘢痕、伤口部位。

（3）电极板涂导电糊，紧贴皮肤，如电极板上指示灯为“满格”，则表示电极板与皮肤密切接触，保证导电良好。

（4）监护仪电极片粘贴位置应避开除颤位置。

（5）除颤前确定患者与周围人员之间无直接或间接接触，操作者身体不能与患者接触，不能与金属类物质接触。

（6）误充电时，必须把电极放回除颤器电极槽上放电，不能空放电，两电极板也不能对击。

知识链接

1. 除颤器分类

（1）体内除颤器：植入型体内自动除颤器（ICD）经静脉单导线植入体内，是全自动除颤，具有起搏和除颤两种功能。

（2）体外除颤器：单向波形除颤器，能量选择 0～360J，根据患者年龄、体重选择能量，避免大能量一次性穿过心脏，造成心肌损伤。双向波形除颤器，能量选择为 0～200J，比单向波形更安全有效，减少通过心脏的电流，减少心脏损伤。故临床现在多使用双向波形除颤器。

2. 电复律分类

（1）同步电复律：利用患者心电图上的 R 波触发放电，其电脉冲发生在 R 波降支。能量选择从低开始，除颤时监测患者心电图，若未转复为窦性心律，可增加电的功率，再次电除颤。

（2）非同步电复律：非同步触发装置则可在任何时间放电，用于转复心室颤动，称为非同步电复律。仅用于心室颤动，此时患者神志多已丧失。

二、自动体外除颤器的使用

自动体外除颤器（automated external defibrillator， AED）又称自动体外电击器、自动电击器、自动除颤器、心脏除颤器及“傻瓜”电击器等，是一种便携式、易于操作、专为现场急救设计的急救设备。

（一）适应证与禁忌证

1. 适应证

（1）心室颤动（或心室扑动）。

（2）无脉性室性心动过速。

2. 禁忌证

（1）缓慢性心律失常，包括病态窦房结综合征。

（2）洋地黄过量引起的心律失常（除心室颤动外）。

（3）伴有高度或完全性传导阻滞的心房颤动、心房扑动、房性心动过速。

（4）严重的低血钾暂不宜做电复律。

（5）心肌的急性炎症患者。

（二）评估要点

（1）评估患者病情和意识状态。

（2）评估患者心电图状态及心电图波形是否为心室颤动或心室扑动。

（3）评估患者除颤部位皮肤是否完好，必要时清洁皮肤。

（三）操作步骤

（1）操作者迅速为患者摆为复苏体位，取 AED 置于患者左侧进行除颤操作，同时协助者在患者右侧立即实施 CPR。

（2）开启 AED。

（3）定位，固定电极：一个电极贴在患者右上胸部（锁骨下方）；另一个电极放在左乳头外侧。

（4）分析心律：AED 自动采集和分析心律，确保任何人不与患者接触，避免影响仪器分析心律。分析完毕后，AED 将会提供是否进行除颤的语音建议或屏幕信息。

（5）电击除颤：当有除颤指征时，不要与患者接触，同时告知他人远离患者，由操作者按下“放电”键除颤。

（6）一次除颤后立即进行 5 个周期 CPR，然后再次分析心律，如患者仍未恢复窦性心律则再次进行除颤、CPR，反复操作至急救人员到来。

（四）注意事项

（1）完全暴露患者胸部皮肤，确保胸前没有异物，以免影响电击和使除颤能量减弱或散失。

（2）若胸部有药物贴片或装有植入性复律除颤器，则电极片贴在远离此物体至少 2.5cm 处。

（3）检查环境，杜绝任何水或金属物体将患者与抢救者或旁观者连接，确保周围无汽油或天然气等可燃性液体及气体。

（4）8 岁以下或体重小于 25kg 的儿童，需要用特殊儿童专用除颤器。

（5）分析心律时，不可晃动患者，若在行驶的车上，AED 无法分析心律，须先将车停稳再使用。

第四节　心电监测技术

心电监测是急危重症常用的监测之一，通过监护仪持续监测患者心电活动，可以从中获得患者心电活动的变化情况，以便尽早采取相应措施，处理可能发生危及患者生命的恶性事件。

（一）评估要点

（1）评估患者胸部皮肤情况。
（2）评估患者意识状态。
（3）评估患者合作能力。

（二）操作步骤

（1）取平卧位或半卧位，暴露患者胸部，清洁皮肤，正确定位。

（2）定位

1）三导联心电监测电极片安放位置：右上导联（RA）在右锁骨中线第 1 肋间；左上导联（LA）在左锁骨中线第 1 肋间；右下导联（RL）在右锁骨中线剑突水平处或左下导联（LL）在左锁骨中线剑突水平处。

2）五导联心电监测电极片安放位置：在三导联心电监测电极片安放位置（RA、LA、RL、LL）的基础上增加中间导联（C）在胸骨左缘第 4 肋间。

（3）连接电极片与监护仪监测线，根据监护仪标记要求贴于患者胸部正确位置，避开伤口，必要时应当避开除颤部位。

（4）选择显示导联，调整波幅，保证监护仪波形清晰，无干扰。

（5）连接血压袖带。

（6）连接经皮血氧饱和度探头。

（7）调节心率、血压、血氧饱和度、脉搏、呼吸频率的报警界限。

（8）严密观察并记录心电监护各参数的变化，发现异常及时报告医生。

（三）注意事项

1. 心电监测技术注意事项

（1）心电监测导联应选择 P 波显示良好的导联，信号良好，基线平稳。

（2）任何导联的 QRS 波群振幅应大于 0.5mV，才能触发心率计数。

（3）定时更换电极片安放位置，防止皮肤过敏和破溃。

（4）心电监测能够准确地监测心率、心律变化，对诊断心肌缺血和心肌梗死有一定的参考价值，当怀疑心肌缺血和心肌梗死时，需要做十二或十八导联心电图。

2. 血压监护时的注意事项

（1）选择合适的测量部位，一般选择右上臂。偏瘫、动静脉瘘、大动脉炎、肢体外伤或有手术的患者，应选择健侧肢体测量血压。不宜选择静脉输液肢体测量血压，以免影响液体输入。

（2）选择合适的测量体位，一般取卧位或坐位。

（3）被测量肢体与心脏、血压计“0”点处于同一水平，袖带应缠绕在患者肘关节以上 1～2cm 处，松紧程度应以能够插入 1 指为宜。过松可能会导致测压偏高；过紧可能会导致测压偏低，同时会使患者不舒适，影响患者手臂血压恢复。

（4）测量血压前要求患者安静休息 5～10min，排除影响血压客观值的因素。

（5）发现患者血压过高时，应进一步了解患者有无头晕、头痛、恶心、呕吐、胸闷、心悸、肢体活动异常等伴随的症状和体征；血压过低时，进一步了解有无脉搏细速、心悸、头晕等伴随的症状和体征，及时报告医生，调整或制订医疗护理措施。

3. 血氧饱和度监护时的注意事项

（1）要求患者指甲不宜过长，不宜有任何染色物、污垢或灰指甲。

（2）连续监测血氧饱和度的患者，最好间隔 6～8h 更换监测部位 1 次，预防长时间压迫局部皮肤。

（3）测量血氧饱和度的肢体不宜同时用来测量血压，会影响血氧饱和度数值的准确性；严重低血压、休克等末梢循环灌注不良的情况，也会影响其结果的准确性。

知识链接

1. 血压监测

（1）血压计量单位换算：血压以“mmHg”（毫米汞柱）或“kPa”（千帕斯卡）为计量单位。两者换算公式为：1kPa=7.5mmHg；1mmHg=0.133kPa。

（2）血压的正常生理变化：血压有一定的波动，血压值受年龄、性别、昼夜睡眠、活动、情绪、体形、体位、温度、疼痛、身体部位等生理性变化因素影响。过度劳累或睡眠不佳时，血压稍增高；紧张、恐惧、兴奋及疼痛均可导致收缩压升高；运动、饮食、吸烟、饮酒等也可引起血压变化。

（3）标准袖带：袖带长22～26cm，宽12cm，袖带至少应包裹80%的上臂，大多数成人的臂周长为26～35cm，肥胖者或臂围大者应使用大规格袖带，儿童则使用小规格袖带。

2. 脉搏监测的内容

（1）脉搏的生理变化：脉率随年龄、性别、活动和情绪等因素而发生变动。一般幼儿较成人快，老人稍慢，同年龄的女性较男性稍快。进食、运动和情绪激动时可暂时增快；休息、睡眠、禁食、使用镇静药时稍慢。

（2）注意观察脉搏的频率（脉率）、节律、强度等变化，发现心动过缓或过速、间歇脉、脉搏短绌、交替脉等时，需要评估伴随的症状和体征，及时报告医生和处理。

第五节　创伤急救技术

外伤止血、包扎　　固定、搬运

创伤急救（trauma emergency）是指对在各种致伤因素作用下造成的人体组织损伤和功能障碍进行现场救护。创伤急救技术包括止血、包扎、固定、搬运。

一、止血

止血（hemostasis）是最基本、最紧急的急救技术，及时有效的现场急救止血，可减少失血过多、休克甚至危及生命的情况发生。

（一）评估要点

（1）评估患者的受伤原因、时间及出血的部位、速度和量。动脉出血时，表现为血色鲜红，呈喷射状、量多、速度快；静脉出血时，表现为血色暗红、缓慢流出；毛细血管出血时，表现为血色鲜红、慢慢渗出。

（2）评估患者的意识状态、生命体征、合作能力及心理状态。当患者出现口渴、心悸、血压下降、脉搏快而弱时，立即建立两条（或两条以上）静脉通道，遵医嘱补充血容量和药物治疗。

（3）根据出血部位及现场条件，选择合适的止血方法。

（二）操作步骤

（1）直接压迫止血法：用无菌敷料或洁净布料、衣物等覆盖伤口，然后用戴橡胶手套的手直接在伤口上施压，压迫时间为10～15min。

（2）指压止血法：适用于头面部和四肢的大出血。用手指压迫伤口近心端动脉，将动脉压向深部的骨骼，阻断血液流通，达到快速止血的目的。指压止血时要保持受伤肢体抬高，压迫力度以伤口不出血为准。

1）头顶部出血：压迫同侧耳屏前方颧弓根部的搏动点（颞浅动脉）止血（图 9-1）。

2）颜面部出血：压迫同侧下颌骨下缘、咬肌前缘的搏动点（面动脉）止血（图 9-2）。

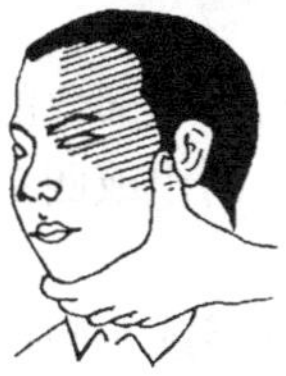

图9-1　颞浅动脉指压法

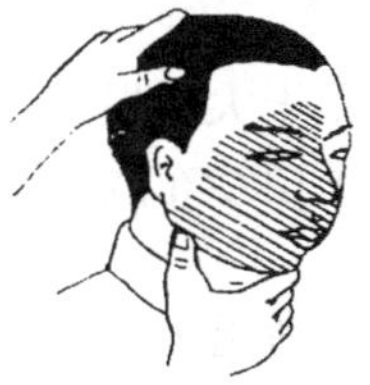

图9-2　面动脉指压法

3）若伤在颊部、唇部，将拇指伸入患者口内，其余 4 指紧贴面颊外部，内外用力，压迫伤口下缘的动脉。

4）颈部、面深部、头皮部出血：用拇指或其他 4 指压迫同侧气管外侧与胸锁乳突肌前缘中点之间的强搏动点（颈总动脉），用力向后压，可将其压向第 6 颈椎横突上，达到止血的目的（图 9-3）。颈总动脉分出的颈内动脉为脑的重要供血动脉，所以对颈总动脉的压迫止血持慎重态度，并绝对禁止同时压迫双侧颈总动脉。

5）头后部出血：用拇指压迫同侧耳后乳突下稍往后的搏动点（枕动脉）止血。

6）肩部、腋部、上臂出血：压迫同侧锁骨上窝中部的搏动点（锁骨下动脉），将动脉压向第 1 肋骨（图 9-4）。

7）前臂出血：压迫肱二头肌内侧沟中部的搏动点（肱动脉），将动脉向外压向肱骨（图 9-5）。

8）手掌、手背出血：压迫手腕横纹稍上处的内侧、外侧搏动点（尺动脉、桡动脉）止血（图 9-6）。

9）大腿出血：大腿及其以下动脉出血，可用双手拇指重叠用力压迫大腿根部腹股沟中点稍下的强搏动点（股动脉）止血（图 9-7）。

10）足部出血：用双手示指或拇指压迫足背中部近脚踝处的搏动点（胫前动脉）和足跟内侧与内踝之间的搏动点（胫后动脉）止血（图 9-8）。

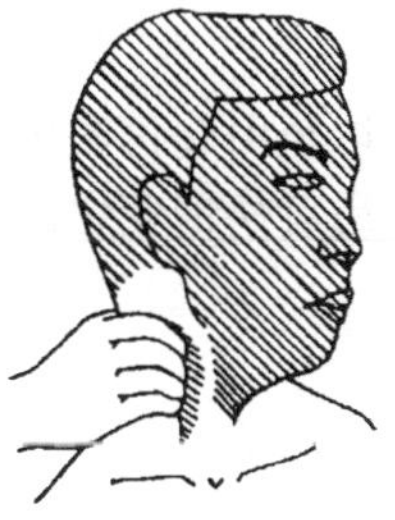

图9-3　颈总动脉指压法

图9-4　锁骨下动脉指压法

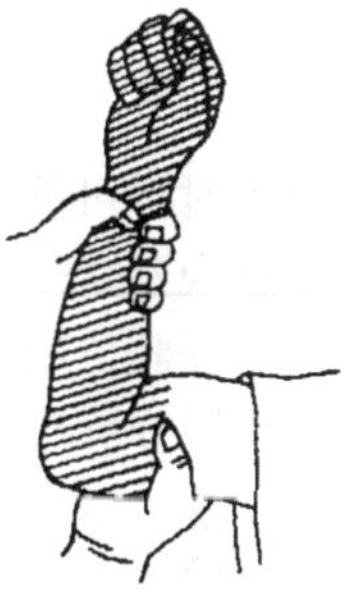

图9-5　肱动脉指压法

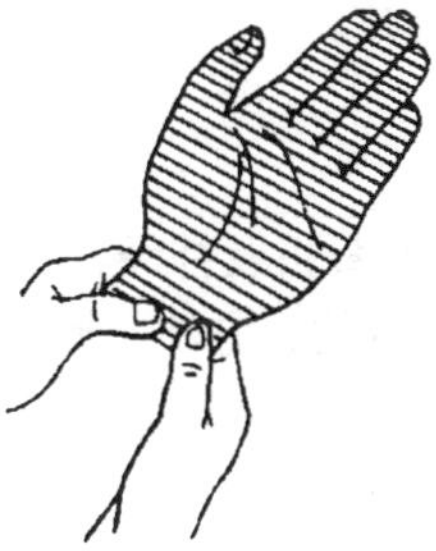

图 9-6　尺、桡动脉指压法

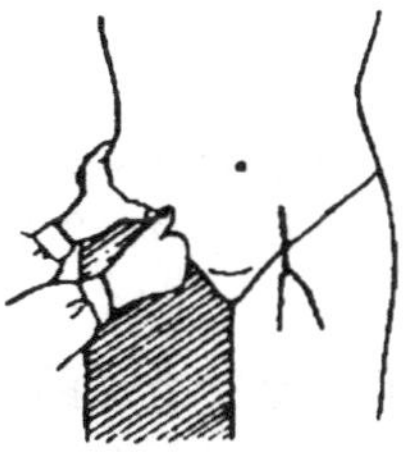

图 9-7　股动脉指压法

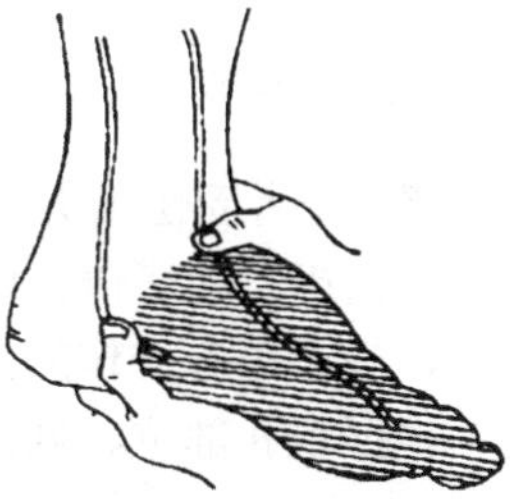

图 9-8　胫前、胫后动脉指压法

（3）加压包扎止血法：适用于小动脉、小静脉和毛细血管出血的各种伤口。先将无菌敷料或洁净布料覆盖在伤口上，敷料放置范围要超出伤口 5～10cm，再用绷带或三角巾以适当压力包扎，包扎范围要超过伤口，其松紧度以能达到止血目的为宜。必要时可将手掌放在敷料上均匀加压，一般 20min 后即可止血。

（4）填塞止血法：适用于大腿根部、腋窝、肩部、口腔、鼻腔、宫腔等部位的出血。颈部和臀部较大而深的伤口，可将无菌纱布或棉垫塞入伤口内，然后用绷带、三角巾或四头带加压包扎，纱布尾端一定要留在伤口外。

（5）屈肢加垫止血法：适用于四肢非骨折性创伤的动脉出血。当前臂或小腿出血时，可于肘窝或腘窝内放纱布、棉垫或毛巾作垫，屈曲关节，用绷带或三角巾将肢体紧紧的缚于屈曲的位置。

（6）止血带止血法：适用于四肢大出血，使用时应注意以下几点。

1）扎止血带前先加衬垫，不可与皮肤直接接触。止血带扎在伤口的近心端，上肢出血时扎在上臂上 1/3 处，下肢出血时应扎在大腿中上 1/3 处。前臂和小腿的血管行走在骨与骨之间，使用止血带止血的效果欠佳。

2）松紧度以出血停止、远端摸不到动脉搏动为宜。

3）使用止血带时间不宜超过 1h，最长不超过 4h，每 30min 松带 1 次，每次 1～2min，然后在该平面的上方或下方绑扎，避免在同一部位反复绑扎。准备松止血带前，先改用指压止血法或伤口加压止血法过渡，然后慢慢放松止血带，以防止肢体突然增加血流量，伤及毛细血管及影响全身血流分布甚至使血压下降。放松期间要用指压法、直接压迫法止血，以减少出血。

4）使用止血带的部位要露在衣物外面，在止血带的上方作明显标示，写上使用止血带的日期、开始时间、放松时间及操作者姓名，时间准确到分钟。

5）严密观察肢体远端血液循环情况：皮肤颜色、温度、感觉、毛细血管充盈时间、脉搏等。根据观察的情况，重新调整止血带的松紧度。

6）止血带放松后如不出血，则不需要继续使用，应维持松开状态，继续观察，确定不出血后或经过进一步止血处理后方可取掉。

7）上肢远端缺血明显或有严重挤压伤时，禁用止血带止血法。

（三）注意事项

（1）止血时尽可能为患者采取舒适体位，抬高患肢，尽量减少搬动，以免引起再次出血。

（2）注意观察止血效果、肢体血运情况及有无出血并发症，准确记录患者病情变化。

（3）注意保暖，因肢体阻断血流后，抗寒能力低下，易发生冻伤。

（4）严格遵守标准预防操作原则。

二、包扎

包扎（bandaging）是外伤救治中重要的一环。快速的利用现场物品对伤口进行包扎，能够避免患者的损伤加重，减轻痛苦，并有利于伤口的早期愈合、转运和进一步治疗。

（一）评估要点

（1）评估患者受伤场所、受伤时间、原因，创面部位、面积、深度，有无骨折及神经、血管损伤。

（2）评估患者的病情、意识、心理需求及合作能力，告知患者包扎的目的、方法、操作可能带来的不适，教会患者合作的方法。

（3）根据包扎部位、创面情况及现场条件，选择合适的包扎材料和方法。

（二）操作步骤

1. 卷轴绷带基本包扎法（图 9-9） 根据包扎部位的不同形状而采用合适的方法。

（1）环形包扎法（circular bandage fasciation）：是绷带包扎中最基本、最常用的方法。将绷带作环形的重叠缠绕，下周将上周绷带完全遮盖（图 9-9A），最后用胶布将带尾固定或将带尾中间剪开分成两头，打结固定。此法用于绷带包扎开始与结束时，固定带端及包扎颈、腕、胸、腹等粗细相等的部位的小伤口。

（2）蛇形包扎法（斜绷法）（serpiform fasciation）：先将绷带以环形法缠绕数圈，然后以绷带宽度为间隔，斜行上缠，各周互不遮盖（图 9-9B）。适用于需由一处迅速延伸至另一处时，或作简单的固定。夹板固定多用此法。

（3）螺旋形包扎法（spiral fasciation）：先环形缠绕数圈，然后稍微倾斜螺旋向上缠绕，每周遮盖上一周的 1/3～1/2（图 9-9C）。用于包扎直径基本相同的部位，如上臂、手指、躯干、大腿等。

（4）螺旋反折包扎法（折转法）（spiral reflexio fasciation）：每周均把绷带向下反折，遮盖其上周的 1/3～1/2，反折部位应相同，使之成一直线（图 9-9D）。用于直径大小不等的部位，如前臂、小腿等。注意不可在伤口上或骨隆突处反折。

（5）“8”字形包扎法（8 word-morph fasciation）：在伤处上下，将绷带由下而上，再由上而下，重复作“8”字形旋转缠绕，每周遮盖上周的 1/3～1/2（图 9-9E）。用于直径不一致的部位或屈曲的关节，如肩、髋、肘等部位，应用范围较广。

（6）回返包扎法（back swing fasciation）：自正中开始，反复由前向后，由后向前，左右交替来回包扎。每一来回覆盖前次的 1/3～1/2，直到全部包盖后，再用环绕法固定。适用于头部和断肢残端包扎。头部外伤的帽式包扎法就采用此法（图 9-9F）

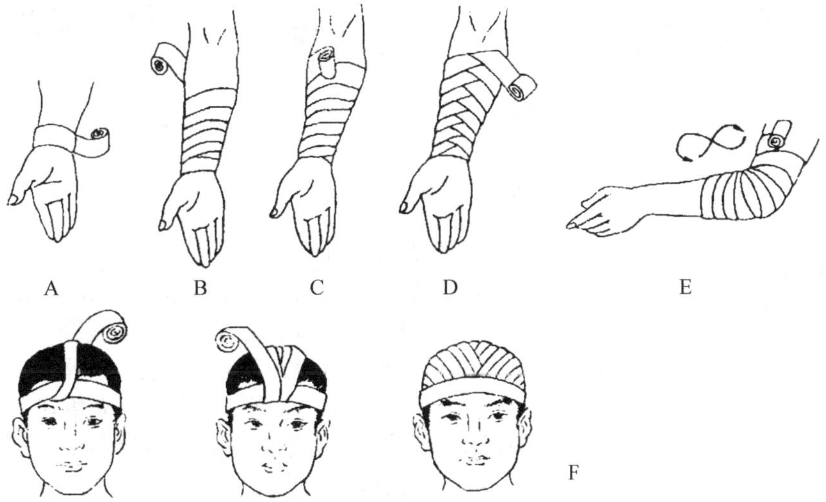

图 9-9　六种基本包扎法

A. 环形包扎法；B. 蛇形包扎法；C. 螺旋形包扎法；D. 螺旋反折包扎法；E.“8”字形包扎法；F. 回返包扎法

2. 三角巾包扎法 三角巾制作简单，应用方便，方法容易掌握，包扎部位广，还可折成条带、燕尾巾或连成双燕尾巾使用。

（1）头面部包扎

1）头顶部包扎：将三角巾的底边向上反折约 3cm，其正中部放于患者的前额，与眉平齐，顶角拉向头后，三角巾的两底角经两耳上方，拉向枕后交叉，交叉时将顶角扫在一端，压在下面，然后绕到前额，打结固定（图 9-10）。

图 9-10　头部三角巾包扎

2）风帽式包扎法：将三角巾顶角和底边中央各打一结，即成风帽状，将顶角结放于额前，底边结放在后脑勺下方，包住头部，两角往面部拉紧，向外反折包绕下颌，然后拉到枕后，打结即成（图 9-11）。

3）下颌部包扎法：将三角巾顶角折至底边呈三四横指宽，其 1/3 放在下颌前方，长端经耳前拉到头顶部绕至对侧耳前与另一端交叉，两端分别经额前与枕部，在另一侧打结。

4）面部面具式包扎法：一种是将三角巾顶角打一结，放于头顶上，然后将三角巾罩于面部（可在鼻孔、眼睛、口腔处各剪一个小口），将左右两角拉到枕后交叉，再绕到前额打结；另一种是将顶角结放在下颌，底边平放于头顶并拉向枕后，将底边左、右角提起拉紧，交叉压住底边，两头绕至前额打结。

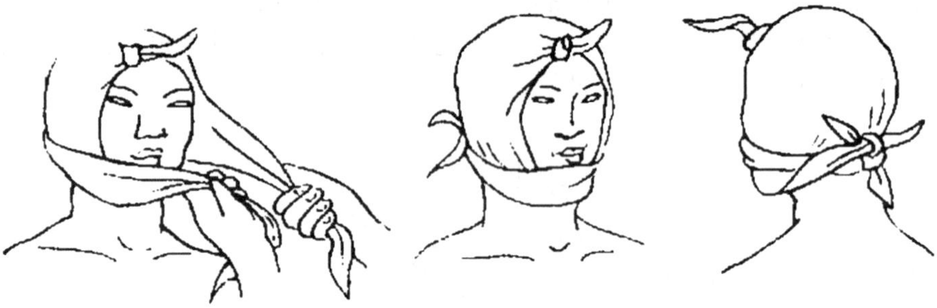

图 9-11　风帽式包扎法

（2）肩、胸背部包扎

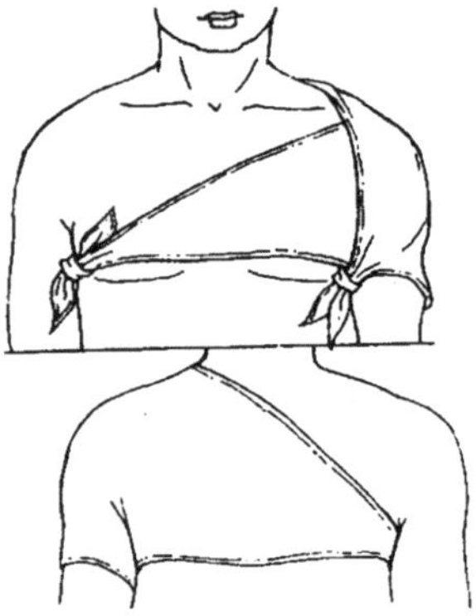

图 9-12　燕尾巾包扎单肩

1）燕尾巾包扎单肩：把燕尾巾夹角朝上，放在伤侧肩上，向后的一角压住并稍大于向前的角，燕尾底边包绕上臂上部打结，然后两燕尾角分别经胸、背拉到对侧腋下打结（图 9-12）。

2）燕尾巾包扎双肩：两燕尾角等大，夹角朝上对准颈部，燕尾披在双肩上，两燕尾角分别经左、右肩拉到腋下与燕尾底角打结。

3）三角巾包扎胸部：将三角巾底边横放在胸部，约在肘弯上 3cm，顶角越过伤侧肩，垂向背部，三角巾的中部盖在胸部的伤处，两端拉向背部打结，顶角也和该结一起打结（图 9-13）。

4）燕尾巾包扎胸部：将三角巾折成鱼尾状，并在底部反折一道边，横放于胸部，两角向上，分放于两肩上并拉至颈后打结，再用顶角带子绕至对侧腋下打结（图 9-14）。三角巾、燕尾巾包扎背部方法与胸部相同，只是位置相反，结打于胸部。

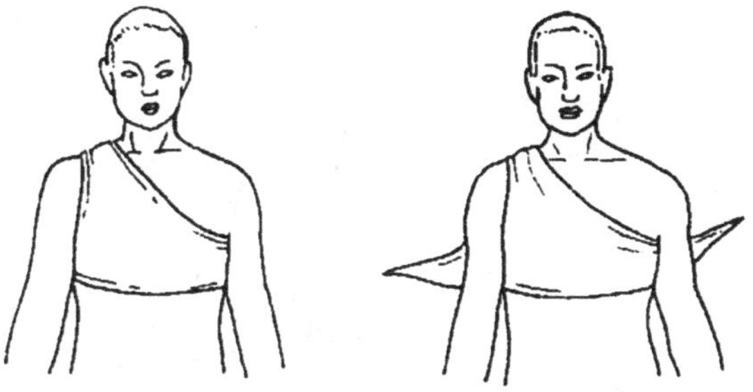

图 9-13　三角巾包扎胸部

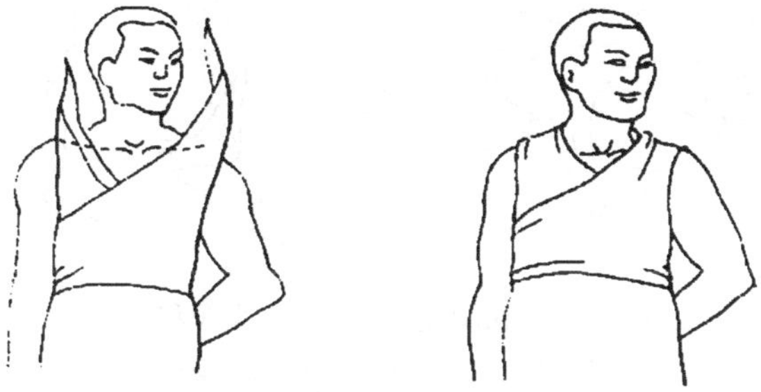

图 9-14　　燕尾巾包扎胸部

（3）腹、臀部包扎：①燕尾巾包扎腹（臀）部。燕尾巾底边系带围腰打结，夹角对准大腿外侧中线，前角大于后角并压住后角，前角经会阴向后拉与后角打结。臀部包扎方法与腹部相同，只是位置相反，后角大于前角。②三角巾包扎腹（臀）部。三角巾顶角朝下，底边横放于脐部，拉紧底角至腰部打结，顶角经会阴拉至臀上方，同底角余头打结。

（4）四肢包扎：①三角巾包扎上肢。将三角巾一底角打结后套在伤侧手上，结之余头留长些备用，另一底角沿手臂后侧拉到对侧肩上，顶角包裹伤肢，前臂屈至胸前，拉紧两底角打结（图 9-15）。②三角巾包扎手、足部。手指对着三角巾的顶角，将手平放于三角巾中央，底边位于腕部，将顶角提起放于手背上，然后拉两底角在手背部交叉，再绕回腕部，于掌侧或背侧打结（图 9-16A）。足部的包扎与手相同。③三角巾包扎小腿和足部。将脚放在三角巾近一底边的一侧，提起较长一侧的巾腰包裹小腿打结，再用另一边底角包足，绕脚腕打结于踝关节处（图 9-16B）。④三角巾包扎膝、肘关节。先将三角巾折成适当宽度的带，然后将其中部放在膝盖上，两端拉至膝后交叉，一端在上，一端在下，再由前向后绕至膝外侧打结。

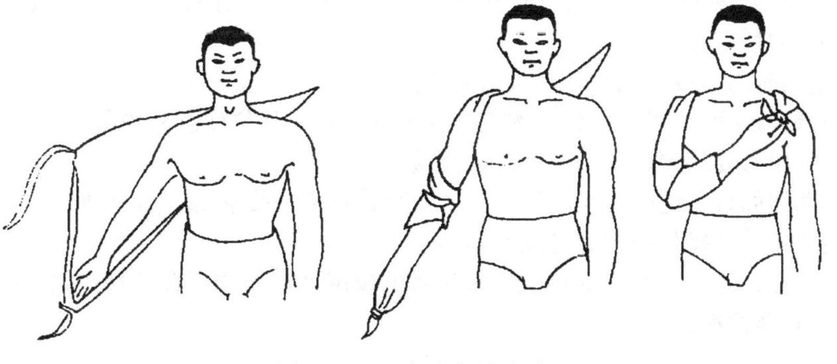

图 9-15　三角巾包扎上肢

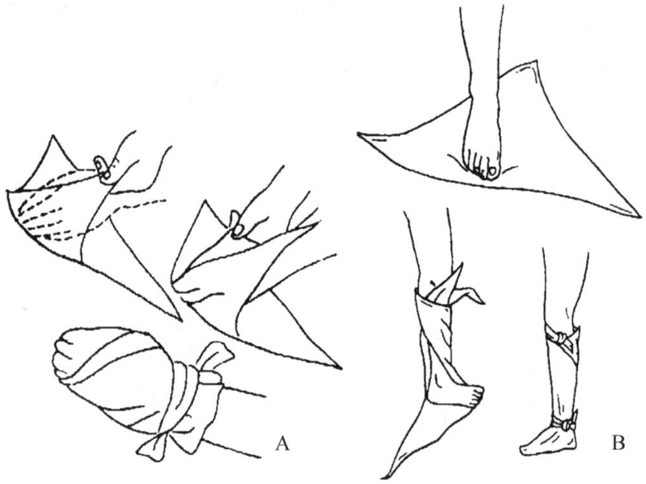

图 9-16　三角巾包扎手部 、小腿和足部

A. 三角巾包扎手；B.三角巾包扎小腿和足部

（三）注意事项

（1）包扎禁用于可疑厌氧菌感染者，孕妇及腹水的患者忌胸部包扎，开放性气胸者先闭合伤口。

（2）包扎伤口时，先简单清创并盖上消毒纱布，然后再用绷带等。操作小心、谨慎，不要触及伤口，以免加重疼痛或导致伤口出血及污染。

（3）包扎时松紧要适宜，过紧会影响局部血液循环，过松易致敷料脱落或移动。

（4）包扎时要使患者保持舒适体位。皮肤皱褶处，如腋下、乳腺下、腹股沟等，应用棉垫或纱布衬隔，骨隆突处也用棉垫保护。需要抬高肢体时，应给适当的扶托物。包扎的肢体必须保持功能位置，指端或趾端外露。

（5）根据包扎部位，选用宽度适宜的绷带和大小合适的三角巾等。

（6）包扎方向为由低向高、自左向右、自下而上、由左向右，从远心端向近心端包扎，以帮助静脉血液的回流。绷带固定时的结应放在肢体的外侧面，忌在伤口、炎症、骨隆突处或易于受压的部位打结。

（7）解除绷带时，先解开固定结或取下胶布，然后以两手互相传递松解。紧急时或绷带已被伤口分泌物浸透干涸时，可用剪刀剪开。

（8）脏器脱出时勿将脱出物回纳，可用无菌换药碗覆盖并妥善固定。

（9）异物残留体内时勿拔出，将异物包扎固定好，避免移位或意外脱落。

（10）包扎时用力要均匀、牢固、平整、无皱褶。

（11）包扎期间如有不适或组织出现苍白、发紫、麻木、疼痛等，应重新包扎。

（12）病情危急时边操作边向患者及家属解释。

（13）观察要点：①注意观察病情变化和患者的反应及倾听患者或家属主诉；②观察包扎部位血液循环和神经功能情况。

三、固定

固定（fixing）是指当骨折及骨关节损伤时，对伤处采用适当的材料加以稳定。固定可以限制受伤部位的活动度，从而减轻疼痛，避免因骨折断端移位等产生摩擦而损伤血管、神经甚至重要脏器，同时也便于患者的搬运。

（一）评估要点

（1）评估患者受伤的场所、时间和原因，骨折部位、性质（开放型或闭合性）、程度（不完全骨折或完全骨折），有无神经及血管损伤。

（2）告知患者及家属固定的目的、方法，操作可能带来的不适，合作的方法及固定后的护理要点。

（二）操作步骤

（1）颈椎骨折：用徒手固定颈椎的手法保持颈部中立位，防止颈部扭曲，上颈托固定。颈托固定方法：伤者仰卧位，操作者甲双膝跪在伤者头顶位置，并与伤者身体成一条直线，先固定自己双侧肘关节（放在大腿或地上），双掌放在伤者两侧，拇指轻按额，示指和中指固定其面额，环指及小指放在耳下，不可盖住耳朵，不要超过伤者耳垂。操作者乙示指指在胸骨正中，协助甲调整头颈部到中立位，并将颈托后片置入患者颈后，前片放于患者颈前，调节松紧，固定（图 9-17）。

（2）锁骨骨折：用毛巾或敷料垫于两腋前上方，将三角巾折叠成带状，两端分别绕两肩呈“8”字形，拉紧三角巾的两头在背后打结，尽量使两肩后张（图 9-18）。锁骨骨折也可于背后放一块“T”字形夹板，然后在两肩及腰部各用绷带包扎固定。如果仅一侧锁骨骨折，用三角巾把患侧手臂悬兜在胸前，限制上肢活动即可。

（3）肱骨骨折：用长、短两块夹板，长夹板放于上臂的后外侧，短夹板置于前内侧，在骨折部位上下两端固定。将肘关节屈曲 90°，使前臂呈中立位，再用三角巾将上肢悬吊，固定于胸前（图 9-19）。

（4）前臂骨折：协助患者屈肘 90°，拇指向上。取两块合适的夹板，其长度超过肘关节至腕关节的长度，分别置于前臂的内外侧，然后用绷带于两端固定牢，再用三角巾将前臂悬吊于胸前，呈功能位。

（5）大腿骨折：取一长夹板放在伤腿的外侧，长度自足跟至腰部或腋窝部，用另一夹板置于伤腿内侧，长度自足跟至大腿根部，然后用绷带或三角巾分段将夹板固定（图 9-20）。

（6）小腿骨折：取长短相等的夹板（从足跟至大腿）两块，分别放在伤腿的内外侧，然后用绷带分段扎牢，紧急情况下无夹板时，可将患者两下肢并紧，两脚对齐，然后将健侧肢体与伤肢分段绷扎固定在一起，注意在关节和两小腿之间的空隙处垫以纱布或其他软织物以防包扎后骨折部弯曲。

（7）脊柱骨折：立即将患者俯卧于硬板上，不得移位（图 9-21）。必要时，可用绷带将患者固定于木板上。

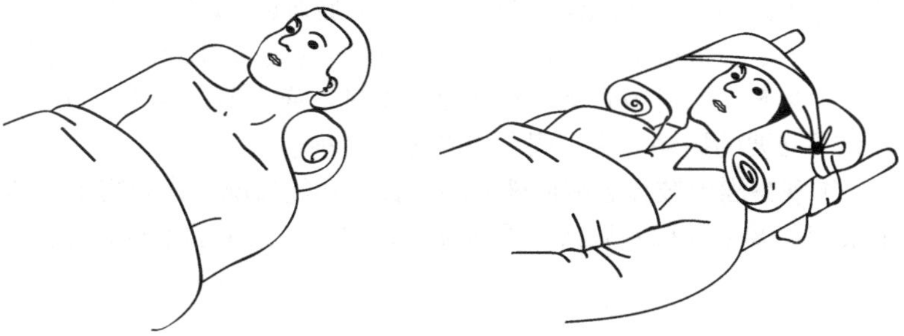

图 9-17 颈椎骨折固定

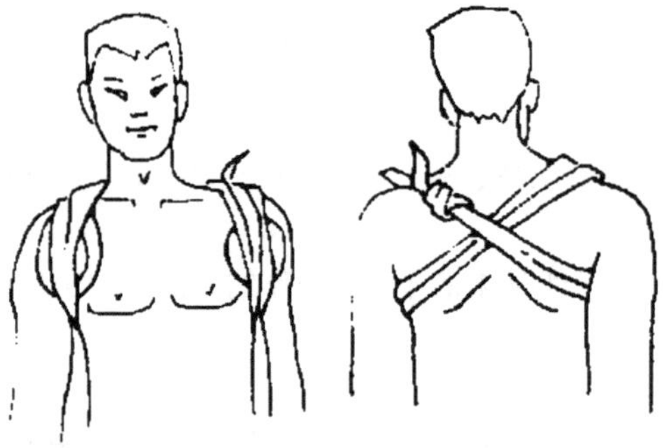

图9-18　锁骨骨折固定图

图9-19　肱骨骨折夹板固定

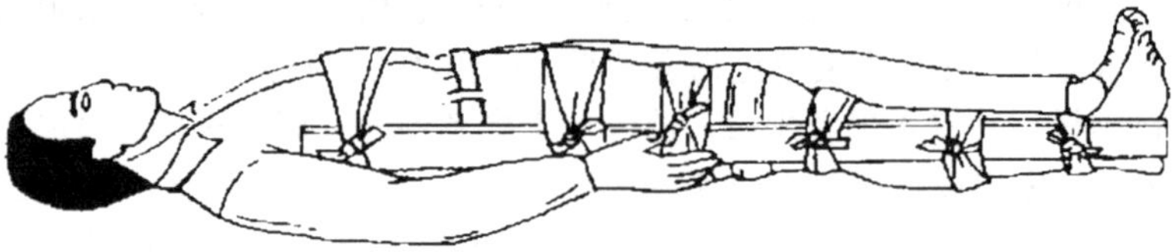

图 9-20　大腿骨折夹板固定

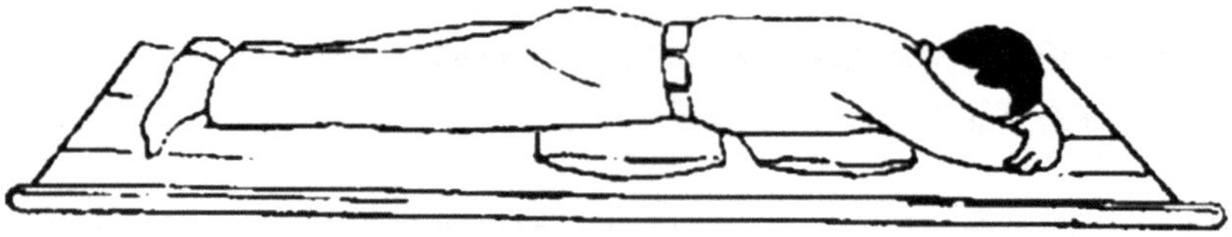

图 9-21　脊柱骨折的卧位

（四）注意事项

（1）患者有伤口和出血时，应先止血、包扎，然后再固定；如有休克，应同时进行抗休克治疗。

（2）遇开放性骨折时，不可把刺出的骨端送回伤口，以免造成感染。

（3）夹板的长度与宽度要与骨折的肢体相适应，其长度必须超过骨折的上、下两个关节。固定时除固定骨折部位上、下两端外，还应固定上、下两关节，防止受伤部位移动。

（4）夹板不可与皮肤直接接触，内应加衬垫，尤其在夹板两端、骨突出部位和悬空部位，防止受压或固定不牢固。

（5）固定应牢固，松紧适宜，过松无效，过紧可压迫患肢血运，以固定带可上、下移动 1cm 为宜。

肢体骨折固定时，一定要将指（趾）端露出，以便随时观察末梢血液循环情况，如发现指（趾）端苍白、发冷、麻木、疼痛、水肿或青紫，说明血运不良，应立即松开重新固定。

（6）固定中避免不必要的搬动，不可强制患者进行各种活动。

（7）观察要点：①观察固定肢体远端血液循环和神经功能情况；②观察生命体征和病情变化及固定过程中患者的反应；③记录患者病情、受伤部位、程度，固定的部位、方法、效果。

四、搬运

搬运（transport）是指运送不能行走的患者做各种检查、治疗或进行室外活动。

（一）评估要点

（1）评估患者受伤的时间、原因，受伤部位、程度及现场处理情况。

（2）根据患者病情、活动能力、心理状态及合作能力，搬运的人力、距离和搬运者的体力，决定搬运的时机，选择合适的搬运方法和工具，并做好搬运前的准备。

（二）操作步骤

（1）腹部内脏脱出的患者：①患者双腿屈曲，腹肌放松，防止内脏继续脱出。②脱出的内脏严禁送回腹腔，防止加重感染。可用大小适当的碗扣住内脏或取患者的腰带做成略大于脱出内脏的环，围住脱出的脏器，然后用三角巾包扎固定。③包扎后取仰卧位，屈曲下肢，并注意腹部保温，防止肠管过度胀气（图 9-22A）。

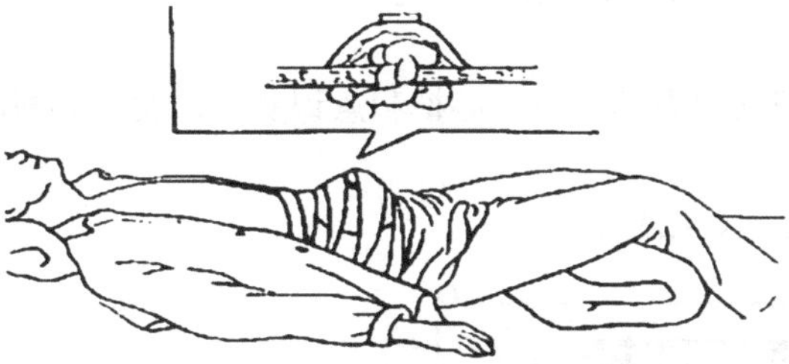

A

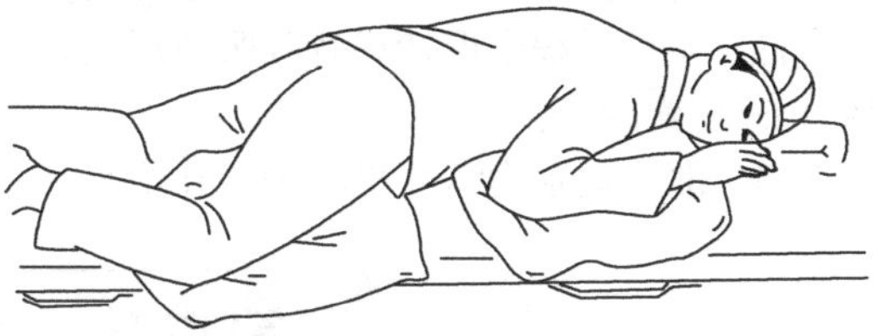

B

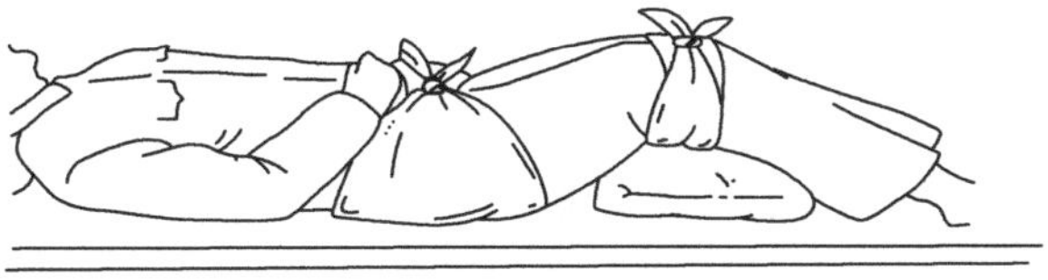

C

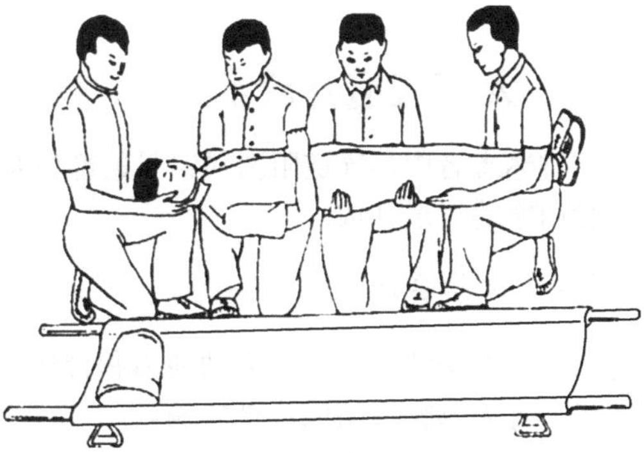

D

图 9-22　特殊患者的搬运

A．腹部内脏脱出患者的搬运；B．昏迷患者的搬运；C．骨盆损伤患者的搬运；D．颈椎损伤患者的搬运

（2）昏迷患者：使患者侧卧或俯卧于担架上，头偏向一侧，以利于呼吸道分泌物引流（图 9-22B）。

（3）骨盆损伤的患者：搬运前，应将其骨盆用三角巾或大块包伤材料作环形包扎，运送时让患者仰卧于门板或硬质担架上，膝微曲，下部加垫（图 9-22C）。

（4）脊柱损伤的患者：搬运时，应严防颈部和躯干前屈或扭转，应使脊柱保持伸直。颈椎伤的患者，应由 3～4 人一起搬动，1 人专管头部的牵引或固定，保持头部与躯干部成直线，其余 3 人蹲在患者同一侧，2 人托躯干，1 人托住下肢，一齐起立，将患者放在硬质担架上（图 9-22D），然后将患者的头部两侧用沙袋固定。搬运胸椎、腰椎伤患者时，3 人同在患者右侧，1 人托住肩背部，1 人托住腰臀部，1 人抱住患者的两下肢，同时起立将患者放到硬质担架上。

（三）注意事项

（1）心脏停搏、窒息、失血性休克未实行基本生命支持者不宜搬运。

（2）多发性创伤紧急处置后生命体征不稳定的患者不宜长途搬运。

（3）疑有脊椎损伤，应先用颈托固定，再使用脊柱板搬运。

（4）疑有脊柱损伤的患者应使用脊柱板或硬板床搬运，避免使用软担架或单人搬运，防止脊髓的进一步损伤。

（5）开放性外伤的患者应先进行止血、包扎、固定，再搬运。

（6）伤情不明时，尽量不要移动患者。

（7）病情危重的患者转运前，应先通知接收医院和科室做好准备。

（8）告知患者及家属搬运的目的和方法、可能出现的风险，必要时签知情同意书。

（9）四肢骨折患者先包扎固定，搬运时有专人保护患肢。

（10）四肢外伤出血的患者，将出血部位置于心脏水平以上；头部及脸部出血者，如无休克症状，取半坐卧位或坐位。

（11）双人抬担架时，患者头部朝向后者，便于病情观察，保持患者水平状态。

（12）使用四轮担架上下坡时，患者头在高处。

（13）搬运过程中保持患者呼吸道通畅，注意观察患者的呼吸、心搏和意识变化，发生心搏呼吸停止时应就地抢救。

（14）准确记录病情变化，搬运开始及到达的时间、结果。

第六节　气道护理技术

一、人工气道开放术

在昏迷患者中，气道阻塞最常见的部位是咽下部，以舌根后坠多见，通过手法开放气道，能有效地使阻塞的气道开放。

（一）评估要点

（1）患者病情、意识、活动能力和合作能力。

（2）有无颈椎损伤或颈椎疾病。

（二）操作步骤

（1）告知开放气道的步骤、目的、方法。病情危急时可先实施操作后进行告知。

（2）协助患者取仰卧位。

（3）准备吸痰、吸氧、气管插管、急救用物。

（4）开放气道：手法开放气道。

1）仰头抬颌法：要求操作者站在患者头侧，双肘位于患者背部同一水平上，用双手抓住患者两侧下颌角，向上牵拉，使下颌向前。同时，使头部后仰，两手拇指可将下唇下推，使口腔打开。头部后仰的程度要求为下颌角与耳垂连线和地面垂直。本方法均不适用于可疑颈椎骨折患者。如图9-23所示。

2）抬头举颏法：一手置于患者前额使头部后仰，另一手的示指与中指置于下颌骨近下颏或下颌角处，抬起下颏（图9-24）。

3）推举下颌法：双手置于患者头部两侧，向前推下颌，使舌体前移，气道开放。对于怀疑有头部、颈部创伤的患者，此法更安全，不会因颈部动作而加重颈部损伤。

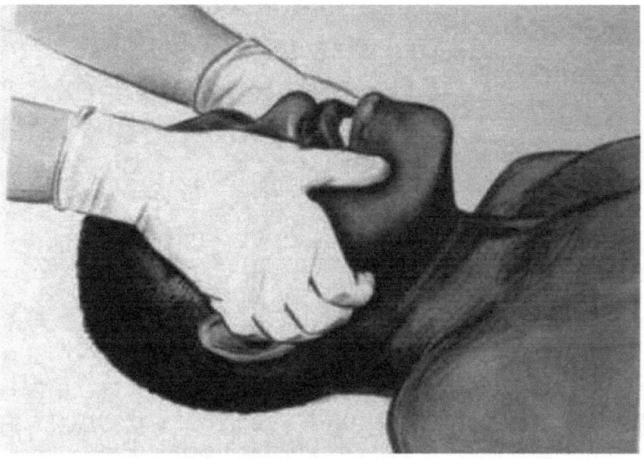

图9-23　仰头拉颌法

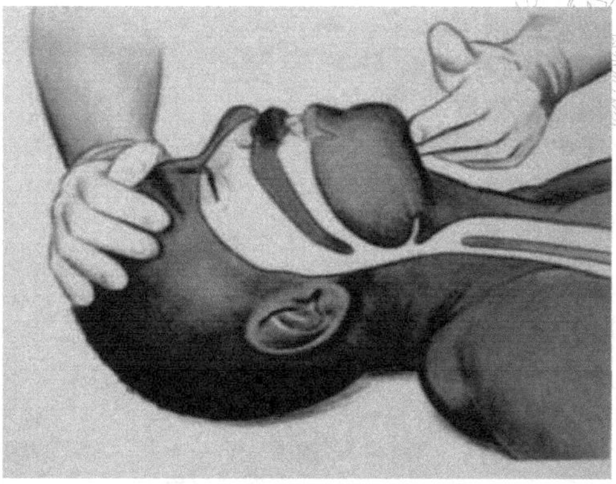

图9-24　抬头举颏法

（5）记录患者病情，气道开放时间、方法及操作者姓名。
（6）记录气道异物的性质、量、色、性状等。

（三）注意事项

（1）可疑颈椎骨折的患者不适合用仰头抬颌法和抬头举颏法，建议使用推举下颌法。
（2）开放气道标准：耳垂与下颌角的连线与地面垂直。
（3）如果患者义齿松动，应取出义齿以防脱落而阻塞呼吸道；勿用力压迫下颌部软组织，否则有可能造成气道梗阻，避免用拇指抬下颌。

二、海姆利希手法

海姆利希手法（heimlich maneuver）也称海氏手技，是指利用突然冲击腹部也就是膈肌下软组织，产生向上的压力，压迫两肺下部，迫使肺部残留空气形成一股气流，这股带有冲击性、方向性的气流长驱直入气道，从而将堵在咽喉部的异物驱除，使人获救。

（一）评估要点

（1）现场环境是否安全。
（2）患者意识状态、生命体征。

（二）操作步骤

（1）急救者首先以前腿弓、后腿登的姿势站稳，然后使患者坐在自己弓起的大腿上，并让其身体略前倾。
（2）然后将双臂分别从患者两腋下前伸并环抱患者。左手握拳，右手从前方握住左手手腕，使左拳虎口贴在患者胸部下方，肚脐上方的上腹部中央，形成“合围”之势，然后突然用力收紧双臂，用左拳虎口向患者上腹部内上方猛烈施压，迫使其上腹部下陷。这样由于腹部下陷，腹腔内容上移，迫使膈肌上升而挤压肺及支气管，每次冲击可以为气道提供一定的气量，从而将异物从气管内冲出。
（3）施压完毕后立即放松手臂，然后再重复操作，直到异物被排出，如图 9-25 所示。
（4）发生急性呼吸道异物阻塞时如果身边无人，患者也可以自己实施腹部冲击，手法相同，或将上腹部压向任何坚硬、突出的物体上，并且反复实施，如图 9-26 所示。
（5）对于极度肥胖及妊娠后期发生呼吸道异物堵塞的患者应当采用胸部冲击法，姿势不变，只是将左手的虎口贴在患者胸骨下端即可，注意不要偏离胸骨，以免造成肋骨骨折，如图 9-27 所示。

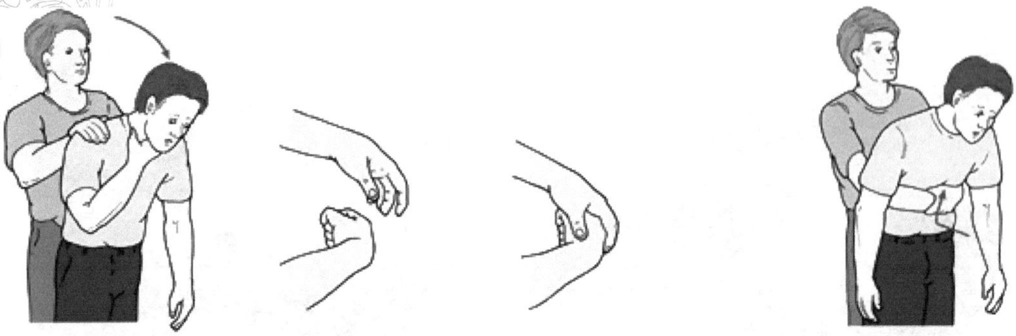

第一步：施救者站在被救者的背后

第二步：一手握拳，另一手从前方握住该手腕

第三步：使握拳虎口贴在患者胸部下方，肚脐上方的上腹部中央，形成“合围”之势

第四步：突然用力收紧双臂，用握拳虎口向患者上腹部内上方猛烈施压，迫使其上腹部下陷。施压完毕后立即放松手臂，然后再重复操作，直到异物被排出

图 9-25　海姆利希急救手法

（6）对于意识不清的患者，急救者可以先使患者呈仰卧位，然后骑跨在患者大腿上或在患者两边，双手两掌重叠置于患者脐上方，用掌根向前下方突然施压，反复进行。如果患者已经发生心搏停止，此时应按照心肺复苏的常规步骤为患者实施心肺复苏术，直到医务人员到来，如图 9-28 所示。

（7）应用于儿童：使患儿平卧，面向上，躺在坚硬的地面或床板上，抢救者跪下或立于其足侧，或取坐位，并使患儿骑在抢救者的两大腿上，面朝前。抢救者以两手的中指或示指，放在患儿胸廓下和脐上的腹部，快速向上重击压迫，但要很轻柔。重复之，直至异物排出，如图 9-29 所示。

（8）3 岁以下婴幼儿：救护人员应该马上把孩子抱起来，一只手捏住孩子颧骨两侧，手臂贴着孩子的前胸，另一只手托住孩子后颈部，让其脸朝下，趴在救护人膝盖上。在孩子背上拍 1～5 次，并观察孩子是否将异物吐出，如图 9-30 所示。

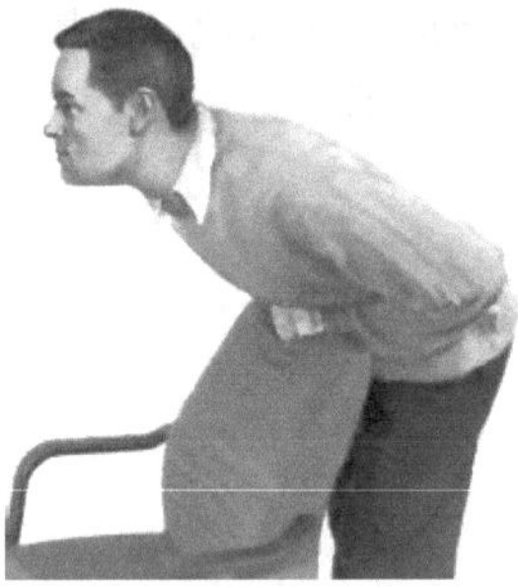

图9-26　独自进行海姆利希手法进行急救

图9-27　对极度肥胖及妊娠后期患者进行海姆利希手法进行急救

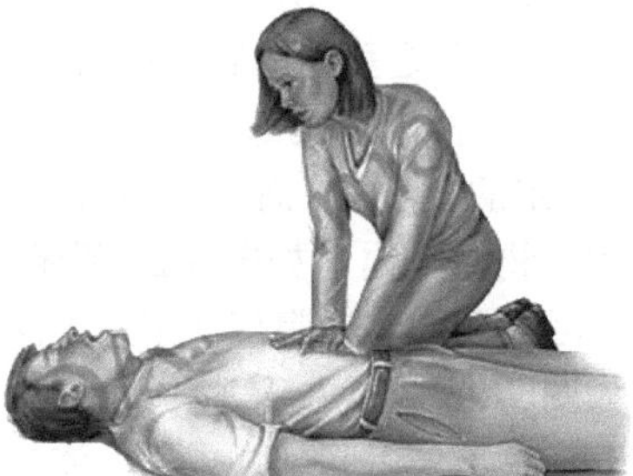

图 9-28　平卧位海姆利希手法

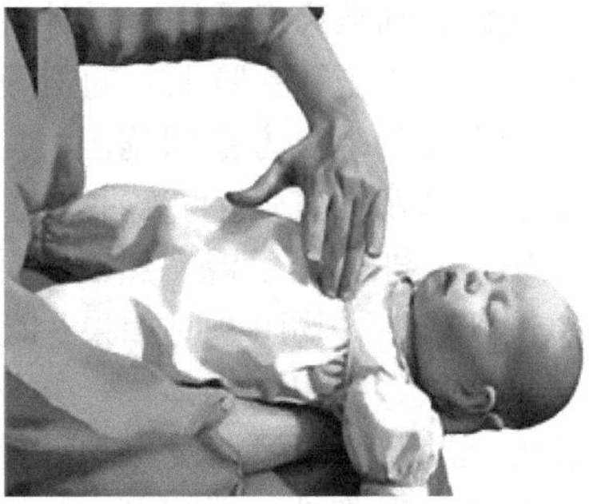

图 9-29　儿童海姆利希手法

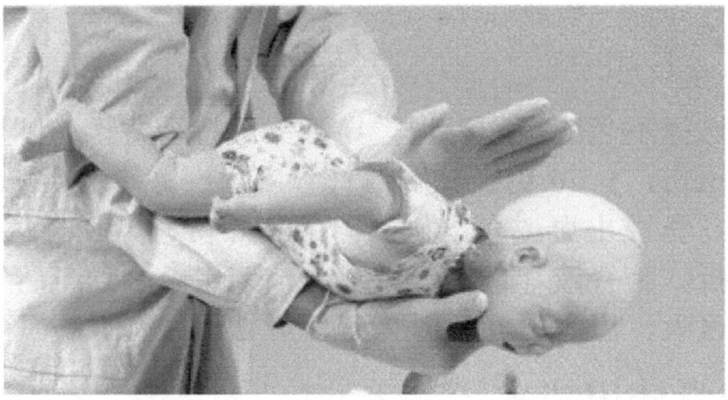

图 9-30　3 岁以下幼儿海姆利希手法

（三）注意事项

（1）对气道异物梗阻进行识别是关键，重要的是与其他情况鉴别，如昏迷、心脏病、癫痫或其他可能引起突然呼吸抑制、发绀或意识丧失的情况。

（2）异物可能引起或轻或重的气道梗阻情况，施救者应在窒息患者出现严重气道阻塞的症状时采取有效的救助措施，这些症状包括低气体换气或呼吸费力，如无声的咳嗽、发绀或无法说话和呼吸。患者可能会抓住脖子，努力表示窒息的体征。

（3）在实施海姆利希手法时注意不能用拳击和挤压，不要挤压胸廓，不能用双臂加压，挤压动作要迅速，压后随即放松。当异物排出后及时清理出口腔，并检查患者自主呼吸是否存在，根据患者情况判断是否需送医院治疗。

三、口咽通气管或鼻咽通气管置入

因舌根后坠致气道阻塞的患者，临床上可采用口咽通气管或鼻咽通气管来畅通气道。

（一）评估要点

评估有无置入通气管的禁忌证：存在气道反射的患者不宜置入口咽或鼻咽通气管。评估患者的意识、病情、气道及呼吸状况、口腔及鼻腔黏膜情况、既往史。

（二）操作步骤

（1）告知家属操作的目的、方法及并发症。

（2）清理呼吸道分泌物，先用人工开放气道，保持呼吸道通畅。

（3）体位：协助患者取仰卧位，病情危重者准备急救物品和药品。

（4）选择合适的口咽通气管或鼻咽通气管。合适的口咽通气管长度为患者耳垂到口角的距离，鼻咽通气管长度为鼻外孔至下颌角的距离。

（5）置入通气管

1）置入口咽通气管：①反转置入法。患者张口，湿润的通气管送入口内，沿舌上方方向（导管的凸面朝向患者下颌）下插，当插入全场的 1/2 时，将导管旋转 180°，并向前继续推进至合适位置，固定。②直接置入法：压舌板下压舌体，然后将导管沿其上方滑入咽腔，固定。

2）置入鼻咽通气管：清洁鼻腔，润滑通气管前段，将弯曲面对着硬腭插入鼻腔，顺腭骨平面向下推送至硬腭部，遇到阻力时，通气管逆时针旋转 90°，使其斜面对向鼻咽后部黏膜，通过咽后壁后，旋转回原位，并推送至合适深度，固定。

（6）整理用物，观察患者通气及呼吸状况。

（三）注意事项

（1）口咽通气管若选择不当或操作有误，导管头可将舌背推向咽腔而加重气道阻塞。

（2）防止鼻腔黏膜压伤，1~2d 更换鼻咽通气管 1 次，并于另一鼻孔插入。

（3）患者有鼻息肉、鼻腔出血或有出血倾向、鼻外伤、鼻腔炎症、明显的鼻中隔偏曲、凝血机制异常、颅底骨折、脑脊液耳鼻漏等情况时，禁用鼻咽通气管。

（4）为避免呕吐及误吸，患者呕吐反射恢复后应立即拔管。

四、简易呼吸球囊使用技术

简易呼吸球囊又称人工呼吸器或加压给氧气囊，是一种便于携带的施行人工呼吸的简易装置。

（一）适应证与禁忌证

（1）适应证：①心肺复苏；②各种疾病所致的呼吸抑制；③气管插管前高浓度给氧，插管后检验插管位置；④呼吸机出现故障断开呼吸机时用于辅助通气；⑤急救转运。

（2）禁忌证：①中等以上活动性咯血；②严重误吸引起的窒息性呼吸衰竭；③肺大疱；④大量胸腔积液；⑤张力性气胸；⑥活动性肺结核。

（二）评估要点

评估患者病情、意识状态、呼吸、颈动脉搏动等情况，保持正确体位，气道持续开放状态。

（三）操作步骤

（1）判断：判断患者无意识、呼吸、颈动脉搏动后，协助者立即进行心肺复苏术。

（2）摆放体位：去枕仰卧，头偏一侧，解开衣领、腰带等。

（3）清理呼吸道：清除上呼吸道分泌物和呕吐物，有义齿者取下义齿。

（4）开放气道：用仰头抬颌法、托颌法开放气道，操作者站于患者头侧，使患者头后仰，托起下颌。

（5）连接：连接简易球囊面罩与氧气装置。

（6）固定面罩：将面罩罩住患者口鼻，按紧勿漏气。若气管插管或气管切开患者使用简易呼吸球囊，应先清除痰液，气囊充气后再使用。

1）单手操作时用 EC 手法固定面罩：C 法是指左手拇指和示指将面罩紧扣于患者口鼻部，固定面罩，保持面罩密闭无漏气；E 法是指左手中指，环指和小指放在患者下颌角处，向上托起下颌，保持气道通畅。右手挤压呼吸球囊，根据患者呼吸频率挤压球囊的 1/2～2/3，使胸廓扩张，超过 1s。

2）两人操作时，一人固定面罩，拇指和示指两边向下按压，其他三指分别放置在下颌角处，抬高下颌，保持气道通畅的同时又能增加面罩的密闭性；另一人按压呼吸球囊，两手捏住球囊中间部分，两拇指相对朝内，四指并拢或略分开，应在患者吸气时两手用力均匀挤压球囊。

（7）使用时注意潮气量、呼吸频率、吸呼比等。

1）一般选择潮气量 8～12ml/kg，通常成人潮气量为 400～600ml ，同时监测血氧饱和度。

2）挤压呼吸球囊频率为 5～6 秒/次，10～12 次/分；如患者有微弱自主呼吸，应注意挤压球囊的频率和患者呼吸频率要一致。

3）成人的吸呼比一般为 1∶（1.5～2）。

（8）观察及评估患者：使用过程中，应密切观察患者对简易呼吸球囊的适应性，观察患者胸廓起伏、皮肤颜色、生命体征等。

1）确保患者正常通气，观察患者胸廓起伏是否随着挤压球囊而上下起伏。

2）经面罩透明部分观察患者唇部与面部颜色的变化。

3）经透明盖，观察单向阀是否正常工作。

4）观察患者呼气时面罩内是否呈雾气状。

（9）抢救成功后取下面罩，采取适合的氧疗方式。清洁口鼻及面部，协助患者取舒适体位，安慰患者；记录抢救过程。

（四）注意事项

（1）使用简易呼吸球囊时，常见问题是因活瓣漏气导致患者通气不佳，所以对简易呼吸球囊要定时检查、测试、维修和保养。

（2）对无人工气道者、口腔内无牙齿的患者必要时要放置口咽通气管。

（3）加压时如患者有呕吐，要及时清除呕吐物后再加压。

（4）挤压球囊时，压力不可过大，挤压球囊的1/3～2/3，不可时大时小、时快时慢，以免损伤肺组织。

（5）患者有自主呼吸，应按患者的呼吸频率加以辅助，以免影响患者的自主呼吸。

（6）对清醒患者要做好心理护理，缓解紧张情绪，使其主动配合，并边挤压球囊边指导患者“吸……呼……”。

（7）弹性球囊不宜挤压变形后放置，以免影响弹性。

（8）当婴儿及小孩使用时应具备安全阀装置，自动提供调整压力。如果需要较高的压力，可将压力阀向下而使安全阀暂时失效。

知识链接

1. 简易球囊面罩的构造 由四部分、六个阀构成，包括单向阀、压力安全阀、球囊或气囊、储气阀、储气袋、氧气连接管、储氧安全阀、进气阀、呼气阀和面罩，如图9-31所示。

图9-31 简易呼吸球囊构造

2. 消毒和保养

（1）将简易呼吸球囊各配件依顺序拆开，置入消毒液中浸泡。

（2）从消毒液中取出后使用清水冲洗所有配件，去除残留的消毒剂。

（3）储氧袋只需用消毒剂擦拭即可，禁用消毒剂浸泡，因易损坏。

（4）如遇特殊感染患者，可使用环氧乙烷熏蒸消毒。

（5）消毒后的配件应完全干燥，并检查是否有损坏，将配件依照顺序组装。

（6）做好检测工作，备用。

3. 检测方法

（1）球体测试：第一步，取下单向阀和储气阀后，挤压球体，然后将手松开，球体应很快的自动弹回原状。第二步，将出气口用手堵住，挤压球体时，球体不易被压下。如果发觉球体慢慢地向下漏气，请检查进气阀是否组装正确。

（2）进气阀测试：将出气口用手堵住，挤压球体时，觉球体不易被压下。如果发觉球体慢慢地向下漏气，请检查进气阀是否组装正确。

（3）储氧袋测试：在储气阀接头处接上储气袋。挤压球体，鸭嘴阀会张开，使得储气袋膨胀，如储气袋没有膨胀，请检查是否组装正确或储气袋是否漏气。

（4）储氧安全阀测试：将储氧阀和储氧袋接在一起，将气体吹入储氧阀，使储氧袋膨胀，将接头堵住，压缩储氧袋气体自储氧阀溢出。如未能感到溢出时，请检查安装是否正确。

五、环甲膜穿刺术

环甲膜穿刺（needle cricothyrotomy）是临床上对于有呼吸道梗阻、严重呼吸困难的患者采用的临时性抢救措施，是快速建立人工气道的有效手段，它可为气管切开术赢得时间。

（一）评估要点

（1）患者的病情、意识、沟通和理解能力、伴随症状、有无喉头水肿和梗阻。
（2）颈部皮肤情况。

（二）操作步骤

（1）评估患者的意识、年龄、有无喉头水肿或梗阻和伴随疾病。
（2）由医生告知患者及亲属操作的目的、方法及风险，取得患者及家属同意并签名。
（3）术前准备：向患者说明施行环甲膜穿刺术的目的，消除不必要的顾虑，检查穿刺用品是否齐全。

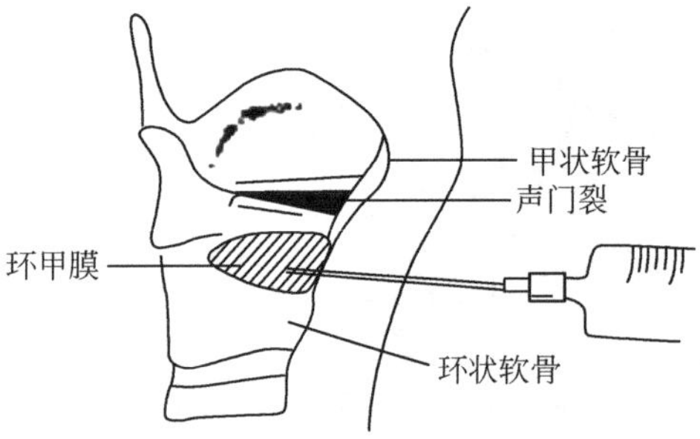

图9-32　环甲膜穿刺

（4）用物准备：7～9 号注射针头或用作通气的粗针头、无菌注射器、12～14 号套管针、导管接头、氧气和氧气管；1%普鲁卡因、治疗药物，必要时准备支气管留置给药管（可用输尿管代替）。例如，穿刺目的是给药时，则准备气管留置给药管、药物和注射器。必要的急救器材和急救药物。
（5）必要时让患者口服镇静药。
（6）操作者洗手、戴口罩。
（7）患者取平卧或斜坡卧位，头后仰。
（8）给环甲膜前的皮肤按常规消毒。
（9）操作者拇指和中指将环甲膜两侧的皮肤绷紧，右手持注射器以 45° 角刺入环甲膜，感到有落空感，即回抽注射器有空气抽出，如图 9-32 所示。
（10）固定注射器于垂直位置，注入 1%丁卡因溶液 1ml，然后迅速拔出注射器。再按照穿刺目的进行其他操作。
（11）穿刺点用消毒干棉球压迫片刻。
（12）若经针头导入支气管留置给药管，则在针头退出后，用纱布包裹并固定。

（三）注意事项

（1）该手术是在患者情况十分危急时的一种急救措施，应争分夺秒，在尽可能短的时间内实施完成。

（2）注意定位准确。

（3）穿刺时勿过深，以免损伤咽后壁黏膜。

（4）患者出现剧烈咳嗽时应放弃穿刺。

（5）如遇血凝块或分泌物阻塞穿刺针头，可用注射器注入空气，或用少许生理盐水冲洗，以保证其通畅。

（6）穿刺或切口部位有明显出血时，应注意止血，以免血液反流入气管内。

（7）一次性的锐器应放在锐器盒中集中处理。

（8）环甲膜穿刺术仅是呼吸复苏的一种急救措施，不能作为确定性处理，穿刺针留置时间不宜长（一般不超过 24h）。因此，在初期复苏成功后应该改为正规气管切开或立即做消除病因的处理。

知识链接

环甲膜穿刺位置：环甲膜位于甲状软骨和环状软骨之间，前无坚硬遮挡组织（仅有柔软的甲状腺通过），后通气管，它仅为一层薄膜，周围无要害部位，因此利于穿刺。如果自己寻找，可以低头，然后沿喉结最突出处向下轻轻地摸，在 2～3cm 处有一如黄豆大小的凹陷，此处即为环甲膜位置所在，如图 9-33 所示。

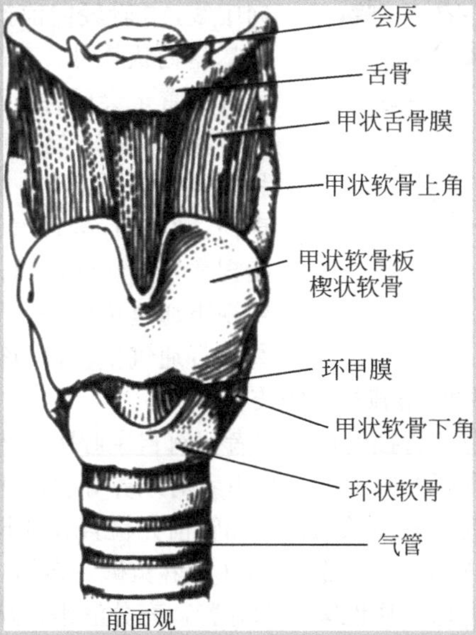

图 9-33　环甲膜位置示意图

六、气管插管术

气管插管术（endotracheal intubation）是特制的气管导管通过口腔或鼻腔插入气管内，以解除上呼吸道阻塞、保证呼吸道通畅的有效方法。其是提供机械通气的人工气道，也是心肺复苏或呼吸治疗的必要条件。

（一）评估要点

（1）病情、意识、有无喉头水肿或呼吸道梗阻、口鼻腔黏膜和疾病。

（2）年龄、性别、体重。
（3）有无感染性疾病。

（二）操作步骤

1. 准备

（1）用物准备：咽喉镜，吸痰、吸氧装置，气管导管和插管物品，吸引设备，牙垫，呼吸囊或呼吸机，急救药物。

导管的规格：气管导管的长度和口径要根据插管途径进行选择。一般经口插管要比经鼻插管短2～4cm。经鼻插管因受鼻腔限制，所以导管口径较经口插管为小。一般婴儿用2.5F～3.5F，4岁及以上儿童用4F，成年男性用7.0F～8.5F，成年女性用6.5F～7.5F。要根据年龄选择不同型号导管。

（2）患者准备：①取仰卧位，肩背部垫一小枕，使口腔、咽、气管处于一条轴线上，头尽量后仰，开放气道；②吸净口鼻腔分泌物，除去义齿；③对不配合或躁动患者，遵医嘱给予镇静药或肌松药。

2. 根据插管途径分类 可分为经口、经鼻、经气管造口等类型气管插管术，插管时或为明视，或为深插。

（1）经口气管插管术：利用喉镜显露喉头、声门裂，使导管在明视下插入气管，是最方便而常用的插管方法（图9-34）。其插管步骤为：①以右手强迫患者张口。②左手紧握喉镜柄，镜片经患者右口角置入，并同时将舌体充斥镜片右侧以免妨碍视野。③右手推患者前额，使头适度后仰。④将镜片移向中线，并轻轻向前推进，暴露悬雍垂、咽腔和会厌。⑤暴露杓状软骨、声带及声门：若用弯型镜片，则将镜片头置于会厌谷（舌根与会厌交界处），上提喉镜，间接挑起会厌，显露声门；应用直喉镜片时，需将镜片头插至会厌下方，上提喉镜，直接提起会厌，显露声门。⑥施行喉及气管黏膜表面麻醉。⑦右手1～3指捏住气管导管尾节，按弧形线路经口送入咽腔，在明视下通过声门插入气管。⑧置放牙垫，取出咽喉镜。⑨进行通气试验，听诊双肺。确认导管位于气管内后，用胶布固定导管和牙垫，连接呼吸器施行呼吸支持。

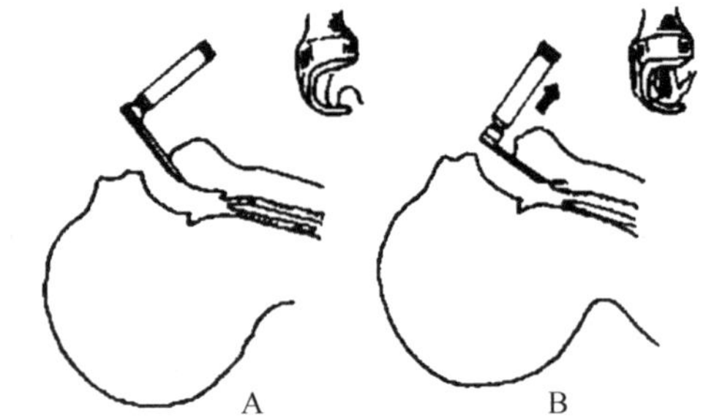

图9-34　经口插管操作方法
A.看见悬雍垂；B.显露声门

（2）经鼻气管插管术：经鼻气管插管用于患者仍有自主呼吸且无窒息、下颌活动受限、张口困难或不可能将头部后仰（颈椎骨折）等情况，且患者对经鼻导管易于耐受。经鼻插管尤其适用于需长时间插管呼吸支持的患者。此插管步骤为：①插管前先检查并选择畅通的鼻孔。②向患者（尤其是清醒者）的鼻孔内滴入或喷入少量血管收缩药（如麻黄碱、苯肾上腺素），以扩大鼻腔气道，减少插管出血。③选大小和曲度合适、质地柔软的导管，充分润滑，从外鼻孔插入鼻腔。④取与腭板平行，最好使导管的斜面面向鼻中隔，轻推导管越过鼻咽角。若患者张口可借助于喉镜在明视下用插管钳或插管钩将导管头部引至正确部位后插入声门。⑤在盲目经鼻插管时，可捻转导管使其尖端左右转向，或可伸屈头部使导管头前后移位，或将头适当左右侧偏改变导管前进方向，趁吸气时将导管向前推进。若听到气流或咳嗽，则表明导管已进入声门。⑥确认导管位于气管内后再用胶布固定导管，连接呼吸器进行呼吸支持。

（三）注意事项

（1）插管时维持呼吸道通畅：三轴成一直线。三轴即口腔-咽-气管上呼吸道三轴线，也就是指口腔至气管之间所存在的三条解剖轴线。其包括：①口轴线（AM），从口（或鼻）腔至咽后壁的连线；②咽轴线（AP），从咽后壁至喉头的连线；③喉轴线（AL），从喉头至气管上段的连线。

（2）吸痰或去除异物。

（3）插管前后给予纯氧。

（4）勿使用门牙为着力点。

（5）插管完成后应听诊腹部、胸部呼吸音，确定插管的正确位置。

（6）观察要点：①口鼻腔分泌物和痰液的颜色、气味、量、黏度；②气管插管情况；③患者生命体征、通气情况、病情变化，防止并发症的发生。

知识链接

气管插管固定方法：固定时既要求稳妥又要求不要压伤。方法：经口腔插管采用交叉固定；经鼻插管则以宽胶布先固定于鼻，两条延长细胶布交叉固定管壁，此法既牢固又不易压伤，每日擦洗面部后更换胶布一次，防止脱落（图 9-35）。

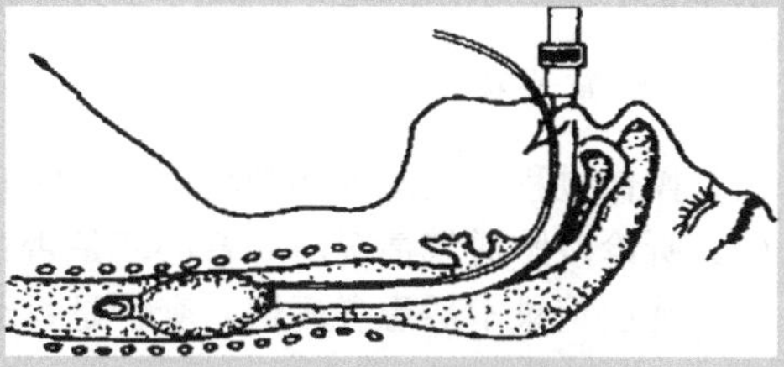
图 9-35　气管插管固定方法

七、气管切开

气管切开（tracheotomy）是通过颈前正中入路，切开气管上段的前壁插入套管，以开放呼吸道的急救手术。

（一）评估要点

患者的年龄、意识、病情、呼吸、缺氧程度，是否具有气管切开的指征。

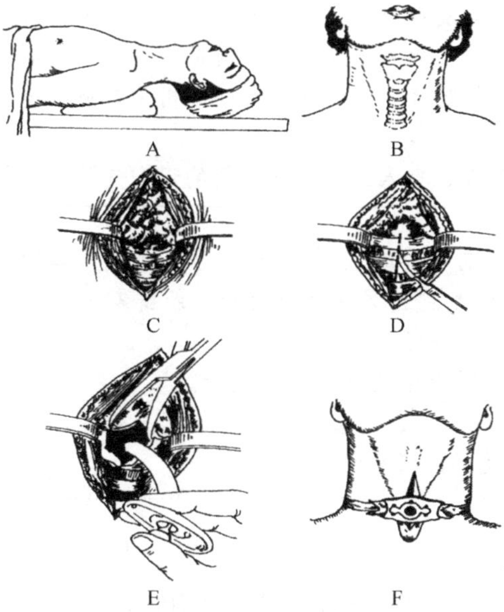

图 9-36　气管切开操作方法

A．体位；B．皮肤横切口；C．暴露甲状腺；D．挑开第 3 及第 4 气管环；E．安放气管导管；F．固定气管套管

（二）操作步骤

1. 准备

（1）用物准备：气管切开包，包括 10ml 注射器及针头，刀柄及切皮刀片，气管切开镰状刀片，止血钳，甲状腺拉钩一对，短镊，直、弯解剖剪，气管撑开器；选择大小合适的气管套管（如需呼吸机辅助呼吸或有误吸者，应备用带用气囊的气管套管或有硅胶气管套管）；无菌手套；局部麻醉药；吸痰装置及用品和吸氧装置；呼吸机；消毒药品；抢救仪器和药品等。

（2）患者准备：取仰卧位，肩下垫小枕，头后仰，常规消毒，铺无菌巾。

（3）环境准备：安静，光线充足。

2. 操作步骤

（1）体位：一般取仰卧位，肩下垫高，头后仰，使气管前突，但不可过分后仰；保持正中位。若后仰使呼吸困难加重，则可使头部稍平，或待切开皮肤分离筋膜后再逐渐将头后仰，如呼吸困难严重不能平卧时，可采取半坐位或坐位，但暴露气管比平卧时困难。头颈部保持中线位。

（2）麻醉：手术在局部麻醉下进行，患者昏迷可不用麻醉，躁动抽搐或不配合者及儿童可酌用全身麻醉、基础麻醉。术前一般不用镇静药或阿托品。

3. 具体步骤（图 9-36） ①皮肤消毒，铺无菌手术巾。②自环状软骨下缘至胸骨上凹做正中切口，逐层切开、分离、止血。③用拉钩将胸骨舌骨肌及胸骨甲状肌向两侧拉开，暴露气管前壁及甲状腺峡部。④向上游离甲状腺峡部，显露第 3、第 4、第 5 气管软骨环，用尖刀向上切开第 3 及第 4 软骨环，切忌切开第 1 软骨，否则日后可引起环状软骨炎及喉狭窄等后遗症。⑤用止血钳将切开气管两边撑开，吸除分泌物，将口径恰当、带导芯的气管套管置入，快速拔除导芯，插入内套管，将套管的带子于颈后系结固定，切口内可填塞引流纱布条一根，次日取出，气管套囊必要时予以充气。

（三）注意事项

（1）操作过程中注意密切观察病情，防止并发症的发生。
（2）听诊双肺通气情况，心音心率是否正常，有无气胸及纵隔气肿。
（3）观察记录术后患者病情，套管是否通畅，切口有无渗血和皮下气肿。

知识链接

常见的并发症及处理方法

（1）皮下气肿的处理方法：一般不需特殊治疗，可在 1 周左右自行吸收。

（2）气胸的处理方法：张力性气胸立即用较粗针头作胸腔穿刺抽出空气或行胸腔闭式引流。

（3）纵隔气肿的处理方法：轻度纵隔气肿无需治疗。气肿严重有纵隔压迫症状并影响呼吸循环时应施行减压术，将气体放出。

（4）出血的处理方法：①少量出血可用局部压迫法止血；出血多者要重新打开伤口止血，要防止血液流入呼吸道引起窒息。②应用抗凝药物者应在停药后 24h 再行手术为宜。③预防致命性大出血应注意：气管切开的位置不应过低，即不可低于第 5~6 环状软骨；尽量少分离气管前软组织，避免损伤前壁的血液供应；选择适当的气管套管。若发现套管引起刺激性咳嗽或有少量鲜血咯出，应立即换管；预防伤口感染；争取早日拔管。④如发生大出血时可先用带气囊的气管插管经口插入，并使气囊充气。吸出气管内血液及分泌物，保持呼吸道通畅。再用手指及敷料压迫出血处暂时止血。同时入手术室开胸止血。

（5）窒息或呼吸骤停的处理方法：应马上行人工呼吸，吸入二氧化碳和氧的混合气体，注射兴奋剂及纠正酸中毒。

（6）急性肺水肿的处理方法：可在气管套管上接单向活瓣的“Y”形管，呼气时使气体通入一水瓶增加呼气的阻力即增加肺泡呼气的压力。吸气时则通过另一管直接吸入新鲜空气并无阻力，然后将水瓶内的水量逐渐减少，2d 内使呼气阻力完全解除。

（7）肺感染及肺不张的处理方法：在气管切开后，随时吸出呼吸道分泌物。

（8）气管-食管瘘的处理方法：轻者可更换短的气管套管；留置鼻饲管，使糜烂处的刺激减少得以休息，加强营养，待其自愈；重者需手术缝合及肌肉修补术。

八、氧气吸入法

氧气吸入法（oxygen inhalation）是针对缺氧的一种治疗手段，它通过增加肺泡氧分压、加强氧的运转，以达到纠正低氧血症、改善心肌代谢、降低肺动脉压、增加肾血流量的目的，对挽救生命具有重要作用。

（一）评估要点

（1）患者的病情、意识状态、生命体征、缺氧程度。
（2）患者有无口、鼻、呼吸道畸形或损伤。
（3）过敏史（胶布、塑胶制品）。
（4）患者的沟通、理解及合作能力。

吸氧

（二）操作步骤

（1）准备

1）用物准备：湿化瓶盛蒸馏水 1/3～1/2 满，氧气装置（按需准备）1 套，治疗盘内备小药杯（盛冷开水）、弯盘、橡胶管、棉签、纱布、扳手、胶布、玻璃接管、安全别针、给氧设备（按需准备）、氧气记录单、笔。

2）患者准备：患者取合适、舒适的体位，向患者及家属解释操作目的。

3）环境准备：安全、通风，无火源。

（2）氧气吸入：选择合适的供氧装置和氧疗法，连接给氧装置并检查有无漏气，然后给氧。

1）鼻导管给氧：①选择较通畅的一侧鼻孔，并用湿棉签清洁该侧鼻孔，如使用双侧鼻导管，则清洁双侧鼻孔；②将鼻导管与出气橡胶管上的玻璃接头连接，先开流量调节阀（小开关），确定氧气流出通畅后，调节至所需氧流量；③测量鼻导管插入长度，一般为自鼻尖至耳垂的 2/3（图 9-37），将鼻导管蘸水，自所选择侧鼻孔轻轻插入至鼻咽部，双侧鼻导管则插入鼻腔 1cm；④如无呛咳，用胶布将鼻导管固定于鼻翼及面颊部（图 9-37），再用安全别针固定橡胶管于床单上。

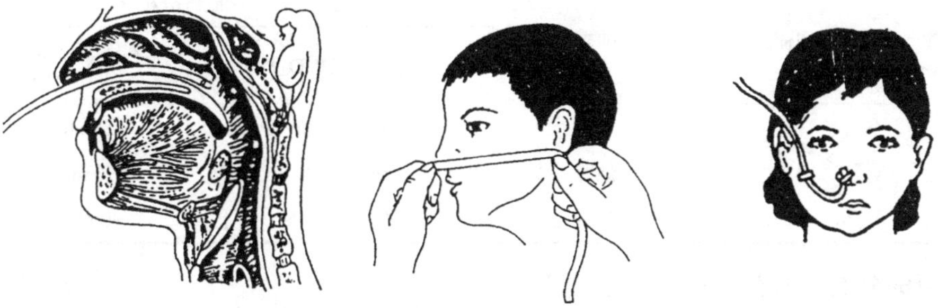

图 9-37　鼻导管插入长度测量及固定

2）面罩给氧：将面罩置于患者口鼻部，用松紧带固定，再将氧气接于氧气进口上，调节氧流量。

3）漏斗给氧：将漏斗连接橡胶管，调节氧流量，固定橡胶管于吊架上，使漏斗离面部 1～3cm，用绷带或细棉线适当固定。

4）鼻塞给氧：擦净鼻腔，将鼻塞连接橡胶管，调节氧流量，将鼻塞塞入鼻孔内。

5）头罩给氧：首先将头罩罩在婴幼儿头部，然后将氧气接于氧气进孔上，最后调节氧流量。

6）中心供氧站供氧：①装流量表，将流量表接头用力插进墙上氧气出口，再向外轻轻下拉接头，证实已接紧；查看接头是否漏氧气；若有氧气逸出，拔出接头重新插入；最后将湿化瓶接到流量表上。②导管接于湿化瓶出口处的小孔接头上。③连接不同的给氧装置，调节氧流量。④记录给氧时间。⑤在给氧过程中，经常检查橡胶管是否通畅，吸氧装置的固定位置有无移动，湿化瓶是否需要加水，观察患者呼吸改善情况，衡量氧疗效果，并及时清除鼻腔分泌物。⑥停用氧气时，先取下鼻导管或其他给氧装置，关流量调节阀，放出余气后，再关流量表；用松节油擦净胶布痕迹。⑦清洁消毒物品，记录患者用氧时间及停止时间，记录用氧后呼吸改善情况。

（3）记录给氧时间、给氧浓度，操作者签名。

（三）注意事项

（1）氧气筒内的氧气压力很高，而且氧是易燃物，因此，在使用过程中，必须注意安全，严格按操作规程进行。

（2）切实做到四防：即防震、防火、防热、防油。氧气筒宜放于阴凉处，周围严禁烟火和易燃品，至少距火炉 5m、暖气 1m。不可在氧气表及螺旋处抹油，搬运时避免倾倒和震动，以防引起爆炸。

（3）氧气筒的氧气不可全部用尽，压力表上指针降至 $5kg/cm^2$ 时，即不可再用，以防灰尘进入筒内，造成再次充气时可能引起爆炸事故。对未用或已用空的氧气筒，应分别标明“满”或“空”的字样，避免急用时搬错而影响抢救。

（4）氧气筒外应有明显标记，平时应有固定放置地点，切不可与其他气体钢筒并放一起，以防急用时搬错。

（5）鼻导管持续用氧者，每日更换鼻导管 2 次以上，双侧鼻孔交替插管，并及时清除鼻腔分泌物，防止导管阻塞而失去用氧作用。用鼻塞者也须每日更换。

（6）观察要点：患者的呼吸状况、缺氧症状，观察并记录氧疗改善效果。

知识链接

1. 缺氧的症状 见表 9-3。

表 9-3 缺氧的症状

程度	发绀	呼吸困难	神志	血气分析	
				氧分压（PaO_2）	二氧化碳分压（$PaCO_2$）mmHg（kPa）
轻度	轻	不明显	清楚	50～70mmHg（6.6～9.3kPa）	＞50mmHg（6.6 kPa）
中度	明显	明显	正常或烦躁不安	35～50 mmHg（4.6～6.6 kPa）	＞70 mmHg（9.3 kPa）
重度	明显	严重、三凹症明显	昏迷或半昏迷	35 mmHg（4.6 kPa）以下	＞90 mmHg（12.0 kPa）

2. 缺氧的分类 见表 9-4。

表 9-4 各型缺氧的血氧变化及病因

缺氧类型	动脉血氧分压（PaO_2）	动脉血氧饱和度（SaO_2）	动-静脉氧压差	常见病因
低张性缺氧	↓	↓	↓或 N	慢性呼吸衰竭、先天性心脏病、吸入气中氧浓度低
血液性缺氧	N	N	↓	贫血、CO 中毒、高铁血红蛋、白血病、输入大量库存血液
循环性缺氧	N	N	↑	休克、心力衰竭、心肌梗死、脑血管意外
组织性缺氧	N	N	↓或↑	氰化物、硫化物、磷等引起的中毒，大量放射线照射，维生素的严重缺乏

注：↓降低；↑升高；N 正常

3 .给氧的标准 血气分析是给氧的最可靠指标。动脉血氧分压（PaO_2）正常值为 80～100mmHg（10.6～13.3kPa），当患者的 PaO_2＜50mmHg（6.65kPa）时，均应给予吸氧（50mmHg 为最低限值）。慢性阻塞性肺疾病（COPD）并发冠状动脉粥样硬化性心脏病患者，PaO_2＜60mmHg（8.0kPa）时即需氧疗。

4.氧浓度与氧流量的换算　氧气在空气中占 20.93%。根据给氧浓度的高低，可分为①低浓度给氧，吸入氧浓度低于 35%；②中浓度给氧，吸入氧浓度为 35%～60%；③高浓度给氧，吸入氧浓度高于 60%。氧浓度和氧流量的换算法如下。

（1）鼻导管、鼻塞、漏斗法给氧：吸氧浓度（%）=21+4×氧流量（L/min）。

（2）面罩给氧：氧浓度与氧流量的关系见表 9-5。密闭罩给氧，氧流量必须大于 5L/min 以免呼出气体在面罩内被重复吸入，导致 CO_2 蓄积。吸入气中的氧浓度随氧流量的增加而增加，但增加幅度超过 8L/min 则很少，若需增加吸入气中的氧浓度，可在面罩后接贮气囊。

表 9-5　面罩吸氧时供氧流量与吸入气中氧浓度关系

氧流量（L/min）	吸入氧浓度（FiO_2）（%）
1.开放式	
5～6	40
6～7	50
7～8	60
2.密闭式（加贮气囊）	
6	60
7	70
8	80
9	90
10	99

（3）简易呼吸器给氧：若氧流量为 6L/min 时，吸入气中的氧浓度为 40%～45%。

（4）氧气帐给氧：氧流量约 20L/min，需 30min 使氧浓度达到 60%。改进的氧气头帐给氧 10～20L/min，氧浓度可提高到 60%～70%。

（5）高压氧：在特殊的加压舱内，将纯氧在 2～3kg/cm^2 下供给患者。

5. 氧气吸入装置与设备

（1）氧气筒：为圆柱型无缝钢筒，筒内可耐受的压力达 14.7MPa，即 150kg/cm^2，容纳氧气量约为 6000L。

总开关：在筒的顶部，可控制氧气的放出。使用时，将总开关向逆时针方向旋转 1/4 周，即可放出足够的氧气；不用时，向顺时针方向将总开关旋紧。

气门：在氧气筒颈部的侧面，有一气门与氧气表相连，是氧气自筒中输出的途径。

氧气表：由以下几部分组成。①压力表：从表上的指针能测知筒内氧气的压力，以“kg/cm^2”表示。压力越大，说明氧气贮存量越多。②减压器：是一种弹簧自动减压装置，将来自氧气筒内的压力减至 2～3kg/cm^2（0.19～0.29MPa），使流量平稳，保证安全，便于使用。③流量表：用以测量每分钟氧气流出量，流量表内有浮标，当氧气通过流量表时，即将浮标吹起，从浮标上端平面所指刻度，可以测知每分钟氧气的流出量。④湿化瓶：用以湿润氧气，以免呼吸道的黏膜被干燥气体所刺激。瓶内装入 1/3 或 1/2 冷开水，通气管浸于水中，出气橡胶管和鼻导管相连。⑤安全阀：由于氧气表的种类不同，有的安全阀在湿化瓶上端，有的在流量表下端。当氧气流量过大、压力过高时，压力阀的内部活塞即自行上推，使过多的氧气由四周小孔流出，以保证安全。

氧气筒支架：用以搬运氧气筒（图 9-38）。

图 9-38　氧气筒及支架

（2）氧气筒的安装

装表法：将氧气表装在氧气筒上，以备急用。①冲尘：将氧气筒置于架上，用扳手将总开关打开，使小量气体从气门流出，随即迅速关好总开关，以达到清洁该处的目的，避免灰尘吹入氧气表内；②接流量表：将表的旋紧螺帽与氧气筒气门处的螺丝接头衔接，用手初步旋紧，然后将表稍向后倾，再用扳手旋紧，使氧气表直立，检查有无漏气；③接湿化瓶：将橡胶管一端接氧气表，确认流量表开关呈关闭状态，用扳手旋开总开关，再用手旋开流量表的流量调节阀，检查氧气流出量是否通畅，以及全套装置是否适用，最后关上流量调节阀，推至病室待用。

卸表法：①用扳手将总开关旋紧，打开流量调节阀开关，放出余气，再关调节阀。卸下湿化瓶；②一手拿表，一手用扳手将表的螺帽以逆时针方向旋转，然后再用手放松，将表卸下。

6. 氧气筒内的氧气量计算法 氧气筒内的氧气供应时间可按下列公式计算。

$$氧气供应时间=\frac{氧气筒容积(L)\times[压力表所指压力(kg/cm^2)-应保留压力5(kg/cm^2)]}{氧流量(L/min)\times60(min/h)\times1个大气压(kg/cm^2)}$$

7. 中心供氧装置 医院的氧气供给可集中由供应站供给，该供给管道通至各病区床单位、门诊、急诊室。供应站设有总开关进行管理，各用氧单位配有氧气表（图 9-40）。

8. 氧气枕 在抢救危重病患者或转运患者时，由于来不及准备氧气筒或携带氧气装置不方便，可用氧气枕来代替氧气装置。氧气枕为一长方形橡胶枕，枕的一角有橡胶管，上有调节器以调节流量（图 9-39）。平时将枕内灌满氧气，夹闭备用，使用时接上湿化瓶、导管，调节流量即可供氧。新购买的氧气枕因枕内含有粉粒，充气前应用自来水灌满氧气枕，在枕外用手揉捏放水，再灌水揉捏，如此反复多次，直到放出水洁净为止（否则可引起吸入性肺炎甚至有窒息的危险）。

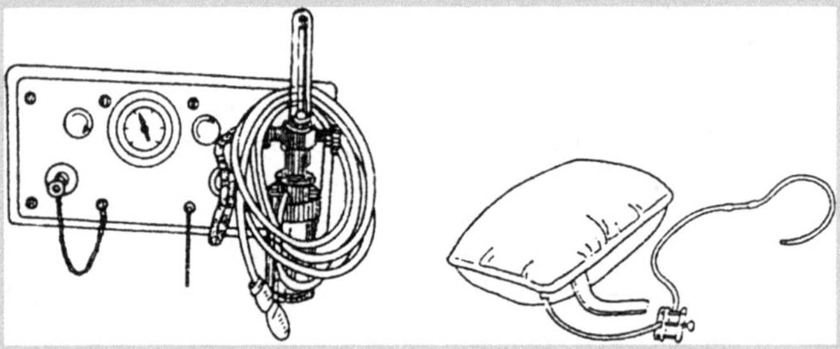

图 9-39 医院中心供氧装置及氧气枕

9. 鼻导管和鼻塞 此类设备的特点是简单、经济、方便、易行。但给氧浓度只能达到 40%～50%，氧流量一般＜6L/min。

（1）单侧鼻导管：为一根细导管，使用时插入一侧鼻孔，此法节省氧气，但可刺激鼻腔黏膜，使鼻腔分泌物结痂，易造成鼻导管堵塞，故需 8h 更换 1 次鼻导管。若长时间使用，患者会感觉不适。

（2）双侧鼻导管：鼻导管有两根短管，可分别插入两个鼻腔（图 9-40A）。因为该鼻导管较少限制患者，而且不妨碍吃饭或谈话，故较受患者欢迎。

（3）鼻塞：为塑料制成的球状物（图 9-40B），可塞于鼻孔，代替鼻导管给氧。适用于长期给氧的患者，患者感觉较舒适，且使用方便。但吸氧浓度一般<50%。

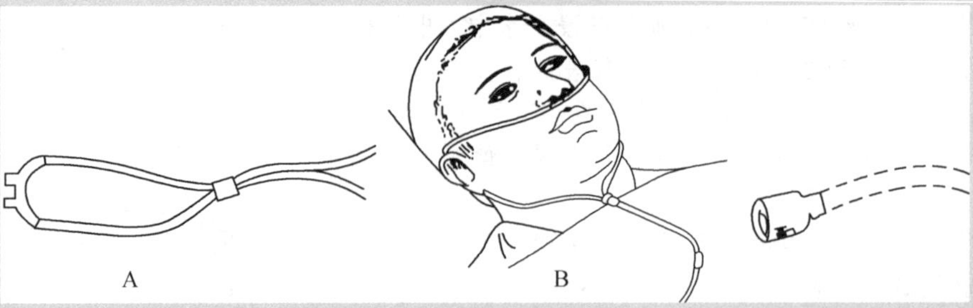

图 9-40 双侧鼻导管及鼻塞

A. 双侧鼻导管；B. 鼻塞

10. 漏斗 以漏斗代替鼻导管连接橡胶管，调节流量为 4～6L/min，将漏斗置于患者口鼻 1～3cm 处，用绷带设法固定。此法使用较简便，且无导管刺激黏膜的缺点，但耗氧量较大，多用于婴幼儿或气管切开术后的患者。漏斗可用塑料或胶片制成。

11. 面罩 简易面罩可用橡皮带使其固定在鼻腔、口腔和下颌上。可使吸入氧浓度高于 50%以上。常用吸氧面罩有两种。

（1）开放式面罩（图 9-41）：无活瓣装置，利用高流量氧气持续喷射所产生的负压，吸入周围空气以稀释氧气，面罩底部连接中空管，管上有一阀门，可通过阀门，调节空气进入量，从而调节吸氧浓度。呼出气体可由面罩上呼气口排出。

（2）密闭式面罩（图 9-42）：面罩上设有单向活瓣，将吸气与呼气通路分开，给氧浓度可达 60%以上。面罩给氧对气道黏膜刺激小，给氧效果好，简单易行，患者也感到舒适。其缺点是饮食、吐痰时都要去掉面罩，中断给氧。

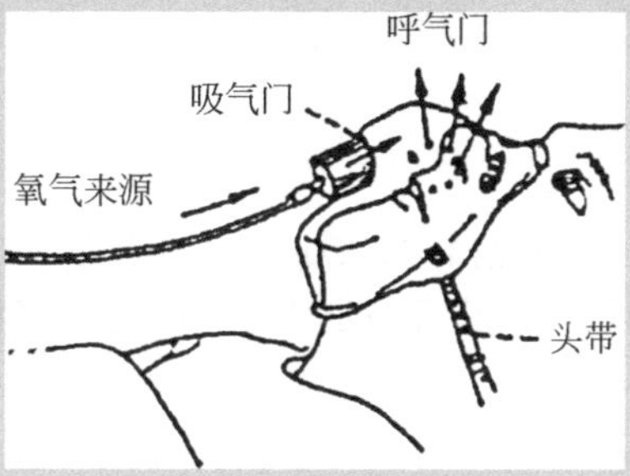

图9-41 开放式氧气面罩

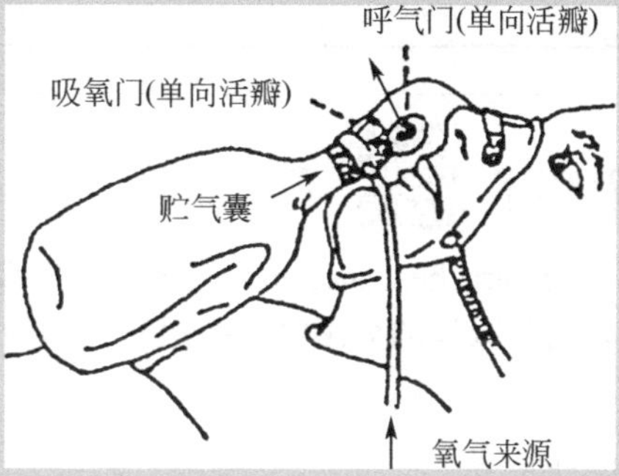

图9-42 密闭式氧气面罩

12. 头罩 适用于婴幼儿输氧。头罩给药方法简便，无导管刺激黏膜和敷贴刺激等缺点，长期给氧时不会产生氧中毒。头罩给氧易于观察病情变化，能任意调节罩内氧浓度以适应多种病情需要（图 9-43）。

构造：头罩用无毒有机玻璃制成，正好罩住婴幼儿头部。其规格有三种：①大号，适用于 4 周岁以上患儿；②中号，适用于新生儿至 4 周岁患儿；③小号，适用于早产儿至新生儿。

上述适用范围只是相对的，使用时可根据患儿的头颈部大小，灵活选用。头罩顶板上有三个露孔，通过改变开闭露孔的数目调节氧流量（表 9-6），可控制罩内氧浓度头罩底部的槽是静脉输液管及胃管的入口。

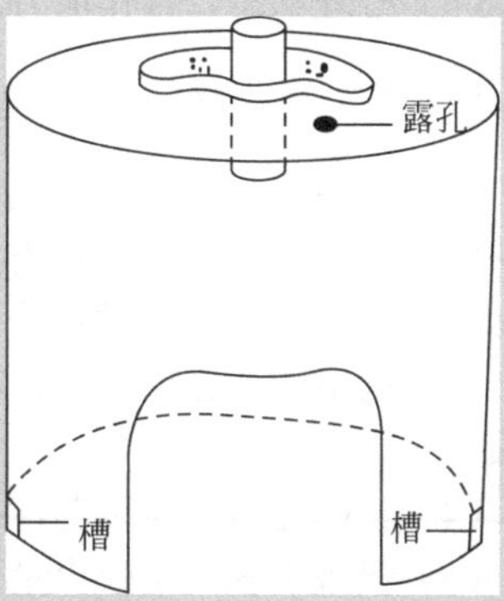

图 9-43 头罩给氧

13. 氧气帐 一般应用于儿科抢救时。特制的氧气帐用透明塑料薄膜制成帐篷，其大小为病床的一半，下面塞入床垫下，使用时将患者头部放在密闭的帐篷内，氧气经过湿化瓶由橡胶导管通入帐内，氧气流量为 6～10L/min，氧浓度可达 45%～60%。每次放开帐后，须加大氧流量至 12～14L/min，持续 3min，以恢复帐内氧浓度。氧气帐虽有能控制温度、湿度、氧浓度等优点，但帐内氧浓度不易维持恒定，需定时换气，否则有 CO_2 蓄积之虑。使用时有护理不便，清醒患者不能很好耐受等缺点，临床应用不广。

表 9-6 头罩给氧露孔数、氧流量与氧浓度的换算

露孔数	氧流量（L/min）					
	0.5	2	4	6	8	10
0	24.0～26.0	50.5～52.5	62.5～65.5	70.5～74.5	72.5～77.5	73.5～79.5

续表

露孔数	氧流量（L/min）					
	0.5	2	4	6	8	10
1	23.5～25.5	47.5～49.5	59.0～62.0	66.0～70.0	68.5～73.5	69.5～73.5
2	23.0～25.0	44.5～46.5	55.5～58.5	61.5～65.5	64.5～69.5	65.5～71.5
3	22.5～24.5	41.5～43.5	52.0～55.0	57.0～61.0	60.5～65.5	61.5～67.5

九、吸痰术

吸痰术（endotracheal suction）又称气管内吸痰，是指经口腔、鼻腔、人工气道（气管插管、气管套管）等，将呼吸道的分泌物以吸痰管负压吸出的过程，其目的是清除呼吸道分泌物，保持气道通畅。

（一）评估要点

（1）病情、意识状态、生命体征、痰液的量和黏稠情况。

（2）呼吸状况：有无呼吸困难和发绀，如监测血氧饱和度是否下降，有无痰鸣音。

（3）口鼻腔黏膜情况，气管插管位置和固定情况。

（4）心理状态、合作能力。

（二）操作步骤

（1）评估：患者的呼吸及痰液阻塞情况，确定是否需要吸痰。

（2）用物准备：电动吸痰机（或中心负压吸痰连接装置一套）、吸痰管、生理盐水 1 瓶、清洁手套、手消毒液，必要时备压舌板、开口器、舌钳。

（3）携用物至患者床边。告知患者及家属吸痰的目的、配合方法，如插入吸痰管时患者做深慢呼吸。

（4）正确连接吸痰装置，打开吸痰机开关，检查吸引器性能是否良好，连接是否正确。

（5）佩戴手套，试吸少量生理盐水。

（6）将患者头转向操作者一侧并使其开口，一手将吸痰管末端（负压吸引端）折叠；手持吸痰管患者端，插入口腔咽部，放松导管末端，将口腔咽喉分泌物部分吸净，然后在患者吸气时，顺势将吸痰管经咽喉插入气管达一定深度（约 15cm），将吸痰管自深部向上提拉左右旋转，吸净痰液。

（7）吸痰管退出后应用生理盐水抽吸冲洗。

（8）在吸痰过程中，随时擦净喷出的分泌物，做好记录。

（9）吸痰毕，关上吸引器开关，将吸痰导管丢弃，并将吸痰连接管插入盛有消毒液的试管浸泡。

（三）注意事项

（1）使用前需检查吸痰装置连接是否正确，压力表是否完好。

（2）吸痰禁忌：患者出现心动过缓、期前收缩、血压下降等情况时应停止操作。

（3）严格无菌操作，冲洗液（生理盐水/呋喃西林）每日更换，吸痰管每次更换，勤做口腔护理。

（4）按需吸痰，发现喉头有痰鸣音、肺部有湿啰音、呼吸音低、呼吸频率加快或呼吸困难、排痰不畅时，应及时给予吸痰。

（5）插管时不可有负压，以免负压吸附黏膜引起损伤。

（6）鼻腔、口腔、气管切开处需同时吸痰时，先吸气管切开处，再吸口腔，最后吸鼻腔。

（7）如痰液黏稠，可叩拍胸背部，或经雾化吸入后再吸痰。

（8）吸痰前后应进行肺部听诊。

（9）非储液瓶内液体达 2/3 满时，应及时倾倒，以免液体过多，一次性储液瓶液体达 2/3 满时即更换。

（10）如为电动吸引器，连续使用时间不宜过久，机器持续工作每次不可超过 2h。

（11）非一次性储液瓶内应放少量消毒液，使吸出液不致黏附于瓶底，便于清洗消毒。

（12）吸引器应有专人管理，定期检查其效能，并做好清洁保养工作。

（13）必要时留取痰标本物送检验科，做培养和药敏试验。

（14）观察要点

1）呼吸是否改善。

2）痰液吸引情况，如痰的量、性质、颜色。

3）患者在缺乏氧气供应或供应受影响的情况下，通过观察以下动态监测指标可判断患者对缺氧的反应和耐受能力。缺氧后恢复时间越短，即耐受缺氧能力越好。否则反之。这些动态监测指标包括：①意识状态；②生命体征，包括心率、呼吸频率和节律、呼吸活动度、血压、外周血氧饱和度；③两次缺氧（因操作影响供氧）间隔时间的长短，即因操作影响缺氧而恢复到原来水平所需的时间。

知识链接

痰液黏稠度的判断与处理

（1）Ⅰ度（稀痰）：如米汤或泡沫样，吸痰后无痰液滞留在玻璃接头内壁。其提示要减少气道湿化。

（2）Ⅱ度（中度黏痰）：痰液外观较Ⅰ度黏稠，吸痰后有少量痰液滞留在玻璃接头内壁，易被水冲洗干净。其提示气道湿化较满意，可维持目前的气道湿化量。

（3）Ⅲ度（重度黏痰）：痰液外观明显黏稠，常呈黄色，吸痰后有大量痰液滞留在玻璃接头内壁，不易被水冲净。其提示气道湿化严重不足或伴机体脱水，需要增加气道湿化的量。

第七节　呼吸机的使用

机械通气是利用呼吸机把气体送入及排出肺部的一种技术，包括无创呼吸机的使用和有创呼吸机的使用。

一、无创呼吸机的使用

无创正压通气（noninvasive positive pressure ventilation，NPPV）是指无需建立人工气道的正压通气，通过鼻罩和口罩、面罩的连接方式实施正压通气，可避免人工气道的不良反应和并发症。临床主要用于意识状态较好，具备气道保护能力的轻中度呼吸衰竭的患者，或需要撤离有创机械通气的患者。

（一）适应证与禁忌证

1. 适应证

（1）清醒，有自主呼吸但具有呼吸功能不全的表现，并且无使用 NPPV 的禁忌证者。

（2）呼吸衰竭“前期”已存在明显的呼吸肌疲劳者，但尚未达到呼吸衰竭的标准。

（3）轻症呼吸衰竭：慢性阻塞性肺疾病（COPD）引起者；成人呼吸窘迫综合征早期；严重急性呼吸综合征（SARS）；心源性肺水肿；睡眠呼吸暂停综合征；肺间质纤维化。

2. 绝对禁忌证

（1）心搏或呼吸停止者。

（2）自主呼吸微弱、昏迷或循环呼吸不稳定者。

（3）误吸危险性高及气道保护能力差者，如昏迷、呕吐等患者。

（4）合并其他器官衰竭者（血流动力学不稳定，消化道大出血或穿孔，严重脑部疾病等）。

（5）近期面部、颈部和口咽部创伤或术后或畸形或烧伤者；胸腹部手术后创伤者。

（6）上呼吸道梗阻者等。

3. 相对禁忌证

（1）气道分泌物多或排痰障碍者。

（2）严重感染者。

（3）极度紧张者。

（4）严重的缺氧血症或严重酸中毒者（pH≤7.20）。

（5）近期上腹部手术后（尤其是需要严格胃肠减压）者。

（6）严重肥胖者。

4. 无创通气的临床应用指征

（1）急性呼吸衰竭，$PaCO_2$＞45mmHg，pH＜7.10 或 pH＞7.34，PaO_2/FiO_2＜200，呼吸频率＞24 次/分，辅助肌参与，反向呼吸。

（2）慢性呼吸衰竭，$PaCO_2$＞45mmHg，限制性通气障碍，夜间低通气，呼吸暂停，晨起头痛，白天嗜睡。

（二）评估要点

（1）评估患者合作能力。

（2）评估患者气道保护能力。

（3）评估患者血流动力学。

（4）评估患者需要进行无创呼吸支持的原因。

（三）操作步骤

（1）告知：无创通气强调患者的主动合作和舒适感，对患者教育的目的是消除恐惧、争取配合、提高依从性和安全性。教育的内容包括：①解释使用无创呼吸机的目的、注意事项，消除患者顾虑，取得合作；②讲述使用无创呼吸机治疗过程中患者可能出现的不适感受；③指导患者如何配合呼吸机呼吸；④指导患者连接和拆除鼻面罩的方法。

（2）安装无创呼吸机管道，确保管道连接紧密，避免漏气。

（3）与医生沟通设置呼吸机模式和基本参数。

（4）暂停呼吸机送气，协助患者佩戴头带，松紧适宜，同时指导患者掌握有效的呼吸技巧。

（5）连接患者鼻面罩和呼吸机，监测无创呼吸机通气下患者病情的进展，并适当调整参数。

（6）监测和记录患者通气效果。观察患者通气后生命体征的变化情况、胸廓运动情况、胸部听诊情况及胸片、动脉血气的变化情况。

（7）监测和记录患者痰液的量、颜色、性状，指导患者有效咳痰，必要时进行胸部物理治疗或吸痰。

（8）监测和及时发现患者的并发症，如腹胀、气压伤、鼻面部压疮等。

（9）定期检测无创呼吸机的湿化设置，保证患者吸入适宜温湿度的气体。

（10）检查患者面部、鼻梁受压皮肤的保护。

（11）通气期间确保床旁随时备有急救设备。如有经无创正压通气治疗后病情加重者，应及时报告医生，并备好气管插管用物，配合抢救。

（12）定期评估撤机指征，如逐渐降低压力支持水平和（或）延长停机时间后，仍能维持足够自主呼吸的能力。

（四）注意事项

（1）协助患者佩戴头带时，避免在呼吸机送气过程中给患者带鼻罩或面罩。

（2）首次使用无创通气 1h 内密切监测患者与呼吸机同步情况和呼吸音，以评估患者使用无创呼吸机的耐受性。及时询问患者感受，保证患者舒适，提高患者依从性。

（3）定期检查无创呼吸机管道的连接和鼻面罩固定情况，随时清除积水杯的冷凝水。

（4）保证患者的营养摄入充足。持续无创正压通气的患者，建议留置胃管进食，每 4h 评估胃潴留情况，必要时进行胃肠减压，预防腹胀。

（5）预防感染。使用无创呼吸机期间，保持患者口腔清洁。每周清洗和更换呼吸机过滤网。

（6）避免二氧化碳潴留。鼻面罩使无效腔量增加，有可能造成二氧化碳潴留。普通面罩的无效腔量大约是 250ml，鼻罩约为 150ml，所以在 NPPV 过程中需经常监测动脉血气。

（7）争取患者的配合。NPPV 的治疗效果往往有赖于患者的配合，由于患者的不配合、紧张导致患者不耐受，从而容易导致治疗的失败。

（8）严格掌握使用无创正压通气的指征，对于意识状态差、有误吸危险的患者，尽量避免使用 NPPV，以防止误吸，另外饱餐后不要立即给予 NPPV，避免误吸。

知识链接

1. 无创呼吸机的通气模式

（1）持续气道正压（CPAP）：在自主呼吸条件下，整个呼吸周期内，人为地施以一定压力。适用于自主呼吸稳定的轻症患者。

（2）自主呼吸模式（S）：自主呼吸模式是指呼吸机与患者的呼吸保持同步的模式，适用于自主呼吸稳定的轻症患者。

（3）强制通气（T）：即时间控制模式（呼吸机按照预设的压力、频率和呼吸比例行控制通气）。

（4）自主呼吸/强制呼吸模式（S/T）：若患者自主呼吸良好，则按照 S 模式；若患者呼吸不稳定，频率减慢到低于下限，则按照 T 模式。其适用于自主呼吸稳定，但可能有呼吸停止的患者。

2. 设定当前工作模式的参数 需要按照患者的具体情况来调节通气的参数，辅助通气的压力必须从低水平开始设置。

（1）吸气时间设置范围为 0.5～3.0s。呼吸频率设定高于 10 次/分时，吸气时间的范围会受到限定；吸气时间不能比呼气时间长或超过 3s。

（2）通气频率设置范围为 4～40 次/分。如果患者的自主呼吸频率降低到设定呼吸频率值之下，呼吸机能确保患者每分钟的最低呼吸次数。

（3）氧浓度设置范围为 21%～100%。

（4）呼气相压力（EPAP）设置范围为 4～20cmH2O。EPAP 值不能设定为高于吸气相压力（IPAP）值。

（5）吸气相压力（IPAP）设置范围为 4～40cmH2O。IPAP 值不能设定为低于 EPAP 值。

（6）IPAP 上升时间设置范围为 0.05～0.4s。0.05s 的设定值表示上升时间较快，0.4s 的设定值表示上升时间较慢；IPAP 上升时间控制可最大限度地使患者感到舒服，患者的舒适度决定合适的 IPAP。

3. 呼吸机报警设置 设置报警参数，高吸气压力 40cmH2O，低吸气压力 10cmH2O，窒息报警时间 20s，低每分通气量 3L，高呼吸频率 35 次/分，低呼吸频率 8 次/分。

二、有创呼吸机的使用

有创机械通气是指建立人工气道实施正压通气。有创机械通气的作用是提供一定水平的每分通气量以改善肺泡通气，改善氧合，提供吸气末正压（平台压）和呼气末正压（PEEP），以增加吸气末肺容积（EILV）和呼气末肺容积（EELV）；对气道阻力较高和肺顺应性较低者，机械通气可降低呼吸功消耗，缓解呼吸肌疲劳。

（一）适应证与禁忌证

1. 适应证

（1）经无创通气治疗后病情无改善或仍继续恶化者。

（2）意识障碍，气道保护能力差者。

（3）严重的脏器功能不全者，包括上消化道大出血、血流动力学不稳定等。

（4）呼吸肌功能不全或衰竭。

（5）严重的通气和（或）氧合障碍，尤其是充分氧疗后 PaO_2＜50mmHg；$PaCO_2$ 进行性升高，pH 动态下降。

（6）需要使用镇静剂和（或）肌松剂者。

（7）需要降低全身或心肌氧耗者。

2. 禁忌证 在出现致命性通气和氧合障碍时，有创机械通气无绝对禁忌证，但合并下列情况可能会导致病情加重。

（1）张力性气胸或气胸。

（2）伴肺大疱的呼吸衰竭。

（3）大咯血或严重误吸引起的窒息性呼吸衰竭。

（4）严重心力衰竭。

（二）评估要点

评估患者进行机械通气的原因，如呼吸肌疲劳、创伤后神经功能障碍、麻醉、药物过量、顽固性呼吸性酸中毒、可能发生呼吸衰竭等。

（三）操作步骤

（1）取得患者配合：对神志清醒的患者，在使用有创呼吸机之前要解释，争取患者的配合。对神志不清的患者要告知其家属使用有创呼吸机的基本原理和可能出现的不适，如暂时不能发音或喉痛等。对呼吸急促、躁动不安、不能合作的患者，可先用药物抑制自主呼吸，然后再使用有创呼吸机。

（2）连接呼吸机管，确保管道连接紧密，避免漏气。

（3）与医生沟通设置呼吸机通气模式与基本参数。

（4）使用呼吸机前应对其进行全面检查，包括电源、气源、通气模式、参数设置、报警值设置以及仪器有无异常报警。

（5）检查人工气道，包括人工气道的刻度、气囊压力、固定情况等。

（6）连接患者人工气道和呼吸机。

（7）进行全面的监测

1）监测患者情况：包括患者的生命体征、意识状态和肺部顺应性等，尤其要严密观察患者自主呼吸的频率、节律、幅度；缺氧表现；肺部听诊情况；胸片的变化及痰液的情况。保证患者呼吸道通畅及有效通气。

2）监测呼吸功能：在呼吸功能的各项指标中，血气分析是监测的重要内容。给予患者机械通气 15～30min 后，检查动脉血气，并观察气道压力、呼出潮气量、SpO_2 等指标，综合评估患者通气、氧合和酸碱状态。根据结果对所设的呼吸机参数做适当调整。

3）监测与调节呼吸机参数：根据患者病情和呼吸功能监测的结果，调节呼吸机基本参数。观察呼吸机的各项指标是否正常，如潮气量、每分通气量、氧浓度、呼吸频率等是否适合患者当前状态；人机是否对抗。如果呼吸机参数正确，则患者病情应逐渐平稳好转，呼吸机与患者自主呼吸同步；反之则出现人机对抗，呼吸急促，原有症状加重。观察呼吸机的报警并作相应处理。

4）监测呼吸机管道：保持管道连接的密闭性，随时清除冷凝水。

5）监测患者的并发症：包括气管导管移位、皮下气肿、气压伤、肺部感染、通气不足或过度、胃扩大等，及时发现和处理并发症。

（8）与医生进行日常呼吸治疗操作，以协助患者耐受治疗。

（9）通气期间确保床旁随时备有急救设备，如简易呼吸球囊装置、备用呼吸机、停电的应急设备等。

（10）定期评估撤机指征，如逐渐降低压力支持水平和（或）延长停机时间后，仍能维持足够自主呼吸的能力。

（四）注意事项

（1）无禁忌证（低血容量、创伤或脊柱损伤）患者保持床头抬高 30°～45°，或根据患者病情采取有利于通气血流灌注比值的体位（如健侧肺在下方、俯卧位等）。

（2）患者出现异常呼吸音或气道峰压高时，给予吸痰。在吸痰过程中暂时关闭呼吸机警报，以减少错误警报频率。

（3）如患者使用镇静药，一般情况下宜选择间断镇静，并每日进行拔管评估。

（4）机械通气期间，注意预防消化道溃疡和深静脉血栓形成。

（5）监测患者口鼻腔黏膜情况预防人工气道压迫；定时检测人工气道气囊压力；预防意外拔管。

（6）采取各种措施减轻患者的痛苦，如调整体位、放松技术、镇静镇痛等。

知识链接

1. 有创呼吸机的通气模式 临床上可选择的通气模式众多，选择不同通气模式是为了适应不同患者治疗的需要，同时防止并发症的发生。

（1）机械控制通气（controlled mechanical ventilation，CMV）：①特点为潮气量、吸气时间及呼吸频率完全有呼吸机产生并控制，与患者的自主呼吸无关；②优点为可完全替代患者的自主呼吸，最大程度地减少患者的自主呼吸负荷；③缺点为使用不当可出现失用性呼吸肌萎缩，有自主呼吸时易发生人机对抗；④应用于没有自主呼吸者、呼吸中枢抑制者、神经肌肉疾病者、呼吸肌疲劳者及麻醉过程中的患者等。

（2）机械辅助通气（assisted mechanical ventilation，AMV）：①特点为呼吸机对患者的自主吸气动作产生反应并施予同步性通气支持，潮气量由呼吸机控制，呼吸频率由患者控制；②优点为与 CMV 相比不易发生人机对抗及失用性肌萎缩，利于患者功能恢复；③缺点为使用不当易发生通气过度（如自主呼吸频率增快、自主潮气量增加时）或不足（自主呼吸减弱或停止时）；④应用于有自主呼吸且自主吸气可触发呼吸机送气的患者。

（3）同步间歇指令通气（synchronized intermittent mandatory ventilation，SIMV）：①特点为在自主呼吸的时候，呼吸机根据预设的参数给予患者间歇性通气支持。②优点为保证患者通气量，降低气道平均压力，减少气压伤；锻炼呼吸肌肌力，减少呼吸肌负荷，使通气血流灌注比值更合适，促进脱机。③缺点为使用不当或患者病情突然发生变化（自主呼吸减弱或停止）时，可出现通气不足、缺氧、二氧化碳潴留及呼吸肌疲劳。④应用于具有一定自主呼吸能力者，向撤机过渡直至撤机。

（4）压力支持通气（pressure support ventilation，PSV）：①特点为在自主呼吸时，患者吸气一开始，呼吸机即予恒定压力帮助患者吸气，以克服气道阻力并扩张肺；②优点为减少患者吸气做功，利于呼吸肌疲劳的恢复及呼吸功能锻炼；③缺点为在支持压力调节不当或胸肺顺应性发生改变时等，可出现通气过度或通气不足；④应用于撤机。

（5）呼气末正压（positive end expiratory pressure，PEEP）：①特点，在呼吸机进行通气支持时，通过呼气活瓣在呼气末使气道保持一定的正压；②优点，防止肺泡早期闭合，减少肺内渗出增加功能残气量，利于氧合，呼气末小气道开放，利于二氧化碳排出；③缺点，PEEP 过高可降低心脏前负荷，使心输出量降低，出现低血压；④应用，常规给氧无效的低氧血症（如 ARDS、肺炎、肺水肿、COPD 患者），大手术后预防，治疗肺不张，严重心功能不全，低血容量，气胸等。

（6）持续气道正压（continuous positive airway pressure，CPAP）：①特点，在自主呼吸时，呼吸机为患者提供一个持续的高速正压气流，流速超过患者吸气流速，可使吸气相、呼气相气道内保持一定的正压；②优点，增加功能残气量，改善通气血流灌注比值，改善肺顺应性，防止肺泡闭陷；③缺点，增加气道峰压及平均压，若使用不当可出现气压伤及心血管抑制；④应用于 ARDS、肺水肿患者。

（7）压力调节容量控制通气（pressure regulated volume control，PRVC）：①特点，在确保预设潮气量的基础上，呼吸机自动连续测定胸廓/肺顺应性和容积/压力关系，反馈调节下一次通气的吸气压力水平；②优点，使气道压力尽可能降低，以减少气压伤；③缺点，通气机系统中万一发生大量的气体泄漏，则通气机可用不断增加压力控制的水平的方法，以“弥补”所丢失的通气量，很可能加剧通气量的泄漏；④应用于缺乏稳定和可靠的呼吸驱动的患者，对肺顺应性较差的患者也是一种有用的通气模式。

（8）适应性支持通气（adaptive support ventilation，ASV）：①特点，通过连续监测患者的动态顺应性和呼气时间常数，结合容积和压力两种控制模式优点的全自动通气模式。②优点，自动调整机械通气频率、吸气压力、吸气时间和呼气时间，使患者始终处于最佳的呼吸状态。③ASV 可应用于机械通气的各个阶段，以辅助患者的通气治疗。ASV 能自动适应患者的通气需要，从完全支持通气（控制通气）到 CPAP。

（9）双水平正压通气（biphasic intermittent positive airway pressure，BIPAP）：①特点为在自主呼吸的吸气相和呼气相分别施加不同压力，即吸气压力（IPAP）和呼气压力（EPAP）。②优点为 IPAP 用于增加肺泡通气、降低呼吸功和促进 CO2 排出；EPAP 相当于 PEEP，增加功能残气量、改善氧合。③应用于患者的整个通气治疗的过程。

2. 有创呼吸机的参数设置

（1）潮气量（VT）设定范围：小潮气量，如 ARDS、阻塞性肺疾病患者的潮气量为 6～8ml/kg；中潮气量，如神经肌肉疾病或术后通气支持患者潮气量为 8～10ml/kg；大潮气量，如脑血管疾病患者的潮气量为 10～12ml/kg。

（2）呼吸频率（f）设定范围：12～15 次/分。

（3）氧浓度（FiO2）设置：一般取决于 PaO2 目标水平、PEEP 水平、平均气道压及患者血流动力学状态。

（4）压力支持（PS）设置：仅适用于 SIMV、SPONT 模式的自主呼吸，压力支持只对自主呼吸有影响，是加在 PEEP 基础上的值，压力支持、流量加速百分比、呼气灵敏度都在自主呼吸中起作用。

（5）呼气末正压（PEEP）设置范围：一般范围在 3～5cmH2O。

（6）触发灵敏度（SENS）设置范围：触发灵敏度绝对值越小，灵敏度越高，越容易发生误触发而出现人机对抗或通气过度；反之则易出现呼吸做功增加，不能触发及通气不足。

（7）吸气时间（TI）设置范围：I/E 一般为 1∶（1.5～2.5），阻塞通气障碍 I/E 为 1∶（2.5～4），限制性通气障碍 I/E 为 1∶（1～2）。

（8）吸气平台时间（TPL）设置范围：一般为呼吸周期的 10%左右，不要超过吸气周期的 15%或 20%。

（9）峰流量（Vmax）设置范围：一般吸气流速调为 40～100L/min。

第八节 洗胃术

洗胃术是指将一定成分的液体灌入胃腔内，混合胃内容物后再抽出，如此反复多次，以清除胃内未被吸收的毒物或用于清洁胃腔，从而达到解除患者痛苦，抢救患者生命的方法。洗胃术包括插胃管洗胃、催吐、活性炭吸附及导泻等方法，是一项重要的抢救措施。

一、插胃管洗胃

插胃管洗胃（gastric lavage）是将胃管从鼻腔或口腔插入，经食管到达胃内，先抽出毒物后注入洗胃液，并将胃内容物排出，注入和吸出一定量的溶液以达到消除胃内毒物或清除潴留物的目的。

（一）评估要点

（1）评估患者年龄、病情、既往史、口鼻腔黏膜、意识状态、合作能力、心理状态、毒物种类及量、服毒时间。

（2）根据毒物性质，选择合适的洗胃液（洗胃液选择详见本部分的知识链接）。

（二）操作步骤

（1）告知洗胃的目的、方法、不良反应及并发症，教会患者配合的方法。不配合操作者，给予约束。

（2）插入胃管，其方法详见第五章第五节鼻饲法。

（3）抽吸尽胃内容物，中毒患者洗胃前留取标本做毒物分析。

（4）连接胃管与灌洗袋。

（5）洗胃

1）使用自动洗胃机：①用专用容器配制洗胃液；②按要求正确连接各管道；③接通电源，先用注射器吸出胃内容物；④按“自动”键，机器进行自动冲洗；⑤操作完成后，按“停机”键，机器停止工作。

2）使用电动吸引器洗胃：①将输液器与“Y”形主干相连接；吸引器贮液瓶、胃管与“Y”形管的两个分支相连；②开放输液管，开始灌入洗胃液；③夹闭输液管，开启吸引器，将胃内容物吸出（图 9-44）。

3）使用漏斗胃管洗胃：①抬高灌洗袋高于患者胃平面 30～50cm；②当漏斗中剩余少量液体时，应迅速放低漏斗至胃的平面（图 9-45）。

（6）拔管：将胃管反折迅速拔出，避免误吸。

（7）机器的处理：①将注药管、胃管和污水管同时放入水中，按“清洗”键，机器自动清洗各管腔；②清洗完毕，将胃管、注药管和污水管同时提出水面；③机器内的水完全排净后，按“停机”键，关机。

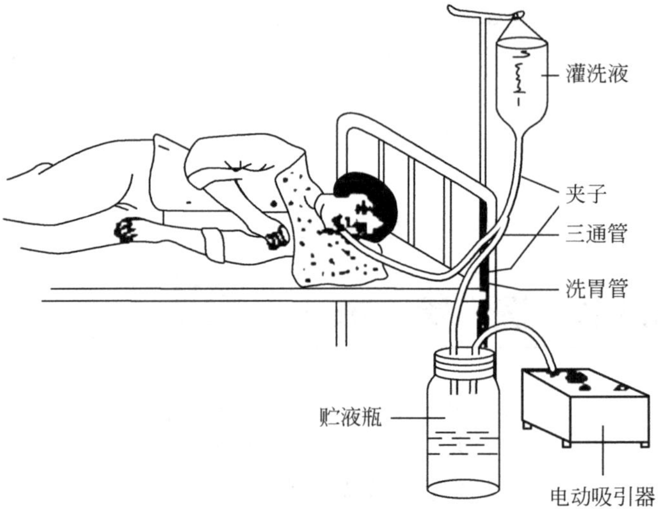

图 9-44　电动吸引器洗胃

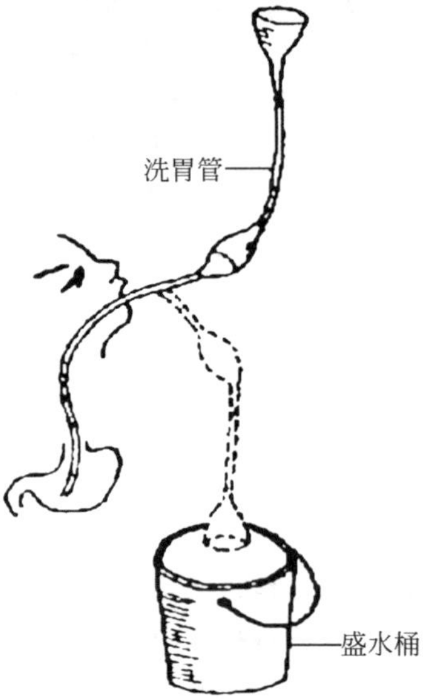

图 9-45　漏斗胃管洗胃

（三）注意事项

（1）中毒患者应尽快去除污染衣物，清洁皮肤，注意保暖。

（2）腐蚀性毒物、强酸和强碱类毒物中毒者及肝硬化伴有食管静脉曲张、近期有上消化道出血及胃穿孔患者禁洗胃。服毒者不能经食管插胃管时，应采取其他的办法解毒。

（3）轻症患者取坐位或半坐位，头偏向一侧；中毒较重的患者取左侧卧位；昏迷者取去枕平卧位，头偏向一侧。取左侧卧位可以减少胃内容物排入十二指肠，减少毒物进入肠道。

（4）洗胃液温度为 25～38℃。一次灌入量以 300～500ml 为宜，每次灌入量与吸出量应保持基本相等，总洗胃液量遵医嘱，一般为 2～10L。中毒者洗至流出液体清澈无异味为止，注意出入量平衡。

（5）洗胃液悬挂高度，应在高于胃部 30～50cm 处，吸引器负压应保持在 100mmHg（13.3kPa）左右。

（6）经口中毒后 4～6h 内洗胃效果最好，中毒时间越短，洗胃效果越好。饱餐后、中毒量大或减慢胃排空的毒物，超过 6h 仍要洗胃。

（7）如为幽门梗阻者洗胃，宜在饭后 4～6h 或空腹进行。

（8）洗胃过程中注意观察病情，昏迷患者洗胃时要防止误吸， 呕吐时先暂停洗胃，并将头偏向一侧，保持呼吸道通畅。遇阻塞、疼痛、出血或出现休克症状应停止洗胃，查找原因并处理。

（9）服毒者洗胃完毕后，按医嘱保留胃管24h，必要时反复、间断洗胃。

（10）准确记录患者的病情，洗胃液的名称及量，呕吐物的颜色、气味、量，患者的主诉等。

知识链接

洗胃液的选择

（1）弱酸性物质中毒：用牛奶、蛋清水、镁乳洗胃。

（2）弱碱性物质中毒：用5%乙酸、白醋、蛋清水、牛奶洗胃。

（3）氰化物中毒：3%过氧化氢液引吐后，用1∶（15 000～20 000）高锰酸钾液洗胃。

（4）巴比妥类药物中毒：用1∶（15 000～20 000）高锰酸钾液洗胃，用硫酸钠导泻。

（5）敌敌畏中毒：用2%～4%碳酸氢钠、1%盐水、1∶（15 000～20 000）高锰酸钾液洗胃。

（6）灭害灵（DDT）中毒：用生理盐水洗胃，50%硫酸镁导泻。

（7）灭鼠药（磷化锌）中毒：用1∶（15 000～20 000）高锰酸钾液洗胃，0.1%硫酸铜液洗胃。

二、催吐

催吐（emetic）是指使用各种方法，引导促进呕吐的行为。口服中毒的患者神志清醒，可通过催吐法使其排出胃内有毒的物质。催吐也可加强洗胃的效果。

（一）评估要点

（1）评估患者年龄、病情、既往史、意识状态、合作能力、心理状态。

（2）评估毒物种类、性质与量及服毒时间。

（二）操作步骤

（1）告知患者催吐的目的、方法、不良反应及并发症，教会患者配合的方法。不配合操作者，经劝说无效后，予留置胃管洗胃。

（2）根据毒物性质，选择合适的催吐方法和液体。

（3）催吐方法

1）机械性刺激催吐：喝温水或温盐水200～300ml，用手指、筷子或压舌板刺激咽后壁或舌根处，诱发呕吐。压舌板刺激咽后壁时注意不能用力过大，以免造成黏膜损伤。

2）药物催吐：可选用依米丁等药物进行催吐。

（4）催吐至患者呕吐的液体为清澈无异味时，可停止催吐。

（5）记录患者病情，服毒物名称、量，服毒时间、给予的处理。催吐液名称、量，口服量与呕吐的总量与性质，呕吐物的颜色、量、气味，是否留取标本及标本送检时间。

（三）注意事项

（1）服毒病情危重者，应首先维持呼吸及循环功能，再催吐，必要时可插胃管予洗胃机洗胃。

（2）腐蚀性毒物中毒、惊厥、昏迷、无呕吐反射、处于休克状态、严重心血管疾病及肝病者禁催吐，孕妇慎用。

（3）催吐过程中注意观察病情、神志变化。

三、活性炭吸附

口服中毒的患者经洗胃或催吐后，仍有少量毒物残留在消化道内，为了彻底的消除毒物，还需要进行活性炭吸附（activated carbon absorption），能减少人体毒物的吸收。

（一）评估要点

（1）评估患者年龄、病情、意识状态、瞳孔、既往史、合作能力、心理状态。
（2）评估毒物的种类、性质与量及服毒时间。

（二）操作步骤

（1）告知活性炭吸附的目的、方法、不良反应及并发症，教会患者配合的方法。
（2）检查胃管位置。
（3）抬高床头，防止呕吐。
（4）配制活性炭混悬液：取活性炭 50～100g，以 200～400ml 温开水（30～35℃）搅拌而成。
（5）用甘油注射器将配制好的混悬液通过一次性成人胃管注入。
（6）4～6h 后用注射器抽出，必要时可重复 3～4 次/日，视病情轻重，连用 1～3d。
（7）记录患者服毒物名称及量、服毒时间、给予的处理；准确记录患者病情、活性炭使用的量及时间、患者的主诉及排便情况。

（三）注意事项

（1）患者有胃肠出血、胃肠穿孔的病理情况，近期手术史或服用药物增加发生胃肠出血或穿孔危险的情况应慎用活性炭。
（2）活性炭混悬液要现配现用，不宜过浓或过稀，过浓溶解不够充分，过稀浓度不够，均可影响活性炭的吸附效果。
（3）洗胃后及时口服或经胃管注入活性炭，在服毒后 1h 内解毒效果最为明显，需保留 4～6h。
（4）给予活性炭后不可再给予吐根糖浆，因为此药会被活性炭所吸收而减少其催吐效果。
（5）活性炭吸附可用于各种药物如有机磷农药、除草剂、菊酯类杀虫剂、乙醇或甲醇等中毒，但对氰化物、铁及其他金属离子中毒无效。

四、导泻

口服中毒的患者经洗胃或催吐后，利用导泻剂进行导泻（catharsis），能够有效地排出残留在胃内及肠腔内的毒物，减少毒物在体内的残留量及停留时间。

（一）评估要点

（1）评估患者年龄、病情、意识状态、瞳孔、既往史、合作能力、心理状态。
（2）评估毒物的种类、性质与量及服毒时间。

（二）操作步骤

（1）告知导泻的目的、方法、不良反应及并发症，教会患者配合的方法。
（2）取舒适体位，抬高床头，防止呕吐。停留胃管患者，先检查胃管的位置。
（3）口服 20%甘露醇 100～250ml、25%硫酸镁 20～30ml、蓖麻油 30ml、液体石蜡 30ml，昏迷者由胃管注入。
（4）予 500～1000ml 温开水口服或胃管注入。

（5）记录患者服毒物名称及量、服毒时间、给予的处理；准确记录患者病情、导泻剂使用的量及时间、患者的主诉及排便情况。

（三）注意事项

（1）患者导泻前应先进行催吐或洗胃。吸附联合使用导泻的效果会更好。

（2） 25%硫酸镁不可用于昏迷及有肾功能损害、中枢神经系统毒性药物中毒的患者。

（3）老年人、严重便秘者口服 20%甘露醇要慎重，注意对患者腹部情况观察，以防结肠穿孔。

（4）导泻可导致循环血容量减少，引起虚脱、电解质紊乱进一步加重，多脏器功能损伤等。要关注患者的血容量及监测电解质情况。

第十章　其他常用临床护理操作技术

学习目标

（1）了解其他冷敷法的操作方法。
（2）了解协助漱口法和刷牙方法。
（3）了解轴线翻身评估要点。
（4）熟悉物理降温的评估要点及注意事项。
（5）熟悉漱口液的选择要点。
（6）熟悉轴线翻身的注意事项。
（7）掌握物理降温的操作方法。
（8）掌握特殊患者口腔护理的方法。
（9）掌握轴线翻身的方法。

第一节　物理降温法

物理降温是指用低于人体的温度作用于局部或全身，以达到降低体温或减轻局部出血或止血、控制炎症扩散、镇痛、降低细胞代谢等目的的治疗方法。它作为一种简单易行的降温措施对各类发热患者均可取得显著的疗效，包括有冰袋（囊）、冰帽、冰毯的使用，冷湿敷、温水擦浴或乙醇擦浴及其他冷湿敷等方法。评估要点：①患者的病情、年龄、意识状态、活动能力、沟通理解能力；②患者局部皮肤的情况，如颜色、肤温、淤血、硬结、疼痛、感觉障碍及对冷敏感程度等；③患者的心理状态和对物理降温的认识及合作程度；④患者的体温情况；⑤乙醇擦浴评估，患者有无乙醇过敏史。

一、冰袋（囊）、冰帽、冰毯的使用

冰袋（囊）、冰帽、冰毯都是一种用来装冰块的物品，用以敷在患者头部、颈部或铺于身下等部位，达到局部温度降低、消除局部肿胀、减轻充血或出血、预防脑水肿、限制炎症扩散或化脓、减轻疼痛的作用。

（一）操作步骤

（1）洗手，戴口罩。

（2）用物准备：冰袋（囊）或冰帽或冰毯、布套、冰块、橡胶单及中单、小枕头、水桶、治疗巾、肛表、海绵、热水袋及布套。

（3）从冰箱中取出冷冻好的冰，检查冰袋（囊）、冰帽或冰毯有无破损，形状是否平整，如平整无破损，则将冰装入冰袋、冰帽或冰毯内，外套布套。

（4）携用物至患者处，核对患者床号、姓名，向患者及家属解释操作目的、注意事项。

（5）将冰袋（囊）、冰帽或冰毯放置所需部位，必要时用海绵衬垫于患者的两耳郭处及枕颈部。

（6）严密观察和记录治疗效果、是否出现并发症和不良反应。每 10min 观察用冷敷局部皮肤颜色和感觉，是否出现苍白、青紫、颤抖、疼痛或麻木感等。

（7）根据不同目的，掌握使用时间；用于治疗，时间不超过 30min；用于降温，30min 后测量体温，当体温降至 38℃以下，取下冰袋。

（8）冰融化后，及时更换。

（9）用毕后用 500mg/L 含氯消毒剂浸泡 30min 后，清水冲洗、晾干，备用。

（10）洗手，记录使用部位、时间、效果、反应；将降温后的体温及时记录在体温单上。

（二）注意事项

（1）冰袋压力不宜太大，以免阻碍血液循环，如放于前额部时可将冰袋悬吊在支架上，以减轻局部压力，但冰袋必须与前额皮肤接触（图 10-1）。冰帽使用方法如图 10-2 所示。

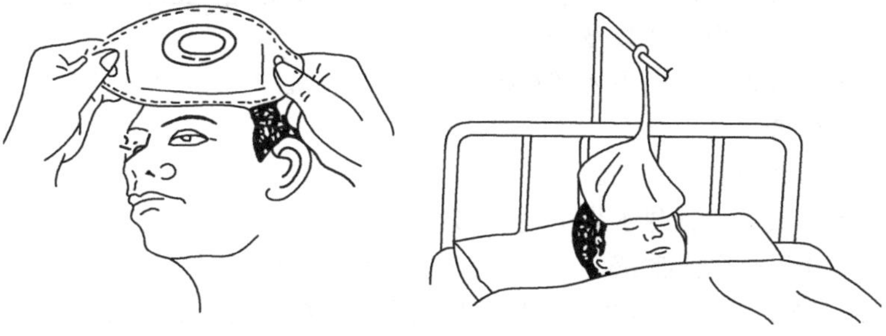

图 10-1　冰袋（囊）使用方法

（2）操作时间准确，随时注意观察患者的体温等情况变化，肛温不宜低于 30℃。

（3）治疗过程中，随时观察患者的反应及降温效果。

（4）注意观察冰袋、冰囊有无漏水，布套湿后应立即更换。

（5）注意观察局部皮肤情况，如出现局部皮肤苍白、青紫或有麻木感，应立即停止使用，冰融化后，应及时更换。

（6）注意观察心率变化，防止心房颤动、心室颤动等发生。

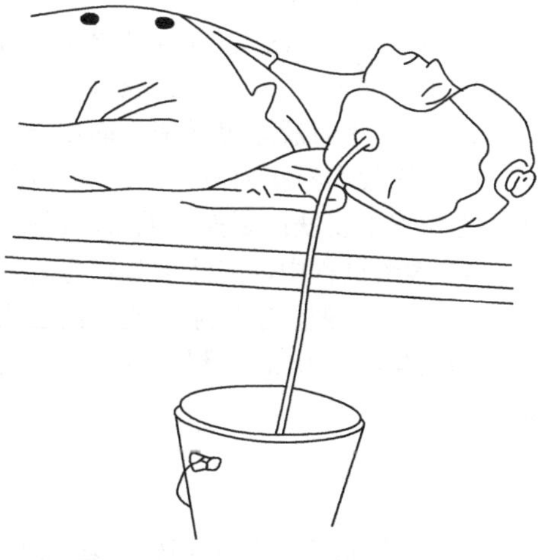

图 10-2　冰帽使用方法

二、冷湿敷

（一）操作步骤

（1）洗手，用物准备：脸盆（内盛冰块及水），敷垫 2 块，敷钳 2 把，小橡胶单，治疗巾，必要时准备屏风。

（2）核对患者床号、姓名，并向患者解释冷湿敷的目的和注意事项。

（3）指导或协助患者取舒适卧位，暴露患处，下垫小橡胶单和治疗巾。

（4）将敷垫置于冰水内浸透，再用敷钳将敷垫拧至不滴水，抖开，敷于患处；高热患者降温敷于前额部。

（5）每 3～5min 更换一次敷垫，持续冷湿敷 15～20min。

（6）用于降温时，则于湿冷敷 30min 后测量体温，降至 38℃以下停用，否则继续使用。

（7）冷敷完毕，擦干冷敷处，整理床单位，清理用物，洗手并记录。

（二）注意事项

（1）保护床单不受潮。
（2）敷垫浸透后才可使温度平均分散在敷垫上。
（3）注意观察冷敷的部位、时间、效果、患者反应。
（4）观察体温变化，测量的体温及时记录在体温单上。

三、温水擦浴或乙醇擦浴

（一）操作步骤

（1）洗手，用物准备：治疗盘，治疗碗（内盛25%～30%乙醇200ml或32～34℃温水），小毛巾2块，热水袋及套，大毛巾，冰袋及套，屏风，衣裤。
（2）核对患者床号及姓名，向患者解释操作目的和过程。
（3）用屏风遮挡患者。
（4）揭开盖被，协助患者排二便。
（5）置冰袋于患者头部，置热水袋于足底部。
（6）按照以下顺序进行全身擦浴
1）协助患者脱上衣，将大毛巾垫于擦拭部位的下面，将小毛巾浸入乙醇内，再拧至半干，缠于手上成手套状，以离心方向边擦边按摩，2块小毛巾交替使用；从近侧颈部开始，沿手臂外侧擦至手背，再从腋下沿手臂内侧擦至手心，重复数次，共擦拭3min；擦拭毕，用大毛巾擦干皮肤；更换小毛巾，以同法擦拭对侧。
2）协助患者，露出背部，下垫大毛巾；更换小毛巾，用同样手法从颈部向下擦拭全背，共3min；再用大毛巾擦干皮肤，更换上衣，协助患者仰卧。
3）协助患者脱近侧裤腿，露出下肢，下垫大毛巾；更换小毛巾，自其髂骨处沿腿外侧擦至足背，再自腹股沟沿腿内侧擦至内踝，再自股下经腘窝擦至足跟；重复数次，共擦拭3min，擦拭毕，用大毛巾擦干皮肤；更换小毛巾，以同法擦拭对侧；全部擦拭完毕，更换对侧下肢。
4）擦浴过程中，应注意观察患者变化。
5）盖好盖被，整理床单位，清理用物，洗手，记录擦浴时间、患者反应。
6）擦浴后30min，测量体温并记录于体温单上；如果体温降至38℃以下，应取下头部冰袋和足部热水袋。

（二）注意事项

（1）乙醇温度应接近体温，避免过冷的刺激导致大脑皮质更加兴奋，从而进一步促使横纹肌收缩，致使体温继续上升。
（2）擦浴是全身操作，须暴露患者，应做好遮挡措施，维护患者的隐私。
（3）擦浴时，以拍拭方式进行，不要用摩擦方式，因摩擦易生热，在擦腋窝、腹股沟、腘窝、肘窝等血管丰富处，应停留片刻，以促进散热。
（4）保护床单不受潮，禁擦后项、胸前区、腹部及足底，以免引起不良反应。
（5）擦浴后30min测量体温并记录，如体温已降至38℃以下，即可取下头部冰袋和足底热水袋。
（6）擦浴时，应随时观察患者情况，如出现寒战、面色苍白、脉搏和呼吸异常时，应立即停止擦浴，与医生联系，给予相应处理。
（7）擦浴过程中注意观察患者体温变化及患者的皮肤表面有无发红、苍白、出血点、感觉异常。

四、其他冷敷法

其他冷敷法是指就地取材，采用如井水、自来水、井底泥、动物泥、蛋清等物品敷于患处，对于急性热性病证有清热解毒、消肿止痛、解热除烦的作用。

（一）冷水湿敷法

1. 操作步骤

（1）用物准备：毛巾，冷水（井水、自来水、冷水）。

（2）高热晕厥、中暑者用毛巾浸冷水敷于前额部，红肿热痛的痈疖可敷于局部，每次敷15～20min。

2. 注意事项　毛巾温度升高时应及时浸冷水降温。

（二）井底泥冷敷法

1. 操作步骤

（1）用物准备：井底泥（盛于容器中，清除杂物），纱布袋。

（2）将井底泥装入纱布袋中，敷于患者前额部，或握在双手掌心中，温度升高后即更换，每次敷15～20min。

2. 注意事项　井底泥应随取随用，敷时要经常更换。

（三）动物泥敷法

1. 操作步骤

（1）用物准备：蚯蚓泥或燕窝泥，井水或醋。

（2）将蚯蚓泥或燕窝泥用井水或醋调匀后涂于患处。其可常敷，每2h观察局部1次，并及时更换动物泥。

2. 注意事项　动物泥应随取随用，敷时应经常更换。

（四）蛋清摩擦法

1. 操作步骤

（1）用物准备：鸡蛋1～2个，头发一团，丝瓜叶或其他植物叶一把，雄黄少许，纱布一块。

（2）取鸡蛋1～2个打碎，去蛋黄留蛋清置于碗内，将头发一团、丝瓜叶、雄黄一起与蛋清拌匀，放在纱布内包好，在患者胃脘部、胸部轻轻摩擦，摩擦数十下，操作停止后，用干布清洁皮肤。

2. 注意事项

（1）摩擦不可用力过猛，以免皮肤破损。

（2）头发、丝瓜叶应洗干净。

（五）黄药水湿敷法

1. 操作步骤

（1）洗手，用物准备：治疗盘，换药碗，纱布（视湿敷范围大小而定）数块，0.1% Rivanol（依沙吖啶）稀释液，治疗碗、橡胶治疗巾、油纸或塑胶纸、胶布。

（2）核对患者信息，做好解释工作，检查湿敷部位。

（3）取橡胶治疗巾垫于湿敷部位下面。

（4）用镊子取换药碗内已浸湿之Rivanol纱布，稍作挤压使纱布勿太湿，展开纱布覆盖在需要湿敷的部位上。

（5）取油纸覆于纱布上，以胶布固定。

（6）30min 后即取下湿敷纱布、擦干皮肤，让皮肤干燥通风。并观察湿敷后的效果。

（7）整理用物，洗手，记录。

2. 注意事项 保护床单免于沾染药水。

第二节 口腔护理

口腔护理是指根据患者病情、治疗情况、口腔卫生状况、自理能力，护士指导、协助或实施的口腔清洁过程。口腔是呼吸和消化道的共同通路，口腔清洁和黏膜完整性是重要的健康要素。危重病患者、生活不能自理患者，经口或鼻气管插管、经鼻或口胃肠置管（包括鼻饲或引流）、气管套管或口腔手术、放疗或化疗后的患者，都面临着现存或潜在的口腔溃疡、出血、感染等复杂的口腔问题，处理不当将继发呼吸、消化、营养或全身病症。口腔护理包括协助漱口、刷牙及特殊患者的口腔护理。评估要点包括：①患者的病情、年龄、意识状态、吞咽能力及自理能力；②患者对口腔护理重要性的认识程度及配合程度；③患者口腔黏膜情况，是否有活动义齿；④解释口腔护理的重要性并取得患者及家属配合。

一、协助漱口

1. 操作步骤

（1）用物准备：pH 测试纸、痰杯、干净水杯、漱口水、纸巾、盆。

（2）选择合适的时机，一般患者在晨起、睡前、饭后漱口，协助患者取舒适体位。

（3）嘱患者将漱口水吐于痰杯中，用 pH 试纸检测患者口腔 pH，从而帮助选择合适的漱口液（首次口腔护理时适用）。

（4）将盛有漱口水的水杯放于患者嘴边，嘱其漱口 2～3 次，不能吞咽，完成后将漱口水吐到水盆中，丢弃。

（5）用纸巾为患者擦拭嘴角，协助患者取舒适体位。

（6）嘱患者张口，观察患者口腔黏膜情况及食物残渣清理情况并记录。

2. 注意事项

（1）每次漱口的水量适中，勿吞服，防止呛咳。

（2）严格按口腔 pH 选择漱口液。

二、刷牙

1. 操作步骤

（1）用物准备：牙刷、牙膏、水杯。

（2）刷牙时应将牙刷的毛面与牙齿或 45°，将牙刷顶端轻轻放于牙沟部位，以快速的环形来回刷动。

（3）每次只刷 2 或 3 颗牙齿，刷完一个部位后再刷相邻部位。对于前排牙齿的内面，可用牙刷毛面的顶部以环形方式刷洗，然后再反复刷洗牙齿咬合面。

（4）刷完牙齿后，再刷舌面，由里向外刷，以减少致病菌的数量并清除食物碎屑。

（5）当协助他人刷牙时，可嘱其将舌头伸出，握紧牙刷与舌面呈直角，用较小的力量，将牙刷刷向舌面尖端，再刷舌的两个侧面。

（6）然后嘱患者彻底漱口，必要时重复刷洗和漱口。用水洗净牙刷，清除碎屑，甩去多余水分后晾干。如图 10-3 所示。

2. 注意事项

（1）环形刷动以保护牙龈。

（2）有活动义齿，应取下活动义齿再行刷牙。

图 10-3　正确的刷牙方法

A.上牙往下刷；B.下牙往上刷；C.嚼面来回刷

三、特殊患者的口腔护理

1. 操作步骤

（1）用物准备：治疗碗 2 个（一个盛漱口溶液，一个盛浸湿的无菌棉球）、镊子、弯止血钳、弯盘、压舌板、纱布、吸水管、棉签、液体石蜡、手电筒、治疗巾、常用漱口液、口腔外用药，必要时备开口器等。

（2）洗手，戴口罩，准备用物至床旁。

（3）协助患者取侧卧或仰卧位，头偏向一侧，面向护士。

（4）将治疗巾围于患者下颌下，置弯盘于患者口角旁。

（5）嘱患者张口，护士一手持手电筒，一手持压舌板观察口腔情况，如有口唇干裂，应先湿润口唇。昏迷患者可用开口器协助张口。

（6）用弯止血钳夹取含有无菌溶液的棉球，拧干棉球，嘱患者咬合上下齿，按顺序清洗。左侧颊部→左侧牙齿外面（由臼齿到门齿），嘱患者张口，左侧上牙咬合面→左侧下牙咬合面（右侧同前）。再清洁上腭，由里向外，后“之”形清洁舌面，再清洁舌下。每个部位更换一个棉球。脏棉球丢在弯盘里。

（7）协助患者用吸管漱口，将漱口水吐入弯盘内，用纱布擦净口唇。

（8）清点棉球，再次观察口腔状况。

（9）将口唇涂一层液体石蜡或润唇膏。

（10）收治疗巾，清理治疗车上层下层，擦手，记录。

2. 注意事项

（1）每次棉球的水分不易过多，防止误吸。

（2）棉球应包裹止血钳尖端，止血钳尖端朝外。

（3）擦洗时勿过深，以免触及咽部引起恶心。

（4）有义齿者，协助清洁并佩戴义齿。

四、常用中药漱口液

常用中药漱口液及治疗口腔疾病用法如下。

（1）黄芩、竹叶各 10g，麦冬 15g 泡水含服，每日 1 剂。

（2）菊花、青果各 10g，泡水含服，每日 1 剂。

（3）细辛 10g，加水 100ml，煎煮 5～10min，口含，漱口，每次 10～15min，每日 1 剂。

五、常用中成药漱口液

常用中成药漱口液如表 10-1 所示。

表 10-1　中成药漱口液的用作及用法

溶液名称	作用	用法
银荷漱口液	适用于急慢性咽炎、急慢性扁桃体炎、口腔溃疡、牙周炎等	每日数次，漱口用
金栀洁龈含漱液	适用于缓解牙龈、牙周及黏膜炎症所致的肿痛	每次 5～20ml，每日 3 次，含漱 1min

六、常用口腔消毒液

常用口腔消毒液的种类及作用如表 10-2 所示。

表 10-2　口腔消毒液的作用

溶液名称	浓度	作用
生理盐水	0.9%	预防感染
过氧化氢溶液	1%～3%	防腐、防臭
碳酸氢钠溶液	1%～4%	适用于真菌感染
呋喃西林溶液	0.02%	清洁口腔，广谱抗菌
乙酸溶液	0.1%	适用于绿脓杆菌感染
硼酸溶液	2%～3%	酸性防腐溶液，有抑制细菌的作用
甲硝唑溶液	0.08%	适用于厌氧菌感染
氯己定溶液	0.02%	广谱抗菌，气管插管患者适用

第三节　轴线翻身法

轴线翻身法是指由护士协助患者进行翻身，使患者在翻身的时候，头、颈、脊柱保持一条直线，身体不扭曲，像轮轴转动一样的翻身方法。其分为二人轴线翻身法和三人轴线翻身法。

一、二人轴线翻身法

（一）评估要点

（1）评估患者：全身情况，包括目前病情、意识状态、自理能力、配合能力、对治疗的认识和态度，损伤部位、手术方法、伤口情况、管路情况。

（2）评估环境：病床床脚处于刹住状态，不易滑动；床栏完好适用。

（二）操作步骤

（1）用物准备：治疗车、枕头 2 个、洗手液、翻身卡。

（2）向患者讲解轴线翻身的目的、意义、配合要点。

（3）将患者平移至床的一侧，移去枕头，松开被尾。让患者双手置于胸前，双下肢屈曲。

（4）一操作者将双手分别置于患者肩部、腰部，第二操作者将双手分别置于患者腰部、臀部，使颈、肩、腰、髋保持在同一水平线上，同时用力，将患者翻转至侧卧位。

（5）检查患者受压部位皮肤状况、伤口有无渗血，引流管是否固定、通畅。

（6）将一软枕放于背部支持身体，另一软枕放于两膝之间使双膝呈自然弯曲状。

（7）检查对侧上下肢被压情况和肢端血液循环情况，确保患者体位舒适。

（8）整理患者床单位，拉上床栏，擦手，记录，挂好翻身卡。

（三）注意事项

（1）翻转患者时，应注意保持脊柱平直，以维持脊柱的正确生理弯度，避免由于躯干扭曲，加重脊柱骨折、脊髓损伤和关节脱位。

（2）切勿扭曲或旋转患者的头部，以免加重神经损伤而引起呼吸肌麻痹导致死亡。

（3）翻身角度不可超过 60°，避免由于脊柱负重增大而引起关节突骨折。

（4）翻身时注意为患者保暖并防止坠床。准确记录翻身时间。

二、三人轴线翻身法

1. 评估要点 参见二人轴线翻身法。

2. 操作步骤

（1）洗手、戴口罩，用物准备：治疗车、头部气圈 1 个或毛巾两条、沙袋 2 个、枕头 2 个、洗手液、翻身卡。

（2）向患者讲解轴线翻身的目的、意义、配合要点。移去枕头，松开被尾。

（3）一操作者站在患者头端，双手固定患者头部，并沿纵轴向上略加牵引，另一人取出垫在患者头下的气圈或毛巾。

（4）患者双手置于胸前，双腿屈曲。

（5）固定患者头部的操作者维持纵向牵引，另外两位操作者分别站于患者两侧，三人一起将患者平移至床的一侧。

（6）翻身

1）头侧法：第一人站在患者头端，双手抓住患者肩部，前臂紧贴患者耳部，双臂夹紧，使患者头部固定于操作者两臂之间；第二、第三人操作同旁侧法操作进行翻身。

2）旁侧法：第一人站在患者头端，双手固定患者头部的操作者持续并沿纵轴向上略加牵引头部，第二人将双手分别置于肩部、腰部，第三人将双手分别置于患者腰部、臀部，使颈、肩、腰、髋保持在同一水平线上，三人一起用力，将患者翻至侧卧位。

（7）检查患者受压部位皮肤状况、伤口有无渗血、引流管是否固定、通畅。

（8）更换清洁毛巾或气圈并垫于患者头下。

（9）将一软枕放于背部支持身体，另一软枕放于两膝之间并使双膝呈自然弯曲状。

（10）检查对侧上下肢被压情况和肢端血液循环情况，确保患者体位舒适。

（11）整理患者床单位，拉上床栏。向患者进行健康宣教，洗手，记录翻身时间、患者体位、皮肤状况、伤口、引流管状况。

参考文献

陈家旭，邹小娟. 2012. 中医诊断学. 北京：人民卫生出版社：6
成守珍，张振路. 2008. 临床专科护理技术操作规程. 广州：广东科技出版社：299～303.
段俊国. 2005. 中西医结合眼科学. 北京：中国中医药出版社.
胡必杰，刘荣辉，陈文森. 2013. 医院感染预防与控制临床实践指引（2013 年）. 上海：上海科学技术出版社.
黄翼然. 2014. 泌尿外科手术并发症的预防与处理. 上海：上海科学技术出版社.
霍光，刘红艳. 2007. 腰穿术后平卧方法的临床观察. 中国实用神经疾病杂志，10（3）：60～61.
贾建平. 2006. 神经疾病诊断学. 北京：人民军医出版社.
李六亿，刘玉村. 2010. 医院感染管理学. 北京：北京大学医学出版社.
李小寒，尚少梅. 2012. 基础护理学. 第 5 版. 北京：人民卫生出版社.
李秀林. 2008. 护理实训教程. 武汉：湖北科学技术出版社.
陆再英，钟南山. 2008. 内科学. 北京：人民卫生出版社：487.
马爱群，吕毅. 2008. 神经内科手册. 北京：科学出版社.
美国国家压疮咨询委员会（National Pressure Ulcer Advisory Panel，NPUAP）. 2016. NPUAP 最新版压力性损伤定义与分期（中文版）.
彭刚艺，刘雪琴. 2013. 临床护理技术规范. 广州：广东科技出版社.
吴江. 2005. 神经病学. 北京：人民卫生出版社.
杨晓霞，赵光红. 2006. 临床管道护理学. 北京：人民卫生出版社.
张广清. 2008. 中西医结合护理操作学. 北京：科学出版社.
中华人民共和国卫生行业标准 WS/T 310. 2-2016，医院消毒供应中心第 2 部分.
中华人民共和国卫生行业标准 WS/T 507-2016，软式内镜清洗消毒技术规范.
中华人民共和国卫生行业标准 WS/T 510-2016，病区医院感染管理规范.
中华人民共和国卫生行业标准 WS/T 511-2016，经空气传播疾病医院感染预防与控制规范.